RESTful Web API
패턴과 모범 사례

RESTful Web API
패턴과 모범 사례

안정적이고 효율적인 API 인터페이스 구축

마이크 애먼슨 지음 · 김성준 옮김

i!i
에이콘

에이콘출판의 기틀을 마련하신 故 정완재 선생님(1935~2004)

이 책은 건축가이자 건축설계 이론가인
크리스토퍼 알렉산더^{Christopher Alexander}(1936-2022)를
기리기 위해 헌정됐습니다.

가능성에 집중하는 동안 큰 그림을 보게 해줘서 감사합니다.

지은이 소개

마이크 애먼슨^{Mike Amundsen}

세계적으로 알려진 저자이자 강연자로 세계적 조직과 함께 네트워크 아키텍처, 웹 개발을 비롯해 기술과 사회의 교차점을 주제로 컨설팅을 진행한다. API, 마이크로서비스, 디지털 변혁이 소비자와 기업에게 제공하는 기회를 활용하도록 기업을 돕고 있다.

옮긴이 소개

김성준(cheuora@gmail.com)

삼성 SDS의 SINGLE 개발 팀에서 워크플로 개발로 IT 업무를 시작했다. 이후 한국 후지
제록스, NHN 재팬(현재 라인 주식회사 LINE Japan)을 거쳐 소프트웨어 개발 품질과 테스
트 자동화 관련 컨설팅을 했다. 현재는 삼성 청년 소프트웨어 아카데미SSAFY에서 교육을
맡아 프로젝트 컨설턴트로 활동하고 있다.

옮긴이의 말

대부분 REST API를 만드는 목적은 CRUD(생성, 읽기, 수정, 삭제)가 대부분이다. 하지만 ALPS^{Application-Level Profile Semantics}의 창시자인 저자는 전 세계적으로 영향력을 넓혀, 한 번도 만난 적이 없는 사람들을 위해 생각지도 못한 문제를 해결해야 한다는 RESTful Web API의 원칙을 통해 CRUD만이 아닌 쿼리, 페이징, 워크플로 등 다양한 문제의 해결 패턴을 제시하고 있다.

이 책을 통해 머신과 머신, 또는 사람과 머신 사이에서 API 통신을 할 때의 고민을 알게 될 것이다. 더불어 수십 가지의 패턴을 통한 커뮤니케이션 방법과 향후에 어떤 방향으로 API 통신이 계속 발전할지에 대해서도 감을 잡을 수 있을 것이다.

추천의 글

우리는 얼마나 얽히고설킨 웹의 세상을 만들었던가.

나는 월드와이드웹WWW이 비즈니스 분야에서 처음 사용되기 시작했을 때 기술 분야에서 경력을 쌓기 시작했다. 웹의 유용성을 엔터프라이즈 아키텍처와 디지털 비즈니스 전략, 특히 모든 것의 중심에 있는 것처럼 보이는 웹 API에 적용하는 것이 내 경력의 대부분이었다.

2012년에 마이크 애먼슨과 같이 일하게 돼 기뻤다. 우리는 API를 주제로 많은 노력을 하면서 파트너 관계를 맺었으며, 나는 그에게서 많은 것을 배웠다. 웹의 기본 원리를 비롯한 많은 것을 가르쳐 준 사람이 바로 마이크였다. 지금 생각해보면 너무나 당연해 보이는, 내가 간과했던 인사이트를 마이크가 어떻게 찾아낼 수 있었는지 항상 놀라울 따름이다. 이 책은 이러한 많은 원칙과 인사이트를 매우 실용적인 하나의 패키지에 담은 것이다.

1990년대 초 인터넷이 처음 주류가 됐을 때, 작은 대학의 학부에서 수학 학위를 받고 있었다. 웹의 학문적 뿌리를 생각하면 당연한 일이겠지만, 처음에는 교수님들이 인터넷에 가장 흥분했다. 다른 사람들의 영화 리뷰를 인터넷으로 읽다가 대수학 수업에 집중하기 위해 억지로 웹 브라우저를 끄곤 했다. 퀴퀴하고 책이 가득한 캠퍼스 사무실에서 월드와이드웹이 내 일생, 아니 역사상 가장 혁신적인 인류의 발명품이 될 것이라고는 아무도 예상하지 못했다.

개인적 관심사가 담긴 픽셀화된 게시판에서 비즈니스 거래의 70%가 디지털 방식으로 이뤄지는 세상(https://www.zdnet.com/article/70-percent-of-customer-interactions-are-now-digital-and-most-companies-are-not-ready/)으로 어떻게 발전할 수 있었을까? 웹이 클라이언트, 서버, 네트워크, 개방형 프로토콜, API라는 간단한 요소들로 만들어졌다는 사실에 많은 공로를 돌릴 수 있다. 웹이 아무리 복잡하고 보편화돼도 이런 요소들은 웹의 핵심으로 남아 있다.

하이퍼링크^{Hyperlink}, 더 포괄적인 용어로 하이퍼미디어^{Hypermedia}는 기술에 특히 큰 영향을 미쳤다. 원래 학술적 인용(다시 말해서 교수들)을 모델로 삼은 하이퍼링크는 웹에 네트워크 효과를 가져온 요소일 뿐만 아니라 이후 모든 기술에 대한 사용자의 기대치를 형성했다. 웹에는 사용 설명서가 없었고 단지 파란색 밑줄이 그어진 텍스트만 있었기 때문에 나이든 사용자들은 직관에 의존할 수밖에 없었다. '직감을 따르라'는 원칙은 마이크가 항상 강조한 것으로 API와 하이퍼미디어의 역할을 고려할 때 중요한 관점을 제공한다.

따라서 웹에는 사용자 매뉴얼이 없어도 되지만, 개발자 가이드는 반드시 필요하다. 이 주제와 관련해 저자는 이미 『RESTful Web API』(인사이트, 2015), 『RESTful Web Clients: Enabling Reuse Through Hypermedia』(O'Reilly, 2017), 『Microservice Architecture: Aligning Principles』(O'Reilly, 2016), 『Continuous API Management: Making the Right Decisions in an Evolving Landscape』(O'Reilly, 2021)와 같은 필수 서적을 저술하거나 공동 집필했다. 이 책도 웹의 기술이 현재 컴퓨팅의 기초가 되는 방법뿐만 아니라 웹이 작동하는 방식이 현재 소프트웨어에 생태계에서 확장 가능한 아키텍처의 기본이 되는 방법을 알려준다. 저자는 웹의 원리를 API 설계와 비교해 이런 원리가 어떻게 성공적으로 적용될 수 있는지 설명한다. 무엇보다도 변화에 탄력적으로 대응하고 오래 지속되는 시스템을 설계하고 구축하는 방법을 이 책을 통해 배울 수 있다.

모든 조직은 지속적으로 소프트웨어 환경의 복잡성을 가중시키고 있으며, 디지털 에코시스템에서 파트너 및 공급업체와 점점 더 많은 연결이 만들어지고 있다. 현실에서 성공할 수 있는 레시피를 원한다면, 이 책이 바로 여러분을 위한 쿡북이다.

2022년 8월

세일즈포스 밴쿠버 뮬소프트^{Mulesoft}의 글로벌 분야 CTO

매트 맥라티^{Matt McLarty}

차례

1부 │ RESTful 하이퍼미디어의 이해

1장 RESTful Web API의 소개 · 33

2장 하이퍼미디어식 사고와 설계 · 53

7장 하이퍼미디어 워크플로 417

들어가며

RESTful Web API의 세계에 온 것을 환영한다.

RESTful Web API의 가치를 설명하고 둘러보려고 한다. 기존의 책들과는 달리 참고 도서를 많이 소개할 것이며, 이후에 자세한 내용을 1부부터 다룬다.

이 책에 대하여

이 책의 목표는 소프트웨어 설계자, 아키텍트, 개발자, 유지보수 관리자가 웹의 강점을 활용하는 서비스 인터페이스^{API}를 구축하는 동시에 네트워크 연결을 통해서만 연결할 수 있는 다른 API와 서비스에 종속된 안정적인 고급 서비스를 만드는 데 드는 비용과 위험을 낮추는 것이다.

이를 위해 수십 년 동안 고객이 개방형 웹에서 성공적인 비즈니스 서비스를 설계, 구축 및 배포하도록 지원하면서 배우고 사용해 온 70여 가지의 레시피와 패턴을 모았다. 레시피 중 적어도 몇 가지는 다른 이름이나 형태로 여러분들이 알 수 있을지도 모른다. 하지만 이를 통해 비슷한 문제에 대한 새로운 접근법을 찾을 수 있기를 바란다.

 수년 동안 소프트웨어 설계 과제는 거의 변하지 않는다는 것을 알게 됐다. 문제의 해결책은 기술의 발전과 트렌드에 따라 자주 바뀐다. 이 책에서는 과제에 초점을 맞출 것이며, 최신 기술과 트렌드에 대한 선택은 독자 여러분에게 맡긴다.

이 책은 쿡북이므로 실행 가능한 코드가 많지 않다. 그러나 문제를 식별하는 설명과 함께 다이어그램, 코드 스니펫, 네트워크 메시지 예제가 많이 포함됐으며, 대부분은 기술 플랫폼에 구애받지 않는다. 레시피들은 대상 환경에서 작동하는 코드와 구성요소로 변환할 수 있는 방식으로 제공된다.

누구를 위한 책인가?

이 책의 주요 독자는 HTTP를 통해 실행되는 서비스 인터페이스를 계획, 설계, 구현하는 업무를 담당하는 사람들이다. 이 업무는 사내 서비스 생산과 소비를 만드는 것과 오픈 웹에서 전 세계 소비자를 위해 확장 가능하고 안정적인 방식으로 실행될 수 있는 서비스를 구축하는 것을 의미하기도 한다. 프로그래머의 입장에서는 당면한 문제를 해결할 수 있는 유용한 애플리케이션 프로그래밍 인터페이스를 만드는 것을 뜻하기도 한다.

자체 서버로 로컬에서 솔루션을 호스팅하든 클라우드에서 실행할 소프트웨어를 만들든, 이 책의 레시피는 문제를 이해하는 데 도움이 되며 문제를 예측하고 예상치 못한 상황이 발생했을 때 이를 처리할 수 있는 일련의 복구 기술을 제공할 것이다.

무엇을 다루는가?

다양한 레벨의 독자를 대상으로 하는 책이기 때문에 관련 주제에 초점을 맞춰 장^{chapter}으로 나눴다. 1부는 1장과 2장으로 구성되며 웹에서 공유 서비스의 배경과 토대를 살펴본다. 요리책에 비유하자면 1부는 2부에서 살펴볼 '하이퍼미디어 요리'의 비하인드 스토리라고 생각하면 된다. 다른 훌륭한 요리책과 마찬가지로 2부의 각 장에서는 웹 API '요리'를 설계, 구축 및 배포할 때 구체적인 문제를 해결하는 데 사용할 수 있는 일련의 독립된 레시피가 포함돼 있다.

온라인 리소스

이 책은 깃허브 저장소 및 관련 웹 페이지, 예제, 레시피 카탈로그의 최신 업데이트 등 여러 온라인 리소스를 포함하고 있으며 http://www.webapicookbook.com를 통해 접근이 가능하다.

각 장별 내용을 간략히 정리했다.

제1부: RESTful 하이퍼미디어의 이해

시작하는 장(1장, 2장)에서는 이 책의 모든 레시피를 뒷받침하는 기초를 설명한다. 여기에는 역사, 철학, 실용적 사고가 혼합돼 있으며, 웹에서 실행되는 네트워크 소프트웨어 애플리케이션을 설계, 구축, 지원하면서 오랜 기간 쌓인 저자의 경험을 반영한 아이디어와 원칙이 담겨 있다.

제1장: RESTful Web API의 소개

이 책에서 선택한 레시피의 근거의 개요를 설명했다. 여기에 'RESTful Web API란 무엇인가?'라는 질문에 대한 답변, 하이퍼미디어가 RWA를 만드는 데 중요한 역할을 하는 이유, 이 책에서 레시피의 선택과 설명을 안내하는 기본 수준의 공유 원칙에 대한 절이 포함돼 있다. 1장은 다음에 나올 모든 자료의 '밑그림'과 같다.

제2장: 하이퍼미디어식 사고와 설계

웹 애플리케이션의 기반을 형성하는 하이퍼미디어 기반 분산 시스템의 배경을 살펴본다. 2부(설계, 클라이언트, 서비스, 데이터, 워크플로)에서 다루는 각 레시피 모음은 역사, 철학, 실용적 사고의 조합으로 분석할 수 있다. 2장을 읽으면 책의 나머지 부분에서 설명하는 모든 패턴과 사례에 대한 주요 디자인 아이디어와 기술적 기반을 이해하는 데 도움이 된다.

제2부: 하이퍼미디어 레시피 카탈로그

제2부에서는 이 책에서 설명하고자 하는 모든 레시피가 담겨 있다. 대부분의 장이 '하이퍼미디어'라는 단어로 시작됨을 알 수 있을 것이다. 이를 통해 책 전체에서 취할 전반적인 접근 방식에 단서를 얻을 수 있다.

제3장: 하이퍼미디어 설계

안정적이고 탄력적인 서비스는 사려 깊은 설계에서 시작된다. 3장에서는 서비스를 코딩하고 출시하는 단계에 도달하기 전에 해결해야 할 일반적인 과제를 다룬다. 3장은 서비스 설계자뿐만 아니라 아키텍트에게도 특히 유용하며, 이후에 이어질 다양한 리소스에 대한 방향을 조성하는 데 도움이 된다.

제4장: 하이퍼미디어 클라이언트

4장에서는 서비스/API 클라이언트 애플리케이션을 만들 때 직면할 과제에 초점을 맞춘다. 서비스 인터페이스 자체에 대한 레시피를 이야기하기 전에 클라이언트 앱을 먼저 알아본다. 유연하고 탄력적인 서비스 소비자를 만들기 위한 일반적인 접근 방식은 기업 내부뿐만 아니라 웹에서도 사용할 수 있는 개방형 서비스를 위한 안정적이고 신뢰할 수 있는 플랫폼을 만들려는 모든 프로그램에 필요하다.

제5장: 하이퍼미디어 서비스

탄탄한 설계 원칙의 토대와 적절하게 설계된 클라이언트 애플리케이션을 사용하면 기존의 API 클라이언트를 중단시키지 않고 시간이 지나도 안전하게 업데이트할 수 있는 안정적인 서비스 생산자를 더 쉽게 빌드하고 배포할 수 있다. 이 레시피는 견고한 서비스 인터페이스 설계 원칙뿐만 아니라 런타임 오류 복구 및 안정성 패턴을 지원해 시스템 일부에 장애가 발생하더라도 솔루션이 계속 실행되도록 하는 것에 중점을 둔다.

제6장: 분산 데이터

온라인 분산 환경에서 영구 데이터를 지원할 때에 중점을 둔다. 여기서의 대부분의 방법은 런타임에 내부 데이터 모델 및 구현을 변경할 때도 데이터 무결성을 보장해 데이터 서비스의 응답성, 확장성, 안정성을 개선하는 데 목적이 있다.

제7장: 하이퍼미디어 워크플로

마지막 레시피는 웹에서 서비스 워크플로를 만들고 관리하는 데 중점을 둔다. 개방형 서비스 워크플로에서 직면해야 할 핵심 과제는 서로 관련이 없는 여러 서비스를 하나의 탄력적인 워크플로로 통합해 개별 서비스가 전혀 알지 못하는 문제를 해결할 수 있는 안전하고 신뢰할 수 있는 솔루션 세트를 만드는 것이다. 7장은 앞에서 설명한 많은 방법론에 의존하기 때문에 마지막 장에 배치했다.

제8장: 마무리

7장까지의 내용을 간략히 정리하고, 각자의 환경에 레시피를 적용하기 위한 '다음 단계'를 결정하는 데 도움이 되는 '콜 포워드^{call-forward}'를 제공한다.

부록

추가 보충 자료다. 부록은 본문에 언급되기도 하지만 독립적인 참고 자료로도 사용할 수 있다.

부록 A: RESTful Web API의 가이드 원칙

선택한 레시피의 기본 원칙과 설명을 구성하는 데 사용된 몇 가지 보조적 원칙, 궁극적으로 이런 패턴을 일반적으로 구현하는 데 사용된 원칙들을 짧은 '동기 부여 포스터^{motivational poster}' 버전으로 제공한다.

부록 B: 추가 읽을거리

책 전체에 걸쳐, 추가로 읽을 것, 책과 기사에서의 인용문, 많은 조언의 원천으로 언급된 프레젠테이션과 비디오를 추천한다. 부록 B에서는 레시피를 따라 작업할 때 참고 자료와 가이드로 사용될 수 있는 읽기 및 보기 자료 목록이 포함돼 있다.

부록 C: 관련 표준

이 책의 목표는 '웹'에서 성공적으로 작동하는 서비스를 만드는 것이므로, 자연히 여러 공개 웹 표준에 의존한다. 부록 C에서는 관련 표준 문서 목록이 포함돼 있다.

부록 D: HyperCLI 사용하기

여러 부분에서 HyperCLI라는 명령 인터페이스 도구를 언급한다. HyperCLI를 사용해 하이퍼미디어 인식 서비스와 상호작용을 할 수 있다. HyperCLI의 간략한 소개와 HyperCLI 및 HyperLang을 활용하는 방법에 대한 다른 온라인 리소스의 지침을 제공한다.

이 책에서 다루지 않는 것들

레시피 책이기 때문에 여기에 나열된 패턴과 아이디어를 '구현'하는 방법을 배우는 데는 적합하지 않다. 언급하는 여러 중심 내용 중 하나라도 처음 접하는 경우, 다른 출처에서 도움을 받길 바란다.

이 책에서 자세히 다루지 않는 주제에 대해 교육 및 컨설팅에서 자주 사용되는 책을 소개한다.

HTTP 프로토콜

이 책에 수록된 대부분의 레시피는 HTTP 프로토콜 구현을 위해 개발됐다. HTTP의 현황과 미래를 알아보려면 크리스 쉬프렛[Chris Shiflett]의 『HTTP Developer's Handbook』(SAMS, 2003)을 추천한다. 이 책은 HTTP 프로토콜 내부의 세부 사항을 학습하는 데 큰 도움이 될 것이다.

API 설계

분산 서비스를 위한 API 설계의 자세한 내용은 『Building Hypermedia APIs with HTML5 and Node』(O'Reilly, 2011)를 읽어보기 바란다. API 코딩에 초점을 맞춘 책을 찾고 있다면, 내가 최근에 출간한 책인 『Design and Build Great Web APIs』(Pragmatic Bookshelf, 2020)에서 API의 전체 수명 주기에 대한 자세한 실습 가이드를 제공한다.

API 클라이언트

API/서비스 클라이언트를 코딩하는 작업은 많은 기술이 필요하다. 유연한 하이퍼미디어 기반 클라이언트 애플리케이션을 만드는 프로세스에 대한 자세한 내용은 『RESTful Web Clients』(O'Reilly, 2017)를 참조하라.

웹 API

웹 API를 직접 만드는 방법에 대한 자세한 내용은 레오나르드 리처드슨[Leonard Richardson]과 공동 집필한 『RESTful Web API』(인사이트, 2015)와 『Design and Build Great Web APIs』를 읽어보기 바란다. 그 외에도 제임스 히긴보텀[James Higginbotham]의 『웹

API의 설계 원칙』(에이콘, 2023), 아노드 로렛[Arnaud Lauret]의 『웹 API 디자인』(영진닷컴, 2020) 등의 책도 적극 추천한다.

데이터

대규모 데이터 처리에 대한 자세한 내용은 피테인 스트렝홀트[Piethein Strengholt]의 『Data Management at Scale』(O'Reilly, 2020) 및 에브렌 에류렉[Evren Eryurek]의 『Data Governance: The Definitive Guide』(O'Reilly, 2021)를 추천한다.

워크플로

번드 뤽커[Bernd Ruecker]의 『Practical Automation』(O'Reilly, 2021)와 마린다 캐퍼지[Malinda Kapuruge]의 『Service Orchestration as Organization』(O'Reilly, 2014)는 워크플로 엔지니어링의 좋은 안내서다.

웹 기반 분산 서비스를 설계하고 구축하는 데 대한 조언을 얻을 수 있는 다른 많은 출처가 있으며, 부록 B에서 이를 위한 추천 도서 목록을 확인할 수 있다.

레시피에 대해

이 쿡북의 레시피는 주제(디자인, 클라이언트, 서버, 데이터, 레지스트리, 워크플로)별로 그룹화돼 있지만, 장별로 실린 각 레시피는 다음과 같은 패턴으로 진행된다.

- **문제**: 서비스를 설계하고 구축할 때 발생할 수 있는 문제를 간략히 설명한다.

- **해결책**: 명시된 문제를 해결하기 위해 사용할 수 있는 제안된 솔루션이다.

- **예제**: 경우에 따라 레시피에 예제가 포함될 수 있다. 예제는 HTTP 메시지 교환(요청/응답) 또는 솔루션과 관련된 내부 워크플로를 보여주는 짧은 의사 코드 스니펫일 수도 있다.

- **토론**: 레시피에는 상충 관계, 장점 및 단점을 다루는 보다 긴 토론 섹션도 포함된다. 해결 방법이 하나뿐인 문제는 거의 없기 때문에 '토론' 부분이 레시피에서 가장 중요할 때가 많다.

- **같이 볼 것**: 대부분의 레시피는 책의 다른 곳에서 다루는 하나 이상의 다른 관련 레시피 목록으로 마무리된다. 일부 레시피는 다른 레시피에 의존하거나 다른 레시피를 활성화시키며, 여기에서 실제 실행 중인 시스템에서 레시피가 서로 어떻게 상호작용하는지 배울 수 있다.

이 책의 사용법

이 책에 포함된 개념과 레시피를 최대한 활용하려면 책을 처음부터 끝까지 읽어보기를 적극 추천한다. 하지만 시간이 부족할 수도 있고 이 책의 이점을 얻기 위해 완전히 몰입할 필요가 없을 수도 있다는 점도 알고 있다. 이 점을 염두에 두고 집중하는 내용, 목표, 주제에 할애하고 싶은 시간에 따라 이 책을 읽을 수 있는 몇 가지 방법을 소개한다.

시간이 없을 때

급한 문제를 해결하고 싶다면 목차를 확인해 상황에 맞는 레시피를 찾아 바로 시작하자. 모든 훌륭한 레시피가 그렇듯, 각 레시피는 완전한 '요리'로 완성될 수 있도록 작성됐다. 책에 다른 레시피에 대한 참조가 있을 수 있으며(특히 '같이 볼 것'을 확인), 필요에 따라 후속 조치를 취할 수 있다.

큰 그림을 빨리 파악하고 싶을 때

큰 그림을 빠르게 파악하고 싶으면 1장과 2장을 모두 읽고 8장을 읽어보기 바란다. 1부에서는 소개될 레시피 컬렉션의 '색깔'과 레시피의 역사, 그 뒤에 숨겨진 기법을 소개한다. 그런 다음 2부에서 특정 세트에 집중할지 아니면 그냥 컬렉션을 돌아볼지 결정할 수 있다.

특정 팀에 대한 주제를 참조하고 싶을 때

여기서 다루는 주제(설계, 클라이언트, 서비스 데이터, 워크플로 등) 중 하나 이상에 집중해야 하는 팀의 일원이라면 먼저 큰 그림(1부)을 파악한 다음, 2부에서 특정 주제를 자세히 알아보는 게 좋다. 그 후 구현을 진행하면서 중점이 되는 장을 참조로 사용할 수 있다.

아키텍트를 심층 분석하고 싶을 때

공개적으로 사용 가능한 생산자 및 소비자 서비스를 설계하는 것이 주요 업무라면 이 책을 처음부터 끝까지 꼼꼼히 읽으면 도움이 될 것이다. 이 책의 많은 레시피들은 엔터프라이즈급에서 승인된 일련의 구성요소를 구현하는 데 사용할 수 있으며, 구성 요소를 안전히 연결해 사용자 지정 서비스를 위한 탄력적이고 안정적인 기반을 형성할 수 있다. 이런 방식으로 이 책은 단일 기업에서 공유 가능한 라이브러리를 위한 일련의 권장 사항 역할을 할 수도 있다.

전사적 프로그램 관리를 위한 체크리스트가 필요할 때

전사적이거나 기타 대규모 프로그램을 이끌어야 하는 독자는 먼저 큰 그림을 파악한 다음 각 레시피를 RESTful Web API를 만들고 배포하기 위한 자체 내부 관리 체크 리스트를 작성하는 가이드로 사용할 수 있다.

마지막으로, 이 책은 유용한 참고서이자 서술형 가이드가 될 수 있도록 설계됐다. 도움이 되는 부분은 자유롭게 활용하고 현재 상황에 적용되지 않는 부분은 훑어보기 바란다. 나중에 새로운 문제가 발생했을 때 다시 돌아가서 일부 섹션을 다시 읽어도 된다.

이 책에서 사용된 규칙

이 책에서는 다음과 같은 편집 규칙을 사용한다.

이탤릭체

새로운 용어, URL, 이메일 주소, 파일명, 파일 확장자를 의미한다.

고정폭

프로그램 목록과 단락에서 변수나 함수 이름, 데이터베이스, 데이터 유형, 환경 변수 들, 키워드와 같은 것을 나타낼 때 사용된다.

굵은 고정폭

사용자가 문자 그대로 입력해야 하는 명령, 기타 텍스트를 표시한다.

이탤릭 고정폭

사용자가 제공한 값 또는 콘텍스트에 따라 구분된 값으로 대체해야 하는 텍스트를 표시한다.

 팁이나 제안을 나타낸다.

 참고할 만한 내용을 소개한다.

 경고나 주의 사항을 설명한다.

이 책에 사용된 코드 예제

보충 자료(코드 예제, 연습 문제 등)는 https://www.webapicookbook.com/에서 내려 받을 수 있다. 기술적인 질문이 있거나 코드 예제를 사용하는 데 문제가 있다면 bookquestion @oreilly.com으로 이메일을 보내면 된다. 동일한 코드를 에이콘출판사 도서정보 페이지(http://www.acornpub.co.kr/book/restful-cookbook)에서도 다운로드할 수 있다.

이 책은 여러분의 업무 수행을 돕기 위해 쓰였다. 일반적으로 이 책에 예제 코드가 있다면 프로그램과 문서에 사용할 수 있다. 코드의 상당 부분을 복제하는 경우가 아니라면 당사에 연락해 허가를 받을 필요는 없다. 예를 들어, 이 책의 코드 몇 개를 사용하는 프로그램을 작성할 때는 허가가 필요없다. 하지만 이 책의 예제를 판매하거나 배포하려면 허가가 필요하다. 이 책을 인용하고 예제 코드를 인용해 질문에 답하는 것은 허가가 필요하지 않다. 이 책의 상당량의 예제 코드를 제품 문서에 넣으려면 허가가 필요하다.

문의

정오표, 예제 및 추가 정보는 https://www.oreilly.com/library/view/restful-web-api/9781098106737/에서 확인할 수 있다.

한국어판의 정오표는 에이콘출판사의 도서정보 페이지 http://www.acornpub.co.kr/book/restful-cookbook에서 확인할 수 있다. 책의 기술적인 내용에 관한 의견이나 문의는 bookquestions@oreilly.com으로 보내주길 바란다. 한국어판에 관해 질문이 있다면 에이콘출판사 편집 팀(editor@acornpub.co.kr)이나 옮긴이의 이메일로 연락주길 바란다.

표지 설명

표지의 동물은 그란디디에의 몽구스^{Galidictis grandidieri}를 그린 것이다. 1860년대에 여러 차례 마다가스카르를 방문한 프랑스의 자연학자이자 탐험가 알프레드 그란디디에^{Alfred Grandidier}의 이름을 땄으며 자이언트 스트라이프 몽구스라고도 알려졌다. 마다가스카르에는 알려진 몽구스 종이 여섯 가지가 있으며, 그란디디에의 몽구스는 마다가스카르 남서부 라크 츠마남페츠츠아^{Tsimanampetsotsa} 주변의 매우 작고 외진 아열대 지역에서만 서식하며 연구자들이 접근하기 어려운 곳이기도 하다.

길이가 32cm에서 40cm이며 꼬리 길이는 28cm에서 30cm 사이다. 밝은 갈색 털 위에 넓은 어두운 줄무늬가 8개 있다. 이 종은 지역의 더위를 피하기 위해 야행성으로 진화했다. 육식동물로서, 무척추동물을 먹는 것으로 알려져 있다. 평균 수명도 알려져 있지 않으며, 일 년 내내 일부일처제로 번식하는 것 정도로만 기록돼 있다.

멸종 위기의 동물로서, 서식지 역시 위험에 처해 있다. 오라일리의 책 표지에 등장하는 많은 동물들이 멸종 위기에 있으며, 이들 모두는 세계에 중요한 존재다.

## 1부

RESTful 하이퍼미디어의 이해

초보자는 작은 실수를 감당하는 방법과 시점을 모른다는 점에서 전문가와 다르다. 전문가는 자신의 일련의 행동에 따라 실수를 수습하는 시점도 늦어진다는 사실을 알고 있기 때문이다. 실수를 바로 수습하며 일하는 방식을 통해 숙련된 목수의 작업처럼 훌륭하고 매끄러우며 편안하고 걱정 없는 단순함을 느낄 수 있다.

– 크리스토퍼 알렉산더

## 1장

RESTful Web API의 소개

> 전 세계로 영향력을 넓혀, 한 번도 만난 적이 없는 사람들을 위해 생각지도 못한 문제
> 를 해결해야 한다.
>
> – RESTful Web API의 원칙

서문에서 IT 업계에서 자주 쓰는 키워드를 의도적으로 사용했다. 1장에서는 RESTful Web API의 사상과 숨은 의미를 파악하는 데 초점을 맞출 것이다.

'RESTful Web API'의 의미와 이 용어를 선택한 이유를 먼저 알아본다. 개방형 웹 하이퍼미디어에서 탄력적이고 안정적인 서비스를 제공할 수 있는 핵심 원동력 기술이 무엇인지를 알아본다. 이어서 패턴과 레시피의 선택과 설명을 포함하는 REST 기반 서비스 인터페이스를 구현하고 사용하기 위한 일련의 공유 원칙을 살펴본다.

하이퍼미디어 기반 구현은 메시지, 액션, 어휘^{vocabularies}라는 세 가지 핵심 요소에 의존한다(그림 1-1 참조). 하이퍼미디어 기반 솔루션에서 메시지는 HTML, Collection+JSON, SIREN과 같은 형식으로 전달된다. 메시지에는 뱅킹용 PSD2, 보험용 ACORD, 건강정보용 FIHR과 같이 공유 도메인 어휘를 기반으로 하는 콘텐츠가 포함된다. 또한 저장, 공유, 승인 등과 같이 사전에 정의된 작업도 메시지에 포함된다.

메시지, 액션, 어휘의 세 가지 개념으로 오늘날 HTTP를 통해 서비스를 구축하고 사용하는 방식, 관점과 접근 방식을 조금만 바꾸면 서비스의 사용성을 개선할 수 있다. 나아가 서비스를 만들고 접근하는 데 드는 비용을 낮추며 서비스 생산자와 소비자 모두의 역량

을 높여서 일부 서비스가 불안정하거나 사용할 수 없을 때도 실행 가능한 API 주도 비즈니스를 구축하고 유지할 수 있는 방법을 생각할 수 있기를 바란다.

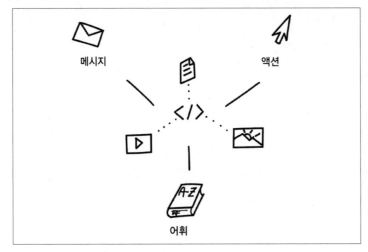

그림 1-1 하이퍼미디어 요소

RESTful Web API에 담긴 의미부터 생각해보자.

RESTful Web API

지난 몇 년 동안 저자는 기사, 프레젠테이션, 교육 자료에서 'RESTful Web API'라는 문구를 사용했다. 2013년에 레오나르드 리처드슨과 이 주제로 책도 썼다(『RESTful Web API』(인사이트, 2015)). 'RESTful Web API'는 혼란과 회의감을 들게도 했지만 늘 호기심을 불러 일으키는 문구였다. 세 단어가 조합된 이유는 무엇일까? 세 단어의 조합은 어떤 의미일까? 이런 질문에 답하면서 의미를 명확히 하는 것도 도움이 되리라 생각한다.

앞으로 살펴볼 내용은 다음과 같다.

- **필딩의 REST**: 컴포넌트 상호작용의 확장성, 인터페이스의 일반성, 컴포넌트의 독립적인 배포를 강조하는 아키텍처 스타일이다.

- **팀 버너스리의 웹**: 월드와이드웹은 범용성과 이식성을 가장 중시하는 범용 링크 정보 시스템으로 고안된 것이다.

- **앨런 케이의 극단적인 늦은 통합[1]**: 시스템이 가동 중인 상태에서 안전하게 바꿀 수 있는 시스템을 구축 가능한 디자인 미학이다.

필딩의 REST

1998년 초 로이 T. 필딩^{Roy T. Fielding}은 마이크로소프트에서의 프레젠테이션에서 '표현적 상태 전송(https://roy.gbiv.com/talks/webarch_9805/index.htm, 또는 현재의 REST)'의 개념을 설명했다. 필딩은 이 강연과 박사학위 논문 「아키텍처 스타일과 네트워크 기반 소프트웨어 아키텍처 설계」(https://www.ics.uci.edu/~fielding/pubs/dissertation/top.htm)에서 네트워크 기반 구현을 위한 고유한 소프트웨어 아키텍처가 있으며, 설명한 여섯 가지 스타일 중 하나인 REST가 특히 월드와이드웹에 적합하다는 아이디어를 제시했다.

몇 년 전에 '자주 인용되지만 결코 읽히지 않는다'라는 조롱조의 문장을 본 적이 있다. 이는 2000년에 발표된 필딩의 논문에도 잘 어울리는 말인 것 같다. 웹 기반 소프트웨어를 만들거나 유지관리를 하는 사람이라면 악명 높은 '5장. 표현적 상태 전송'뿐만 아니라 그의 다른 논문을 읽어보기 바란다. 20여 년 전에 그가 분류한 일반적인 스타일은 나중에 gRPC, GraphQL, 이벤트 주도(event-driven), 컨테이너 등의 개념으로 발전한다.

필딩의 REST 스타일을 그는 다음과 같이 요약한다.

> REST는 구성요소 상호작용의 확장성, 인터페이스의 일반성, 구성요소의 독립적 배치와 함께 상호작용 지연을 줄이고, 보안을 강화하며, 레거시 시스템을 캡슐화하기 위한 중간 구성요소에 중점을 두는 일련의 아키텍처 제약 조건들을 제공한다.

이 책에 포함된 레시피는 필딩의 '주요 관심 아키텍처 특성'을 보여주는 서비스를 설계하고 구축하는 데 도움이 되도록 선별됐다. 필딩의 아키텍처 속성의 목록과 속성 사용 및 의미를 간략히 정리했다.

---

1   OOP에서의 주요 개념으로 모든 것은 가장 늦게 결정된다는 의미다. – 옮긴이

성능

네트워크 기반 솔루션의 성능performance은 물리적 네트워크의 한계(처리량, 대역폭, 오버헤드 등)과 요청 지연 시간 및 병렬 요청을 통한 완료 시간 단축 기능 등 사용자가 인지하는 성능에 의해 결정된다.

확장성

실제 설정에서 많은 수의 구성요소나 구성요소 간의 상호작용을 지원하는 아키텍처의 특성이다.

단순성

솔루션의 단순성simplicity을 유도하는 주요 수단은 컴포넌트 내 기능 할당에 '관심사 분리 원칙'과 '인터페이스 일반성 원칙'을 적용하는 것이다.

변경 용이성

발전 가능성, 확장성, 사용자 지정 가능성, 구성 가능성 및 재사용 가능성을 통해 애플리케이션 아키텍처를 쉽게 변경modifiability할 수 있다.

가시성

캐시, 프록시, 기타 중재자 등을 사용해 다른 두 컴포넌트 간의 상호작용을 모니터링하거나 중재하는 컴포넌트의 기능이다.

이식성

런타임 시스템(예: 리눅스, 윈도, 맥OS 등) 간에 코드(예: 자바스크립트)와 데이터를 안전히 이동시키는 기능을 포함해 다양한 환경에서 같은 소프트웨어를 실행할 수 있다.

신뢰성

네트워크 내 단일 구성요소(머신 또는 서비스)의 장애로 인해 구현된 시스템 수준의 장애에의 취약성 정도를 의미한다.

어떤 제약 상황에서도 확장 가능하며 안전하게 수정하도록 만들어주기 때문에 이 책에서는 필딩의 아키텍처 원칙을 많이 사용할 것이다.

팀 버너스리의 웹

필딩의 작업은 또다른 웹의 선구자인 팀 버너스리^{Tim Berners-Lee}의 노력에 많은 영향을 받았다. 필딩이 논문을 쓰기 10여 년 전, 버너스리는 「Information Management: A Proposal(정보 관리: 제안)」(https://www.w3.org/History/1989/proposal.html)이라는 16페이지 분량의 문서를 만들었다. 문서에서 그는 자신이 근무하던 유럽 입자물리 연구소 CERN, Conseil Européenne pour la Recherche Nucléaire의 정보 저장 및 검색을 개선하기 위해 당시로서는 독특한 솔루션을 제안했다. 버너스리는 이를 월드와이드웹이라 불렀다(그림 1-2).

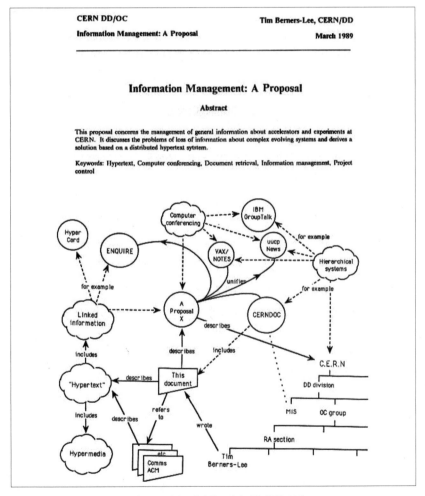

그림 1-2 버너스리의 월드와이드웹 제안(1989)

월드와이드웹은 하이퍼텍스트hypertext라는 용어를 만든 테드 넬슨Ted Nelson의 아이디어에서 차용한 것이다. 월드와이드웹은 링크를 통해 관련 문서를 연결하고 나중에 사용자가 데이터를 입력하도록 유도하는 양식을 만들어 전 세계 어디에 있든 서버로 전송할 수 있다. 서버는 일반 PC에서 실행되는 무료 소프트웨어로 빠르고 쉽게 설정할 수 있었다. 월드와이드웹의 설계는 작업에 적합한 가장 강력한 기술을 사용해야 한다는 '최소 노력의 법칙Rule of Least Power'2을 따랐다. 즉, 솔루션은 가능한 단순하게 유지해야 한다는 것이다. 이 원칙은 나중에 같은 이름으로 'W3C 문서(https://www.w3.org/2001/tag/doc/leastPower.html)'에 명문화됐다.

이는 월드와이드웹 커뮤니티에 참여하려는 모든 사람에게 진입 장벽을 낮췄을 뿐 아니라 1990년대와 2000년대 초반에 폭발적인 인기를 얻는 데 기여했다.

월드와이드웹의 목표

훗날 '웹'이 될 것을 설명한 문서(https://www.w3.org/2001/tag/doc/leastPower.html)에서 버너스 리는 '범용성과 이식성이 가장 중요한 보편적인 정보 연결 시스템을 지향해야 한다'라고 썼다.

웹에서는 어떤 문서든 웹의 다른 문서로 링크를 할 수 있도록 돼 있으며, 링크의 양 끝점에서는 별도의 조치를 취할 필요가 없었다. 기본적으로 사람들은 다른 사람의 권한 없이도 자유롭게 연결하고, 자신이 좋아하는 문서를 수집하며 자신만의 콘텐츠를 작성할 수 있었다. 이 모든 콘텐츠는 페이지 내의 링크와 양식을 사용해 원래 문서 작성자(연결되는 쪽)는 전혀 알지 못했던 고유한 경로와 경험을 만들었기 때문에 가능했다.

두 가지 월드와이드웹의 관점(최소 노력의 법칙과 자유롭게 정보를 연결할 수 있는 것)을 책의 전반에 걸쳐 사용할 것이다.

---

2   간단한 웹 페이지는 리액트(React)보다는 CSS + HTML로 만드는 방법이 최소 노력의 법칙에 부합하는 방식이다. – 옮긴이

앨런 케이의 극단적인 늦은 통합

'웹에서 작동하는' 안정적이고 탄력적인 서비스를 만드는 데 중요한 기여를 한 사람은 미국의 컴퓨터 과학자 앨런 케이$^{Alan\ Kay}$일 것이다. 그는 1990년대에 객체지향 프로그래밍$^{OOP,\ Object\ Oriented\ Programming}$이라는 개념을 대중화시킨 공로를 인정받기도 했다.

> **객체지향 프로그래밍에서의 앨런 케이**
>
> 2003년에 이메일 목록을 통해 앨런 케이는 객체지향 프로그래밍이란 '첫째는 메시징, 둘째는 상태 프로세스의 로컬 보존, 보호, 은닉, 셋째는 모든 사물의 극단적인 늦은 통합'을 의미한다고 말했다.

2019년에 커티스 포$^{Curtis\ Poe}$는 블로그에서 케이의 객체지향 프로그래밍 설명을 살펴보면서 다음과 같이 지적했다.

"극단적인 늦은 통합은 중요하다. 여러분이 하나의 정해^{正解}(옳은 해석)를 너무 일찍 반영하지 않게 해주기 때문이다(커밋을 하려는 결정을 쉽게 바꾸게 해준다). 하지만 시스템이 실행되는 동안에 변경을 허용한다."

 로이 필딩의 REST와 앨런 케이의 객체지향 프로그래밍과의 연관성에 대한 자세한 사항은 「The vision of Kay and Fielding: Growable Systems that Last for Decades(케이와 필딩의 비전: 수십 년간 지속되는 성장 가능한 시스템)」(https://www.devx.com/enterprise-zone/the-vision-of-kay-and-fielding-growable-systems-that-last-for-decades/)를 참조하기 바란다.

객체지향 프로그래밍을 사용하는 프로그래밍에 대한 케이의 관점과 마찬가지로 웹, 즉 인터넷 자체는 항상 실행 중이다. 인터넷에 연결된 컴퓨터에 설치하는 모든 서비스는 실제로는 시스템이 실행되는 동안 변경이 진행된다. 웹 전용 서비스를 만들 때에는 이점을 염두에 둬야 한다.

극단적인 늦은 통합이 시스템이 실행 중일 때도 변경을 무리없이 지원한다는 개념은 이책에서 사용될 주요 개념이다.

지금까지의 내용을 정리해본다.

- 시간이 지나도 안전하게 확장하고 수정할 수 있는 필딩의 아키텍팅 시스템을 사용한다.

- 버너스리의 '최소 노력의 법칙'으로 진입 장벽을 낮춰 누구나 쉽게 다른 사람과 연결할 수 있도록 할 것이다.

- 케이의 '극단적인 늦은 통합'을 활용해 시스템이 실행되는 동안에도 쉽게 변경 가능하게 할 것이다.

목표에 도달하기 위해 사용할 중요 테크닉 중 하나를 하이퍼미디어^{hypermedia}라고 한다.

왜 하이퍼미디어인가?

경험상, 하이퍼미디어의 개념은 정보 사회를 긍정적 방향으로 변화시킨 여러 가지 중요 도구와 기술의 교차점에 있다. 일반적으로 웹에서 서비스의 접근성과 사용성을 개선하는 데 많은 도움을 준다.

살펴볼 내용을 정리했다.

- 하이퍼미디어의 역사

- 메시지의 가치

- 어휘의 힘

- 리처드슨^{Richardson}의 마법의 문자열

하이퍼미디어의 역사는 거의 100여 년 전으로 거슬러 올라가며 심리학, 사람과 컴퓨터의 상호작용, 정보이론에 관한 20세기 저술에서 자주 등장한다. 하이퍼미디어는 버너스리의 월드와이드웹과 'API 웹'의 원동력이 되기도 한다. 그렇기 때문에 여기서는 좀 더 자세히 살펴볼 필요가 있다. 먼저 하이퍼미디어와 하이퍼미디어 기반 애플리케이션의 개념을 정의해본다.

하이퍼미디어의 정의

테드 넬슨은 1950년대 초에 *하이퍼텍스트*와 *하이퍼미디어*라는 용어를 만든 것으로 알려져 있다. 그는 1965년도 논문 「Complex Information Processing: A File Structure for the Complex, the Changing and Indertminate(복잡한 정보처리: 복잡성, 변화와 방해 요소를 위한 파일구조)」(https://dl.acm.org/doi/10.1145/800197.806036)에서 두 용어를 사용했다. 2008년 토마스 이사코위츠^{Tomas Isakowitz}에 따르면 하이퍼텍스트 시스템은 정보를 담는 노드와 노드 간의 관계를 나타내는 링크로 구성된다. 하이퍼미디어 시스템은 시스템 요소 간의 연결에 중점을 둔다.

기본적으로 하이퍼미디어는 문서, 이미지, 서비스, 심지어 문서의 텍스트 스니펫과 같은 개별 노드를 서로 연결할 수 있는 기능을 제공한다. 네트워크에서 이 연결은 URI^{Universal Resources Identifiers}로 이뤄진다. 연결에 일부 데이터를 전달하는 옵션이 포함될 때, 이런 링크는 사용자나 스크립트화된 프로그램의 입력을 유도할 수 있는 형식으로 표현된다. 가령, HTML은 '〈A〉, 〈IMG〉, 〈FORM〉'과 같은 태그를 통해 링크와 양식을 지원한다. 하이퍼미디어 링크와 양식을 지원하는 형식에는 여러 가지가 있다.

하이퍼미디어 요소들은 요청 결과의 일부로 반환될 수도 있다. 응답에 링크와 양식을 제공하는 기능을 통해 클라이언트 애플리케이션은 해당 하이퍼미디어 요소를 선택하고 활성화해 경로에 따라 진행될 수 있는 것이다. 따라서 일련의 링크와 양식(반환된 데이터와 함께)으로 구성된 네트워크 기반 솔루션을 만들 수 있으며, 이를 따라가면 설계된 문제(예: 계산, 원격에서의 데이터 검색, 업데이트, 저장 등)에 대한 해결책을 제공토록 할 수 있다.

링크와 양식은 하이퍼미디어 기반 애플리케이션을 구동하는 일반적인 인터페이스(예: HTTP를 통한 하이퍼미디어 문서 사용)를 제공한다. HTML 브라우저와 같은 하이퍼미디어 기반 클라이언트 애플리케이션은 이런 일반성을 활용해 소스 코드를 수정하거나 업데이트하지 않고도 광범위하게 새 애플리케이션을 지원할 수 있다. 링크를 따라가거나 한 솔루션에서 다음 솔루션으로 이동하고, 설치된 같은 클라이언트 애플리케이션을 사용해 뉴스를 읽고, 할 일 목록을 업데이트하며, 온라인 게임을 플레이하는 등의 작업을 할 수 있는 것이다.

이 책의 레시피는 하이퍼미디어 기반 디자인을 활용해 HTML 브라우저와 같은 사람 중심의 클라이언트 애플리케이션뿐 아니라 프로그램 중심의 애플리케이션도 구동할 수 있도록 한다. 이는 네트워크 서비스에 접근하기 위해 API를 사용하는 클라이언트에 특히 유용하다. 4장에서는 설치된 클라이언트 애플리케이션 코드 베이스를 변경하지 않고도 하이퍼미디어 기반 클라이언트 애플리케이션을 빠르게 스크립팅할 수 있는 커맨드 라인 애플리케이션^{Command Line Application}(이하 CLI)을 소개한다(부록 D 참조).

하이퍼미디어의 역사

정보를 통해 사람들을 연결한다는 아이디어는 오래 전부터 있었다. 1930년대 벨기에의 폴 오틀렛^{Paul Otlet}은 사람들이 오디오, 비디오, 텍스트 콘텐츠의 맞춤형 조합 형태를 검색하고 선택해 어디에서나 결과를 볼 수 있는 머신를 구상했다. 거의 100년이 걸렸지만 이 스트리밍 혁명은 21세기에 마침내 도래했다.

폴 오틀렛

1940년에 가정용 컴퓨터가 다양한 뉴스, 엔터테인먼트 및 정보 소스에 연결할 수 있는 방법을 '월드와이드네트워크'라고 했던 오틀렛의 관점(그림 1-3 참조)은 뒷부분에 소개될 테드 넬슨과 팀 버너스리가 상상한 연결 세상과 매우 흡사하다.

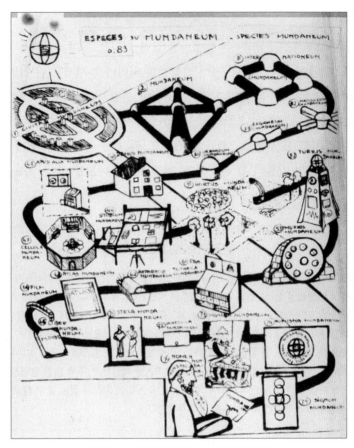

그림 1-3 오틀렛의 월드와이드네트워크(1940)

버니바 부시

맨해튼 프로젝트의 매니저로 일하면서 버니바 부시^{Vannevar Bush}는 창의적인 환경에서 문제를 해결하기 위해 모여든 팀들이 서로 아이디어를 던지며, 한 연구 아이디어에서 다른 연구 아이디어로 발전하고 과학 논문 사이에 새로운 연결을 만드는 것에 주목했다. 그는 이런 관찰을 1945년 7월에 「As We May Think(우리가 생각하는 대로)」(https://www.theatlantic.com/magazine/archive/1945/07/as-we-may-think/303881)에 발표했으며 여기서 그는 오틀렛이 그린 독자의 머리에 장착된 '지시^{pointing}' 장치와 마이크로필름에 의존하는 상황과 비슷하게 묘사했다.

더글라스 엥겔버트

「As We May Think(우리가 생각하는 대로)」에 실린 기사는 동아시아에서 복무 중인 한 젊은 군 장교인 더글러스 엥겔버트^{Douglas Engelbart}를 버니바 부시가 그린 작업장을 현실로 만들어 보려는 도전의 시작점이 됐다. 거의 20년이 걸렸지만, 1968년 엥겔버트는 지금은 '모든 데모의 어머니^{The Mother of All Demos}'로 알려진 세션을 이끌었다. 이 세션에서는 작업자가 포인팅 장치를 사용해 텍스트를 강조하고 '링크'를 따라갈 수 있게 해주는, 당시로서는 생소한 '대화형 컴퓨터'를 선보였다. 엥겔버트는 데모를 위해 '마우스' 포인터를 발명했다.

모든 데모의 어머니

50여 년 전인 1968년 12월 샌프란시스코에서 열린 메인프레인 컨벤션에서 엥겔버트가 선보인 '모든 데모의 어머니'에서 오늘날 실리콘밸리 데모의 표준을 정립했다. 엥겔버트는 90분 동안 무대에 홀로 서서 특별한 디자인된 이머스(Eames) 의자(오늘날 에어론(Aeron)의자의 원형)에 앉아 직접 제작한 키보드, 마우스, '패들' 세트를 사용하면서 현대판 마돈나 뮤직비디오에 나오는 듯한 귀 위 마이크를 통해 차분히 자신의 활동을 설명했다. 엥겔버트는 최초의 라이브 인터렉티브 컴퓨터 화면을 보여주면서 잘라내기-복사-붙여넣기, 하이퍼링크, 멀티커서 편집과 같은 기능을 설명했고, 수백 마일 떨어진 동료들과 화면 속 화면, 버전 제어 및 기타 일반적인 사용과는 아직 10년 이상 거리가 있는 몇 가지 개념을 통해 소통했다. 아직 동영상을 못봤다면 찾아보기를 강력 추천한다.

테드 넬슨

엥겔버트와 동시대 사람인 테드 넬슨은 1965년 초부터 하이퍼링크, 하이퍼텍스트, 하이퍼데이터, 하이퍼미디어 등 자신이 만든 용어를 사용해 개인용 컴퓨팅의 힘(https://dl.acm.org/doi/10.1145/800197.806036)에 대해 글을 써 왔다. 1974년에 그의 저서 『Computer Lib/Dream Machines』(Tempus Books, 2019)에서 인터넷을 통해 서로 연결된 개인용 전자기기로 구동되는 세상을 제시했다. 같은 시기에 앨런 케이는 오늘날 소형 노트북 및 태블릿과 매우 유사한 다이나북(https://en.wikipedia.org/wiki/Dynabook) 장치를 발표했다.

정보를 연결하고 공유하는 방법에 대한 이런 초기의 연구에는 사물 간의 연결이 창의성과 혁신을 강화한다는 핵심 사상이 있었다. 1980년대 후반, 팀 버너스리는 선구자들의 모든 아이디어를 구현한 성공적인 시스템을 구축했다. 버너스리의 WWW는 문서 페이지 링크를 안전하고, 쉽고, 확장 가능하게 만들었다.

이것이 바로 서비스 API를 사용해 사물 간의 연결을 정의해 새로운 솔루션을 가능하게 하는 것이다.

제임스 J. 깁슨

테드 넬슨이 하이퍼텍스트라는 용어를 세상에 소개할 무렵, 다른 사람들도 하이퍼텍스트와 비슷한 용어를 만들고 있었다. 1966년 사람과 다른 동물이 주변 세계를 지각하고 상호작용하는 방식에 관한 저서 『The Sense Considered as Perceptual Systems』(Houghton Mifflin, 1966)(https://www.worldcat.org/ko/title/senses-considered-as-perceptual-systems/oclc/193299)을 쓴 심리학자 제임스 J. 깁슨[James J. Gibson]은 어포던스[affordance]라는 용어를 만들었다. 다음은 깁슨의 말이다.

> 환경의 어포던스는 환경이 동물에게 제공하고, 공급하고, 충족시키는 것을 의미한다.

깁슨의 어포던스에서는 넬슨의 하이퍼링크가 사람들이 인터넷에서 문서와 상호작용을 할 수 있게 해주듯이 동물과 환경과의 상호작용을 지원한다. 깁슨과 동시대인인 도널드 노먼[Donald Norman]은 1988년 저서 『The Design of Everyday things』(Doubleday, 2002)에서 어포던스[3]라는 용어를 대중화했다. 사람-컴퓨터 상호작용[HCI]운동의 할아버지로 여겨지는 노먼은 소프트웨어 설계자가 사람과 컴퓨터의 상호작용을 이해하고 장려할 수 있는 방법을 파악하기 위해 '어포던스'를 사용했다. 소프트웨어의 사용성에 대해 우리가 알고 있는 대부분의 내용은 노먼과 이 분야의 다른 사람의 연구에서 비롯된 것이다.

하이퍼미디어는 어포던스에 의존한다. 하이퍼미디어 요소(링크 및 양식)는 웹 응답 안에서 기존 문서 검색, 저장을 위한 데이터 제출 등과 같은 추가 작업을 가능하게 하는 요소다. 깁슨과 노먼은 레시피에서 활용하게 될 컴퓨터 상호작용의 심리적, 사회적 측면을

---

3   어떤 행동을 유도한다는 뜻으로 행동유도성이라고도 한다. 여기에서는 원문 그대로 사용했다. – 옮긴이

대표한다. 따라서 여러 서비스 간의 애플리케이션 상태를 수정 가능하게 하기 위한 링크와 양식들을 포함하는 많은 레시피를 여기서 만나게 될 것이다.

메시지의 가치

1장의 앞부분에서 살펴본 바와 같이, 앨런 케이는 객체지향 프로그래밍을 메시지 전달에 뿌리를 둔 개념으로 봤다(앨런 케이의 극단적인 늦은 통합 참조). 팀 버너스리는 1992년 메시지 중심의 하이퍼텍스트 전송 프로토콜[HTTP]의 개념을 세울 때 이 관점을 채택했으며 이듬해 HTML의 메시지 형식을 정의하는 데 큰 역할을 했다.

지역화된 객체나 함수를 전달하기 위한 것이 아닌, 일반화된 메시지를 전달하기 위한 프로토콜과 형식을 만들어 웹의 미래를 정립했다. 이런 메시지 중심 방식은 조정하기 쉽고 완전히 새로운 형식(XML, JSON 등) 및 프로토콜의 변형된 사용(문서, 웹 사이트, 웹 앱 등)과 같은 향후 개선 사항을 위한 보다 안정적인 플랫폼을 제공한다.

몇 가지 실패 사례

HTTP의 캡슐화된 메시지 접근 방식은 자바 애플릿, 플래시, XHTML과 같은 '성공적이지 않은' 혁신도 낳았다. HTTP 프로토콜은 다양한 대안을 지원하다보니 실패한 대안들도 만들어졌지만, 수명은 제한적이었고 생태계에서 이런 것들이 사라져도 HTTP에는 큰 문제가 되지 않았다. 이는 애플리케이션 레벨의 통신에 대한 HTTP의 접근 방식이 탄력성과 유연성을 갖췄다는 것을 입증한다.

온라인의 메시지 중심 솔루션은 실세계에서도 유사하다. 위계나 리더십이 없기로 유명한 흰개미나 개미와 같은 곤충 군집은 페로몬 기반 메시지 시스템을 사용해 의사소통을 한다. 넬슨이 하이퍼미디어를, 깁슨이 어포던스를 논의할 무렵, 미국의 생물학자이자 자연주의자인 E. O. 윌슨[Willson]은 윌리엄 보서트[William Bossert]와 함께 '개미 군집과 대규모의 복잡한 군집을 관리하는 방법'(http://www.n3cat.upc.edu/papers/Bossert1963.pdf)으로 페로몬을 사용하는 것에 대해 글을 쓰고 있었다.

위 내용을 염두에 둔다면, 이 책의 레시피가 모두 프로그램 간에 정보를 전달하는 메시지 중심 접근 방식에 의존한다는 점에 수긍할 것이다.

어휘의 힘

메시지 기반 접근 방식은 플랫폼으로서는 나쁘지 않다. 하지만 HTML과 같은 일반적인 메시지 형식도 의미 있는 정보를 이해할 수 있는 방식으로 전달해야 한다. 1998년, 로이 필딩이 네트워크 애플리케이션을 위한 REST 접근 방식을 개발할 무렵, 피터 모빌Peter Morville과 동료 루이스 로젠펠드Louis Rosenfield는 『인포메이션 아키텍처』(인사이트, 2011)라는 책을 출간했다. 이 책은 정보 아키텍처 운동의 시발점이 된 것으로 알려져 있다. 미시간 대학교의 댄 클린Dan Klyn 교수는 온톨로지ontology(특정한 의미), 택소토미taxonomy(부분의 배열), 코레오그래피choreography(부분 간의 상호 규칙)[4]이라는 세 가지 핵심 요소를 사용해 정보 아키텍처를 설명한다.

온톨로지, 택소토미, 코레오그래피의 세 가지 요소는 모두 네트워크의 애플리케이션 어휘의 일부다. 특히 월드와이드웹이 성공한지 얼마 지나지 않아 팀 버너스리는 리소스 기술 프레임워크RDF(https://www.w3.org/RDF) 이니셔티브를 통해 웹의 어휘 문제에 관심을 기울였다. RDF와 JSON-LD와 같은 관련 기술은 메시지의 의미에 초점을 맞춘 것이며, 우리도 레시피에서 이를 적용할 것이다.

클린의 코레오그래피는 하이퍼미디어 링크와 양식을 통해 구현된다. 하이퍼미디어 요소를 통해 머신 간 전달되는 데이터가 바로 온톨로지다. 택소토미는 네트워크에 있는 서비스 간의 연결로, 전체적으로 보면 만들고자 하는 분산형 애플리케이션이다.

리처드슨의 마법의 문자열

웹에서 서비스를 만들고 상호작용할 때 온톨로지의 사용과 그 효과를 설명하려 한다. 모든 애플리케이션에 일관성 있는 용어(예: 'givenName', 'familyName', 'voicePhone' 등)가 필요하다는 것은 당연한 일이지만, 이런 용어는 본질적으로 레오나르드 리처드슨이 2015년에 출간한 책 『RESTful Web API』(인사이트, 2015)(https://www.worldcat.org/ko/title/restful-web-apis/oclc/962505355)에서 '마법의 문자열'이라고 썼다.

4 　코레오그래피는 원래 무용에서 사용된 언어로 춤의 동작과 배열을 구성하는 것을 의미한다. IT에서는, 특히 마이크로서비스 아키텍처(MSA)에서 서로 다른 서비스들이 중앙집중식의 조정 없이 독립적으로 상호작용하는 방식을 나타낸다. – 옮긴이

속성 이름에 사용되는 식별자는 꽤 오랫동안 사용됐다. RDF 운동 전체(앞의 '어휘의 힘' 참조)는 잘 정의된 용어에 대해 네트워크 전반에서 이해를 높이는 데 기반을 둔다. 애플리케이션 수준에서 에릭 에반스Eric Evans의 저서인 『도메인 주도 설계』(위키북스, 2011)에서는 '유비쿼터스 언어(모든 팀원이 애플리케이션의 모든 활동을 연결하는 데 사용)'와 '한정된 콘텍스트(대규모 애플리케이션 모델을 용어가 잘 이해되는 일관된 하위 섹션으로 분할하는 방법)'의 개념을 설명하는 데 많은 시간을 할애한다.

에반스는 필딩이 논문을 완성할 즈음에 책을 집필 중이었다. 두 사람 모두 대규모 애플리케이션에 대한 안정적인 이해를 얻고 유지하는 방법에 초점을 맞추고 있었다. 에반스는 단일 코드베이스 내의 일관성에 초점을 맞춘 반면 필딩은 여러 코드베이스 간에서 같은 목표를 달성하기 위해 노력하고 있었다.

이 책에 수록된 레시피의 핵심 요소는 개별적으로 구축되고 유지 관리되는 서비스 간에 공유되는 콘텍스트다. 우리는 웹에서 서비스를 설계하고 구현함으로서 리터드슨이 말하는 '의미의 격차'를 줄이고 있다.

지금까지 서비스 네트워크에서 아이디어를 더 잘 전달하기 위해 머신를 사용하는 데 쏟은 100년 이상의 생각과 노력('하이퍼미디어의 역사' 참조)을 살펴봤다. 또한 사회 공학과 심리학이 하이퍼미디어 메시지에서 행동 선택을 지원하는 방법으로 어포던스를 어떻게 인식했는지 알아봤다('제임스 J. 깁슨' 참조). 마지막으로, 네트워크 전체에서 의미 이해를 가능하게 하고 이를 지원하기 위해 어휘의 정리 및 유지 관리의 중요성('어휘의 힘' 참조)도 살펴봤다.

이런 개념은 책 전체에서 유용한 레시피를 식별하기 위한 일종의 툴킷 또는 가이드라인을 구성한다. 각 패턴의 세부 사항을 살펴보기 전에 이 책에 소개된 모든 콘텐츠의 중요한 원칙을 제시하는 내용을 알아본다.

웹에서 확장 가능한 서비스를 위한 공유 원칙

1장을 마무리하면서, 이 책에 포함된 레시피를 선택하고 정의할 때 안내 역할을 할 기본 수준의 공유 원칙을 설명한다. 하나의 포괄적인 원칙은 다음과 같다.

> 전 세계로 영향력을 넓혀, 한 번도 만난 적이 없는 사람들을 위해 생각지도 못한 문제를 해결해야 한다.

이 원칙을 세 가지 구성요소로 좀 더 세분화해 볼 수 있다.

전 세계로 영향력을 넓힌다

세상에는 수많은 창의적인 사람들이 있고, 그중 수백만 명이 인터넷에 접속한다. 서비스를 구축하거나 문제를 정의하거나 솔루션을 구현할 때 웹을 통해 풍부한 정보와 창의력을 얻을 수 있다. 하지만 서비스 모델과 구현 구도가 우리의 도달 범위를 제한할 때가 매우 많다. 원하는 것을 찾기가 매우 어렵기도 하고, 다른 사람들이 문제에 대해 창의적인 해결책을 찾았다고 하더라도 그것을 내 업무에 적용하기에는 너무 많은 비용이 들고 복잡할 때가 있다.

이 책의 레시피는 다른 사람이 솔루션을 찾을 가능성을 높이고 다른 프로젝트에서 솔루션을 사용할 수 있는 진입장벽을 낮추는 방식으로 선택하고 설명하려고 노력했다. 즉, 설계 및 구현 세부 사항에는 비교적 쉽게 접근하고 구현할 수 있는 표준화된 메시지와 프로토콜에 적용되는 상황별 어휘의 개념을 강조했다.

좋은 레시피는 솔루션을 공유하고 다른 사람의 솔루션을 찾아서 사용할 수 있는 능력, 즉 전 세계로 영향력을 넓혀 준다.

한 번도 만난 적이 없는 사람들을 위한다

전 세계를 대상으로 하는, 웹에서 동작하는 서비스를 목표로 하기 때문에 우리의 서비스를 처음 접하는 사람들도 접속할 수 있다는 점을 전제해야 한다. 따라서 일관되고 명확한 어휘로 서비스 인터페이스를 신중하고 정확히 정의해야만 한다. 에릭 에반스의 '유비쿼터스 언어'를 서비스 전반에 적용해야 한다. 설명하지 않아도 사람들이 서비스의 의도를 쉽게 이해할 수 있도록 해야 한다. 우리의 구현은 필딩의 표현을 빌리자면 '무상태'여야 한다. 즉, 서비스를 이해하고 성공적으로 사용하는 데 필요한 모든 맥락을 갖고 있어야 한다.

좋은 방법론은 '처음 보는 이들'(서비스 또는 사람들)이 서로 안전하고 성공적으로 상호 작용해 문제를 해결할 수 있도록 하는 방식이다.

생각지도 못한 문제를 해결해야 한다

우리가 아직도 생각하지 못한 문제에 대한 솔루션을 구축하는 데 사용할 수 있는 서비스를 만들려 한다는 생각이 중요하다. 그렇다고 해서 다른 사람들이 사용할 수 있는 일종의 '일반 서비스(예: 서비스형 데이터 저장소나 액세스 제어 엔진)'를 만들려는 것은 아니다. 그렇다. 이런 서비스도 필요하지만 지금 내가 생각하는 것은 이게 아니다.

> 잘 설계된 사물의 가치는 풍부한 어포던스를 가질 때다. 어포던스란 사용하는 사람들이 설계자가 상상하지 못한 일을 할 수 있을 때를 의미한다.
>
> – 도널드 노먼(https://www.youtube.com/watch?v=NK1Zb_5VxuM)

이런 레시피를 장인의 공방에 있는 도구라 생각한다. 어떤 작업을 하든 그 작업에 딱 맞는 도구가 있으면 더 잘할 수 있을 때가 많다. 이 책에서는 여러분의 도구에 깊이와 만족감을 더할 수 있는 레시피를 선택하려고 노력했다.

좋은 레시피는 다른 사람들이 미처 생각하지 못한 방식으로 사용할 수 있도록 서비스를 만들어 준다.

타임 스케일 다루기

시스템에는 고유한 수명이 있으며, 고유한 타임 스케일에 따라 작동한다는 점을 꼭 명심해야 한다. 인터넷은 1970년대부터 시작됐고 본질적인 기본 기능은 변하지 않았지만, 인터넷 자체는 시간이 지남에 따라 누구도 예측할 수 없었던 방식으로 발전했다. 이는 노먼이 말한 '잘 설계된 객체'라는 개념을 보여주는 예시다.

대규모 시스템은 천천히 진화할 뿐만 아니라 거의 사용되지 않는 기능도 꽤 오랫동안 지속된다. HTML언어의 기능들(예: '<marquee>', '<center>', '<xmp>' 등)은 더 이상 사용되지 않지만, 오늘날 온라인에서 이런 인스턴스들을 찾을 수 있다. 이는 인터넷에 한 번 퍼지면 쉽게 지울 수 없기 때문이다. 결국 우리가 지금 하는 일도 장기적으로 수년 동안 영향을 미칠 수 있다.

수십 년의 타임 스케일을 고려한 설계

설계와 구현 단계에서 장기적인 타임 스케일을 활용할 수 있다. 예를 들어 필딩은 'REST는 수십 년 타임 스케일을 고려한 설계이며, 모든 세부 사항은 수명과 독립적인 진화를 촉진하기 위함'(https://roy.gbiv.com/untangled/2008/rest-apis-must-be-hypertext-driven#comment-724)이라고 말했다.

물론 모든 솔루션이 장기적으로 유지되도록 설계할 필요는 없다. 당장 눈 앞의 불을 끄기 위한 단기적인 솔루션을 만들어야 할 때도 있을 것이다(예: 제품 카탈로그의 대량 업데이트를 위한 간단한 서비스). 그런 상황이라면 단기 솔루션도 나쁘지 않다. 여러분의 창작물이 항상 단기적이지만 않으면 된다고 생각한다.

좋은 레시피는 수십 년 타임 스케일을 고려해 독립적인 발전과 수명 연장을 가능하게 한다.

이제 모든 것이 바뀔 것이다

무엇을 하든, 무슨 계획을 얼마나 많이 세우든 모든 것이 바뀔 것이라는 점을 말하고 싶다. 인터넷은 지난 수십 년 동안 예상치 못한 방식으로 발전했다. HTTP와 HTTP 메시지 형식의 역할도 마찬가지였다. 영원히 존재할 것 같은 소프트웨어는 더는 사용할 수 없으며 한때는 일회용이라고 생각했던 애플리케이션은 오늘날까지 사용되고 있다.

무엇을 구축하든 잘만 해 놓으면 모르는 사람들에 의해 예상치 못한 방식으로 사용돼 지금까지 들어보지 못한 문제를 해결할 수 있다. 네트워크 레벨의 소프트웨어에 관련된 사람들이라면 우리가 한 노력의 운명에(좋든 싫든) 놀랄 수 밖에 없는 것이 인생이다.

주목받고 유용성을 인정받기까지 10년이 걸린 프로젝트와 20년 넘게 운영되고 있는 시스템의 단기 수정 사항도 만든 적이 있다. 수명이 긴 시스템에서 일하는 즐거움은 크다. 끊임없는 변화에서 놀라움을 느끼지만, 실망으로 끝난 적은 없다. 계획대로 일이 진행되지 않더라도 언젠가는 모든 것이 바뀔 것이라는 믿음이 생겼다.

시간이 흐르면 모두 변한다는 속성에 따라, 영원히 좋은 레시피 또한 없음을 우리는 알고 있다.

앞에서 적은 모든 내용을 토대로 엄선한 레시피에 숨겨진 기술 및 설계에 대한 사고를 좀 더 깊이있게 살펴보는 시간을 가지려 한다. '하이퍼미디어식 사고'를 지금부터 살펴보자.

## 2장

하이퍼미디어식 사고와 설계

세상에는 홀로 분리된 시스템이란 없으며, 하나의 연속체다. 시스템의 경계를 어디에 그릴지는 논의와 목적에 따라 달라진다.

– 도넬라 H. 메도즈

2부에서의 레시피를 살펴보기 전에 웹의 뿌리와 웹 디자인의 이면에 있는 아이디어를 먼저 돌아본다. 이를 위해 2장에서는 네트워크 컴퓨팅의 중요 개념과 기술적 이정표 몇 가지를 짚어본다. 이런 업적들은 오늘날 웹에서 상호작용하는 방식과 컴퓨팅을 다루는 일반적인 방식을 형성하는 데 도움이 됐다.

네트워크를 프로그래밍할 때 흔히 머신의 프로그래밍을 위한 요소에 초점을 맞출 때가 많다. 프로그래밍 언어, 메모리 사용, 데이터 저장, 함수를 통한 속성의 전달 등이 프로그래밍에서의 주요 도구로 꼽힌다. 하지만 네트워크 프로그래밍을 할 때는 새로운 장벽이 늘 등장했으며, 이는 새로운 사고와 새로운 도구가 필요하다는 것을 뜻했다.

다음 절에 몇 가지 역사적 자료와 함께 상태 로컬 프로그래밍 모델을 넘어서려는 오늘날의 시도와 적용에 대한 해설을 실었다. '하이퍼미디어식 설계로 기반 구축하기'에서는 다음과 같은 레시피에 대한 아이디어를 확인할 수 있다.

- 1960년대 초에 처음 논의된 머신 간 공통 통신 구축 방법
- 1990년대의 정보 아키텍처 개념

- 네트워크에서 독립적인 머신을 위한 런타임 프로그래밍 모델로서 하이퍼미디어의 적용

그림 2-1에서와 같이, 넬슨의 하이퍼미디어식 사고는 앨런 케이의 늦은 통합을 지원하기 위해 로이 필딩의 범용 인터페이를 채택하는 것을 말한다. 동시에 탄력적인 솔루션을 구축하기 위해 확장성과 독립적인 배포가 가능성을 생각해야 한다.

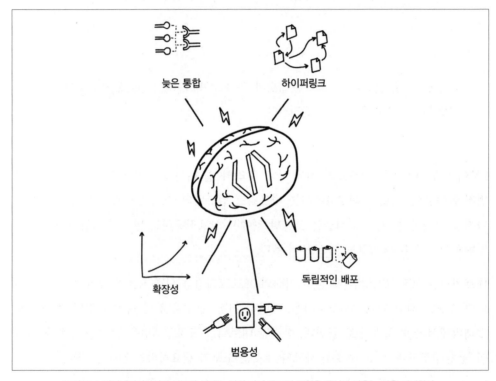

그림 2-1 하이퍼미디어식의 사고와 설계는 여러 가지 목표의 균형을 동시에 맞추는 것을 의미한다.

'하이퍼미디어 클라이언트로 회복탄력성 높이기'절에서는, 설명하는 자료에서 서비스 네트워크에서 동작하는 클라이언트 애플리케이션 제작의 배경을 설명한다. 즉, 네트워크를 위한 강력한 타입 정의로 프로토콜과 형식에 초점을 맞추고, 런타임에 메시지의 상호작용 세부 사항(링크 및 양식)을 인식하고 이에 반응하는 기능, 클라이언트와 서비스 간에 공유되는 이해로써 의미적 어휘에 의존하는 등 회복탄력성과 적용성을 향상시

키는 API 클라이언트의 몇 가지 중요한 기능에 초점을 맞춘다. 세 가지 요소는 프로토콜 세부 정보, 리소스 URL, 메시지 구조, 운영 워크플로와 같은, 서비스 요소가 시간이 지남에 따라 변경돼도 '중단'되지 않는 안정적인 API 클라이언트로 이어지는 일련의 사례를 구성한다.

성공적인 서비스 API를 설계하기 위한 핵심 과제는 안정성와 발전 가능성, 즉 API 클라이언트와의 약속을 지키고 인터페이스 뒤에 있는 서비스 기능의 발전을 지원할 수 있는 능력의 균형을 맞추는 것이다. 이후에 나올 '하이퍼미디어 서비스를 통한 안정성과 변경 용이성 증진시키기'절에서 다룰 개념은 이 과제를 해결하는 데 핵심적 역할을 한다. 여기에는 변경 용이성의 문제(시간이 지남에 따라 변경 사항을 처리해야 하는 현실적 문제)와 네트워크에서 다른 서비스를 찾고 소비하기 위한 머신 중심의 '셀프 서비스' 접근 방식의 필요성이 언급된다. 이 과정에서 문제 해결을 위해 어떻게 하이퍼미디어를 적용했는지 보여준다.

'분산 데이터 지원하기' 절에서는 데이터가 증거라는 개념, 즉 어떤 행동에 대한 증거이자 그 행동의 잔여 효과라는 개념을 소개한다. 대부분의 네트워크 프로그래밍은 데이터가 설계의 중심에 있다는 잘못된 시각에서 시작한다. 데이터는 디자인에서 중요하지만, 중심이 아닌 외부에 있는 것으로 생각하는 것이 최적이라는 사실을 설명한다. 또한 정보 검색 쿼리 언어^{IRQL}와 데이터베이스 쿼리 언어^{DQL}의 역할과 네트워크 프로그래밍을 할 때 IRQL에 크게 의존하는 방식이 중요한 이유도 알아본다.

'하이퍼미디어 워크플로로 확장성 강화하기'에서는 멀티서비스 워크플로를 설계하고 구현할 때의 어려움을 살펴본다. 머신 중심 프로그래밍의 세계에서는 한 명의 관리자가 서비스 통합을 담당할 때 오케스트레이션으로, 중재자의 도움 없이 서비스가 직접 긴밀하게 협력할 때는 코디네이션으로 모델링된다. 두 가지 접근 방식 모두 머신 중심 시스템에서는 의미가 있지만, 네트워크에서 독립적인 서비스를 통합하려면 링크와 형식(하이퍼미디어)을 사용해 다양한 위치에서 실행되는 일련의 독립적인 작업을 상호확인해 정의된 문제를 해결하는 프로토콜 및 어휘 기반 접근 방식이 더 적합하다. 이런 워크플로의 정의에 따라 네트워크 프로그래밍이 이뤄진다.

서비스 간 상태 공유, 단일 워크플로의 정의(일명 작업)의 범위 제한, 워크플로 통합 가시성 지원, 런타임에 워크플로 오류 처리 등 웹 기반 워크플로를 구현하기 위한 과제(7장에서 자세히 다룸)도 살펴본다. 다룰 내용이 많으니 지금부터 시작하겠다.

하이퍼미디어 설계로 기반 구축하기

이 책의 첫 번째 레시피(3장)는 설계 과제에 중점을 둔다. 설계 레시피에는 세 가지 일반적인 아이디어가 있다.

- 네트워크로 연결된 머신 간의 합의된 통신 형식

- 데이터를 정보로 해석하는 모델

- 런타임 시 머신에 어떤 작업이 유효한지를 알려주는 기술

이 책의 모든 레시피는 네트워크로 연결된 컴퓨터에서 실행되는 애플리케이션 서비스 간에 유용한 연결을 만드는 아이디어에 관한 것들이다. 오늘날 가장 일반적인 방법은 패킷 레벨에서는 TCP/IP를, 메시지 수준에서는 HTTP를 사용하는 방식이다.

미국 국방부가 처음에 최초의 머신 간 네트워크^{ARPANET}를 설계하고 자금을 지원한 방식에는 오늘날 우리가 사용하는 인터넷이 된 흥미로운 역사가 있다. 여기에는 우주의 외계인이 관련돼 있는데, 1960년대 미국이 컴퓨터 통신을 개발하던 시절, 우주에서 외계인을 만날 수 있다는 가능성이 머신 간 통신을 위한 설계의 일부로 이어졌다.

머신 간 통신을 위해 합의된 프로토콜과 함께 머신 간 데이터를 정리하고 공유하는 작업은 또 다른 설계 주제다. 이를 위해 정보 아키텍처^{IA, Information Architecture}와 온톨로지, 택소노미, 코레오그래피의 가치를 알아볼 것이다. 정보 아키텍처의 역사는 로이 필딩이 REST 소프트웨어 아키텍처 스타일을 개발하던 시기와 거의 동시에 시작됐으며, 버너스리의 월드와이드웹과 HTML 등장에 큰 영향을 받았다. 또한 3장에서는 공유 어휘 패턴을 사용해 서비스 기능을 설명하는 방법으로 IA를 사용한다.

마지막으로, 서로 만난 적이 없는 다양한 사람들이 만든 프로그램들이 '하이퍼미디어를

애플리케이션 상태의 엔진으로 사용해' 실시간으로 열린 네트워크에서 성공적으로 상호작용하는 방법의 핵심을 직접 다룰 것이다. HTTP를 통한 신뢰할 수 있는 연결과 어휘를 사용한 일관된 모델링은 상호작용을 위한 전제 조건이며, 하이퍼미디어는 상호작용을 가능하게 하는 기술이다. 3장에서의 레시피들은 하이퍼미디어 상호작용을 만드는 방법을 식별할 것이며, 이어지는 장들은 그러한 설계를 일관되게 기능케 하는 방법의 구체적인 내용을 담았다.

외계인의 존재 가능성에서 시작해, 정보 구조, 하이퍼미디어가 RESTful Web API의 설계를 만드는 방식을 살펴본다.

리클라이더와 외계인

1963년, 미국 국방부에 근무하던 J.C.R '릭Lick'인 리클라이더Licklider는, 당시 고등연구계획국ARPA에서 일하던 동료들에게 사무실 내부 메모를 작성했다. 몇 년 후, 이 그룹은 오늘날 인터넷의 전신인 ARPANET을 만드는 일을 맡게 된다. 그러나 초기 단계에서 리클라이더는 청중을 '은하계 네트워크의 기억자 및 제휴자'라고 말했다. 그의 메모는 컴퓨터가 어떻게 연결될 수 있는지, 즉 어떻게 서로 성공적으로 통신할 수 있는지에 초점을 맞췄다.

메모에서 리클라이더는 컴퓨터가 함께 작동할 수 있는 두 가지 일반적인 방법을 제시했다. 첫 번째 방법은 지구상의 모든 컴퓨터가 같은 언어와 프로그래밍 도구를 사용하도록 하는 것이었는데, 이는 컴퓨터 간의 연결은 쉽지만 전문화하기는 어렵다는 단점이 있었다. 두 번째 방법은 컴퓨터가 각자 선호하는 로컬 도구와 언어를 사용하면서 공유 시에는 다른 공유 언어로 통신할 수 있는 네트워크 수준의 제어 언어를 설정하는 것이었다. 두 번째 옵션은 컴퓨터 설계자가 로컬 기능을 최적화하는 데 집중할 수 있게 해주지만, 머신이 서로 연결되도록 하는 프로그래밍 작업이 필요하다.

결국, 운이 좋게도 리클라이더와 그의 팀은 두 번째 접근 방식을 선택했다. 지금은 당연한 선택 같지만 당시에는 그렇지 않았다. 리클라이더의 결정뿐 아니라 오늘날에도 눈에 띄는 그의 독특한 추론, 즉 우주에서 외계인을 만날 수 있다는 가능성도 두 번째 옵션을 선택한 이유 중 하나였다. ARPANET이 컴퓨팅 시대를 실현하기 위해 노력하는 동안 미국의 다른 기관인 NASA는 소련과 우주 정복 경쟁을 벌이는 중이었다.

다음은 1960년대 우주 경쟁과 컴퓨팅 혁명을 함께 보여주는 리클라이더의 메모 중 일부다.

> 이 문제는 본질적으로 공상과학 작가들이 논의할 만한 문제다.
> "서로 전혀 관련이 없는 '지각 있는' 존재들 사이에서 어떻게 통신을 시작했을까?"

리클라이더는 위성(또는 지상 기반 송신기)이 우주 공간에서 다른 지적 존재와 통신하는 문제에 어떻게 접근할 수 있을지 생각하고 있었다. 그는 양측이 게임의 규칙을 이해할 때까지 제어 메시지 또는 '메타 메시지(메시지를 보내는 방법에 대한 메시지)'를 주고받는 협상된 통신 프로세스를 통해 달성할 수 있을 것이라 생각했다. 10년 후, 1970년대 TCP/IP 프로토콜은 리클라이더의 아이디어를 반영해 오늘날 우리가 누리는 인터넷의 근간을 형성하게 된다.

리클라이더 프로토콜

리클라이더가 우주 공간에 있는 머신과의 통신을 구상한 지 40년 후, 인터넷 엔지니어링 테스크 포스(IETF)의 구성원들은 행성 간 통신을 위한 전송 프로토콜 작업을 완료했다. 이 프로토콜은 리클라이더 전송 프로토콜, 또는 LTP로 명명됐으며 IETF 문서 RFC5325, RFC5326, RFC5327에 설명돼 있다.

오늘날 지구에서 외계인과 소통하는 방법에 대한 리클라이더의 생각은 RESTful Web API(이하 RWA)를 현실로 만드는 데 핵심적인 역할을 하고 있다. 웹에서 서로 통신하는 서비스를 설계하고 구현하는 과정에서는 메타 메시지 접근 방식을 채택해야 하며, 이는 우리 작업의 목표 중 하나가 '서로 전혀 관련이 없는 서비스 간에 커뮤니케이션을 시작하는 것'이라는 점을 고려할 때 특히 중요해진다. 서비스 공유 원칙(이후에 나올 '웹에서 확장 가능한 서비스를 위한 공유 원칙' 참조)에 따라 사람들은 어제, 오늘, 미래 등 언제 구축된 서비스건 상관없이, 자신있게 다른 사람들이 구축한 다른 서비스와 커뮤니케이션을 할 수 있는 서비스를 설계하고 구축할 수 있어야 한다.

모빌의 정보 아키텍처

1990년대는 인터넷 지지자들이 열광하던 시기였다. 팀 버너스리의 월드와이드웹과 HTTP/HTML이 가동 중이었고 로이 필딩은 REST 아키텍처 스타일을 정의하고 있었다. 리처드 솔 워먼Richard Saul Wurman은 정보 아키텍트Information Architect라는 새로운 용어를 만들어냈다. 1997년에 출간된 그의 저서 『Information Architect』(Graphis, 1996)에서 워먼은 다음과 같은 정의를 제시한다.

> 정보 아키텍트: 1)데이터에 내재된 패턴을 조직화해 복잡한 것을 명확하게 만드는 사람, 2)다른 사람들이 지식에 대한 경로를 찾을 수 있도록 정보의 구조나 지도를 만드는 사람, 3)명확성, 사람의 이해 및 정보 구성의 과학에 중점을 둔 시대의 요구를 해결하는 21세기 신흥 전문 직종

건축가 출신인 워먼은 1984년 기술, 엔터테인먼트, 설계에 관한 컨퍼런스 TEDTechnology, Entertainment, Design를 만들었다. 다작 작가인 그는 예술, 여행, 정보 디자인 등 모든 종류의 주제에 대해 약 100권의 책을 저술했다. 워먼이 주목한 사람들 중 하나는 도서관 정보 전문가 피터 모빌Peter Morville이다. 정보 아키텍처 운동의 창시자 중 한 명으로 꼽히는 모빌은 이 주제에 대해 여러 권의 책을 저술했다. 1998년에 처음 출간된 그의 가장 잘 알려진 『인포메이션 아키텍처』(인사이트, 2011)가 대표작으로서 현재 4판까지 출간됐다.

모빌의 책은 사람이 정보와 상호작용하는 방식과 지속적 성장, 관리 및 사용 편의성을 가장 잘 지원하기 위해 대규모 정보 시스템을 설계 및 구축하는 방법에 중점을 둔다. 그는 정보 아키텍처IA가 잘 구축된 시스템은 시스템 사용자가 현재 위치, 검색한 내용, 주변에 무엇이 있는지, 무엇을 기대할 수 있는지 이해하는 데 도움이 된다고 말한다. 이런 특성은 RWA 시스템에도 필요하며, 머신 간 상호작용에도 이와 같은 목표를 달성하는 레시피를 사용할 것이다.

RWA 구현을 위해 IA를 구성하는 방법은 온톨로지, 택소토미, 코레오그래피 세 가지다. 레시피 3.3, 3.4, 3.5를 포함해 몇 가지 레시피에 정보 아카이브를 설명했다.

하이퍼미디어와 선험적 설계

이 레시피 모음에서 '설계'라는 주제로 시작한 이유 중 하나는 정보 시스템을 설계하는 행위는 처음부터 몇 가지 규칙 설정이 필요하기 때문이다. 1장에서 설명한 기본 원칙 (1장의 '웹에서 확장 가능한 서비스를 위한 공유원칙' 참조)이 정보 시스템에 대한 결정을 내릴 때 토대를 구축하는 것처럼, 설계 레시피는 이 토대를 현실로 만든다. 3장의 첫 번째 레시피는 이 책의 나머지 부분의 모든 레시피에 영향을 미치고 지배한다.

이런 방식으로 첫 번째 레시피를 설정하는 것은 일종의 '선험적 설계priori design' 접근 방식이다. 메리엄-웹스터 사전에서의 '선험적' 정의 중 하나는 '미리 형성되거나 구상됨'이며, 이것이 바로 우리가 여기서 하고 있는 일이다. 선험적 설계 접근 방식을 채택하면 서비스를 구축하고 상호작용을 구현할 수 있는 안정적인 시스템 요소를 정의할 수 있다는 이점이 있다.

설계 접근 방식을 만든다는 것은 하나 이상의 솔루션에 적합한 모델이 필요하다는 것을 의미한다. 예를 들어, 콘텐츠 관리 시스템CMS에서만 작동하고 고객 관리 시스템CRM에는 작동하지 않는 접근 방식은 유용한 설계 접근방식이 아니다. 매우 다른 두 솔루션이 설계 및 기술 솔루션 수준에서 공통점이 상당히 많다는 것을 직관적으로는 알고 있지만, 이런 유사한 일관된 디자인 원칙을 묶어내는 데 약간의 작업이 필요하다.

이는 시간이 지남에 따라 바뀔 수 있는 솔루션을 만들 때 특히 어려울 수 있다. 새로운 기능이 추가되고, 새로운 기술 솔루션이 구현되고, 시간이 지남에 따라 시스템과 상호작용하기 위해 서버 및 클라이언트 앱과 같은 추가 리소스가 생성되는 동안에도 안정적으로 유지되는 솔루션이 필요하다. 결국 변화를 지원하면서 안정성을 제공하는 기본 설계 요소가 있어야 한다.

여기서 기본 설계 요소는 서비스 간의 커뮤니케이션을 가능하게 하는 도구로 하이퍼미디어 또는 링크와 양식을 사용한다.(1장. '왜 하이퍼미디어인가?' 참조) 필딩은 하이퍼미디어를 '애플리케이션의 상태 엔진'이라고 불렀다. 또한 하이퍼미디어는 리클라이더가 이야기한 메타 메시징을 제공한다(이전의 '리클라이더의 외계인' 참조). 하이퍼미디어의 사용은 케이의 '극단적인 늦은 통합'을 가능하게 한다(1장. '앨런 케이의 극단적인 늦은 통합' 참조).

하이퍼미디어 클라이언트를 통한 회복탄력성 향상

테드 넬슨이 컴퓨터는 '사용자가 시키는 대로 한다'고 했듯이, 우리는 사용자로서 세심한 주의를 기울여야 할 책임이 있다. 4장에서는 API 클라이언트(클라이언트 애플리케이션)에 전달하는 내용에 초점을 맞춘다. 컴퓨터에게 무엇을 하라고 지시할 때 매우 명시적인 경향이 있는데, 이는 일반적으로 좋은 일이며 특히 API 기반 서비스를 만들 때는 더욱 그렇다(5장 참조). 지시가 정확할수록 서비스가 우리가 기대하는 방식으로 동작할 가능성이 높아진다. 하지만 클라이언트 애플리케이션이 작동하는 방식은 좀 다르다. 이것이 클라이언트 레시피에서 주목할 부분이다.

API 기반 서비스는 안정적이고 예측 가능해야 하지만, API 클라이언트는 적응성과 회복탄력성이 뛰어나야 한다. 클라이언트 애플리케이션은 작업을 수행하기 위해 존재한다. 앞으로 설명하겠지만, API 클라이언트를 만들 때 서비스의 목적을 명확히 해야 한다.

API 클라이언트를 매우 상세히 명세한 지침은 작업할 때 매우 효과적이다. 하지만 클라이언트 API를 거의 모든 다른 작업에 사용할 수 없게 만들 수도 있다. 또한 설계된 대상 서비스가 어떤 방식으로 바뀌면 같은 클라이언트 애플리케이션이 '깨지게' 된다. 결국 솔루션이 상세할수록 재사용 가능성이 낮아지는 것이며, API 클라이언트의 재사용성을 높이려면 구현 방식을 바꿔야 한다.

사용성(API의 사용 용이성)과 재사용성(같은 API를 다른 작업에 사용하는 용이성)의 균형을 맞추는 일은 쉽지 않다. 추상화는 재사용성을 향상시킨다. HTTP는 URL, 메소드 집합, 이름–값 쌍의 컬렉션, 메시지 본문 등 다소 추상적이기 때문에 재사용성이 매우 높다. 하지만 HTTP 자체는 많은 지원 기술, 표준, 도구(예: 웹 서버 및 웹 브라우저)없이는 유용하지는 않다.

4장의 레시피들은 클라이언트 애플리케이션의 회복탄력성 향상을 목표로 한다. 다시 말하면 API 클라이언트의 중요 기능 중 회복탄력성과 적응성에 초점을 맞추며, 구체적으로는 다음과 같다.

- 프로토콜과 형식에 통합

- 런타임에 상호작용 세부 사항 해결

- 프로그램 간 상호작용을 위한 설계

- 클라이언트와 서버 간 공유 어휘 사용

네 가지 요소는 프로토콜 세부 정보, 리소스 URL, 메시지 스키마, 운영 워크플로와 같이 서비스 요소가 시간이 지남에 따라 변경돼도 '중단'되지 않는 안정적인 API 클라이언트로 이어지는 일련의 작업들을 구성한다. 모든 클라이언트 레시피는 네 가지 요소와 이를 통한 클라이언트 애플리케이션에 제공되는 안정성과 회복탄력성에 중점을 둔다.

각 요소를 차례로 살펴보겠다.

프로토콜과 형식에 통합

하이퍼미디어를 지원하는 클라이언트 애플리케이션의 구축에 클라이언트를 응답에 통합하는 작업이 매우 중요하다. 프로그래머는 생각하지 못할 수도 있지만, API 클라이언트 앱을 작성할 때마다 생산자(서비스)와 소비자(클라이언트) 사이에 통합이 생성되고 있다. '통합 에이전트'로 무엇을 쓰건 간에 모두 클라이언트와 서버가 공유한다. 가장 효과적인 통합은 시간이 지나도 거의 변하지 않는 통합이다. 여기서 말하는 통합은 클라이언트와 서비스 간의 '공유된 이해'를 실제로 표현하는 것을 의미한다.

일반적인 통합 대상은 URL(예: /persons/123) 또는 객체들(예: {id:"123", {person:{...}}})와 같은 것들이다. 가령, 두 가지 통합 에이전트(URL과 객체)를 사용해 대상 서비스에서 작동할 클라이언트 애플리케이션의 정적 코드를 자동으로 생성하는 프레임워크와 생성기가 많이 있다. 이는 작동 중인 클라이언트 애플리케이션을 빠르게 배포할 수 있는 좋은 방법이지만, 재사용이 어렵고 중단되기 쉽다. 예컨대, API 저장소 객체를 바꾸면 API 클라이언트 애플리케이션이 중단된다. 또한 같은 서비스(동일한 인터페이스를 가진 서비스)가 다른 URL에서 실행되고 있더라도 URL이 같지 않기 때문에 생성된 클라이언트가 성공적으로 상호작용을 못 할 가능성이 높다. URL과 객체 스키마는 장기간 사용/재사용에 좋은 통합 에이전트가 아니다.

웹 API를 위한 훨씬 더 나은 통합 대상은 프로토콜(예: HTTP, MQTT 등)과 메시지 형식(HTML, Collection+JSON)이다. 이들은 URL이나 객체보다 훨씬 더 안정적이다. 사실 이들은 각각보다 상위의 추상적 개념이다. 즉 프로토콜은 URL의 상위 추상화이고 메시지 형식(또는 웹의 미디어 타입)은 객체 스키마의 상위 추상화다. 프로토콜과 형식은 범용성이 높고 변경 가능성이 적기 때문에 좋은 통합 에이전트가 될 수 있다. 자세한 내용은 레시피 4.3 및 4.6을 참조하기 바란다.

클라이언트 애플리케이션이 특정 형식(예: Collection+JSON)에 통합돼 있다면 해당 클라이언트 애플리케이션은 Collection+JSON 통합을 지원하는 모든 서비스(모든 URL에서) 성공적으로 사용될 수 있다. 이것이 HTML 웹 브라우저가 30년간 해 온 일이다.

프로토콜과 포맷은 공유된 이해의 탄탄한 토대 중 시작에 불과하다. 안정적이고 신뢰할 수 있는 API 클라이언트 애플리케이션의 다른 핵심 요소로는 런타임 지원 메타데이터, 의미 프로필semantic profile, 클라이언트 중심 워크플로 등이 있다.

메타데이터를 통한 런타임 시 문제 해결

유연한 API 클라이언트를 만들 때 어떤 HTTP 메소드를 사용할지, URL에 어떤 매개변수를 전달할지, 요청 본문에서 어떤 데이터를 전송할지, HTTP 헤더와 같은 추가 메타데이터를 어떻게 처리할지 등 각 HTTP 요청의 모든 세부 사항을 처리하기가 어렵다. 추적해야 할 정보가 상당히 많으며, 특히 모든 HTTP 요청에 이런 메타데이터를 처리해야 한다면 지루한 작업이 될 수 있다.

메타데이터를 서비스 인터페이스에 '굽는' 방식으로 요청 메타데이터를 처리한다. 일반적으로 문서에서는 새 레코드 추가와 같은 API 단일 작업에 접근하는 방법을 다음과 같이 지침을 만들어 프로그래머에게 설명한다.

- POST 방식으로 /person/ URL을 사용한다.

- 요청 본문에 최소 4개의 매개변수('givenName', 'familyName', 'telephone', 'email')를 전달한다.

- 요청 본문에 대해 application/x-www-form-urlencoded 직렬화를 사용한다.

- 처리가 성공하면 HTTP 상태코드 201을 전달받는다. Location 헤더가 새로운 레코드의 URL을 가리킨다.

여기에 제공된 예제는 실제로 저자가 접하는 대부분의 문서에서의 항목을 요약한 것이다. 이 방법의 장점은 대부분의 웹 프로그래머가 이런 종류의 정보를 내재화해와서 크게 반감은 없다는 것이다. 단점은 이 모든 내용을 코드로 작성하면 앞서 언급한 잘못된 '통합 에이전트'의 함정에 빠질 수 있다는 것이다. URL이나 객체/매개변수를 변경하면 클라이언트 애플리케이션이 '손상'돼 업데이트가 필요하게 된다. 특히 API/서비스의 생명 주기 초기에는 변경이 성가실 정도로 발생한다.

이를 방지하면 런타임에 클라이언트에 전송되는 메타데이터에서 이런 요청의 세부 정보를 인식하고 준수하도록 애플리케이션을 프로그래밍해야 한다. 이에 대해서는 레시피 4.9에서 다루도록 하겠다. 다시 말하지만, HTML은 수십 년 동안 이런 종류의 작업을 했다. 다음은 런타임 메타데이터와 같은 정보의 예시다.

```
<form action="/persons/" method="post", enc-type="application/x-www-form-urlencoded">
  <input type="text" name="givenName" value="" required />
  <input type="text" name="familyName" value="" required />
  <input type="tel" name="telephone" value="" required />
  <input type="email" name="email" value="" required />
  <input type="submit" />
</form>
```

이미 짐작했듯이 HTML 웹 브라우저는 클라이언트로 전송된 메타데이터를 인식하고 이를 준수하도록 프로그래밍돼 있다. 메시지에서 'FORMS'를 지원하는 일회성 작업인 프로그래밍이 필요하지만 좋은 소식은 해당 코드를 한 번만 작성하면 된다는 것이다.

여기에서 런타임 메타데이터로 HTML을 사용했지만, 런타임 메타데이터에 더 풍부한 지원을 하는 JSON 기반 포맷이 있는데, Collection + JSON, SIREN, UBER를 많이 사용한다.

런타임 메타데이터를 지원하면 사람 대 머신 애플리케이션을 매우 쉽게 작성할 수 있다. 하이퍼미디어 형식을 사람이 읽을 수 있는 사용자 인터페이스로 구문 분석을 하는 것을 지원하는 라이브러리가 있는데, 이는 HTML로 작업을 수행하는 브라우저와 매우 유사하다. 하지만 머신 투 머신 간의 상호작용을 위한 런타임 메타데이터를 이식하는 것은 복잡한데, 그 이유는 사람의 뇌가 여기에서 빠져있기 때문이다.

안정적이고 신뢰할 수 있는 머신 투 머신 상호작용을 지원하려면 상호작용에서 누락된 '사람의 뇌'를 보완해야 한다. 이때 의미 프로필이 등장한다.

머신 투 머신에서의 문제

사람의 두뇌는 놀라운 존재다. 정말 놀라워서 뇌가 우리에게 얼마나 많은 '마법'을 행하고 있는지 알아차리지 못하기도 한다. 이에 대해 좋은 예는 방금 다룬 것과 같은 간단한 HTML 양식을 작성하는 행위에서 볼 수 있다. 눈이 페이지를 훑고 나면(마법처럼!) 우리의 뇌는 꽤 많은 일을 처리한다.

- 작성해 제출할 수 있는 양식이 있다는 것을 인식한다.

- 제공해야 할 입력값이 네 가지라는 것을 파악한다.

- 주어진 이름과 다른 값의 의미를 인식한다.

- 메모리나 다른 소스를 샅샅이 뒤져 모든 입력란을 채울 값을 찾는다.

- 처리를 위해 데이터를 서버로 전송하려면 제출 버튼을 눌러야 한다는 것을 파악한다.

위에 덧붙여 모든 입력 필드를 채우지 않았거나 값을 잘못 입력하면 오류 메시지가 표시되거나 '데이터를 저장할 수 없음'과 같은 서버의 응답이나 사람의 추가 조치가 필요한 기타 문자열을 처리할 수 있어야 한다.

휴먼 투 머신 API 클라이언트를 작성할 때는 클라이언트 애플리케이션에서 이런 모든 기능을 '무료'로 사용할 수 있으므로 프로그래밍할 필요가 없다고 가정할 수 있다. 하지만 머신 투 머신 애플리케이션에서는 '무료' 인텔리전스가 없다. 대신 사람의 지능을 앱에 내장하거나(첫 번째 옵션), 사람의 지능 없이도 상호작용이 작동할 수 있는 방법(두 번째 옵션)을 찾아야 한다.

머신 러닝과 인공지능을 프로그래밍하는 데 시간을 투자하고 싶다면 첫 번째 옵션을 선택할 수 있다. 하지만 이 책에서는 두 번째 옵션을 다룰 것이다. 클라이언트 레시피는 클라이언트 애플리케이션에서 '제한된 지능'을 지원하는 데 초점을 맞출 것이며, 이를 위해 미디어 타입을 활용해 양식과 메타데이터 인식과 같은 작업을 통해 이를 수행할 수 있다. 또한 의미 프로필을 활용해 'FORM'에 나타날 수 있는 매개변수를 처리하는 방법과 매개변수를 로컬(클라이언트 측)에서 사용 가능한 데이터와 연결해 매개변수 값을 채우는 방법도 살펴볼 것이다. 또한 머신 투 머신 클라이언트가 서비스와 안전하게 상호작용할 수 있도록 서비스 워크플로의 지원을 수정하는 방법도 설명할 것이다(자세한 내용은 5장 참조).

의미적 어휘에 의존하기

지금까지 웹에서 머신 투 머신의 상호작용은 데이터를 쓰지 않고 읽기만 하는 것들이 대부분이었다. 웹 스파이더, 검색 봇 및 이와 유사한 솔루션이 그 예다. 그런데 이중 일부는 속도 및 안전성 문제가 있다(문제에 대한 해답은 레시피 3.6 참조).

머신 투 머신 과제의 다른 주요 역할은 개별 요청에 대한 데이터 속성과 관련이 있다. 사람은 머신이 사용할 수 없는 풍부한 데이터를 마음대로 사용할 수 있다. 양식에 새로운 필드를 추가하는 것은 일반적으로 사람이 작성하는 작업에서 큰 어려움이 아니지만, 머신 투 머신의 클라이언트 애플리케이션에 있어서는 '획기적인 변화'가 될 수 있다. 이 장애물을 극복하려면 상호작용의 양쪽 끝(클라이언트와 서버)에서 극복을 위한 노력이 필요하다.

이 문제를 해결하려면 일련의 문제들(예: 계정 관리, 결제 서비스 등)에 사용되는 모든 가능한 속성 이름과 작업 세부 사항(링크 및 양식)을 자세히 설명하는 문서인 의미 프로필

(레시피 3.4 참조)을 사용해 클라이언트 애플리케이션이 이해해야 하는 어휘들을 설정하는 것이다. 즉, 클라이언트와 서버는 애플리케이션과 성공적으로 상호작용을 하기 위해 어떤 데이터 속성이 필요한지 미리 합의할 수 있는데, 레시피 4.4에서 이를 확인할 수 있다.

 의미 프로필을 사용해 서비스의 경계를 미리 설정하고 그 경계를 안정적으로 유지하면, 머신 투 머신의 상호작용에 특히 효과적인 '통합 에이전트(결합제)'를 확보할 수 있다. 이렇게 되면 프로토콜, 형식, 프로필을 클라이언트-서버 간 상호작용을 위한 안정적이면서도 유연한 세 가지 통합 요소로 사용할 수 있다.

성공적인 RWA 클라이언트를 구축하려면 자신만의 멀티 서비스 워크플로를 작성하고 따를 수 있는 기능을 고려해야 한다. 이를 통해 고객은 단일 서비스나, 미리 구축된 정적 대화형 스크립트에 얽매이지 않을 수 있다.

클라이언트 중심의 워크플로 지원

대부분의 API 클라이언트 애플리케이션은 단일 API 서비스에 정적으로 연결된다. API 클라이언트는 기본적으로 일회성으로 맞춤형으로 구축된다. 앱이 서비스에 연결되는 기본적인 방법은 워크플로 구현에서 표현될 수 있다. URL과 객체 스키마를 통합 에이전트로 사용하는 애플리케이션도 있고 순차적 워크플로를 통합 에이전트로 사용하는 애플리케이션도 있다. 클라이언트 애플리케이션은 워크플로의 한 세트만 안다. 해당 세트의 세부 사항은 바뀌지 않는다.

정적으로 통합된 워크플로는 클라이언트 코드에 직접 표현될 때가 많다. 예컨대, 'customerOnboarding'이라는 이름의 서비스는 다음과 같은 URL을 제공할 수 있다(일치하는 개체 스키마 포함).

- /onboarding/customer with schema { customer: {...}}

- /onboarding/contact with schema { contact: {...}}

- /onboarding/agreement with schema { agreement: {...}}

- /onboarding/review with schema { review: {...}}

여기서는 순서대로 실행되는 네 가지 단계가 정의돼 있다. 보통 이런 순서는 서비스 문서에 설명돼 있으며, 이를 머신이 이해하도록 변환하는 것이 클라이언트 애플리케이션 몫이다. 변환 결과는 보통 다음의 형태로 나타낸다.

```
function onboardCustomer(customer, contact, agreement, review){
  http.send("/onboarding/customer","POST", customer);
  http.send("/onboarding/contact", "POST", contact);
  http.send("/onboarding/agreement", "POST", agreement);
  http.send("/onboarding/review", "POST", review);
  return "200 OK";
}
```

예에서 첫 번째 문제는 정적 통합이라는 특성 때문에 발생한다. 가령, 신용 확인 단계 추가 등을 해 워크플로를 변경하면 클라이언트 앱은 '중단'되는 문제가 발생한다. 이를 개선하기 위해서는 클라이언트에게 어떤 작업을 수행하는지 알려주면 그 단계를 선택해 실행할 수 있는 기능을 제공해야 한다. 응답에 하이퍼미디어를 사용해 이를 구현할 수 있다.

```
function onboardCustomer() {
  results = http.read("/onboarding/work-in-progress", "GET");
  while(results.actions) {
    var action = results.actions.pop();
    http.send(action.url, action.method, map(action.parameters,local.data));
  }
  return "200 OK";
}
```

위 간단한 예제에서는 클라이언트가 서비스에 수행할 작업 목록을 물어본 다음 메시지의 런타임 메타데이터(이전의 '메타데이터를 사용한 런타임 해결' 참조)를 사용해 해당 작업을 수행한다. 클라이언트는 완료할 작업이 더 이상 없을 때까지 이 작업을 계속한다. 이 패턴에는 파생형들이 있으며 이는 향후에 살펴볼 것이다(레시피 4.9참조). 이 예제를 통해 순서나 단계 개수가 바뀌더라도 클라이언트가 중단될 가능성은 적다.

이 방식과 더불어 클라이언트가 워크플로를 설정하는 방식도 주목할 필요가 있다. 이는 클라이언트가 작업을 완료하기 위해 여러 개의 개별 서비스를 사용해야 할 때 많이 쓰인다. 이번에는 워크플로가 외부 연락처 관리 클라우드 서비스와 독립적인 신용 확인 서비스에 의존한다고 가정해 보겠다. 두 가지 외부 서비스를 회사의 고객, 계약, 검토 서비스와 혼합해야 한다. 각 서비스는 서로를 모른다. 워크플로는 서비스가 아닌 클라이언트 애플리케이션이 제어한다. 사실 진정한 '애플리케이션'은 클라이언트 구현만으로 존재한다.

이 시나리오의 의사 코드^{pseudo code}는 이전 시나리오와 비슷해 보이지만 클라이언트를 위한 실행 단계 세트가 포함돼 있으며 이는 각 단계에 대한 시작 URL 모음과 사용 가능한 변수로 이뤄진 choreography에 포함돼 있다.

```
function onboardCustomer(choreography) {
  while(choreography) {
    var step = choreography.pop();
    var action = http.get(step.URL);
    http.send(action.url, action.method, map(action.parameters,local.data));
  }
  return "200 OK";
}
```

여기에서 코레오그래피의 URL 모음은 클라이언트 애플리케이션에서 제공된다. 작업 완료 시점의 결정도 클라이언트 애플리케이션의 몫이다. 이는 일종의 클라이언트 중심의 목표 설정(레시피 4.16참조)으로, 프로토콜, 형식, 프로필에 기반한 안정적이고 유연한 통합 에이전트가 있다면 구현은 그리 어렵지 않다.

위 방식 이외에 하나 이상의 서버에서 특정 상태값(또는 그 값의 모음)에 의존하는 클라이언트 중심 워크플로에 대한 다른 접근 방식이 있다. 이는 레시피 7.13을 참조하면 된다.

하이퍼미디어 서비스를 통한 안정성과 변경 용이성의 증진

성공적인 서비스 API를 설계하기 위한 핵심 과제는 안정성과 발전 가능성, 즉 약속된 기능을 모두 제공하는 능력과 인터페이스 뒤에 있는 서비스 기능의 발전 지원 능력의 균형을 맞추는 것이다. 5장의 모든 레시피는 이를 해결하는 데 도움이 되는 내용들로 채워졌다.

문제의 근본 원인은 시간이 지남에 따라 변한다. 서비스가 프로덕션에 오래 머물수록 서비스가 변경될 가능성이 높아진다. 반대로 수명이 짧은 일회성 서비스는 성장하거나 변할 수 있을 만큼 오래 '생존'하는 경우가 거의 없다. 등장해서 제 역할을 다하고 사라진다. 시간이라는 구조적 요소로 인해 변화의 현실에 직면하게 되는 것이다.

서비스 인터페이스를 설계할 때 하이퍼미디어 접근방식을 취하면 안정적이고 예측 가능한 인터페이스를 제공하면서 시간에 따른 변화를 지원할 수 있다. 하이퍼미디어를 설계의 일부로 설정하면 인터페이스에 수정 가능한 '안전 영역'을 설정할 수 있다. 하이퍼미디어 컨트롤(링크와 양식)은 변경 지원을 위한 벡터를 제공한다. 가령, 하이퍼미디어 양식을 분석하도록 API 클라이언트를 만들면 서비스에서 URL, HTTP 메소드, 메시지 형식 및 매개변수 등의 상호작용의 세부 사항을 자유롭게 바꿀 수 있다. 이런 방식으로 하이퍼미디어는 카네기 멜론 대학교 교수인 폴 클레멘츠[Paul Clements](https://www.linkedin.com/in/paul-clements-6bb66a12/)가 언급한 훌륭한 소프트웨어 아키텍처가 하는 일, 즉 '무엇이 자주 바뀌는지 파악하고 이를 쉽게 만드는 일'을 수행한다.

하지만 메시지에 하이퍼미디어를 적용하는 것만으로는 충분하지 않다. 서비스는 때로는 다른 서비스와 커뮤니케이션을 해야 한다. 결국 우리는 네트워크를 떠날 수는 없다. 한 서비스가 다른 서비스에 의존할 때 한 서비스의 변경 사항이 여기에 의존하는 다른 모든 서비스에 영향을 미치는 치명적인 종속성 사슬이 생길 위험이 있다. 이렇게 되면 예상치 못한 일이 발생할 수 있다. 호출된 서비스 중 하나가 바뀌면 인터페이스도 변경되는 경우가 있다. 이런 변경 사항이 때로는 호출 서비스의 작업과 직접 호환되지 않을 수 있으며, 변경 사항이 노출될 수 있다. 종속성 문제를 설명하고 해결할 수 있는 방법도 필요하다.

서비스 종속성 문제를 극복하려면 종속성을 없애는 방법이 가장 좋다. 하지만 이는 비현실적이다. 다른 서비스에 의존하는 이유는 그 서비스가 우리에게 필요하지만 우리에게는 없는 것을 제공하기 때문이다. 차선책으로는 같은 기능을 제공하는 다른 서비스를 찾는 방법이 있다. 찾는 과정은 일반적으로 다음과 같다. 1단계로 서비스가 중단돼 알림이 전송되고, 2단계로 사람이 알림에 반응해 해결책을 마련한 후(대체할 수 있는 서비스를 찾음), 3단계는 업데이트된 컴포넌트를 프로덕션에 배치하는 형태로 이뤄진다.

더 나은 접근 방식은 이 프로세스를 자동화하는 것이다(쿠버네티스^{Kubernetes}와 같은 폐쇄형 시스템에서 구현됨). 서비스가 배포되면 메타데이터가 다른 인증된 서비스에서 찾을 수 있는 레지스트리에 입력되고 즉시 '실시간 통합' 프로세스가 시작돼 다운타임 발생을 제한시킬 수 있다.

5장의 일부 레시피는 표준화 및 자동화를 통해 자체 주도형 (재)배치 및 통합 활동을 해결한다. 이에 대해서는 7장에서 멀티서비스 워크플로를 설명할 때 자세히 알아본다.

변경 용이성 문제

솔직히 서비스 인터페이스, 즉 웹 API를 만드는 것은 그리 어렵지 않다. 데이터베이스 스키마를 읽거나 기존 코드베이스를 스캔해 프로덕션에 배포할 준비가 된 수많은 HTTP API 도구가 이 사실을 증명한다. 인터페이스의 실제 제작도 쉽다. 하지만 잘 만들어지고 오래 지속되는 API를 설계하는 작업은 그렇게 쉽지 않다. 모든 것의 핵심 요소는 시간이다. 수명이 긴 서비스는 업데이트와 수정이 발생하는데, 이는 해당 서비스를 다른 모든 것에 연결하는 API의 단순성과 안정성을 위협한다. 변경 용이성 문제의 핵심도 시간이다.

서비스가 바뀌지 않는다면 API 설계 및 구현에 필요한 시간이 최소화될 수 있다. 예를 들어, 수십 년 동안 실행돼 온 대형 컴퓨터^{mainframe}이나 미니 컴퓨터 기반 서비스를 노출하는 API가 이에 해당한다. 이런 서비스는 변경될 가능성이 거의 없으므로 서비스 앞에 안정적인 인터페이스를 만들기가 매우 쉽다. 스키마 기반 및 객체 기반 API 도구가 빛을 발하는 곳이다.

하지만 오늘날 전 세계적으로 오래된 서비스는 점점 줄어들고 있다. API는 최근에 만들어진 서비스, 즉 불과 몇 년 밖에 되지 않은 서비스에 연결해야 할 때가 더 많다. 즉각적인 요구 사항을 충족하도록 설계된 서비스일 때가 많으며, 시간이 지남에 따라 요구 사항은 발전한다. 이때는, '새로운' 인터페이스를 만들고 식별자(예: /v2/)를 붙인 다음 다시 게시하는 방법이 가장 간단하며, 오늘날 많은 회사가 이 방식을 취하고 있다.

좋은 회사들은 이전 버전을 오랫동안 유지하기도 한다. 따라서 클라이언트 애플리케이션이 타임라인에서 자체 업그레이드 경로를 관리할 수 있다. 하지만 많은 기업은 이전 버전을 너무 빨리 폐기해 버린다. 이는 서비스 측의 변화 속도를 따라잡기 위해 자체 코드를 더 빨리 업데이트해야 한다는 압박으로 작용한다. 일부 클라이언트 앱이 각각 자체 업데이트 일정에 따라 둘 이상의 API를 사용한다는 점을 고려하면, API 클라이언트 앱은 항상 종속성 업데이트 문제에 직면한다고 할 수 있다. 다시 말해 API 기반 애플리케이션은 언제든지 중단될 수 있는 가능성이 있다는 것이다.

서비스를 사용하는 클라이언트 애플리케이션에 중단을 일으키지 않으면서 서비스를 발전시킬 수 있는 패턴을 채택하는 방식도 좋다. 이를 위해 서비스 발전 가능성과 인터페이스 간 안정성을 모두 지원하는 API 설계 접근 방식이 필요하다. 다음은 안정적이고 발전 가능한 인터페이스로 이끄는 원칙이다.

- '히포크라테스 API 선서' 채택하기
- '바꾸지 말고, 추가하라'는 규칙지키기
- 'API는 영원하다'는 관점 취하기

히포크라테스 API 선서 채택하기

변경 용이성 문제를 해결하려면 인터페이스가 변경되더라도 호환성을 유지하겠다는 약속, 즉 인터페이스를 '깨지 않겠다'고 선언하는 방법이 있다. 이는 일종의 히포크라테스 API 선서다. 기원전 5세기에서 3세기 사이에 작성된 히포크라테스 선서는 그리스 의사들이 지켜야 할 윤리적 약속을 의미한다. 이 선서에서 가장 잘 알려진 부분은 '나는 모든 고의적인 잘못과 해를 끼치는 행위를 삼가겠다'는 대목이다. 히포크라테스 선서는 종종 '첫째, 해를 끼치지 않는다'로 고쳐 쓰이기도 한다.

인터페이스를 만들 때는 처음부터 '해를 끼치지 않겠다'고 약속하는 것이 중요하다. 즉, 약속을 어기지 않는 범위에서만 수정할 수 있다는 뜻이다. 다음은 이를 지키기 위해 사용할 수 있는 세 가지 간단한 규칙이다.

아무것도 제거하지 않기

엔드포인트 URL, 프로토콜 또는 미디어 타입에 대한 지원, 응답 메시지, 입력 매개변수나 출력값을 문서화해 게시한 후에는 후속 인터페이스 업데이트에서 제거할 수 없다. 향후 배포에서 값을 널^{null}로 설정하거나 무시할 수는 있지만 제거는 허용되지 않는다.

재정의하지 않기

인터페이스의 기존 요소의 의미나 용도를 바꿀 수 없다. 응답 메시지가 사용자 객체로 게시된 경우에는 이를 사용자 컬렉션으로 변경할 수 없다. 출력 속성인 'count'가 컬렉션의 레코드 수를 포함하는 것으로 문서화돼 있을 때는 그 의미를 단일 페이지 응답의 레코드 수로 변경할 수 없다.

추가는 선택사항으로 설정하기

API를 처음 게시한 후에는 모든 추가 입력이나 출력을 선택 사항으로 문서화해야 하며, 기존 인터페이스에 새로운 필수 속성을 추가할 수는 없다. 가령, 새 사용자 레코드를 만드는 인터페이스 작업에 새 입력 속성(backup_email_address)을 추가할 수 없다.

바꾸지 말고, 추가하라

앞의 세 가지 규칙을 지키면 API에 대한 가장 일반적으로 발생하는 변경에 의한 문제를 피할 수 있다. 하지만 여기에는 몇 가지 다른 세부 사항이 있다. 첫째, 예상되는 입력 및 출력에 대한 규칙을 새로 설정할 수 있는 '새로운' 엔드포인트(URL)를 언제든지 만들 수 있다. '더 많은 옵션 추가' 기능은 기존 요소를 바꾸지 않고도 서비스 발전을 지원할 수 있는 유용한 방법이다.

예컨대, 필터링된 콘텐츠를 돌려주는 방법을 좀 더 새롭게 개선시킬 수 있다. 초기 API 호출에서는 응답으로 반환되는 레코드 개수를 수정할 수 있는 기능이 지원되지 않았으며, 항상 최대 100개로 고정돼 있었다고 해보자. 하지만 이를 page_size 변경을 지원하도록 만들 수 있다. 즉, SIREN 미디어 타입에서 다음과 같은 두 가지 인터페이스 옵션을 제공할 수 있다.

```
"actions": [
    {
        "name": "filter-list",
        "title": "Filter User List",
        "method": "GET",
        "href": "http://api.example.org/users/filter",
        "type": "application/x-www-form-urlencoded",
        "fields": [
            { "name": "region", "type": "text", "value": ""},
            { "name": "last-name", "type": "text", "value": "" }
        ]
    },
    {
        "name": "paged-filter-list",
        "title": "Filter User List",
        "method": "GET",
        "href": "http://api.example.org/users/paged-filter",
        "type": "application/x-www-form-urlencoded",
        "fields": [
            { "name": "page-size", "type": "number", "value": "100"},
            { "name": "region", "type": "text", "value": ""},
            { "name": "last-name", "type": "text", "value": "" }
        ]
    }
]
```

2개의 양식을 제공하는 대신 값이 '100'으로 설정된 페이지 크기 속성을 포함하는 하나의 변경된 양식을 제공하는 것이 더 낫다고 생각할 수도 있다. 이는 좋은 생각이 아니다. 기존의 어떤 클라이언트 애플리케이션은 100개 이상의 요소가 포함된 반환 목록에 의존하도록 코딩됐을 수 있다. 100개 행만 반환하도록 기본 동작을 바꾸면 100개 이상의 요소에 의존하는 애플리케이션이 '중단'될 수 있다.

새 요소를 추가하는 것이 기존 요소를 변경하는 것보다 대부분 더 안전하다.

API는 영원하다

인터페이스, 즉 서비스 API는 서비스 생산자가 API 클라이언트와 맺는 계약이다. 대부분의 계약과 마찬가지로 이 계약은 지켜져야 한다. 계약을 위반하는 것은 약속을 어기는 것으로 간주된다. 따라서 서비스 API 설계자는 API를 '깨지지 않는' 것으로 취급하고 '영원히' 지속될 것이라고 가정하는 것이 옳다. 아마존Amazon의 CTO인 베르너 보겔스Werner Vogels는 'API를 제대로 설계할 기회는 단 한 번뿐이므로 API 설계는 매우 중요한 작업'이라고 말했다. 이는 어려운 작업처럼 보이지만, 시간이 지남에 따라 요소를 안전히 바꿀 수 있는 기능을 API 설계에 반영하면 훨씬 더 쉽게 수행할 수 있다.

물론 시간이 흐르면 상황은 변한다. 서비스는 발전되고. 기능도 추가되며, 입력도 수정되고, 출력은 업데이트된다. 따라서 API 클라이언트와 맺는 계약은 향후 변경 가능성을 반영해야 한다. 본질적으로 변경 사항은 '계약서에 명시'돼야 한다.

인터페이스 설계자가 실제 인터페이스가 어떻게 변경될지 정확하게 예측할 수는 없지만(2년 후에 better-widget이라는 세 번째 출력 속성을 추가할 수도 있다), 향후 변경 가능성을 고려한 인터페이스를 만드는 것은 합리적이다(API 클라이언트는 이해하지 못하는 추가 속성은 무시해야 한다). 즉, API 설계는 현재 서비스 인터페이스를 정확하게 설명해야 할 뿐만 아니라 예상치 못한 인터페이스의 변경에도 API 클라이언트가 '살아남을 수 있도록' 향후 변경 가능성을 고려해야 한다.

다행히도 시간이 지남에 따라 인터페이스의 가변성을 설명하는 데 사용할 수 있는 잘 정립된 접근 방식이 있다. 이 방법을 '하이퍼미디어'라고 한다.

하이퍼미디어는 어떻게 도움이 되는가?

이 시점에서 '안정성과 발전가능성을 모두 지원하는 인터페이스를 설계하는 것이 왜 중요한가?'라는 질문을 던져볼 가치가 있다. 이는 내부 데이터 및 객체 모델에 직접 연결된 정적 인터페이스를 구현하는 것보다 훨씬 더 어렵다. 그리고 대부분의 개발자는 '시간에 따른 변화'를 걱정할 필요가 없다. 로이 필딩은 '소프트웨어 개발자는 항상 시간적 사고에 어려움을 겪어왔다'고 말한 바 있다. 개발자는 눈앞의 문제를 실제로 해결할 수 있는 무언가를 내놓기만 하면 된다. 간단히 말해서 소프트웨어, 네트워크, 구조 등 어떤 형태로든 오래 지속되는 아키텍처가 유용한 목표라는 것이다. 우리 모두는 유용하고 오랜 기간 동안 유지되는 인터페이스를 만드는 것을 목표로 삼아야 한다.

더 자세히 들어가면 잘 설계된 인터페이스는 컴퓨팅의 성장과 평등주의에 어떤 역할을 하는지까지 말할 수 있다. HTTP와 HTML의 설계의 기초를 만든 것으로 알려진 팀 버너스리는 '웹은 모든 사람을 위한 것'이라고 말한다. 잘 설계되고 오래 지속되는 인터페이스를 만들면 더 많은 사람들이 API를 기반으로 하는 서비스와 상호작용할 수 있다. 더 많은 상호작용은 더 창의적인 활용으로 이어질 수 있다. 그리고 이는 인터넷뿐만 아니라 세상 전반에 긍정적인 변화를 촉진할 수 있는 가능성으로 이어질 수 있다. HTTP 프로토콜과 조수 역할을 하는 HTML은 오늘날 세계가 작동하는 방식에 엄청난 영향을 미쳤다. 30년이 지난 지금도, 지금도 HTTP/HTML의 안정적이고 발전 가능한 설계가 전 세계 곳곳에서 혁신과 창의성을 계속 촉진시키고 있다.

API를 설계하고 구현하는 과정에서 저자가 한 일이 HTTP와 HTML에 미친 영향에 비할 바는 아니지만, '웹은 모두를 위한 것'이라는 정신에는 부합했다고 생각한다. 서비스 API의 설계자와 구현자가 안정적이고 발전 가능한 인터페이스를 만들기 위해 최선을 다하기를 권한다.

그렇다면 어떻게 해야 할까? HTML, HAL, Collection+JSON, SIREN 등의 정규화 및 정형 미디어 타입을 사용해 메시지를 통신하면 API 클라이언트에게 안정성을 제공할 수 있다. 이런 메시지 안에 자주 바뀌는 주요 요소를 포함함으로써 발전 가능성을 지원할 수 있다. 그 요소는 바로 주소(URL), 작업(링크 및 양식), 데이터 개체(메시지 속성)이다.

메시지 포맷을 통한 안정성 제공

API 클라이언트 애플리케이션이 효과적으로 작동하려면 안정적인 응답 및 요청 메시지를 사용해야 한다. 이를 위한 방법 중 하나는 등록된 여러 구조화된 메시지 형식 중 하나를 사용하기로 약속하는 것이다. 이는 웹 브라우저 클라이언트에서도 마찬가지다. 대부분의 텍스트 기반 메시지를 서비스에서 클라이언트로 전달하기 위해 안정적인 형식(HTML)을 사용한다. 웹에서는 서비스(웹 사이트)가 회계 정보, 소셜 네트워크 데이터, 게임 렌더링 등을 표현할 때 HTML이 기본 응답 형식으로 사용된다. 안정적인 인터페이스를 만들려면 잘 알려져 있고 잘 설계된 형식을 반드시 사용해야 한다.

프로그래밍을 위한 정형 미디어 타입 형식에 대한 자세한 내용은 저자가 쓴 『RESTful Web Client』(O'Reilly, 2017)를 참고하기 바란다.

서비스 API를 구현할 때 선택할 수 있는 몇 가지 적합한 형식이 있다. 인터넷 할당 번호 기관IANA, Internet Assigned Numbers Authority의 미디어 타입 레지스트리는 API에 적합한 메시지 형식을 찾기 위해 사용하는 출처로, 오랫동안 지원을 받을 수 있는 메시지 형식을 제공한다. 현재 사용 중인 가장 일반적인 형식으로는 HAL, SIREN, Collection+JSON 등이 있으며, 그 외에도 여러 가지 형식이 있다.

5장의 레시피에서는 정형 미디어 타입을 선택하고 지원하는 프로세스를 다룬다.

하이퍼미디어 컨트롤로의 발전 가능성

첫 번째 단계가 정형 미디어 타입을 통해 API 클라이언트에게 안정성을 제공하는 것이라면, 두 번째 단계(발전 가능성 지원)는 하이퍼미디어 컨트롤에서 풍부한 정형 미디어 타입의 선택을 통해 달성할 수 있다. 메시지에 더 많은 하이퍼미디어 기능을 포함할수록 시간이 지남에 따라 더 많은 발전 가능성을 지원할 수 있다.

하이퍼미디어 형식을 내보낼 때 새로운 작업(양식 추가 등)을 포함할 수 있을 뿐만 아니라 기존 작업(속성 추가, URL 업데이트, HTTP 메소드 변경)에 대한 업데이트도 포함할 수 있다. 이는 시간이 흐르면 서비스 인터페이스에서 일반적으로 변경되는 사항이다.

하지만 이 접근 방식에는 여전히 한계가 있다. 하이퍼미디어 형식을 사용하면 주소(URL), 개체(데이터 속성), 작업(양식)을 안전하고 일관성 있게 쉽게 변경할 수 있지만 시간이 지나면서 도메인 속성(새로운 개념)도 수정해야 할 수도 있다. 가능한 입력 목록에 새 속성(middleName)을 추가하거나, 새 출력값(alternateEmail)이나 새 요청 매개변수(/filter/?newRegionFilter=south)를 추가해야 할 수도 있다. 이때, 새 어휘 문서를 생성하고 클라이언트가 런타임에 추가 어휘를 덮어쓰고 선택할 수 있도록 해야 한다(자세한 내용은 3장 참조). 5장에는 이런 어휘 선택 기능을 다루는 몇 가지를 소개하고 있다.

셀프 서비스에서 검색 및 통합까지

웹 서비스에는 API 클라이언트가 온보딩 경험을 '셀프 서비스'할 수 있는 중요한 기능이 있다. 원하는 서비스를 선택하기만 하면 즉시 사용할 수 있게 하는 것은 의미있는 목표다. 이것이 바로 오늘날 사람들이 웹 사이트와 상호작용하는 방식이다. 누군가가 관심 있는 콘텐츠를 발견하면 해당 콘텐츠의 '링크를 골라서' 다른 사람들과 공유하거나 자신의 웹 페이지에 복사해 다른 사람들이 같은 콘텐츠로 연결되는 링크를 보고 따라갈 수 있다. 이는 웹에서 매우 일반적이고 기본적인 경험이기 때문에 '통합' 또는 온보딩 경험이라고 생각하지는 않는다. '웹은 원래 그런 식으로 작동한다'고 생각할 뿐이다.

서비스도 그렇게 작동해야 한다. 하지만 대부분의 경우는 그렇지 않다. 대신 개발자는 기존 서비스를 찾아서 선택하고 자체 솔루션에 통합하는 수동 프로세스를 수행해야 한다. 이 과정은 많은 시행착오를 거쳐야 하는 실망스러운 과정이거나 원하는 것을 찾기가 어려울 수 있다. 작동할 수 있는 API를 찾았다고 해도 설명서가 난해할 수도 있다. 또한 외부 API를 자체 서비스에 성공적으로 통합하는 것도 어려울 수 있다. 개발자는 종종 이 과정을 여러 번(서비스가 의존할 각 API마다 한 번씩) 해야 한다. 서비스가 완료되고 테스트 및 배포된 후에도 종속된 API 중 하나라도 인터페이스를 변경하면 전체 프로세스를 다시 시작해야 할 수 있다.

이런 활동들은 런타임 시 발생하는 프로세스로 자동화를 시켜야 한다. 저자는 이 프로세스를 '검색과 통합find and binding'이라고 한다. 서비스의 이름을 지정하고 설명하는 방식(메타데이터)을 표준화함으로써 서비스를 검색하는 방식find과 통합하는 방식binding을 자동화할 수 있다. 이전에 '본 적 없는' 원격 서비스를 찾고 상호작용할 수 있는 이 기능은 인터넷을 통해 컴퓨터를 서로 연결하기 위한 현재 DNSDomain Name System의 기반이 된다.

분산 데이터의 지원

6장에서는 네트워크 솔루션에서 데이터를 저장하고 검색하는 데 중점을 둔 레시피를 소개한다. 컴퓨팅을 위한 데이터 스토리지의 오랜 기간 동안 사람들은 기록 시스템SOR, System Of Records과 신뢰성 있는 단일 정보 출처SSOT, Single Source Of Truth라는 개념에 집중했다.

일반적으로 이런 개념은 각 데이터의 단일 위치를 식별해 정보의 정확성을 보장하는 데 중점을 둔다. 마스터 데이터 관리^{MDM, Master Data Management}라는 개념이 등장하는 것도 바로 이 때문이다. 데이터를 편집할 수 있는 사람(이전에는 '마스터')을 제어하는 것이 이 이야기의 핵심 요소다. 기본적으로 SSOT/MDM 시스템은 각 데이터 요소를 신뢰할 수 있는 소스가 하나만 존재하고 모든 사람이 그 소스가 무엇인지(그리고 어디에 있는지)인지 하고 있다는 가정 하에 구축된다.

그러나 오픈 웹에서는 데이터가 저장되는 위치와 데이터 조각 또는 데이터 모음에 대한 사본 생성 수를 제어하는 것이 불가능하다. 사실, 작업 중인 데이터의 사본은 항상 2개 이상 존재한다고 가정하는 것이 현명하다. 데이터 포인트의 가장 최근 값을 명시적으로 요청하거나 특정 데이터의 최종 소스로 취급할 위치를 추적하는 것이 가능할 수도 있다. 하지만 자신이 갖고 있는 데이터의 사본이 항상 다른 사람이 갖고 있는 사본과 같지는 않다는 점은 상정해야 한다.

모든 데이터는 원격이다

웹상의 데이터에 여러 개의 복사본이 있다는 개념은 중요하다. 저술가이자 소프트웨어 아키텍트인 이라클리 나다레이슈빌리(Irakli Nadareishvili)는 '모든 데이터를 마치 원격에 있는 것처럼 취급하라'는 '규칙'을 설명한 적이 있다. 데이터를 원격으로 취급을 한다면 다음의 세 가지를 가정해야 한다.

- 저장 매체나 스키마를 변경할 수 없다.
- 해당 소스에서 정보를 읽거나 쓸 수 있는 사람을 제어할 수 없다.
- 일시적이든 영구적이든 해당 데이터를 사용할 수 없게 될 때 혼자서 해결해야 한다.

자체 데이터를 처리해야 하는 서비스에서는 '웹상의 데이터' 규칙에 따라 관리 책임이 있는 데이터의 저장, 액세스 및 검증하는 방식을 변경해야 한다. 가능하면 로그 기록을 통해 누가 여러분에게 데이터를 요청했는지, 관리 중인 데이터에 대한 업데이트를 누가 전송했는지도 추적해야 한다. 데이터 서비스는 로컬 데이터 무결성에도 책임이 있다. 잘못된 데이터 기록은 막아야 한다. 가능하면 데이터 업데이트를 되돌릴 수 있는 기능도 지원해야 한다(제한된 시간에만 가능). 마지막으로, 데이터를 삭제하라는 지시를 받았더라도 나중에 복원해야 할 때를 대비해 데이터 사본을 잠시 보관해 두는 것도 좋다(다시한 번 말하지만, 제한된 시간에서만!).

나다레이슈빌리의 '웹상의 데이터' 규칙은 원격 데이터에 의존하는 서비스에도 중요하다. 서비스에서 작업하는 데이터를 직접 관리하지 않고 다른 서비스에 의존할 때는 항상 작업 중인 데이터의 최신 사본을 원격 소스에 요청해 해당 데이터를 마지막으로 읽거나 수신한 이후 발생한 모든 변경 사항을 파악하는 것이 좋다. 또한 상호작용하는 종속 데이터 서비스에서 데이터 업데이트를 거부할 수 있다는 사실에 대비해야 한다. 데이터를 저장하는 서비스는 해당 데이터의 무결성을 유지할 책임이 있다.

삭제 작업을 되돌리는 것을 포함해 필요할 때 데이터 업데이트를 원상복구할 수 있도록 준비가 돼있어야 한다. 이는 둘 이상의 데이터 소스와 상호작용하는 서비스(예: customerData 및 billingData 서비스를 모두 읽고 쓰는 서비스)로 작업할 때 특히 까다로울 수 있다. 예를 들어, customerData 업데이트가 수락되고 billingData 업데이트가 거부될 때, 서비스에서 고객 데이터 변경 사항을 되돌릴 필요가 있는지 알아야 한다.

물론 서비스가 자체 데이터를 관리하면서 다른 데이터 소스에 의존할 때도 있다. 경험상 이런 상황은 자주 발생한다. 흔히 발생하는 경우로, 다른 소스에서 받은 데이터의 로컬 캐시 사본을 보관할 때가 그러하다. 이렇게 하면 널리 사용되는 리소스의 성능을 높이고 트래픽을 완화시킬 수 있다. 하지만 사본은 항상 사본일 뿐이다. 누군가 데이터의 '가장 최근 사본'을 요청하면 현재 로컬에 저장한 기록의 업데이트된 버전을 가져와야 할 수도 있다.

데이터는 행동의 증거물이다

데이터 중심 인터페이스를 작성할 때 '데이터는 행동의 증거'라는 명제는 중요한 원칙이다. 데이터는 수행된 작업의 부산물이다. 예컨대, 리소스를 만들거나 업데이트되면 데이터 속성이 생성되거나 수정된다. 데이터는 생성 및 업데이트 작업이 남긴 증거다. 이 작업을 여러 번 수행하면(예: 여러 클라이언트 애플리케이션에서 많은 변경 사항을 발생시킴) 작업 모음을 얻을 수 있다. 작업 모음이 있으면 증거에 대한 질문, 즉 쿼리를 보낼 수 있다. 이것이 바로 데이터 저장소의 핵심 역할이다. 데이터 저장소를 통해 우리는 질문을 할 수 있다.

데이터를 '행동의 증거'로 볼 때, 데이터는 웹에서 일어나는 일들에 대한 일종의 증인이 된다. 가장 정확한 증인은 가장 그럴듯한 증거를 제시하는 사람이다. 웹에서 가장 그럴 듯한 증거는 HTTP 통신 자체다. 가장 그럴듯한 저장 형식은 HTTP 메시지(메타데이터와 본문 모두) 그 자체다. HTTP 통신을 검사하고 재생할 수 있는 기능은 강력한 저장 플랫 폼이 될 수 있다. 심지어 HTTP 메시지를 적절히 캡처하도록 설계된 문서 형식인 HTTP 아카이브^{HAR, HTTP Archive} 형식도 있다.

---

*/http 미디어 타입

HTTP 메시지를 직접 캡처하고 저장하도록 오래 전에 설계된(그러나 거의 사용되지 않는) 미디어 타입이 있다. 바로 message/http 미디어 타입이다. 일련의 HTTP 요청과 응답을 그룹으로 캡처하기 위해 정의된 미디어 타입도 있는데, 바로 application/http 미디어 타입이다. 미디어 타입은 HTTP 아카이브 (HAR) 형식과 함께 HTTP 통신을 정확하게 캡처하고 저장할 수 있는 훌륭한 기능을 제공한다.

문제는 직접 HTTP 메시지(HAR 파일 및 */http 메시지)는 효율적으로 질의를 하기 어렵다는 점이다. 따라서 HTTP 통신의 증거를 보다 쿼리 엔진에 친화적인 형식으로 저장하는 것이 좋다. 이를 위한 데이터 저장 및 검색 시스템에는 여러 가지가 있다. 일부는 데이터를 쉽게 작성하는 데 중점을 두지만, 대부분은 데이터를 질의하기 쉽게 만드는 데 중점을 둔다. 여기서 모든 저장 시스템이 증거 관리를 위해 꼭 필요하다는 점이 중요하다. 이 시스템은 웹에서의 작업을 새롭게 보여줄 것이다.

요약하면, 웹 기반 서비스는 모든 작업 증거를 캡처하고 질의할 수 있도록 만들어야 한다. 모든 작업이란, 메타데이터와 데이터를 포함한 완전한 HTTP 메시지를 의미한다. 이를 위한 매체(파일, 문서, 문자열 등)도 이보다는 우선도가 떨어진다.

내부 VS 외부

API에서 사용하는 데이터 저장소나 쿼리 형식에 관계없이 내부 데이터 모델이 서비스 인터페이스로 '누출'되지 않도록 해야만 한다. 2016년에 캡슐화의 중요성을 기억할 수 있도록 X(구 트위터)에 원칙을 공유한 적이 있다.

> 여러분의 데이터 모델은 여러분만의 객체 모델이 아니며, 여러분의 리소스 모델도
> 여러분만의 전송 모델이 아니다.

데이터 저장 및 관리를 직접 담당하는 서비스를 이야기할 때 이 원칙을 다시 한 번 강조해야 한다. 내부에서 사용하는 데이터 모델, 즉 데이터 속성의 이름과 위치, 테이블, 컬렉션 등으로의 그룹화는 외부에서 문서 스타일 메시지에 사용하는 모델과 독립적으로 유지돼야 한다. 이렇게 하면 스토리지와 인터페이스 세부 사항 간의 느슨한 결합을 유지하는 데 도움이 되며, 이는 API 클라이언트와 생산자 모두에게 보다 안정적이고 신뢰할 수 있는 환경을 제공할 수 있다.

가령, 서비스 인터페이스에서 user, job-type, job-status의 세 가지 유형의 리소스를 제공할 수 있다. 내부 저장소에 대해 아무것도 모른다면 API 클라이언트는 앞서 언급한 세 가지 리소스 유형과 일치하는 세 가지 저장소 컬렉션이 있다고 생각하기 쉽다. 하지만 job-status는 job-type의 속성에 불과할 수도 있다. 또는 job-type과 job-status가 모두 user-stat, shipping-status 등과 같은 다른 유사한 정보도 저장하는 name-value 컬렉션에 저장돼 있을 수도 있다. 스토리지 모델이 어떤 것인지 확실하게 알 수 없다는 점이 중요하다. 그리고 API 사용자들은 이를 그렇게 중요하게 생각하지 않는다.

또한 방금 언급한 예제 데이터를 관리하는 데 어떤 스토리지 기술이 사용되는지도 알 수 없다. 단순한 파일 시스템일 수도, 복잡한 객체 데이터베이스일 수도, 원시 HTTP 통신의 컬렉션일 수도 있다. 다시 말하지만 API 클라이언트에게는 이것이 중요한 문제는 아니다. 사용 가능한 데이터 속성과 인터페이스 소비자가 해당 데이터에 액세스할 수 있는(그리고 업데이트할 수 있는) 방식이 중요하다. 읽기 및 쓰기 세부 정보는 자주 변경되지 않아야 하며, 이는 인터페이스의 약속이다. 그러나 스토리지 기술은 서비스 구현자가 인터페이스 약속을 계속 준수하는 한 원하는 만큼 자주 변경할 수 있다.

이 모든 것은 데이터 중심 서비스를 만드는 사람들에게 다른 핵심 원칙으로 이어진다. 바로 외부(인터페이스)는 오랫동안 사용될 것을 상정해야 한다는 점이다. 상정된 사항은 계속 지켜져야 한다. 반대로, 내부(내부) 기술 세부 사항은 그렇지 않다. 기술 트렌드, 서비스 가용성, 비용 등에 따라 자주 바뀔 수 있으며, 앞으로도 그럴 것이다.

읽기 VS 쓰기

분산 데이터는 데이터 읽기와 쓰기 규칙이 근본적으로 다르다. 가령, 데이터 쓰기는 설계상 또는 웹에서 메시지가 통신되는 일반적인 과정을 통해 지연될 수 있으나 대부분 문제없이 처리할 수 있다. 그러나 읽기 지연은 API 클라이언트들이 더 쉽게 체감할 수 있으며, 데이터 소스의 속도와 신뢰성에 직접적인 영향을 미친다. 특히 읽기 쿼리를 완료하기 위해 여러 데이터 소스를 사용할 때 더욱 그렇다.

데이터가 이동해야 하는 거리(공간적 또는 시간적)가 길수록 API 클라이언트는 지연을 체감할 가능성이 높아진다. 다행히도 대부분의 API 클라이언트는 1초에 가까운 지연을 큰 부작용 없이 견딜 수 있다. 사실 모든 질의에는 시간이 걸리며 '즉각적인' 응답은 불가능하다. 하지만 대부분의 응답은 우리가 눈치채지 못하거나 신경 쓰지 않을 정도로 짧다.

실제로 데이터 읽기에 대한 응답을 구현할 때는 네트워크를 타지 않는 구조를 만드는 방법이 가장 좋다. 즉, 로컬에 캐시된 데이터 사본을 사용해 쿼리를 처리하면 된다. 이렇게 하면 네트워크에 대한 의존도가 줄어들고(데이터 소스에 연결할 수 없을 때를 걱정할 필요가 없어진다), 쿼리와 일치하는 로컬 데이터를 수집하는 데 걸리는 응답 시간을 많이 줄일 수 있다. 이에 대한 자세한 내용은 레시피 6.9를 참조하라.

또한 일반적으로 '사람'은 '머신'보다 지연에 대한 내성이 더 높다는 점을 지적할 필요가 있다. 즉, 머신 투 머신의 상호작용의 응답 지연은 머신 대 사람 상호작용의 지연보다 더 문제가 될 수 있다. 따라서 응답 지연 가능성을 염두에 두고 머신 투 머신의 상호작용을 구현하는 것이 현명하다. 레시피 6.9와 6.12는 데이터 중심 서비스에 대한 응답 지연의 영향을 완화할 수 있는 방법들을 담고 있다.

읽기 지연은 더 눈에 띄기 때문에 인터페이스 설계에서 이를 고려해야 한다. 예를 들어, 일부 쿼리로 인해 응답이 지연될 가능성이 있을 때(예: 결과 보고서가 수 기가바이트에 달하는 대규모 데이터 조회), 지연을 명시적으로 반영하는 인터페이스를 설계해야 한다. HTTP 기반 인터페이스는 후속 상태 보고서와 함께 '202 Accepted' 응답을 설계의 일부로 만든다(자세한 내용은 레시피 6.5 참조).

데이터 쓰기와 관련해 지연은 바람직하지 않지만, 그보다 더 중요한 요소는 프로세스에서 데이터 무결성을 유지하는 것이다. 단일 데이터 쓰기 메시지를 여러 서비스(인라인 또는 병렬)에서 처리해야 할 수 있으며 각 상호작용은 쓰기 오류의 가능성이 있다. 경우에 따라 스토리지 소스 중 한 곳에서만 오류가 발생하면 다른 모든 스토리지 소스에서도 쓰기를 거부(또는 취소)해야 할 때도 있다. 따라서 각 쓰기 작업의 대상 수를 제한하는 것이 가장 좋다. 1개가 가장 좋으며 그 이상은 문제가 된다. 서비스 인터페이스의 쓰기 기능을 개선하는 방법에 대한 자세한 내용은 레시피 6.5, 6.8 및 6.13을 참조하라.

강력한 데이터 언어

데이터 저장 및 쿼리의 역사를 돌아보면 훌륭한 데이터 기술 플랫폼들을 제공했다. 그러나 최근까지 대부분의 데이터 언어와 플랫폼은 웹 환경의 고유한 요구 사항을 무시하기도 했다. 광범위하게 분산된 데이터를 위해 잘 설계된 데이터 언어가 있으며, 그중 어떤 것은 참조할 곳이 많을 뿐만 아니라 서로 멀리 떨어져 있을 수도 있는 웹에서 매우 효과적이다.

대부분, 정보 검색 쿼리 언어로 알려진 언어들이 웹에서 데이터를 읽는 데 가장 효과적이다. IRQL 언어의 검색 조건을 일치시키고 일련의 문서(또는 문서에 대한 포인터)들을 반환하는 데 최적화돼 있다. 또한 대부분의 IRQL은 실제로 외부 저장소에 대한 인덱스 모음이기 때문에 대규모 데이터 집합을 검색하는 데 최적화돼 있다. 따라서 HTTP를 통한 데이터 쿼리를 지원하는 모든 서비스는 내부적으로 IRQL을 구현하는 것이 좋다. API가 읽기만 지원하고 쓰기는 지원하지 않을 때 특히 그렇다. 그러나 인터페이스가 데이터 읽기와 쓰기를 모두 지원할 때도 대부분의 데이터 요청은 읽기이므로 강력한 IRQL을 구현하는 것도 분명 도움이 된다.

데이터베이스 쿼리 VS 정보 검색 쿼리

SQL과 같은 데이터 쿼리 언어와 아파치 루씬(http://lucenetutorial.com/lucene-query-syntax.html)과 같은 정보 검색 쿼리 언어 사이에는 중요한 차이점이 있다. 데이터베이스 언어는 데이터베이스에 저장된 일련의 '사실'에 대한 명확한 결과를 반환하도록, 정보 검색 쿼리 언어(IRQL)는 제공된 일부 조건과 일치하는 문서 집합을 반환하도록 설계됐다. 6장의 일련의 레시피에서는 주로 두 번째 유형의 쿼리 언어인 정보 검색에 초점을 맞출 것이다. 물론 데이터베이스 쿼리 언어를 사용해 제공된 조건과 일치하는 '도큐먼트'(일반적으로 데이터 행)를 검색할 수도 있고, 실제로 그렇게 하기도 한다.

정보 검색 엔진

인터페이스를 위한 IRQL 후보로는 몇 가지가 있는데, 가장 잘 알려진 것 중 하나는 아파치 루씬 프로젝트다. 루씬^{Lucene} 엔진은 상당히 로우 레벨이며 자체적으로 구현하기에는 다소 어렵다. 하지만 배포 및 유지 관리가 더 쉬운 루첸 위에 구축된 다른 구현이 꽤 많이 있다. 이 글을 쓰는 현재, 저자가 가장 자주 사용하는 엔진은 아파치 솔^{Apache Solr} 엔진이다.

다른 IRQL 옵션

대부분의 서비스는 데이터 읽기를 위한 견고한 IRQL과 함께 데이터 쓰기도 지원해야 한다. GraphQL, SPARQL, OData, JSON:API와 같이 읽기 및 쓰기를 모두 지원하는 IRQL과 유사한 엔진도 있지만, 데이터 쓰기를 지원할 때는 다른 기술을 사용해보자.

SQL 형태의 데이터 엔진

일반적으로 간단한 데이터 저장소는 파일 기반 저장소 시스템을 구현해 처리할 수 있다 (예: 각 레코드가 시스템에 파일로 저장되는 방식). 그러나 서비스가 소수의 사용자 또는 수백 개의 문서를 넘어 확장할 수 있어야 하는 경우에는 쓰기에 최적화된 데이터 저장소를 구현해야 한다. 일반적으로 MongoDB, SQLite, PostgreSQL 등과 같은 일부 SQL 기반 데이터 기술을 사용한다.

스트리밍 데이터 엔진

초당 많은 수의 데이터 쓰기(예: 수천 건)를 처리해야 할 때 아파치 카프카^{Apache Kafka}, 아파치 펄사^{Apache Pulsar} 등의 스트리밍 데이터 엔진을 도입해야 한다.

무엇보다도 이런 옵션들은 백엔드로 감춰줘야 한다. 데이터 중심 서비스를 위해 잘 설계된 인터페이스는 사용 중인 내부 데이터 기술을 '노출하지' 않는다. 따라서 외부 API에 부정적인 영향을 미치지 않고 필요에 따라 내부 기술을 업데이트할 수 있다(이전의 '읽기 VS 쓰기' 참조). 가령, 파일 기반 데이터 관리 시스템으로 시작해 추가 쿼리를 지원하기 위해 IRQL을 추가하고, 나중에 SQL 기반으로 전환한 다음, 스트리밍 데이터 엔진으로 전환할 수 있다. 이런 내부 기술의 흐름 도중에 외부 인터페이스는 바뀌지 않아야 한다. 이 주제에 대한 자세한 내용은 레시피 6.1, 6.4 및 6.7을 참조하자.

하이퍼미디어 워크플로를 통한 확장성 강화

웹은 항상 콘텐츠 서버를 링크를 통해 서로 쉽게 연결해 더 큰 서비스를 제공할 수 있는 공간이었다. 권한을 요청하거나 특별한 코딩, 레이아웃, 콘텐츠를 변경할 필요없이 다른 웹 사이트에 간단히 링크할 수 있는 이 기능은 월드와이드웹을 만든 사람들의 목표 중 하나였다. 팀 버너스리는 WWW 정보 시스템에 대한 제안서에서 '화려한 그래픽 기술과 복잡한 추가 기능보다 범용성과 이동성이 더 중요한 보편적인 링크 정보 시스템을 지향해야 한다'고 결론을 내렸다. 7장에서는 이를 위한 방법을 제시한다.

버너스리(이전에는 테드 넬슨)는 문서를 매끄럽게 연결하는 방법에 초점을 뒀지만, 장벽이 거의 없는 쉬운 연결이라는 개념은 서비스에도 적용될 수 있다. 여러 서비스를 연결해 특정 요구사항을 해결할 수 있는데, 예를 들어 온라인 스토어 결제를 수행하는 데 필요한 단계에는 computeTotals, applyTax, arrangePayment, scheduleShipping, sendConfirmation 등의 작업이 포함될 수 있다.

로컬 소스 코드에서 작업할 때, 이런 작업은 일반적으로 코드베이스 내 연산으로 표현되며 순서대로 실행되는 일련의 순차적인 단계로 표시된다. 하지만 일부 언어에서는 병렬 처리를 사용해 여러 작업을 동시에 실행할 수 있도록 지원한다. 이렇게 하면 워크플로 프로세스의 확장성을 크게 향상시킬 수 있지만 워크플로 설계자와 서비스 설계자 모두 병렬 작업과 순차 작업을 명확하게 구분하는 합의가 필요하다. 모든 작업을 병렬로 실행할 수 있을 때도 워크플로 자체에 특별한 이벤트 순서가 필요할 수 있는데, 그 예로 장바구니의 내용물이 완성되기 전에 쇼핑 주문에 대한 세금을 계산하는 것은 어렵다.

웹 기반 서비스는 각 기능을 다른 위치에서 별도의 프로세스로 실행하는 것처럼 취급해야 한다. 웹의 분산된 특성으로 인해 서비스 간에 데이터 모델, 스토리지 시스템 또는 프로그래밍 언어의 공유가 불가능하다. 서비스들이 공유하는 유일한 것은 합의된 인터페이스뿐이다. 웹의 공통 인터페이스는 HTTP 사양에 의해 정의된다. 하지만 이는 매우 낮은 수준의 합의다. 효율적인 작업을 수행하려면 서비스들은 전송 프로토콜 이상의 것을 공유해야 한다. 서비스 조정을 위한 일종의 언어를 공유해야 한다.

코레오그래피, 오케스트레이션, 하이퍼미디어 워크플로

서비스 상호확인을 이야기할 때 흔히 코디네이션과 오케스트레이션이라는 개념을 접하게 된다. 각각은 서비스 조정을 설계하고 구현하는 방법에 대한 아키텍처적 관점을 나타낸다. 내 경험에 따르면 웹은 상호확인에 대한 세 번째, 더 직접적이고 더 강력한 관점을 제공하는데, 바로 워크플로를 선언적 문서로 설명하는 것으로, HTTP처럼 서비스가 서로 상호작용하는 데 사용할 수 있는 일관된 인터페이스를 제공하는 관점이다. 하이퍼미디어 워크플로에 대해서는 나중에 설명하겠다. 먼저 코레오그래피와 오케스트레이션이 제공하는 것과 하이퍼미디어 접근 방식이 어떻게 다른지 살펴볼 필요가 있다.

중앙화된 오케스트레이션

서비스 오케스트레이션 모델은 단일 콘텍스트에서 워크플로를 정의한 다음 해당 문서를 워크플로 '엔진'에 제출하는 중앙집중식 접근 방식이다. 이는 솔루션 설계자가 논리적 실행 흐름에서 서비스를 연결하는 데 사용할 수 있는 통합 프로그래밍 모델(예: BPEL)을 만드는 효과가 있다. 오케스트라 메타포는 이런 접근 방식을 설명하는 일반적인 방법으로, 본질적으로 동일한 합의된 '음악'(워크플로 문서)으로 작업하는 여러 사람을 이끄는 단 한 명의 '지휘자'(엔진)가 있다.

오케스트레이션의 역사

서비스 오케스트레이션에는 오래되고 다양한 역사가 있다. 아마도 서비스 오케스트레이션의 가장 잘 알려진 '기원 스토리'는 XLang, WSFL(Web Service Flow Language), 표준화된 파생 비즈니스 프로세스 실행 언어(Business Process Execution Language)나 WS- BPEL에서 비롯됐다. 이런 언어는 일련의 워크플로 단계와 결정을 설명한 다음 해당 문서를 마이크로소프트의 비즈토크(BizTalk), IBM의 웹스피어(WebSphere), 아파치 ODE(Apache ODE)[1] 등과 같은 워크플로 '엔진'을 사용해 해당 워크플로의 실행을 제어하는 것을 지원하도록 설계됐다.

---

1   이 프로젝트는 번역 시점인 현재에는 유지되고 있지 않다. – 옮긴이

오케스트레이션 접근 방식은 솔루션이 스크립트나 코드로 명확하게 기술된다는 장점이 있다. 따라서 워크플로를 미리 추론하고, 검증하고, 테스트하기가 쉽다. 또한 워크플로 엔진을 사용하면 워크플로 프로세스를 모니터링하고 관리하기가 더 쉬워진다. BPEL 및 유사한 언어를 지원하도록 설계된 플랫폼과 프로그래밍 제품군이 꽤 많다.

중앙집중식 접근 방식에는 문제점도 있다. 그중 중앙 실행 엔진에 대한 의존성이 가장 큰 문제다. 해당 엔진이 다운되거나 연결할 수 없을 때 전체 워크플로 시스템이 중단될 수 있다. 이런 문제는 클러스터에서 워크플로 엔진을 실행해(고장난 머신을 처리하기 위해), 여러 위치에서(네트워크 관련 문제를 처리하기 위해) 완화될 수 있다. 오케스트레이션 접근 방식에 의존하는 또 다른 문제는 동기식 처리를 가정하는 경우가 많기 때문에 느슨한 구조보다는 밀접하게 맞물린 구조로 가져갈 가능성이 많다는 것이다.

마지막으로, 오케스트레이션 모델은 일종의 단일 접점을 상정한다. 보통, 서비스는 서로 직접 대화하지 않고 오케스트레이션 엔진과 대화한다. 더 정확하게는 엔진이 서비스를 호출하고 엔진이 자체적으로 결과 솔루션을 구성한다.

클라우드의 오케스트레이팅

대부분 클라우드 서비스들은 오케스트레이션 서비스를 제공한다. AWS의 AWS Step, 마이크로소프트의 Azure Cloud Automation 등이 대표적인 서비스다.

앞에서 언급한 문제들은 워크플로 도큐먼트를 위한 중앙 리포지토리를 만들고 해당 문서의 처리를 분산시킴으로써 해결할 수 있다. 분산 실행 방식은 워크플로를 설계하는 다른 일반적인 방법인 서비스 코레오그래피(안무 구성 또는 부분 간의 상호 규칙)와 비슷하다.

무상태 코레오그래피

보통 코레오그래피는 서비스를 '춤'의 관점에서 바라본다. 각 서비스들은 자기가 어떤 '춤사위'를 하는지 알고 있으며, 각 춤사위는 다른 엔티티와 상호작용을 하는 독립적인 특성이 있다. 코레오그래피에서는 기존 서비스 간 상호작용의 부산물이며, '즉흥적인' 동작의 연속이다.

춤을 춰보자

춤으로의 은유는 워크플로를 코레오그래피로 설명할 때 자주 등장한다. 춤 테마는 실제로 안무 스타일의 워크플로를 선호하는 사람들에게 매우 인기가 많아서 2017년에 통합 작업을 위해 설계된 전체 프로그래밍 언어인 발레리나(Ballerina)가 출시되기도 했다.

즉흥적 안무 모델에는 분명한 장점이 있다. 첫째, 개별 서비스는 큰 그림을 알 필요 없이 각자의 업무를 수행하는 방법만 알면 된다. 이렇게 워크플로를 구성하면 더 느슨하게 결합된 솔루션을 만들 수 있으며, 느슨히 결합된 솔루션은 일반적으로 더 탄력적이고 시간이 지나도 수정하기 쉬워서 다른 프로세스를 중단하지 않고도 솔루션의 일부를 쉽게 교체할 수 있다. 그 결과 유연하고 탄력적인 워크플로 환경을 구축할 수 있다.

물론 단점도 있다. 잘 짜인 세계에서 작업할 때 개별 워크플로 진행 상황을 모니터링하기 어려울 수 있다는 점이다. 개별적이고 무상태 작업에 기반한 솔루션이기 때문에 작업 실행 중 문제를 경고할 수 있는 단일 제어 지점이 없다.

또한 워크플로 에코시스템의 전반적인 상태를 평가하기 어려울 수도 있다. 모든 작업에서 실패하는 특정 작업(예: 이메일 보내기)이 있는 경우, 아니면 문제가 있는 단일 주소로 이메일을 보내는 모든 작업에 문제가 있는 경우, 호스팅하는 서비스에 관계없이 일부 컴퓨터의 성능이 저하되는 경우, 네트워크 조건으로 인해 일부 서비스에 연결할 수 없는 경우 등을 예로 들 수 있다.

클라우드에서 춤을

주요 클라우드 공급업체는 모두 자체 버전의 서비스 코레오그래피를 제공한다. 구글은 Pub/Sub(Pub/Sub) 및 Eventarc 서비스를 제공한다. 마이크로소프트는 Event Grid, AWS는 Amazon Simple Notification Service(SNS) 및 Amazon Simple Queue Service(SQS) 도구를 사용해 코레오그래피를 지원한다.

필요할 때 쉽게 찾아볼 수 있는 각 작업별로 진행률 리소스를 만들어 모니터링 문제를 처리할 수 있다. 그후 서비스가 작업을 완료할 때마다 관련 리소스에 진행률 보고서 전송이 가능하다.

중앙집중식 오케스트레이션과 포인트 투 포인트 코디네이션 모두 장단점이 있다. 일반적으로 단계가 많지 않고 분기 옵션이 거의 없는 워크플로에는 오케스트레이션 접근 방식이 적합하다. 작업을 한 곳(도큐먼트)에 정의하고 해당 문서를 솔루션의 실행 스크립트로 사용한다. 이 스크립트는 네이티브 소스 코드에 작성할 수 있을 때가 많다(레시피 7.3 참조).

그러나 워크플로가 상당히 복잡하다면 코레오그래피 접근 방식을 사용하는 것이 더 유리하다. 단계 수가 증가함에 따라 대부분의 오케스트레이션 엔진의 순차적 접근 방식은 문제가 되기도 한다. 또한 워크플로의 분기점이 광범위하면 결과를 추론하기 어렵고 문제가 있는 워크플로를 '롤백'하기 어렵다. 코레오그래피 접근 방식을 사용하면 비동기식 워크플로를 더 쉽게 처리하고, 개별 롤백을 지원하며, 'if ... then ... else' 스타일 브랜칭의 필요성을 없앨 수 있다. 이 접근 방식은 각 서비스가 독립적으로 작동하고 서비스 간에 공유되는 상태 정보가 거의 없다고 상정한다. 코레오그래피로 그래프화된 솔루션은 소스 코드로 표현되기도 하지만, 당면한 작업에 맞게 조정된 도메인별 언어^{DSL}로 표현할 수도 있다. 이 책에서는 이런 용도로 설계된 DSL을 보여준다(레시피 7.4 참조).

하이퍼미디어 워크플로

런타임 서비스에 서비스 상호작용의 세부 사항을 설명하는 하이퍼미디어 컨트롤(양식 및 링크)의 사용을 선호하는 접근 방식이 또 있는데 이를 '하이퍼미디어 워크플로'라고 한다. 하이퍼미디어 워크플로 접근 방식은 몇 단계만 있을 때와 여러 프로세스에 관련될 때 모두 적합하다. 이 접근 방식은 오케스트레이션의 중앙집중식 접근방식뿐만 아니라 독립적인 병렬 처리의 이점도 활용한다.

> ### 재즈와 워크플로
>
> 서비스 코디네이션을 이야기할 때 코레오그래피(춤)에 비유하는 것처럼 하이퍼미디어 워크플로를 설명할 때 재즈에 비교하곤 한다. 오케스트레이션에서는 '책임지는 누군가'가 있다. 코레오그래피에서는 각자는 자기 파트를 어떻게 소화해야 할지 아는 것이 매우 중요하며, 그래야 최종 결과물이 완성된다. 재즈에서는 곡에 대한 기본 아이디어는 각자 갖고 있으면서 마지막 퍼포먼스를 위해 어떻게 할지 각자의 방법으로 플레이를 한다.

하이퍼미디어 워크플로를 설계할 때 플로에 기술된 각 서비스는 다음 액션들을 지원하는 구성 가능한 인터페이스를 가진다는 것이 핵심이다.

- Execute: 작업을 실행한다(예: computeTa, createCustomerResource 등).

- Repeat: 어떤 작업이 실패하면 다시 그 작업을 반복한다.

- Revert: 작업 수행 중 오류가 발생하면 하던 작업을 원복한다.

- Cancel: 작업을 멈추고 이제까지 했던 것들을 없던 것으로 한다.

각 서비스(태스크)가 앞의 액션을 지원할 때 하나의 작업에 이들을 한데 모으는 게 가능하다. 워크플로 작업은 모든 태스크들을 병렬로 실행하며 다른 두 가지 중요 액션 제공한다.

- Continue: 최근에 중단된 작업을 다시 시작한다.

- Restart: 맨 처음부터 다시 시작한다.

- Cancel: 작업 진행을 멈추고 모든 태스크에 이전까지의 수행을 원복하라고 한다.

공유 상태 및 시간 초과와 관련된 이 워크플로 언어의 다른 세부 사항은 7장의 여러 레시피에서 다루고 있다. 워크플로 인터페이스는 매우 간단해 개별 서비스를 구현하기가 쉽다는 장점이 있다. 물론 단점도 있다. 예를 들어 'Revert' 작업을 지원한다는 것은 서비스가 다른 서비스를 내부적으로 호출할 때 영향을 미친다. 그러나 이런 세부 사항은 소스 코드에서 분류할 수 있으며 서비스 인터페이스의 일부로 노출할 필요는 없다.

하이퍼미디어 워크플로 언어를 사용할 때 워크플로의 모든 세부 사항을 소스 코드나 스크립트 대신 하나 이상의 문서로 표현할 수 있다는 장점도 있다. 대부분의 프로그래밍 언어는 명령형이다. 하이퍼미디어 언어들은 어떤 작업이 어떻게 수행되는지 지시한다. 하지만 하이퍼미디어 문서는 선언적이다. 선언적 언어는 단계별 프로세스를 명시적으로 지정하지 않고 수행해야 할 작업을 설명한다.

액션을 태스크로, 흐름을 작업으로 설명할 수 있는 이 기능을 사용하면 모든 부분이 어떻게 상호작용할지 걱정할 필요 없이 워크플로에 통합될 수 있는 컴포저블 서비스를 만들 수 있다. HTTP와 마찬가지로 하이퍼미디어 워크플로는 외부 인터페이스를 표준화해 서비스에서 원하는 내부 프로그래밍 언어와 패러다임을 사용할 수 있다.

워크플로 구현의 어려움

웹 기반 워크플로를 구현하는 데는 어려움이 많다. 하지만 이것들은 작은 문제들로 분류해 접근해 볼 수 있다. 여기서 검토할 문제는 다음과 같다.

- 데이터 모델이 아닌 상태의 공유

- 워크플로의 제약

- 워크플로의 관찰

- 워크플로 엘리먼트로서의 시간

- 워크플로 오류 처리

데이터 모델이 아닌 상태의 공유

웹을 위한 강력하고 확장 가능한 워크플로 시스템을 구축하는 데 가장 큰 걸림돌은 독립적인 서비스 간에 전달해야 하는 데이터를 처리하는 것이다. 대부분의 솔루션은 공유 데이터 모델(예:강력한 타입의 스키마로 매개변수를 전달)이나 공유 데이터 저장소(예:모든 서비스가 같은 SQL 데이터베이스 테이블 읽기)를 적용하고 있었지만, 어느 것도 제대로 작동하지 않았다.

대신 간단한 문서 모델을 사용해 속성을 공유하는 것이 더 나은 접근방식이다(레시피 7.2참조). 이때 데이터 값은 강력한 형식의 문서(HTML, Collection + JSON, SIREN, HAL 등)로 전달되며 모든 유형의 데이터 엘리먼트들을 포함할 수 있다. 문서에 표시되는 데이터 속성인 미리 설정된 의미 프로필(레시피 3.4)과 어휘(레시피 3.3)에 따라 결정된다.

문서의 공유는 FORM 어포던스(레시피 3.7)의 사용, 공유된 자체 전달 가능 리소스를 통해 이뤄질 수 있다.

성공적인 워크플로 수행은 공유돼야 하는 데이터의 타입들이 제약없이 서비스 간 통신될 수 있는 환경을 만들어 준다.

워크플로의 제약

워크플로를 일련의 제약조건(실행, 반복, 반전, 지속, 재시작)으로 생각한다면 미리 규칙에 동의하는 한 일관된 방식으로 서비스를 설계하고 구현할 수 있다. HTML에 의미와 결과가 명확하게 정의된 하이퍼미디어 어포던스(HTML.A, HTML.FORM, HTML.IMG, HTML.LINK)에 대한 일련의 규칙이 있는 것처럼 워크플로도 의미와 결과가 명확하게 정의된 어포던스(실행 등)의 집합으로 설계할 수 있다.

안정적인 워크플로 시스템은 서비스 간의 공유 인터페이스를 일반적인 어포던스 집합으로 정의한다.

워크플로의 관찰

좋은 워크플로 시스템이 갖춰야 할 요소로 런타임 시 어떻게 진행되는지 보여주는 기능이 있다(레시피 7.7참조). 관찰 가능성은 데브옵스 파이프라인과 같은 공유 플로 시스템에서 기본적으로 제공하고 있으며 일반적으로 워크플로 런타임 시 가치를 발휘한다. 또한 워크플로에 개입해 문제를 해결하고, 적절한 경우 작업을 계속하든지, 다시 시작하든지, 다른 모든 방법이 실패하는 경우 작업을 완전히 취소할 수 있는 방법이 필요하다.

잘 개발된 워크플로 시스템은 진행 중인 워크플로 프로세스의 상황을 보여주는 대시보드를 제공한다.

시간 엘리먼트

서비스를 코디네이팅하려는 모든 시스템은 태스크를 수행하거나 작업을 완료할 때 걸리는 시간을 추적해야 한다. 물론 일부 프로세스는 완료하는 데 더 많은 시간이 걸리기도 한다. 순수한 현재 가치를 계산하거나 일련의 복잡한 계산을 수행하는 데 몇 분, 몇 시간이 걸리기도 한다. 워크플로 시스템은 이를 막아서는 안 된다(레시피 7.15참조).

좋은 시스템은 작업에 최대 허용 시간(maxTTL)을 설정하게 한다. 이를 초과하게 되면 cancel 프로세스를 실행해야 한다.

워크플로 오류 처리

마지막으로 워크플로 프로세스는 네트워크 상태(레시피 7.16 참조) 또는 기타 로컬 문제(레시피 7.17 참조)로 인해 발생하는 런타임 오류를 고려해야 한다. 이런 응답 중 일부를 자동화하는 방법이 있지만, 때로는 머신이 해결책을 찾지 못할 수도 있다. 이때는 프로세스를 계속 진행할지 여부의 결정을 내리는 담당자에게 '도움을 요청(레시피 7.18 참조)' 할 수 있는 방법이 필요하다.

요약

지금까지 설계, 클라이언트, 서비스, 데이터, 워크플로 레시피의 배경과 역사를 살펴봤다. 탄력적이고 강력한 네트워크 기반 솔루션을 만드는 데 도움이 되는 각 레시피의 세부 사항으로 바로 넘어가보자.

## 2부

하이퍼미디어 레시피 카탈로그

어떤 패턴도 단독으로 이뤄지지 않는다.
각 패턴은 다른 패턴에 의해 지원되는 범위에서만 존재할 수 있다.

– 크리스토퍼 알렉산더

3장
하이퍼미디어 설계

> 서로 전혀 관련이 없는 '사피엔트(Sapient)' 존재들 사이에서 어떻게 커뮤니케이션을
> 시작할 수 있을까?'라는 문제는 본질적으로 공상 과학 작가들이 논의하는 문제다.
>
> – J.C.R. 리클라이더, 1966

모든 시스템 수준 설계의 기본 요소는 시스템의 각 부분이 상호작용하는 방식에 대한 공유된 원칙 또는 이해다. 3장에서 다룰 가장 중요한 문제는 바로 이것이다. 즉 한 번도 만난 적이 없는 서로 다른 사람들이 만든 머신이 서로 성공적으로 상호작용할 수 있는 시스템을 설계하는 방법이다. 3장에서는 하이퍼미디어 시스템의 설계에 초점을 맞춘다. 이를 위해 미디어 타입, 하이퍼미디어 컨트롤, 데이터 속성 및 이들을 하나로 통합하는 데 도움이 되는 의미 프로필 간의 관계를 살펴본다(그림 3-1 참조).

여러분이 만일 하이퍼미디어 주도 솔루션의 설계의 백그라운드 기술 및 콘셉트에 관심이 있다면, 2장의 '하이퍼미디어 설계로 기반 구축하기'를 참조하기 바란다.

웹 커뮤니케이션에서 HTTP는 이해의 공유에서 핵심적인 역할을 한다. HTTP를 통해 서비스 간 데이터 통신에 규칙과 기대치를 설정할 수 있다. HTTP가 1980년대 중반에 탄생했지만, 향후 30년에도 여전히 영향력을 발휘하면서 사용될 것이다.

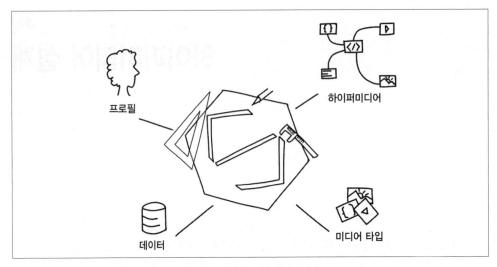

그림 3-1 하이퍼미디어 설계 레시피

HTTP는 네트워크에 있는 컴퓨터 간의 상위 수준 프로토콜이라는 것을 기억하자. TCP, IP, UDP와 같은 하위 수준 프로토콜은 비트 이동을 위한 백본을 제공한다. 하위 수준 통신 시스템에서 통신 구성요소가 전송하는 데이터의 의미를 이해하지 못하기 때문에 작동한다는 점은 매우 흥미롭다. 의미는 메시지와 분리돼 있다.

정보를 공유하는 데 사용되는 메시지와 무관하게 정보를 처리할 수 있다는 개념은 머신투 머신 통신을 '대규모'로 가능케 하는 핵심이다. 자체 레벨에서 정보를 처리하는 것도 중요하다. HTTP는 미디어 타입을 사용하여 이에 대한 좋은 예시를 보여준다. 여러분은 회사 판매 데이터를 HTML 메시지로 보내거나 같은 정보를 CSV 메시지나 일반 텍스트 메시지 등으로 보낼 수도 있다. 데이터는 미디어 타입과 무관하다.

3장의 레시피 전체에서 이런 분리의 개념을 찾을 수 있다. 프로토콜과 미디어 타입은 잘 정립된 분리 포맷이지만, 3장의 레시피에서는 어휘를 메시지 포맷에서 분리하는 포맷도 추가로 사용한다. 어휘는 우리가 무언가를 전달하기 위해 사용하는 일련의 규칙이다. 의사소통은 서로 같은 어휘를 공유할 때 가장 잘 이뤄진다.

예컨대, 두 대의 활성화된 머신이 서로 대화한다고 상상해보자.

"머신 1, HL7 FHIR 배포 4 어휘로 의료 시스템을 이야기해봅시다."

"알겠습니다, 머신 2. 하지만 메시지를 보낼 때 XML 대신 RDF를 사용하면 안 될까요?"

"물론이죠, 머신 1. MQTT가 아닌 HTTP만 사용할 수 있다면요."

"동의합니다!"

 특히 FHIR 플랫폼은 XML, JSON, RDF 메시지 포맷을 사용한 FHIR 정보 공유를 지원하는데, 이는 도메인별 정보와 해당 정보를 공유할 때 사용되는 포맷을 분리하는 것이 중요하다는 점을 분명히 보여준다.

확장 가능한 시스템에서는 '일을 처리하는 방법'에 대한 합의가 매우 중요하다. 이때, 수행은 하이퍼미디어를 통해 이뤄진다. 링크 및 양식과 같은 하이퍼미디어 컨트롤은 작업을 완료할 때 필요한 런타임 메타데이터를 표현하는 데 사용된다. 컨트롤 자체는 서비스와 클라이언트 모두 미리 이해할 수 있는 구조화된 객체다. 그러나 해당 컨트롤의 내용, 즉 메타데이터 속성값은 런타임 시 제공된다. 여기에는 특정 작업에 필요한 데이터 속성, 작업을 실행할 때 사용할 프로토콜 메소드, 해당 작업의 대상 URL이 포함되며, 모두 런타임에 결정된다. 클라이언트는 이를 몰라도 되며 메시지에서 수신한다. 기본적으로 하이퍼미디어 컨트롤은 다른 수준의 분리다. 실제로 JSON-LD 메시지 포맷은 하이퍼미디어 정보를 JSON-LD 메시지에서 표현하기 위한 별도의 어휘^{hydra}를 사용한다. 3장에서는 RESTful Web API에서 하이퍼미디어의 중요성을 확인할 수 있는 몇 가지 레시피를 제공한다. 또한 4장에서 구체적인 구현 패턴을 다루는 하이퍼미디어 레시피를 보여준다.

마지막에서 HTTP를 통한 성공적인 통신을 위한 몇 가지 레시피를 알아본다. 레시피에서는 네트워크 규약(안전성과 멱등성), 머신 투 머신 환경에서 장거리에서 불안정한 연결과 같은 현실적인 문제를 다룬다. 다행히도 HTTP는 대부분의 HTTP 통신이 상대적으로 느린 음성 전화선을 통해 이뤄질 때 설계 및 구축됐기 때문에 연결이 끊어지는 문제에 대한 대비책이 있다. 하지만 HTTP가 제대로 작동하려면 클라이언트와 서버가 적절한 메시지 메타데이터(예: HTTP 헤더)의 사용에 동의해야 하며, 네트워크 수준 오류 발생 시 대응 방법에 대한 추가 지원이 필요하다.

따라서 설계 장에서는 별도의 커뮤니케이션 계층을 분리하는 방법, '어떻게 일을 처리하는가'를 전달할 때 하이퍼미디어의 역할, 오류 발생 시 안정적인 커뮤니케이션을 보장하는 방법에 중점을 둔다.

3.1 기존 미디어 타입과의 상호운용성 만들기

안정적이고 신뢰할 수 있는 시스템을 구축할 때는 서비스 간의 장기적인 상호운용성 보장이 핵심이다. 즉, 몇 년 전에 만들어진 서비스가 몇 년 후에 만들어진 서비스와 메시지를 성공적으로 통신할 수 있어야 한다.

문제

향후 높은 수준의 상호운영성을 갖기 위해 어떻게 설계를 해야 할까?

솔루션

서비스 간의 높은 수준의 장기적인 상호운용성을 보장하려면 정보 통신을 위한 안정적인 규칙을 수립하는 방법이 가장 좋다. 웹에서는 데이터 통신을 위해 하나 이상의 공개된 미디어 타입을 선택하고 이의 지원을 명시해야 한다. 예를 들어, 'HTML 미디어 타입'은 HTML 브라우저가 HTML 문서의 콘텐츠를 이해할 필요 없이 '통합'할 수 있는 강력한 포맷의 타입을 제공한다. 실제로 문서의 내용은 시간이 지남에 따라 바뀔 수 있지만(단락 추가, 텍스트 이동, 링크, 양식 등) HTML 브라우저는 업데이트할 필요가 없으며, HTML을 사용하면 향후 호환성이 보장된다.

장기적이고 안정적인 미디어 타입을 찾는다면 인터넷 할당 번호 기관인 IANA을 참조하기 바란다. RESTful Web API의 장기적인 지원을 위해 실행 가능한 후보 미디어 타입으로는 XML, JSON과 같은 비정형 미디어 타입과 HTML, Collection +JSON, UBER, HAL, SIREN과 같은 정형 미디어 타입이 있다. 이 책이 출간된 시점에 사용 가능한 미디어 타입 목록은 부록 C를 참조하라.

 정형, 비정형 미디어 타입에 대한 차이는 레시피 3.2를 참조하자.

토론

서비스를 만들 때는 서비스에서 지원할 수 있는 지정된 미디어 타입$^{RMT, Registered Media Type}$을 명시해야 한다. 서비스에서 2개 이상의 RMT를 지원하고, 서비스 소비자들이 서비스에서 지원하는 RMT와 메시지를 주고받을 때 선호도를 표시할 수 있는 방법을 고려해야한다(레시피 4.6 참조).

 저자는 서비스를 출시할 때 거의 항상 지정된 메시지 포맷 중 하나로 HTML을 추가한다. HTML은 30년 이상 사용됐고, 일반적인 브라우저를 서비스의 클라이언트로 사용할 수 있으며(테스트에 적합), 파서와 기타 HTML 도구가 충분하기 때문에 서비스 소비자들이 비교적 쉽게 데이터를 통신할 수 있다.

미디어 타입에 대한 추가적인 권장 사항은 다음과 같다.

1) 메시지에서 하이퍼미디어를 지원해야 한다(레시피 3.5 참조). 2) 사용자 지정 확장을 지원해야 한다(예: 기존 애플리케이션을 손상시키지 않고 안전하게 포맷에 새로운 기능을 추가할 수 있는 기능). 마지막 포인트는 더 사용되지 않는 포맷을 지원해야 할 때나 서비스 수명을 연장하기 위해 수정이 필요할 때 유용하게 사용할 수 있다.

서비스에 맞는 고유한 미디어 타입 포맷을 만들 수도 있다. 이는 다음과 같은 경우 가능한데, 1) 서비스 API 클라이언트의 범위가 상대적으로 제한적이거나(예: 회사 내부), 2) 서비스 API 클라이언트의 범위가 엄청나게 크거나(예: 구글, 페이스북, 아마존 등), 3) 서비스가 특정 업종(예: 문서 관리, 금융 서비스, 헬스케어 등)의 리더일 때가 그렇다. 이 범주에 속하지 않는다면 직접 미디어 타입을 작성하지 않는 편이 좋다.

여러분은 자신만의 미디어 타입을 만들고 싶은가?

자신만의 커스텀 미디어 타입을 제작하기로 결정했다면, 공개 포맷이 될 것을 염두에 둬야 한다. 즉, 이를 문서화하고 적절하게 등록해야 한다. 또한 예제 앱 및 기타 도구를 포함해 미디어 타입 포맷을 중심으로 성장하는 모든 커뮤니티를 지원할 준비가 돼 있어야 한다. 마지막으로, 오랫동안 이 작업에 전념할 수 있어야 한다. 어떤 사람들은 여러분의 포맷으로 자체 서비스를 구축할 수 있으며, 이들은 향후에도 적절한 지원을 받을 자격이 있다는 점을 명심하자. 수년 동안 12개에 가까운 오리지널 미디어 타입을 만들었는데 많은 관심을 받은 것은 극소수에 불과하다. 하지만 여전히 모든 미디어에 대한 책임을 다하려고 노력 중이다.

같이 볼 것

- 레시피 3.2, 정형 미디어 타입과의 향후 호환성 보장
- 레시피 3.5, 임베디드 하이퍼미디어를 통한 런타임에서의 액션 표현
- 레시피 4.6, 런타임 시 표현 포맷 관리

3.2 정형 미디어 타입과의 향후 호환성 보장

RESTful Web API 설계에서 향후 호환성 유지는 매우 기본적인 요소다. 이는 과거에 작성된 서비스가 미래에도 계속해서 서비스와 상호작용할 수 있도록 하는 것을 의미한다. 또한 이미 배포된 서비스에 대해 향후 변경으로 인한 기존의 다른 서비스나 클라이언트의 중단 가능성 없이 상호작용을 설계하는 것을 의미한다.

문제

고객 서비스에 영향을 미치지 않으면서 프로덕션 서비스 수정을 지원하는 머신 투 머신 인터렉션의 설계를 어떻게 할 것인가?

솔루션

기존 서비스를 중단 없이 변경을 지원하려면 정형화된 미디어 타입을 사용해 정보를 주고받아야 한다. 정형화된 미디어 타입을 사용하면 메시지의 내용(예: 레코드의 속성, 작업 목록 등)이 바뀐 때에도 안정적이고 깨지지 않는 메시지를 전송할 수 있다. 메시지가 전달하는 데이터가 변경되더라도 같은 구조를 유지하면서 머신 간에 공유되는 메시지와의 상호작용을 설계하는 것이 핵심이다. 자세한 내용은 예제를 참조하자. 정형화된 미디어 타입은 표현되는 데이터의 변경에도 유지되는 강력한 포맷의 포맷을 제공한다. 이는 XML 및 JSON과 같은 비정형 메시지 포맷과 반대되는 개념이다. 역시 자세한 내용은 예제를 참조하기 바란다.

상호작용에 잘 알려진 미디어 타입을 사용하는 것을 추천한다. IANA를 통해 등록된 미

디어 타입은 이를 위한 좋은 후보군이다. 정형 미디어 타입의 좋은 예로는 HTML이 있으며, 기타 사용 가능한 범용 정형 미디어 타입 포맷으로는 Collection+JSON과 UBER가 있다. 고려해야 할 많은 긴 미디어 타입 목록은 부록 C의 'RESTful Web API에 사용 가능한 등록 미디어 타입'을 참조하기 바란다.

예제

정형 미디어 타입은 전달되는 데이터에 기반해 변경되지 않는 강력한 포맷을 제공한다. HTML로 표현된 간단한 예제는 다음과 같다.

```
<ul name="Person">
  <li name="givenName">Marti</li>
  <li name="familyName">Contardi</li>
</ul>
  ...
<ul name="Person">
  <li name="givenName">Marti</li>
  <li name="familyName">Contardi</li>
  <li name="emailAddress">mcontardi@example.org</li>
</ul>
```

예제의 메시지 구조는 (지나치게 단순화된 방식으로) '단일 'ul' 요소로 둘러싸인 하나 이상의 'li' 요소'라고 표현할 수 있다. 여기서는 콘텐츠(예: 이메일 주소)를 더 추가해도 메시지 구조는 바뀌지 않으며(이 기준은 같은 유효성 검사기를 사용할 수 있다는 의미임) 콘텐츠만 변경된다.

앞의 예와 다음 JSON 객체를 한번 비교하기 바란다.

```
{"Person" :
  { "givenName": "Marti",
  "familyName": "Contardi"
  }
}
...
{"Person" :
  {"givenName": "Marti",
```

```
    "familyName": "Contardi",
    "emailAddress": "mcontardi@example.org",
  }
}
```

앞의 JSON 구조는 '2개의 키('givenName', 'familyName')를 갖는 JSON 객체'로 설명할 수 있다. 여기에 이메일 주소를 추가하면 결과적으로는 콘텐츠의 변경과 더불어 JSON 메시지의 구조를 변경하는 것이 돼버린다(새로운 JSON 스키마 문서가 필요하다).

토론

레시피 3.2의 핵심은 메시지의 내용을 구조에 느슨하게 결합시키는 것이다. 이렇게 하면 메시지 소비자 애플리케이션이 시간이 지남에 따라 메시지의 내용이 바뀔 때도 수신 메시지의 유효성을 보다 쉽고 일관되게 검사(메시지 타입에 '통합')할 수 있다.

이 솔루션을 고려할 때 메시지 소비자 애플리케이션의 첫 번째 태스크를 메시지가 제대로 포맷화됐는지, 즉 메시지가 메시지 구성 방법에 대한 기본 규칙을 준수로 상정해야 한다. 그러나 메시지가 유효한지, 즉 메시지 콘텐츠가 메시지에 표시돼야 하는 정보에 대해 정해진 규칙을 따르는지 확인하는 것은 또 다른 일이다(예: '모든 개인 메시지에 givenName, familyName, emailAddress 속성이 포함돼야 함'을 확인하는 태스크).

향후 호환성을 보장하려면 유효한 메시지를 구성하는 규칙이 시간이 지남에 따라 변경되더라도 주고받는 메시지가 잘 형성될 수 있도록 보장하는 것이 첫 번째 단계다.

같이 볼 것

- 레시피 3.3, 게시된 어휘를 통해 도메인 세부 정보 공유하기

- 레시피 3.4, 의미 프로필로 문제 공간 기술

- 레시피 3.5, 임베디드 하이퍼미디어를 통한 런타임에서의 액션 표현

- 레시피 4.6, 런타임에 표현 형식 관리

3.3 게시된 어휘를 통해 도메인 세부 정보 공유하기

잘 정리된 어휘를 사용하는 서비스는 다른 사람들도 같이 볼 가능성이 높기 때문에 더 널리 채택될 수 있다. 서비스의 장기적인 호환성과 신뢰성을 보장하기 위해 등록되고 정형화된 미디어 타입을 지원해야 하는 것처럼, 서비스 생산자와 소비자 모두의 장기적인 관계 유지를 위해 보장려면 안정적이고 일관된 도메인 세부 정보를 지원해야 한다.

문제

다른 서비스, 심지어 내가 만들지 않은 서비스에서도 서비스의 데이터 속성 이름을 이해하게 하려면 어떻게 해야 할까?

솔루션

서비스에서 정보를 통신하는 데 사용하는 데이터 속성을 다양한 다른 서비스(직접 만들지 않은 서비스 포함)에서 잘 이해할 수 있도록 하려면 잘 명시시키고 널리 알려진 데이터 속성 이름을 외부 인터페이스^{API}로 제공해야 한다. 속성 이름은 이미 공개된 데이터 어휘집에 정의돼 있어야 하며, 그렇지 않은 경우 유사한 서비스를 만드는 다른 사람들이 동일한 용어를 찾아서 사용할 수 있도록 데이터 어휘집을 게시해야 한다.

웹에 일반적으로 사용되는 게시된 어휘는 Schema.org를 참조하면 좋다. 여기에는 다양한 사례에 적용되는 수백 개의 잘 정의된 용어가 있으며, 계속 성장하고 있다. 이 외에 마이크로포맷(Microformats.org) 및 더블린 코어^{Dublin Core}와 같이 잘 관리되는 다른 어휘 소스도 있다.

이 글을 쓰는 시점에서는 업계 도메인별 공개 어휘도 있는데 지불 시스템은 PSD2, 의료는 FHIR, 보험은 ACORD 등이 있다.

서비스를 출시할 때는 서비스에서 사용하거나 배출하는 모든 어휘 용어가 적절한 정의 링크와 함께 나열된 도큐먼트도 함께 출시해야 한다. 어휘 도큐먼트를 올바르게 문서화하고 게시하는 방법에 대한 자세한 내용은 레시피 3.4를 참조하기 바란다.

주의할 점이 있다. 일부 어휘, 특히 산업별 어휘는 완전한 오픈 소스가 아니다(액세스 및 사용에 대한 비용을 지불해야 할 수도 있다). 또한 일부 어휘 이니셔티브, 심지어 일부 오픈 소스 어휘 이니셔티브는 단순한 공유 어휘 이상의 것을 목표로 한다는 점을 지적하고 싶다. 여기에는 아키텍처, 플랫폼, 심지어 SDK 권장 사항 및 제약 조건까지 포함된다.

상호운용성을 장기적으로 지원하려면 사용하는 어휘 용어가 다른 소프트웨어 또는 하드웨어 종속성으로부터 분리돼 있는지 확인해야 한다.

예제

선택권이 있다면, 내부 데이터 저장 시스템에서 지역 또는 회사별 용어를 사용할 때도 서비스의 외부 API에서 잘 알려진 용어를 사용해야 한다.

한 예로서 다음은 일반적인 미국 회사에서 사용되는 용어를 반영하는 'person' 레코드다.

```
{ "collection" : {
    "links": [
      {"rel": "self", "href": "http://api.example.org/persons"}
    ],
    "items" : [
      {
        "href": "http://api.example.org/persons/q1w2e3r4",
        "data" : [
          {"name": "fname", "value": "Dana"},
          {"name": "lname", "value": "Doe"},
          {"name": "ph", "value": "123-456-7890"}
        ]
      }
    ]
  }
}
```

다음은 같은 레코드지만 Schema.org의 어휘의 용어들을 반영한 버전이다.

```
{ "collection" : {
    "links": [
      {"rel": "self", "href": "http://api.example.org/persons"},
```

```
      {"rel": "profile", "href": "http://profiles.example.org/persons"}
    ],
    "items" : [
      {
        "href": "http://api.example.org/persons/q1w2e3r4",
        "data" : [
          {"name": "givenName", "value": "Dana"},
          {"name": "familyName", "value": "Doe"},
          {"name": "telephone", "value": "123-456-7890"}
        ]
      }
    ]
  }
}
```

예제에서는 앞의 예제와는 다르게 **profile** 속성이 추가된 것에 주목하자. 자세한 것은
레시피 3.4를 참조하기 바란다.

토론

레시피 3.3은 데이터 속성 용어가 메시지 포맷에 밀접하게 결합되지 않도록 한다. 이는
본질적으로 레시피 3.2의 반대편에 있다. 잘 알려져 있고 느슨하게 결합된 어휘로 커밋
하는 것은 시간이 지남에 따라 내부 데이터 모델이 변경되지 않도록 서비스를 보호하는
훌륭한 방법이기도 하다.

RESTful Web API에 대한 데이터 처리에 대해서는 6장을 참조하기 바란다.

잘 알려져 있고 잘 문서화된 속성 이름만 사용하도록 외부 인터페이스를 제한하는 것
은 서비스의 상호운용성을 보장하기 위해 할 수 있는 최선의 방법이다. 이는 의미 프로
필 게시(레시피 3.4 참조)와 함께 대규모 정보 시스템 관리의 근간을 구성한다. 하지만 이
작업은 결코 쉽지 않다. 세부 사항에 대한 주의, 세심한 문서화, 지속적인 지원이 필요

하다. 커뮤니티의 어휘를 관리하고 시행하는 팀은 중요하고 가치 있는 일을 하고 있는 것이다.

이 방법은 서비스에 대한 공개 어휘가 비공개 어휘와 다를 가능성이 높다는 어려움이 있다. 비공개 어휘는 대개 오래된 내부 관행, 팀의 설계 방향, 심지어는 오래 전에 구매한 상용COTS 소프트웨어에 따른 결정과 관련이 있기도 하다. 문제를 해결하려면 서비스에서 '부패 방지 계층anticorruption layer'이라는 것을 구현해야 한다. 기존 데이터 스토리지 모델이나 서비스를 일부러 수정할 필요는 없다.

서비스 어휘를 명시하고 공유해야 한다. 모든 '마법의 문자열(1장에서 '리처드슨의 마법의 문자열'참조)'의 목록을 간단한 설명과 함께 한 곳에 게시하고 가능하면 설명의 출처에 대한 참조(URL 포맷)도 함께 게시하는 게 좋다. 저자는 ALPSApplication Level Profile Semantics 포맷을 사용한다(레시피 3.4를 참조).

다음은 ALPS 어휘 도큐먼트의 예시다.

```
{"alps":{
    "descriptor": [
      {"id": "givenName", "def": "https://schema.org/givenName",
        "title": "Given name. In the U.S., the first name of a Person.",
        "tag": "ontology"},
      {"id": "familyName", "def": "https://schema.org/givenName",
        "title": "Family name. In the U.S., the last name of a Person.",
        "tag": "ontology"},
      {"id": "telephone", "def": "https://schema.org/telephone",
        "title": "The telephone number.",
        "tag": "ontology"
      },
      {"id": "country", "def": "http://microformats.org/wiki/hcard#country-name",
        "title": "Name of the country associated with this person.",
        "tag": "ontology"
      }
    ]
  }
}
```

RESTful Web API 어휘집을 만들 때, 용어 정의는 단일 소스 외에 백업 소스를 두는 게 좋다. 예를 들어 어휘 거버넌스의 도큐먼트 가이드는 다음과 같이 만들 수 있다.

> 가능하면 먼저 Schema.org의 용어를 먼저 사용하라. Schema.org에서 용어를 찾을 수 없다면 마이크로포맷을 보고 그 다음 더블린 코어에서 찾아라. 여기까지 해도 찾을 수 없다면 회사 전체 어휘 리포지토리에 새 용어를 만들어라.

다음은 추가로 고려할 참고 사항이다.

용어의 혼용

단일 용어집에 어휘 참조를 혼합하는 것은 절대적으로 허용된다. 앞의 예에서는 Schema.org의 용어 3개와 마이크로포맷의 용어 1개를 섞어 만들었다.

동의어 제한

실생활도 마찬가지겠지만 같은 의미의 용어가 여러 개 있을 수 있다(예: tel(마이크로포맷)과 telephone(Schema.org)). 가능하면 단일 용어를 채택하고 동의어 사용을 제한해야 한다.

어휘집 게시

어휘집을 게시하고 이를 웹에 반영하는 것은 레시피 3.4를 참조하기 바란다.

같이 볼 것

- 레시피 3.2, 정형 미디어 타입과의 향후 호환성 보장

- 레시피 3.4, 의미 프로필로 문제 공간 기술

- 레시피 4.4, 어휘 프로필을 이해하기 위한 효과적인 클라이언트 만들기

- 레시피 4.5, 런타임 시 프로필 지원을 위한 상호확인

3.4 의미 프로필로 문제 공간 기술

잘 정의된 데이터 속성 어휘를 메소드 구조에서 분리하는 것과 동시에, 데이터 속성이 어떻게 전달되는지 정의하는 것도 중요하다. 이것이 바로 '문제 공간[1]을 기술'하는 작업이다. 문제 공간은 게임과 인터랙티브 아트웍에서 일련의 관련 활동에 '가이드 레일'을 배치하는 방법으로 사용된다. 문제 공간은 말하자면 '게임의 규칙'이다. RESTful Web API도 '게임의 규칙'에 의존한다.

문제

서비스에서 지원되는 모든 가용 데이터 속성, 개체 및 동작의 자세한 기술을 설계 시점과 런타임에 모두 사용하도록 제공하려면 어떻게 해야 할까?

솔루션

개발자가 서비스에서 지원하는 데이터 통신 및 작업을 빠르고 정확하게 이해할 수 있도록 의미 프로필 도큐먼트^{SPD, Sematic Profile Document}를 게시할 수 있다. SPD에는 서비스가 지원하는 모든 데이터 속성, 개체 및 작업의 전체 목록이 포함돼 있다. 그러나 의미 프로필은 OpenAPI, WSDL, AsyncAPI 등과 같은 API 정의 문서는 아니다. API 포맷 정의의 전체 목록은 부록의 'API 포맷 정의'를 참조하자.

SPD에는 일반적으로 정보 아키텍처의 세 가지 요소인 온톨로지, 택소토미, 코레오그래피가 모두 포함된다.

IA의 세 가지 요소는 1장의 '어휘의 힘'을 참조하기 바란다.

---

1   해결해야 할 문제 전체의 범위를 나타내는 공간을 의미한다. 보통 문제를 해결하기 위해 시스템이 영향을 받는 구성요소, 문제를 야기하는 구성요소, 문제에 연관되지 않은 구성요소를 기술한다. −옮긴이

두 가지 일반적인 SPD 포맷은 더블린 코어 애플리케이션 프로필^{DCAP}과 애플리케이션 수준 프로필 의미론^{ALPS}이다. 저자는 ALPS의 공동 저자여서 모든 예제에서 ALPS 포맷을 사용하겠다. 더 긴 목록은 부록 C의 '의미 프로필 도큐먼트 포맷'을 참조하자.

예제

다음은 ALPS 의미 프로필 도큐먼트의 예시다. 예제에서는 모빌^{Morville} 정보 아키텍처의 세 가지 요소(온톨로지, 택소토미, 코레오그래피)가 표현돼 있다(1장. '어휘의 힘' 참조).

```
{ "$schema": "https://alps-io.github.io/schemas/alps.json",
  "alps" : {
  "title": "Person Semantic Profile Document",
  "doc": {"value":
    "Simple SPD example for http://webapicookbook.com[Web API Cookbook]."},
  "descriptor": [
   {"id": "href", "def": "https://schema.org/url",
     "tag": "ontology"},
   {"id": "identifier", "def": "https://schema.org/identifier",
     "tag": "ontology"},
   {"id": "givenName", "def": "https://schema.org/givenName",
     "tag": "ontology"},
   {"id": "familyName", "def": "https://schema.org/familyName",
     "tag": "ontology"},
   {"id": "telephone", "def": "https://schema.org/telephone",
     "tag": "ontology"},

   {"id": "Person", "tag": "taxonomy",
     "descriptor": [
       {"href": "#href"},
       {"href": "#identifier"},
       {"href": "#givenName"},
       {"href": "#familyName"},
       {"href": "#telephone"}
     ]
   },
   {"id": "Home", "tag": "taxonomy",
     "descriptor": [
       {"href": "#goList"},
```

```
        {"href": "#goHome"}
      ]
    },

    {"id": "List", "tag": "taxonomy",
      "descriptor": [
        {"href": "#Person"},
        {"href": "#goFilter"},
        {"href": "#goItem"},
        {"href": "#doCreate"},
        {"href": "#goList"},
        {"href": "#goHome"}
      ]
    },
    {"id": "Item", "tag": "taxonomy",
      "descriptor": [
        {"href": "#Person"},
        {"href": "#goFilter"},
        {"href": "#goItem"},
        {"href": "#doUpdate"},
        {"href": "#doRemove"},
        {"href": "#goList"},
        {"href": "#goHome"}
      ]
    },
    {"id": "goHome", "type": "safe", "tag": "choreography", "rt": "#Home"},
    {"id": "goList", "type": "safe", "tag": "choreography", "rt": "#List"},
    {"id": "goFilter", "type": "safe", "tag": "choreography", "rt": "#List"},
    {"id": "goItem", "type": "safe", "tag": "choreography", "rt": "#Item"},
    {"id": "doCreate", "type": "unsafe", "tag": "choreography", "rt": "#Item"},
    {"id": "doUpdate", "type": "idempotent", "tag": "choreography","rt": "#Item"},
    {"id": "doRemove", "type": "idempotent", "tag": "choreography","rt": "#Item"}
  ]
 }
}
```

그림 3-2는 person-alps.json 파일에 대한 워크플로 다이어그램(코레오그래피)을 보여준다. 이 의미 프로필의 전체 ALPS 렌더링(ALPS 파일, 다이어그램 및 도큐먼트)은 이 책의 웹 사이트에서 확인할 수 있다.

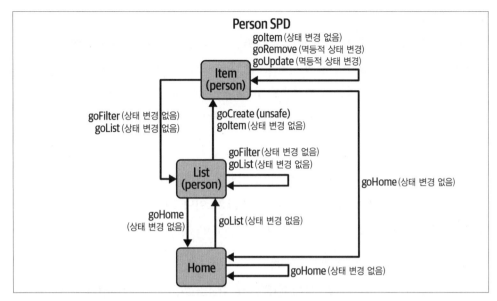

그림 3-2 Person 워크플로(ALPS 포맷)

토론

RESTful Web API를 구축할 때 SPD를 채택해야 하지만 SPD라는 개념이 아직 널리 사용되지는 않고 있다. ALPS와 DCAP이 대략 10년 동안 존재했음에도 불구하고, SPD에 대한 많은 도구나 제한적인 문서 가이드는 아직 없는 게 현실이다. 여기에서는 주로 ALPS를 사용해 SPD를 보여주고 있다.

SPD는 머신이 읽을 수 있는 인터페이스 도큐먼트의 한 종류다. SPD는 인터페이스의 일반적인 요소(기본 수준의 속성, 집계 객체, 액션)를 전달하기 위해 설계됐다. SPD에는 MQTT 주제, HTTP 자원, 프로토콜 방법, 반환 코드 등과 같은 구현 수준의 세부 정보가 포함돼 있지 않다. 이런 세부 사항들은 의미 프로필로 설명된 인터페이스 뒤에 실행되는 실제 코드를 작성하는 사람들에게 맡겨진다.

의미 프로필 사용할 때 고려해야 할 기타 사항은 다음과 같다.

넓게 재사용하려고 노력하라

단일 의미 프로필의 가치는 해당 프로필을 사용하는 서비스 수가 많아지면 증가한다. 이는 다른 사람들이 쉽게 사용할 수 있는 프로필을 만들어야 한다는 뜻이다(부록 A 참조). 의미 프로필은 구체적으로 유지하는 것이 좋다. 프로필을 만들 때 구체적으로 만들수록 그 프로필을 위한 대상 그룹이 줄어든다.

의미 프로필을 API 정의로 사용하지 말라

의미 프로필은 정의가 아닌 설명이다. 인터페이스 정의에 포함해야 할 많은 세부 사항들은 의미 프로필에 속하지 않는다. 가령, URL이나 URL 패턴을 의미 프로필에 포함시키면 안 된다. 대신 API 정의 파일(예: OpenAPI 등)에 포함시키자.

의미 프로필을 사용해 정보 아키텍처를 기술하라

의미 프로필 요소에 태그를 붙여 온톨로지, 택소노미, 코레오크래피가 무엇인지 나타내는 것이 좋다(레시피 3.4의 예제 참조).

모든 응답에서 의미 프로필을 공유하라

각 프로토콜 응답과 함께 의미 프로필의 URI를 반환하는 것이 좋다. 이 방법에 대한 자세한 내용은 4장과 5장을 참조하기 바란다.

게시된 의미 프로필에 대한 변경을 제한하라

클라이언트 및/또는 서비스가 게시된 의미 프로필에 논리적 종속성을 생성할 수 있으므로, SPD가 출시된 후에는 많은 변경을 하지 않는 것이 좋다. 변경이 필요하면, 새로운 URI(예: api.example.org/profiles/personV2)에서 새 프로필 문서를 생성하고, 기존 프로필(변경 없는 것)도 온라인에 두는 것이 좋다.

의미 프로필을 누구나 쉽게 접근 가능하게 만들어라

사람들(그리고 머신)이 의미 프로필을 쉽게 찾을 수 있도록, 이들을 쉽게 찾을 수 있는 온라인의 메인에 위치시켜야 한다. 이는 실제 프로필 문서 집합이거나 각 프로필 문서가 저장된 다른 위치로의 포인터(URL)를 가진 페이지일 수 있다. 두 번째 옵션은 프로필 작성자가 아니어도 일반적으로 사용되는 프로필에 일정한 제어를 원할 때 유용하다.

같이 볼 것

- 레시피 3.1, 기존 미디어 타입과의 상호운용성 만들기
- 레시피 3.5, 임베디드 하이퍼미디어를 통한 런타임에서의 액션 표현
- 레시피 4.4, 어휘 프로필을 이해하기 위한 효과적인 클라이언트 만들기
- 레시피 4.6, 런타임 시 표현 포맷 관리
- 레시피 4.9, 응답에서 하이퍼미디어 컨트롤에의 의존

3.5 임베디드 하이퍼미디어를 통한 런타임에서의 액션 표현

API 클라이언트 애플리케이션에 현재 가능한 액션이 무엇인지 알리기 위한 응답에 임베디드 하이퍼미디어는 RESTful Web API의 기본 요소다. 1장의 '앨런 케이의 극단적인 늦은 통합'에서 설명했듯이, 하이퍼미디어 컨트롤은 매우 느슨한 결합을 구현할 수 있게 해준다. 이는 향후에 서비스를 더 쉽게 수정할 수 있음을 의미한다.

문제

서비스의 수명을 연장하기 위해, 안전한 워크플로 변경을 지원하는 시스템을 구축하고, 런타임에서 데이터 통신을 사용자 정의 하에 기존 서비스의 단기적 변경 용이성을 어떻게 보장할 수 있을까?

솔루션

제품 서비스에 대한 단기 및 장기적 변경 용이성을 모두 지원하려면 런타임에서 콘텍스트 의존적인 데이터 통신의 세부 사항의 표현을 인라인 하이퍼미디어 어포던스에 의존하는 방법이 가장 좋다. 이는 임베디드 하이퍼미디어를 지원하는 메시지 통신 포맷을 채택해야 함을 의미한다(레시피 3.1 및 3.2 참조).

예제

HTML은 런타임 시 데이터 통신을 위한 임베디드 하이퍼미디어 컨트롤의 좋은 예시다.
다음은 그 예다.

```html
<html>
  <head>
    <title>Create Person</title>
    <link rel="profile" href="http://api.example.org/profiles/person" />
    <style>
      input {display:block;}
    </style>
  </head>
  <body>
    <h1>Create Person</h1>
    <form name="doCreate" action="http://api.example.org/person/"
      method='post' enctype='application/x-www-form-urlencoded'>
      <fieldset>
        <hidden name="identifier" value="q1w2e3r4" />
        <input name="givenName" placeholder="givenName" required/>
        <input name="familyName" placeholder="familyName" required/>
        <input name="telephone" placeholder="telephone" pattern="[0-9]{10}"/>
        <input type="submit" />
        <input type="reset" />
        <input type="button" value="Cancel" />
      </fieldset>
    </form>
  </body>
</html>
```

이 양식에는 하나의 기본 입력(identifier)과 3개의 추가 입력이 있으며, 이중 2개는 필
수 입력(givenName, familyName)이고 하나는 pattern 유효성 검사기를 통과해야 하는 입
력(telephone)이다. 또한 양식에는 submit 작업에 대한 URL, HTTP 메소드 및 본문 인
코딩 메타데이터에 대한 세부 정보와 함께 세 가지 가능한 작업(submit, reset, cancel)이
표시된다. 더 좋은 점은 모든 HTML 호환 클라이언트(예: 웹 브라우저)가 사용자 지정 프
로그래밍 코드 없이도 모든 작업을 지원할 수 있다는 것이다.

다음은 Collection + JSON로 바꾼 간단한 예제다.

```
{ "collection" :
  {
    "version" : "1.0",
    "href" : "http://api.example.org/person/",

    "links": [
      {"rel": "self", "href": "http://api.xample.org/person/doCreate"},
      {"rel": "reset", "href":"http://api.example.org/person/doCreate?reset"},
      {"rel": "cancel", "href":"http://api.example.org./person"}
    ],
    "template" : {
      "data" : [
        {"name" : "identifer", "value": "q1w2e3r4"},
        {"name" : "givenName", "value" : "", "required":true},
        {"name" : "familyName", "value" : "", "required":true},
        {"name" : "telephone", "value" : "", "regex":"[0-9]{10}"}
      ]
    }
  }
}
```

다시 말하지만, Collection + JSON 호환 클라이언트 애플리케이션은 추가 프로그래밍 없이도 하이퍼미디어 응답에 설명된 모든 입력 규칙을 적용할 수 있다.

두 경우 모두 입력 요소와 메타데이터의 값의 의미는 API 클라이언트가 이해할 필요가 없으며, 단지 적용하기만 하면 된다. 따라서 입력의 수, HTTP POST의 대상 URL, 심지어 일부 규칙도 시간이 지남에 따라 모두 변경될 수 있으며, API 클라이언트 애플리케이션은 여전히 제약 조건을 안정적으로 적용할 수 있다. 예컨대, telephone 값에 대한 유효성 검사 규칙은 애플리케이션이 실행 중인 위치 및 콘텍스트에 따라 달라질 수 있다.

토론

하이퍼미디어 메시지 임베이딩은 RESTful Web API를 생성할 때 가장 중요하다. 이를 위해 선택할 수 있는 정형 미디어 타입이 몇 가지 있다(부록 C의 'RESTful Web API에 적합한 등록 미디어 타입' 참조). 그리고 라이브러리를 사용하기 위해 비용이 필요한데 그 비용은 바로 파싱 라이브러리의 지원이다.

 하이퍼미디어 클라이언트 애플리케이션에 대한 심도있는 내용을 원한다면, 『RESTful Web Clients』(O'Reilly, 1997)를 참조하자.

임베디드 하이퍼미디어는 가치가 있지만, 이를 사용하는 데는 일정한 비용이 든다. 첫째, 이것은 설계 시간의 제약사항이다. API 사용자와 생성자 모두 이를 사용하는 것에 동의해야 한다. 이것이 바로 RESTful Web API를 생성할 때의 '입장료'다. 이는 '웹 브라우저에 대한 응답에서 HTML, CSS, 자바스크립트를 사용해야 한다'와 다르지 않지만, 하이퍼미디어 풍부한 응답을 사용하는 아이디어에 거부감이 있는 아키텍트와 개발자가 많다. RESTful Web API를 구축하기로 결정했을 때, 이 장애물을 극복하는 데 1부의 자료가 도움이 될 수 있다.

'올바르게' 정형화된 하이퍼미디어의 미디어 타입을 선택하는 것은 많은 논쟁을 불러올 수 있다. 선택할 수 있는 유형이 여러 가지가 있고, '하나만 선택해야 한다'는 함정에 빠지는 사람도 많다. 사실, HTTP에 맞춰 설계된 기능들을 사용해(레시피 5.6 참조) 여러 응답 포맷을 지원하고 런타임에 최적의 옵션 선택 지원이 가능하다. 이는 30년 이상된 기술이므로, 이를 처리하는 데 도움이 될 수 있는 많은 예시 코드가 있다. 심지어 시작할 때 하나의 포맷(보통은 HTML)을 결정하고, 기존의 애플리케이션을 손상시키지 않으면서 시간이 지남에 따라 더 많은 유형을 추가할 수도 있다.

때때로 도메인 상태를 하이퍼미디어 타입으로 표현하는 것도 도전해 볼 만하다. 개발자들은 내부 객체와 모델 규칙을 유효한 하이퍼미디어 컨트롤('form', 'inputs', 'links' 등)로 변환할 수 있어야 한다. 이것은 습득해야 할 일종의 번역 기술이다.

런타임 시 하이퍼미디어 포맷을 발행하고 소비하는 태스크는 흔히 발생한다. HTTP를 어떻게 사용하여 이를 돕는지에 대한 자세한 내용은 레시피 5.6을 참조하자. 또한, 하이퍼미디어 응답을 탐색할 수 있는 API 클라이언트를 작성하는 것도 어느 정도 기술이 필요하다. 4장의 많은 레시피들이 이 작업을 지원한다.

임베디드 하이퍼미디어 포맷을 사용할 때 고려해야 할 다른 사항들은 다음과 같다.

콘텍스트 변경 지원

사용자 콘텍스트 또는 서버 상태에 따라 응답의 하이퍼미디어 세부 사항을 수정할 수 있다. 예를 들어, 인증된 관리자가 로그인하면 양식에는 다섯 개의 필드가 있을 수 있지만, 익명 사용자의 경우 입력 필드는 3개만 있을 수 있다.

서비스 위치 변경 가능

잠재적인 행동을 설명하기 위해 하이퍼미디어 컨트롤을 사용하면, 앨런 케이의 '극단적인 늦은 통합'을 실행할 수 있다. 하이퍼미디어 클라이언트는 메시지(예: "update-customer 컨트롤은 어디에 있는가?")의 식별자를 찾기 위해 설계돼 있고 해당 하이퍼미디어 컨트롤에서 발견된 메타데이터를 이해하고 그에 따라 행동한다. 이는 설계, 빌드가 아닌 런타임 때 발생할 수 있다. 이는 행동의 메타데이터 세부 사항이 서비스가 프로덕션 상태에 있을 때 바뀔 수 있음을 의미한다. 가령, 액션의 대상 URL을 현재 서비스의 로컬 엔드포인트에서 다른 머신의 외부 엔드포인트로 변경할 수 있다. 모든 것이 클라이언트 애플리케이션에 영향을 주지 않고 이뤄진다.

워크플로 변화 적응

다단계 프로세스나 워크플로의 변화도 하이퍼미디어로 가능하다. 서비스 응답은 완료해야 하는 하나 이상의 단계를 반환하고 클라이언트 애플리케이션이 각 단계를 실행하도록 요청할 수 있다. 초기 배포에서는 세 단계가 있을 수 있다(계정 생성, 연관된 회사 추가, 새로운 연락처 추가). 나중에, 세 단계는 두 단계로 통합될 수 있다(계정 생성, 연관된 회사와 연락처 추가). 클라이언트 서비스 소비자가 제공된 하이퍼미디어 지시사항을 따르는 한(단계를 코드로 하드코딩하지 않는다면), 이런 종류의 변화는 소비자 애플리케이션에 영향을 주지 않을 것이다. 하이퍼미디어 워크플로를 구현하는 레시피는 7장을 참조하기 바란다.

같이 볼 것

- 레시피 3.1, 기존 미디어 타입과의 상호운용성 만들기

- 레시피 3.2, 정형 미디어 타입과의 향후 호환성 보장

- 레시피 4.9, 응답에서 하이퍼미디어 컨트롤에의 의존

- 레시피 4.11, 런타임에서 데이터 속성 검증

- 레시피 5.6, HTTP의 콘텐츠 상호확인 지원

3.6 멱등성을 통한 일관성 있는 데이터 작성 설계

HTTP를 통한 머신 투 머신 외부 서비스 작업 시 '실패한 POST'가 특히 까다로운 문제다. 클라이언트 애플리케이션이 계정 서비스에 HTTP POST를 보내 계정에서 50 크레딧을 차감하라는 요청을 하고, 그 요청에 대한 답변을 전혀 받지 못하는 경우를 고려해보자. 요청이 서버에 전혀 도착하지 않았는가? 도착했는데 제대로 처리됐고 클라이언트는 '200 OK' 응답을 받지 못했는가? 결국 실제 질문은 이렇게 귀결될 것이다. 클라이언트가 요청을 다시 발행해야 하는가?

HTTP의 POST가 아닌 PUT을 쓰면 간단히 해결할 수 있다.

문제

'데이터 중복 게시' 가능성을 제거하고 HTTP를 통한 쓰기 작업을 어떻게 설계할 수 있을까? 클라이언트 앱이 처음에 HTTP 응답을 받지 못했을 때 데이터 쓰기를 위한 HTTP 요청을 다시 보내는 것에 문제는 없는지 어떻게 알 수 있을까?

솔루션

모든 데이터 쓰기 작업은 HTTP POST가 아닌 HTTP PUT을 사용해 전송돼야 한다. HTTP PUT 작업은 '중복 게시'를 방지하고 서버 응답이 클라이언트 애플리케이션에 도달하지 않을 때 재시도 작업이 안전하도록 설계할 수 있다.

예제

CRUD(생성, 읽기, 업데이트, 삭제) 데이터베이스 패턴의 영향을 받아, 수년 동안 '생성' 작업은 HTTP POST에, '업데이트' 작업은 HTTP PUT에 매핑됐다. 그러나 HTTP POST를 사용해 서버에 데이터를 쓰는 것은 작업이 일관되게 반복되지 않아서 리스크가 있다. 달리 말하면, POST 옵션은 멱등하지 않다. POST는 같은 리소스에 대해 반복될 때 동일한 결과를 반환하지 않는다. 그러나 설계상, HTTP PUT 작업은 멱등하다. 여러 번 작업을 반복해도 같은 결과를 보장한다.[2]

필요한 것은 하나지만 무심코 2개의 리소스를 생성하는 가능성을 피하기 위해, 가장 좋은 해결책은 네트워크상의 다른 머신에 데이터를 쓸 때 항상 HTTP PUT을 사용하는 것이다.

```
**** REQUEST
PUT /person/q1w2e3 HTTP/2.0
Host: api.example.org
Content-Type: application/x-www-form-urlencoded
If-None-Match: *

givenName=Mace&familyName=Morris

**** RESPONSE
HTTP/2.0 201 CREATED
Content-Type: application/vnd.collection+json
ETag: "p0o9i8u7y6t5r4e3w2q1"
...
```

일반적이지는 않지만, 그 주소에 리소스가 없을 때 HTTP가 PUT 요청 결과로 '201 CREATED' 응답을 받는 위의 예시는 적절하다. 그러나 존재하는 리소스를 업데이트하는 대신 새로운 리소스를 생성하려고 한다는 것을 서비스에 어떻게 알릴까? 이때는 If-None-Match를 사용한다. 앞의 예에서 If-None-Match: * 헤더는 '이 URL에 기존 리소스가 없으면 제공된 URL에 새로운 리소스를 생성하라'는 의미다.

---

2 설명을 보충하면, POST는 요청할 때마다 새로운 리소스가 생성되지만, PUT은 요청 시마다 같은 리소스를 반환하는 특징이 있다. ─ 옮긴이

서비스가 HTTP PUT을 기존 리소스 대용으로 처리하도록 원한다면, HTTP 통신은 다음과 같이 될 것이다.

```
**** REQUEST
PUT /person/q1w2e3 HTTP/2.0
Host: api.example.org
Content-Type: application/x-www-form-urlencoded
If-Match: "p0o9i8u7y6t5r4e3w2q1"

givenName=Mace&familyName=Morris

**** RESPONSE
HTTP/2.0 200 OK
Content-Type: application/vnd.collection+json
ETag: "o9i8u7y6t5r4e3w2q1p0"
...
```

여기에서는 HTTP의 요청에 If-Match:가 표시되며, 이 헤더에는 /person/1q2w3e 리소스의 정확한 버전을 식별하는 엔티티 태그(또는 ETag)가 포함돼 있다. 이 URL의 ETag가 요청의 ETag와 일치하지 않으면(예: 리소스가 존재하지 않거나 누군가에 의해 바뀐 경우) HTTP PUT은 'HTTP 412 Precondition Failed'(사전조건 실패 응답)이 발생한다.

토론

PUT-Create 패턴 사용은 HTTP 상에서 실패한 쓰기 작업을 언제 재시도해도 되는지 알아내는 작업을 간단하게 만든다. 이는 설계상 PUT이 원치 않는 부작용 없이 재시도를 가능하게 한다. 반면, POST는 이를 보장하지 않는다. 예전에 POST를 재시도 가능하게 만들려는 시도가 있었다. 빌 오호라[Bill de hóra]의 HTTPLR과 마크 노팅험[Mark Nottingham]의 POE가 그것인데, 이들은 널리 채택되지 않았다.

새로운 리소스를 생성하기 위해 HTTP PUT을 사용하면 클라이언트와 서버 모두에 좀 더 많은 작업이 요구된다. 이는 주로 If-None-Match, If-Match, ETag와 같은 HTTP 헤더의 사용에 의존하기 때문이다. 내 경험으로는, 이 레시피를 서버와 클라이언트 애플리케이션의 코드에 '구워 넣는' 것이 가장 좋다. 일반적으로 저자의 로컬 코드에는

createResource(...), updateResource(...) (또는 비슷한 이름)라는 '커버 메소드'가 있으며, 커버 메소드들은 적절한 HTTP PUT 요청(올바른 헤더 포함)을 어떻게 만드는지, 계획대로 진행되지 않을 때 어떻게 응답할지 프로그래밍돼 있다. 이런 커버 메소드의 편리함은 PUT-Create 사용의 인식된 추가 비용을 낮추고 클라이언트와 서버 간에 일관되게 구현되도록 보장한다.

 4장과 5장에 있는 리소스의 생성 및 업데이트 관련 레시피들을 참조하기 바란다.

레시피 3.6에는 클라이언트 애플리케이션이 리소스 식별자를 제공한다는 사실이 포함돼 있다. POST를 사용할 때, 서비스는 보통 새로운 리소스 식별자를 생성하는 것으로 예상되며, 이는 일반적으로 /person/1, /person/2 등과 같은 단조롭게 증가하는 ID 형태를 가진다. PUT을 사용할 때 클라이언트는 리소스 식별자를 제공해야 한다(예: "내 문서 저장소에 *my-todo-list.doc* 파일을 업로드해 주세요"라는 형태). 이에 대한 자세한 내용은 4장과 5장에서 다룬다.

PUT-Create 패턴으로 멱등성을 가진 쓰기를 지원하는 것을 설계하면, 사용하는 네트워크 연결이 그렇지 않더라도 클라이언트와 서버 애플리케이션이 더욱 신뢰롭고 일관성 있게 작동한다.

같이 볼 것

- 레시피 3.8, 반복 가능한 액션을 위한 설계

- 레시피 4.2, HTTP를 인식하도록 클라이언트 코딩

- 레시피 5.15, 멱등성 생성을 통한 신뢰성 향상

- 레시피 6.2, 모든 변경에 멱등성 부여

3.7 서비스 간 상태 전송으로 상호운용성 활성화

웹에서 상호 운용 가능한 서비스 컬렉션을 제작할 때 각 서비스가 독립적으로 작동하고 더 큰 목표나 해결책에 참여할 수 있도록 하는 것이 중요하다. 클라이언트 서비스가 우리 서비스 API만 사용한다고 가정하면 안 된다. 서비스는 '전체'의 '일부'로 봐야 하며, '전체'로만 봐서는 안 된다.

문제

서비스 인터페이스가 더 큰 솔루션의 일부로 편입돼 있을 때도 정상 작동을 보장하려면 어떻게 해야 할까? 이 솔루션은 다른 사람(API 사용자 응용 프로그램)이 설계했고 다른 API와 통합돼 있다. 본인이 본 적 없고 통제할 수 없는 다른 서비스와의 통합을 용이하게 하는 동시에 시스템 안전성과 데이터 무결성을 유지하려면 어떤 작업이 필요할까?

솔루션

여러분의 서비스가 다른 알려지지 않은 서비스들과 상호운용성을 가질 수 있어야 한다는 원칙을 세우는 것은 어렵다. 이를 가장 쉽고 안전하게 수행하는 방법은 API를 독립적이고, 무상태 작업들의 모음으로 구현하는 것이다. 이들은 입력을 받아, 액션을 수행하고, 결과를 반환하면 끝난다.

서비스 간의 간단한 무상태 전송의 좋은 예는 값을 계산하는 것이다. 우편번호 검증 서비스를 생각해보자. 우편번호 검증 서비스는 전체 주소(아마도 일부 사용자 정보 메타데이터)를 포함하는 본문을 전달하고 관련 우편번호를 반환하는 기능을 지원할 수 있다. 필요한 모든 상태 데이터는 요청/응답 쌍에서 전송된다.

데이터 블록을 서비스로 전송하고, 서비스가 잠시 그 데이터를 처리하도록 허용한 다음 결과를 내보내야 할 때도 있다. 이때는, 더 명시적인 import/export 작업이 좋은 해결책이 될 수 있다.

FORM의 사용

서비스 간에 상태를 전송하려면 상태 정보를 수신하는 서비스가 제공하는 FORM으로 데이터 속성을 전달하는 방법이 가장 쉽다. 근본적으로 이는 HTML 및 다른 하이퍼미디어 포맷이 작동하는 방식이다. 일부 서비스는 들어오는 데이터를 처리하기 위해 추가적인 메타데이터를 전송해야 할 수 있으며, 기본 하이퍼미디어 컨트롤을 지원하지 않을 수도 있다. 이때는, 인터페이스에서 상태 데이터를 명시적으로 전송하기 위해 추가적인 지원을 설계해야 한다.

import/export의 사용

상태를 전송하는 두 번째로 쉬운 방법은 한 서비스에서 다른 서비스로 상태를 전송할 수 있는 단계를 지원하는 것이다. 이는 보통 어딘가에서 상태를 가져오는(importState) 작업을 제공하고, 서비스의 상태를 다른 곳으로 내보내는(exportState) 작업을 제공하는 형태다.

인터페이스에 명시적인 import/export 액션을 추가하는 대신, API의 선택된 기존 액션에 그 기능을 구축할 수도 있다. 예를 들어, 새 사용자 계정을 생성할 때 input(FORM 요소를 통해)을 수락하도록 설정할 수 있다.

앞선 사용 사례들은 상태를 '값으로' 전송하는 예시이며, 런타임 FORM을 사용해 한 서비스에서 다음 서비스로 정확한 상태값을 보내는 것이다. 이는 본인이 통제하지 않는 다른 서비스와 상호운용하는 가장 쉬운 방법이다.

참조의 공유

또한 상태를 '참조'로 전송하도록 설정할 수도 있다. 이는 전송하려는 데이터 모음을 가리키는 URL을 공유함으로써 이뤄지며, 서비스 간에 좀 더 많은 조정이 필요하다. 왜냐하면 두 서비스 모두 URL을 통한 공유 데이터 개념과 공유 데이터가 저장된 형식을 미리 알고 있어야 하기 때문이다. 자세한 내용은 레시피 7.2를 참조하자.

예제

서비스 간에 상태 전송을 하는 방법은 세 가지다.

- 기존 인라인 FORM을 사용한 값의 전달

- 전용 연산자('importState'나 'exportState'와 같은)를 사용한 값의 전달

- (공유 URL을 통해)전용 연산 또는 FORM을 사용하여 참조로 전달

기존 FORM을 사용한 값의 전달

하이퍼미디어 FORM을 통해 서비스 간 상태 데이터를 전송할 수 있으며 가장 간단하면서도 직접적인 방법이다.

```
<form action="http://api.example.org/shopping/cart"
  method="post" name="cartCreate">
  <input name="cartId" value="q1w2e3r4t5y6u7i8" />
  <input name="cartName" value="Mike's Cart" />
</form>
```

이는 데이터 컬렉션의 크기가 작고 수신 서비스가 미리 존재하는 상태를 가진 세션을 필요로 하지 않을 때 잘 작동한다.

import/export를 통한 값의 전달

서비스 인터페이스에 import와 export를 추가함으로써 상태 전송을 지원할 수도 있다. 예를 들어, 여러분의 서비스가 쇼핑 카트 관리를 한다고 가정하자. 평범한 단계들 (create, addItem, removeItem, checkout)에 더해, 기존 쇼핑 카트 컬렉션을 가져오는 단계와 컬렉션을 내보내는 단계를 추가할 수 있을 것이다.

다음은 import와 export 연산을 지원하는 간단한 쇼핑 API의 몇 가지 액션을 보여주는 ALPS의 스니펫 코드다.

```
{
  $schema: "https://alps-io.github.io/schemas/alps.json",
```

```
alps: {
  version: "1.0",
  title: "Simple Shopping Cart",
  doc: {value: "A simple shopping cart service"},

  "descriptor" : [
    {
      "id" : "doCartImport",
      "type" : "idempotent",
      "rt" : "#cartCollection",
      "tag" : "choreography",
      "descriptor" : [
        "href" : "#cartCollection"
      ]
    },
    {
    "id" : "doCartExport",
    "type" : "idempotent",
    "rt" : "cartCollection",
    "tag" : "choreography"
    }
  ]
}
}
```

이 방법은 전송할 상태 데이터의 양이 상대적으로 크거나 복잡한 경우(예: 메타데이터와 함께 하는 15개의 항목 모음)에 잘 작동한다. 한 번에 많은 데이터를 전송할 수 있다는 장점이 있고, 단점은 두 당사자가 모두 데이터 속성 이름, 내용, 전송할 컬렉션의 일반적인 형태에 동의해야 하므로, 이런 종류의 상태 전송을 미리 조정해야 한다는 것이다.

참조로 전달하기

양쪽 모두에게 접근 가능한 다른 곳에 저장된 상태 컬렉션에 대한 '포인터'를 공유함으로써 서비스 간에 상태 데이터를 전달하도록 설정할 수 있다. 간단한 방법이 있는데, 호출 당사자가 예상하는(또는 명시적으로 요청한) 미디어 타입과 어휘 포맷으로 응답할 리소스를 가리키는 URL을 공유하는 것이다.

HTML로 작성된 상호작용의 예시다.

```
<form action="http://api.example.org/users/q1w2e3r4"
  method="post" enctype="multipart/form-data">
  <input type="file" name="userData" accept="application/vnd.collection+json"/>
</form>
```

예시에서는 타깃 서비스가 구현할 수 있는 'upload' 동작을 설명한다. 여기서 핵심은 양측이 이미 예상되는 데이터 형식과 어휘 내용에 미리 동의를 했다는 것이다. API를 게시할 때 이런 전송 동작을 연산화해 다른 서비스로부터 정보를 보내거나 받는 방법에 대한 서비스 인터페이스의 기대치를 다른 사람들에게 알릴 수 있다.

토론

가능하다면 API 응답에 상태 전송을 단일 단계로 처리할 수 있는 하이퍼미디어 포맷을 제공하자. 이렇게 하면 다른 서비스가 API 클라이언트로 작동하고 전송을 직접 실행할 수 있다. 여기에는 클라이언트와 서버 간 추가적 조정은 필요 없다.

서비스 간의 오케스트레이션을 최소한으로 유지하자. 예를 들어 API 클라이언트들에게 실제 동작 전에 로그나 세션 작업을 요청하는 대신 단일 단계로 상태 전송 처리를 해야 한다는 것이다. 인증이 필요하다면, 대상 상태 전송에서 리디렉션의 결과로 상호작용을 만들어야 한다.

```
**** REQUEST ****
POST /shopping/cartCreate HTTP/1.1
Host: api.example.org
Content-Type: application/x-www-form-urlencoded

cartId=q1w2e3r4&cartName=Mike's%20Cart

**** RESPONSE ****
HTTP/1.1 Unauthorized
WWW-Authenticate: Basic

**** REQUEST ****
POST /shopping/cartCreate HTTP/1.1
Host: api.example.org
```

```
Content-Type: application/x-www-form-urlencoded
Authorization: Basic q1i8w2o9e3p0r4u7t5...

cartId=q1w2e3r4&cartName=Mike's%20Cart

**** RESPONSE ****
HTTP/1.1 200 OK
Content-Type: application/vnd.collection+json
Authorization: Basic: q1i8w2o9e3p0r4u7t5...
Link: <http://docs.alps.io/shopping.json>; rel="profile"

{
  "alps" : {
    ...
  }
}
```

여러분이 '참조로 전달하기'를 선택했다면, HAL, SIREN, Collection+JSON과 같이 이미 갖춰진 미디어 타입을 메시지 포맷을 사용하고 데이터 전달 시 참조 어휘(예: APLS, URIs)를 제공하는 게 좋다. 이렇게 해야 수신 측에서 수신 서비스에서 포맷을 확인하고 '이해'할 때만 업로드된 데이터를 수락할 가능성이 높아진다.

크로스 오리진 리소스 공유 제약 처리

HTML 브라우저들은 '외부' 도메인으로부터의 도큐먼트 업로드나 크로스 오리진 포스팅(Cross-Origin POSTing)을 지원하지 않는다. 이는 HTML 브라우저가 걸고 있는 크로스 오리진 리소스 공유(CORS)의 대응이 필요하다는 의미다. 만일 '참조'로 상태 전송을 지원하는 API를 만든다면(예: 파일 업로드), API 클라이언트가 도큐먼트를 성공적으로 업로드할 수 있도록 헤더(예:'Access-Control-Allow_Origin'등) 만들어 내보내야 한다.

같이 볼 것

- 레시피 4.15, 자체 상태 관리 유지

- 레시피 6.8, 알 수 없는 데이터 필드 무시하기

- 레시피 7.2, 워크플로를 위한 공유 상태 지원

3.8 반복 가능한 액션을 위한 설계

웹에서는 단일 요청이 통과되지 않거나 응답없이 '사라질' 가능성이 많다. 네트워크의 이런 본질적인 불안정성이 갖는 의미는 시간이 지나도 의존할 수 있는 서비스 인터페이스를 생성할 때 이를 고려하고, 가능한 극복해야 한다. 레시피 3.8은 HTTP 요청이 필요할 때 반복 가능하게 만들기 위한 멱등성^{idempotence}에 의존한다.

문제

HTTP 요청이 네트워크 문제나 기타 일시적인 문제로 실패할 때가 있다. 부작용 없이 HTTP 요청이 문제를 일으키지 않고 반복 가능하게 하려면 무엇을 해야 할까? 멱등성이란 무엇이고, 어떻게 작동하며, 서비스 인터페이스에 반복 가능성을 지원하려면 어떻게 설계해야 할까?

솔루션

HTTP 자체가 원래 일부 요청이 실패할 가능성을 염두에 두고 설계된 것이다. 보통 일시적인 네트워크 문제가 원인일 때가 많으며, 같은 요청을 반복하면 해결될 때가 많다. '안전한' HTTP 요청(읽기 전용인)의 반복은 어려운 것은 아니다. 하지만 리소스를 수정하는 HTTP일 때는 트릭이 필요하다. 이 문제에 대한 일반적인 접근은 레시피 7.16을 참조하기 바란다.

네트워크 멱등성

HTTP의 반복 가능성을 개선하기 위해서는 두 가지 방법이 있다. 첫 번째는 리소스를 읽고, 쓰고, 삭제하기 위해 HTTP의 멱등성 메소드(GET, PUT, DELETE)를 사용하는 것이다. 다시 말하면 HTTP의 POST에 의존하지 않는 것이다(POST는 애초에 멱등성 수정을 위해 만들어진 것이 아니다). 가능하면 새로운 리소스를 생성할 때 항상 PUT을 권장한다(레시피 5.15 참조). 이때 약간의 작업이 더 필요하지만, 서비스 신뢰성을 크게 향상시킨다.

연산의 멱등성

두 번째는 아예 쓰기 연산 자체를 멱등성을 지원하도록 설계하는 방법이다. 이는 단순한 증가(각 합계에 추가를 하는 경우)나 백분율의 계산(세일 가격이 5% 증가하는 경우), 값이나 비교치의 대체(현재 가격이 100이면 이를 105로 변경)를 의미하지 않는다.

리소스를 업데이트할 때 HTTP의 **PUT**을 사용하고 본문 업데이트를 증분이 아닌 대체를 사용하도록 설계하면 서비스 인터페이스에 대한 쓰기 작업의 반복 가능성을 높일 수 있다.

예제

네트워크 및 메시지 기반에서 반복 가능성은 중요하다. 여기서는 예제를 다룬다.

네트워크 반복 가능성

리소스의 생성 및 업데이트를 할 때 HTTP의 PUT 메소드를 사용하도록 설계해 PUT의 멱등성으로 네트워크 레벨에서의 반복 가능성을 지원한다.

```
**** REQUEST ****
PUT /onboarding/q1w2e3r4
Host: api.example.org
Content-Type: application/x-www-form-urlencoded
Content-Length: NN
...

id=q1w2e3r4&givenName=Mork&familyName=Morkelson&...

**** RESPONSE ****
503 Service Unavailable
Content-Type: application/problem+json
Content-Length: XX
...
{
"type": "https://example.com/probs/unavailable",
"title": "Server Unavailable",
"detail": "Can't reach target server",
"instance": "/onboarding/q1w2e3r4",
"status": 503
}
```

예제에서 PUT은 다른 서버에서 도중에 문제가 발생해 실패했다. PUT은 멱등성이 있기 때문에 반복해 요청을 다시 보내도 문제는 없다. 사실 HTTP의 응답이 전혀 없을 때까지 반복이 가능하다(이런 경우는 드물겠지만 가능한 작업이다).

메시지 반복 가능성

네트워크 레벨의 상호작용이 멱등성을 확보했다고 해도(예: PUT 대신 POST를 사용해도 문제가 없는 경우), 메시지 본문에서 멱등성 기능을 지원하게 한다면 HTTP 요청에서 반복 가능성을 역시 개선시킬 수 있다.

제품 카탈로그에 있는 모든 가격을 업데이트를 하려는 경우, 다음과 같이 비멱등적 업데이트를 할 수 있다.

```
**** REQUEST ****
PUT /catalog/priceUpdate
Host: api.example.org
Content-Type:application/x-www-form-urlencoded
Accept: application/vnd.siren+json
....

updatePercent=.05
```

예제에서는 PUT 요청을 수신하면, **updatePercent**의 값이 회사 카탈로그에 존재하는 55개 품목의 가격 조정에 사용된다.

55개 품목 업데이트 도중 실패하면 어떻게 될까? 어떤 품목은 변경됐지만 어떤 것은 그대로일 것이다. 또는 요청에 대해 응답 메시지를 전혀 받지 못한다면? 작업이 성공적으로 됐을까? 모든 품목에 다시 한 번 더 수행하는 것이 안전할까?

메시지 레벨 업데이트에서의 멱등성 재설계를 통해 반복 가능성을 상당히 개선시킬 수 있다.

```
**** REQUEST ****
PUT /catalog/priceUpdate
Host: api.example.org
Content-Type:text/csv
```

```
Accept: application/vnd.siren+json
....

productId, currentPrice,newPrice
q1w2e3, 100,105
t5y6u7, 200,210
i8o9p0, 250,265
i8y6r
...
```

업데이트 메시지에는 productID, currentPrice, newPrice 속성이 있음을 주목하자. 이제 이 동작은 문제없이 반복될 수 있다. 서비스는 특정 productID가 newPrice 값으로 적용되기 전에 currentPrice로 설정돼 있는지 체크할 수 있다. 설정돼 있지 않다면 해당 기록에 대한 가격 업데이트 후 다음으로 넘어간다.

예제의 다른 해결법은 그냥 productID와 newPrice 값을 포함시키는 방법이다. 이 프로세스를 여러 번 실행해도 제대로 가격이 설정될 것이다.

메시지의 반복 가능성을 위해 HTTP 메소드에만 의존하는 것은 바람직하지 않다.

토론

반복가능한 업데이트의 설계는 때로는 리소스(또는 리소스의 컬렉션)에 적용하려는 변경 사항을 더 잘 설명하기 위해 사전에 더 많은 작업을 한다는 것을 의미한다. 분명 이는 많은 추가 작업이 필요하지만, 대량 업데이트를 하는 중간에 발생하는 충돌로 인해 발생하는 문제와 비교했을때 투자할 가치는 충분히 있다.

PUT vs POST

반복 가능성은 중요한 문제이며 이 책에 있는 대부분 예제들은 리소스의 생성이나 수정에는 POST 대신에 PUT을 쓰고 있다. 하지만 POST를 사용해 IETF에서 제안된 것처럼 멱등성을 갖는 키를 추가해 반복 가능성을 높일 수도 있다. 하지만 여전히 모든 설계에서 PUT을 사용하는 것을 선호한다. 이에 대한 추가적인 논의는 레시피 3.6을 참조하기 바란다

같이 볼 것

- 레시피 3.6, 멱등성을 통한 일관성 있는 데이터 작성 설계
- 레시피 5.15, 멱등성 생성을 통한 신뢰성 향상
- 레시피 6.2, 모든 변경에 멱등성 부여
- 레시피 7.1, 워크플로 호환 서비스 설계

3.9 가역 액션을 위한 설계

하나나 그 이상의 리소스의 변경을 적용한 후, 이를 취소하거나 롤백해야 할 때가 있을 것이다. 레시피 3.9에서는 이 기능을 어떻게 서비스 인터페이스의 일부로 만들 수 있는지 보여준다.

문제

하나 또는 그 이상의 리소스의 변경을 롤백하거나 취소하려면. 어떻게 해야 할까? 업데이트를 어떻게 설계해야 안전하고 쉽게 되돌릴 수 있을까?

솔루션

업데이트를 롤백해야 할 때, 기본적으로 두 가지 방법이 있다.

- 로컬 취소를 지원하기(레시피 7.17 참조)
- 이전 단계로 롤백을 하는 HTTP 요청을 보내기

첫 번째(로컬 취소 지원)는 레시피 7.17에서 다루고 있으므로 여기서는 깊게 언급하지는 않겠다. 로컬 취소는 종속적인 액션이 없을 때 동작한다는 것만 언급해도 충분하다(예: 여러분이 되돌리고 싶은 업데이트 결과로 인해 영향을 받는 다른 서비스가 없다). 하지만 여러분의 업데이트가 시스템 레코드에 영향을 주거나 같은 리소스에 적용될 수 있는 여러 업데이트 중 하나라면 롤백 지원이 더 복잡해질 수 있다.

두 번째 요청의 발행

하나의 레코드에만 영향을 준다면(예: 데이터 웨어하우스 등 데이터 중심 리소스가 레코드 시스템을 업데이트)는 보통 롤백 효과를 갖는 다른 HTTP 요청을 발행할 수 있다. 레코드의 givenName을 대체하는 HTTP PUT을 발행했을 때 이전 값을 갖는 동일한 속성을 대체하는 다른 HTTP PUT을 발행할 수 있다. 이는 여러분이 이전 값을 알고 있으며 문제없이 바꿀 수 있다는 것(예:아무도 미리 레코드를 수정하지 않았음)을 가정한다.

특별 요청 발행

단순히 PUT만 재발행한다고 해서는 안 될 때가 있다. 예로, HTTP DELETE로 리소스를 (실수로)지우고 이를 다시 복구하는 경우가 그렇다. HTTP UNDELETE라는 메소드는 없다. 대신 특별 요청을 통해 기존 레코드의 복구를 해야 한다. 가장 안전한 방법으로는 HTTP PUT과 매개변수(보통 이전 URL과 함께 검증값인 ETag 헤더 같은 것)를 사용하는 특별 메소드(undoDelete)를 만드는 것이다. 이는 서비스 인터페이스가 복구돼야 할 DELETE된 리소스의 저장을 포함해 이 기능을 지원하도록 설계돼야 함을 의미한다.

예제

2개의 PUT 접근을 사용하거나 가역 설계를 지원하기 위한 특별 커맨드를 만들어 사용해도 된다.

2개의 PUT을 사용한 롤백

다음은 두 번째 PUT을 만들어 첫 번째 것을 취소시키는 예제다.

```
**** REQUEST ****
GET /users/q1w2e3r4
Host: api.example.org
Accept: application/html

**** RESPONSE ****
200 OK
Content-Type: application/html
```

```
ETag: "w/p0o9i8u7y6t5r4"
...

<html>
<div class="user">
  <span class="givenName">Millie</span>
  <span class="familyName">Murcheson</span>
</div>
...
</html>
```

이제 첫 번째 수정이다.

```
**** REQUEST ****
PUT /users/q1w2e3r4
Host: api.example.org
Content-Type: application/x-www-form-urlencoded
Accept: application/html
If-Match: "w/p0o9i8u7y6t5r4"
givenName=Molly&familyName=Murcheson
**** RESPONSE ****
200 OK
Content-Type: application/html
If-Match: "w/q2w3e4r5t6y7u8"
...
<html>
...
<div class="user">
<span class="givenName">Molly</span>
<span class="familyName">Murcheson</span> </div>
...
</html>
```

다른 PUT을 사용한 이 수정에 대한 롤백이다.

```
**** REQUEST ****
PUT /users/q1w2e3r4
Host: api.example.org
Content-Type: application/x-www-form-urlencoded
```

```
Accept: application/html
If-Match: "w/q2w3e4r5t6y7u8"

givenName=Millie&familyName=Murcheson

**** RESPONSE ****
200 OK
Content-Type: application/html
ETag: "w/i9u8y7t6r5e4"
...

<html>
...
<div class="user">
  <span class="givenName">Millie</span>
  <span class="familyName">Murcheson</span>
</div>
...
</html>
```

ETag가 응답의 '버전'을 나타내기 위해 사용되는 것과 **If-Match**가 PUT의 조건을 위해 헤더에 추가된 점에 주의하라.

특별 명령을 통한 접근

더 복잡한 경우에는 서비스 인터페이스에 특별한 롤백 액션을 사용해야 한다.

다음은 컬렉션에서 기존 리소스를 제거하는 동작이다.

```
**** REQUEST ****
DELETE /users/q1w2e3r4
Host: api.example.org
Accept: application/html
If-Match "w/y6t5r4e3w2q1"

**** RESPONSE ****
204 No Content
....
```

여기에 DELETE 명령을 롤백할 수 있는 특별 명령을 수행한다.

```
**** REQUEST ****
PUT /users/rollback?id=q1w2e3r4
Host: api.example.org
Accept: application/html
If-Match "w/y6t5r4e3w2q1"

**** RESPONSE ****
201 Created
Location: /users/q1w2e3r4
....
```

이때 '201 Created' 응답으로 복원됐음을 알리는 것에 주의하라.

토론

특별 요청 발행은 클라이언트 애플리케이션이 업데이트를 취소하기 위해 원래 리소스를 기억할 필요가 없다는 장점이 있다. 서비스 인터페이스 리소스가 변경 이력의 유지 책임을 가져가야 한다는 한계도 있다.

모든 시도가 실패하면, 문제 해결을 위해 서비스 지원팀에 연락하여 복구를 요청해야 할 수도 있다. 이 접근법을 알아보려면 레시피 7.18을 참조하기 바란다.

특별한 롤백 명령을 사용하기 위한 URL은 크게 다르지 않다. 타깃 리소스와 같은 URL (/users/q1w2e3r4)과 같은 URL 영역을 사용하는 팀도, 특별한 롤백 리소스(/rollback/ users/q1w2e3r4)를 사용하는 팀도 봤다. 둘 다 혼합해 사용할 때도 있었다(앞의 예제를 참조하자).

단일 작업으로 여러 리소스가 수정되는 상황에서(예: removeCustomerData가 고객, 주문, 판매 데이터 저장에 영향을 미친다) 리소스에 대한 특별한 롤백 기능을 설계하고 가능하다면 세 가지 종속 서비스가 모두 자체 롤백을 지원하도록 하거나, 가능하다면 다른 서비스 각각에 대해 로컬 취소(레시피 7.17 참조)를 구현해야 한다. 이것은 다소 까다로우며 롤백을 제대로 지원하려면 다른 서비스 관계자로부터 협력을 얻어야 할 수도 있다.

같이 볼 것

- 레시피 7.1, 워크플로 호환 서비스 설계

- 레시피 7.17, 로컬 실행 취소 및 롤백의 지원

- 레시피 7.18, 지원 요청

3.10 확장 가능한 메시지 설계

보통, 서비스 인터페이스가 널리 사용되기 시작하면, 인터페이스를 개선하는 아이디어가 등장한다. 아이디어 중 하나가 바로 HTTP 응답 타입의 메시지 본문을 확장하는 것이다. 레시피 3.10은 기존의 API 클라이언트에게 영향을 주지 않고 향후 메시지 본문을 쉽게 확장하는 법을 보여준다.

문제

지금 API 호출의 응답 본문을 수정하라는 요청을 받고 있다고 가정하자. 새로운 속성을 추가해 달라는 요청일 수도 있고, 스칼라 속성(예: phoneNumber)을 배열 속성(예: phoneNumbers)으로 바꿔달라는 요청일 수도 있다. 이미 현재 버전을 사용 중인 API 클라이언트들에게 영향을 주지 않으면서 작업을 할 수 있을까? 메시지의 확장의 한계는 어디까지일까?

솔루션

이미 제작 중인 애플리케이션의 응답 본문의 수정에 대한 효과적인 접근법은 '바꾸지 말고 추가하라'다(2장. '바꾸지 말고 추가하라' 참고).

즉, 기존의 것은 그대로 두고 현재 응답 본문에 새로운 속성을 추가하라는 뜻이다. 또한 간단한 이름-값 컬렉션을 지원하기 위한 응답 포맷을 설계할 수 있다. 새로운 포맷을 통해 새로운 속성이 추가된다. 자세한 내용은 다음 예제를 통해 살펴보자.

예제

간단한 HTTP 응답이 다음과 같은 본문을 포함한다고 하자.

```
{
  "name": "Merk Muffly",
  "region", "southwest",
  "age": 21
}
```

향후 변경 요청에 대비하는 확장 가능 방법이 있다.

속성 컬렉션을 추가

이름-값 쌍name-value pair:nvp를 추가한다.

```
{
  "name": "Merk Muffly",
  "region", "southwest",
  "age": 21,
  "nvp" : [...]
}
```

컬렉션의 일부로 어떤 속성들(스칼라, 배열, 객체)도 문제없이 추가할 수 있다.

```
{
  "name": "Merk Muffly",
  "region", "southwest",
  "age": 21,
  "nvp" : [
    {"hatsize" : "3"},
    {"phoneNumbers": ["123-456-7890","980-657-3421"]},
    {"address": {"street":"...","city":"...","state":"...","zip":"..."}}
  ]
}
```

속성의 병렬적 추가

기존 다중 관계 속성의 확장이나 수정이 필요할 때가 있다. 가령, name의 개선을 위해 이를 givenName과 familyName으로 확장할 때가 그렇다. 이때 name 속성을 대체하기보다는 그냥 2개의 새로운 속성을 추가한다.

```
{
  "givenName": "Merk",
  "familyName": "Muffly",
  "name": "Merk Muffly",
  "region", "southwest",
  "age": 21,
  "nvp" : [
    {"hatsize" : "3"},
    {"phoneNumbers": ["123-456-7890","980-657-3421"]},
    {"address": {"street":"...","city":"...","state":"...","zip":"..."}}
  ]
}
```

HTTP 응답 메시지는 두 포맷(name 및 givenName & familyName)을 모두 지원한다. 기존 API 클라이언트도 만족을 시키면서(name) 새로운 API 클라이언트도 새로운 속성(givenName & familyName)을 갖고 작업할 수 있을 것이다.

나중에 서비스에 보내지는(PUT이나 POST를 통해) 메시지 본문의 규칙은 수정돼야 한다. 이때 세 가지 값 즉, (name, givenName, familyName)을 모두 받아들이도록 서비스가 수정될 수 있다. API 클라이언트가 name만 보낸다면, 서비스는 전달된 값을 분해하고 그 결과를 givenName, familyName에 저장할 수 있다. 반대로 API 클라이언트가 givenName, familyName을 보내면 두 값을 결합해 name에 저장할 수도 있다.

다중 출력 포맷 제공

응답 메시지에 대한 변경이 광범위하게 이뤄지며 이때 몇 가지 속성만 수정하는 것으로는 충분하지 않을 때가 있다. 이때는 단일 응답에서 같은 정보의 여러 버전을 같이 반환할 수 있다. 이를 위해서는 초기 메시지를 '다양한 출력 포맷을 제공'할 수 있도록 설계해야 한다. 이를 위해 모든 응답 설계에 추가적인 '루트' 엘리먼트를 추가해야 한다.

위 예제에 '루트'를 추가해 출력 포맷을 제공하도록 다음과 같이 바꿀 수 있다.

```json
{"message" : {
  "person" : {
    "givenName": "Merk",
    "familyName": "Muffly",
    "name": "Merk Muffly",
    "region", "southwest",
    "age": 21,
    "nvp" : [
      {"hatsize" : "3"},
      {"phoneNumbers": ["123-456-7890","980-657-3421"]},
      {"address": {"street":"...","city":"...","state":"...","zip":"..."}}
    ]
  }
}}
```

여기서 중요 속성들은 person 엘리먼트 아래에 위치하고 있음을 주목하자. 새로운 버전의 person이나, 다른 메시지를 리턴할 수 있다.

```json
{"message" : {
  "personv2": {...},
  "metadata": [...],
  "links": [...],
  "person" : {
    "givenName": "Merk",
    "familyName": "Muffly",
    "name": "Merk Muffly",
    "region", "southwest",
    "age": 21,
    "nvp" : [
      {"hatsize" : "3"},
      {"phoneNumbers": ["123-456-7890","980-657-3421"]},
      {"address": {"street":"...","city":"...","state":"...","zip":"..."}}
    ]
  }
}}
```

처음 설계할 때부터 루트 엘리먼트를 포함시킨다면, 새로운 버전의 메시지 본문 추가나 다른 새로운 루트 엘리먼트를 추가해도 기존 API 클라이언트에게 영향을 미치지 않는다.

토론

이 설계 규칙들은 기존의 하이퍼미디어 포맷을 쓰지 않고 자신만의 포맷을 만들어 쓸 때 유용하다.

 레시피에서 사용된 대부분의 사전 정의된 메시지 포맷들(HTML, HAL, SIREN, Collection + JSON)들은 이미 확장 관련 규칙을 따르고 있다.

확장성 패턴의 성공에서 API 사용자들이 들어오는 메시지에 대해 엄격한 스키마 검증기 (JSON-Schema, XML-Schema 등)를 적용해야 한다. 소비자들에게 스키마를 잘 지키라고 할 수는 있지만, 잘못 사용하는 것을 완전히 막을 수는 없다.

보통 기존 메시지 포맷(예: HTML, HAL 등)에 클라이언트 애플리케이션에 영향을 주지 않고 같은 설계 패턴을 적용할 수 있다.

같이 볼 것

- 레시피 3.10, 확장 가능한 메시지 설계
- 레시피 4.7, 메시지 메타데이터 소스로써의 스키마 도큐먼트 사용
- 레시피 4.12, 전송 메시지의 검증을 위한 도큐먼트 스키마의 사용
- 레시피 6.10, 프로덕션에서의 데이터 모델 수정
- 레시피 6.11, 원격 데이터 저장소 확장
- 레시피 7.1, 워크플로 호환 서비스 설계

3.11 수정 가능한 인터페이스 설계

자주 사용되는 API는 메시지 포맷 변경 요청을 할 가능성이 높으며, 외부 인터페이스 자체, 즉 URL, HTTP 메소드, 입력 변수 등의 수정 요청을 할 가능성도 높다. 레시피 3.11은 기존 API 클라이언트들에게 영향을 주지 않으면서 서비스 인터페이스를 업데이트하기 위한 세 가지 규칙을 제공한다.

문제

서비스 인터페이스(URL, HTTP 메소드의 변경을 포함)를 기존 클라이언트에 영향을 주지 않으면서 업데이트하는 방법은 무엇일까? 영향을 주지 않는 변경을 위한 세 가지 규칙은 무엇일까? 기존 서비스 인터페이스의 업데이트를 시도할 때 기억해야 할 다른 원칙들은 무엇인가?

솔루션

대부분 API에서는 언젠가 인터페이스 변경이 일어난다. 가상 영역의 작업에서 발생하는 변경의 비용이 실제 제품 영역에서 일어나는 것 보다 더 적게 든다는 사실은 분명하다. 하지만 여기에도 넘어야 할 벽은 있다. 그러나 시작 단계에서는 세 가지 규칙과 일반적인 가이드라인을 통해 설계의 부분 변경이 가능하다.

첫째, 해를 끼치지 않는다

'첫째, 해를 끼치지 않는다'라는 구절은 히포크라테스의 선서에서 유래했다. 기원전 4세기로 거슬러 올라가 히포크라테스트의 선서는 의사가 환자에게 적절한 치료를 제공하기 위한 서약으로 받아들여졌다. 선서의 일부분에 불과한 구절이지만, 가장 잘 알려진 부분이다. API도 이를 적용할 수 있다.

API가 제작 단계에 올라가면, API 생명 주기가 시작된다. 다른 애플리케이션이 여러분의 API를 사용한다는 것은 그 애플리케이션이 여러분의 API에 종속성을 갖게 된다는 뜻이다. API의 제작자로서, 여러분은 API 사용자들에게 책임이 생기는 것이며, 그중 첫 번째 책임은 '해를 끼치지 않는다'가 될 것이다. API에 변경을 일으켜 API의 사용자 하나가 동작하지 않게 되면, 여러분의 API는 히포크라테스의 선서를 따르지 않는 셈이다.

갈림길

가끔 제작 중인 API에 방향을 트는 수준의 변경을 해야 할 일이 생긴다. 여러분이 사용자들에게 서버상의 개인 정보를 수정하게 하는 API를 배포했다고 하자. 그런데 1년 후 회사에서 이제 사용자들에게 직접적 수정을 제공하지 않기로 변경한다. 이때 여러분은 이에 맞춘 새로운 버전의 API를 배포해야 하고 모든 API 사용자에게는 새로운 API의 인터페이스도 전파해야 한다.

이런 과정을 인터페이스의 포크forking라고 한다. 기존 버전을 기반으로 새로운 버전의 API를 생성하고 사용자들이 모두 클라이언트 애플리케이션을 업데이트할 때까지 두 버전을 같이 운용한다. 과거 버전에서 새로운 버전으로의 자연스런 마이그레이션을 가능하게 하는 방법이기도 하다.

서비스 인터페이스의 수정을 위한 세 가지 규칙

기존 인터페이스를 업데이트하기로 결정했다면 다음 세 가지 규칙을 따라야 한다.

- 아무것도 가져가지 않는다
- 재정의하지 않는다
- 추가는 선택 속성이다

API를 한 번 발행하면, 모든 URL, 관련 속성(입력 및 출력), 심지어 도큐먼트의 HTTP 메소드도 깰 수 없는 약속이다. 런타임 시 입력 메타데이터(FORM)를 포함하도록 만들어 주는 하이퍼미디어 포맷을 사용하면 HTTP 메소드 및 입력 변수와 같은 프로토콜의 세부 사항에 대한 의존도를 줄이는 데 도움을 주지만, 기존의 약속을 바꾸는 방법은 잘못이다. 대신 필요한 기능을 제공하는 새로운 기능을 '추가'해야 한다.

또한 기존 인터페이스를 재정의해서도 안 된다. 만일 '?size'를 데이터의 페이지로 정의했다면, 이를 다시 모자나 신발의 사이즈로 재정의할 수 없다. 재정의는 수정과 마찬가지이며 주위에 영향을 주는 변경이다.

마지막으로 새로운 것들은 아무것도 가져가지 않거나 재정의를 하지 않는 한, 선택적 엘리먼트로 인터페이스에 추가될 수 있다. 더 많은 입력 변수를 추가할 경우, FORM에 추가할 수 있지만, 이를 필수항목으로 만들지는 못한다. 새로운 추가 필수 입력값이 있는 새로운 액션을 만들려면, 새로운 API 엔드포인트, 메소드 및 인수 컬렉션(새로운 FORM)을 정의해야 한다. 액션 자체를 필요 사항으로 만드는 것도 할 수 없다.

 서비스 인터페이스의 응답 본문 수정에 대해서는 레시피 3.10을 참조하기 바란다.

예제

input form에 새로운 매개변수를 추가하려면 추가하려는 변수는 선택사항으로 해야 하며 이의 기본값도 제공해야 한다.

```
<!-- existing search form -->
<form action="..." method="GET" name="findUsers">
  <input name="givenName" value="" required="true" />
  <input name="familyName", value="" required="true" />
  <input type="submit" />
</form>

<!-- updated search form -->
<form action="..." method="GET" name="findUsers">
  <input name="givenName" value="" required="true" />
  <input name="familyName" value="" required="true" />
  <input name="regions" value="all" required="false" />
  <input type="submit" />
</form>
```

이런 영향을 주지 않는 변경은 양방향으로 작동한다는 것에 주목하라. API 사용자는 결과를 얻기 위해 모든 방향으로 form을 보낼 수 있어야 한다. region의 값이 빠진다면, 서비스는 기본값인 all로 보내진다.

새로운 필수 입력이 있는 input을 갖는 액션을 수정하려면 인터페이스에 그냥 새로운 액션을 '추가' 하고 API 클라이언트 애플리케이션은 업데이트될 때까지 이를 그냥 무시하면 된다.

다음은 처리를 위한 수신 form이다.

```
"actions": [
  {
    "name": "processOrder",
    "title": "Process Order",
    "method": "PUT",
    "href": "/orders/processing/q1w2e3r4",
    "type": "application/x-www-form-urlencoded",
    "fields": [
      { "name": "orderNumber", "type": "hidden", "value": "42" },
      { "name": "productCode", "type": "text", "value": "..." },
      { "name": "quantity", "type": "number", "value": "..." }
    ]
  },
  {
    "name": "ProcessSalesRepOrder",
    "title": "Process Sales Rep Order",
    "method": "PUT",
    "href": "/orders/salesrep/p0o9i8u7",
    "type": "application/x-www-form-urlencoded",
    "fields": [
      { "name": "orderNumber", "type": "hidden", "value": "42" },
      { "name": "productCode", "type": "text", "value": "..." },
      { "name": "quantity", "type": "number", "value": "..." },
      { "name": "salesRep", "type": "text", "value": "..." }
    ]
  }
]
```

여기에서는 영업 대표가 새로운 제품 판매에 대한 정보를 얻을 수 있는 기능이 추가됐다. 하지만 이때 영업 대표의 이름이 요청에 포함돼야 정보를 얻을 수 있는데, 다시 말해 salesRep가 새로운 ProcessSalesRepOrder 액션의 필수 요소다. 확실한 솔루션은 두 액션을 모두 포함하고 클라이언트 애플리케이션으로 하여금 이해할 수 있는 것으로 골라 사용하게 하는 것이다.

'해를 끼치지 않는다' 규칙을 지키는 한, 제작에서 배포된 후 오랫동안 기존 서비스를 수정하는 데 큰 문제는 없을 것이다.

토론

API(모든 이의 변경 이력도 포함)를 문서화하는 일은 중요하지만, 이것만으로는 충분하지 않다. 특히 사람들이 어디에서 여러분의 API를 쓸지 모를 때(부록 A를 참조), 사람들이 여러분의 도큐먼트를 읽을지 여부, API 사용자 애플리케이션의 업데이트를 할 수 있을지 알 수가 없다.

 서비스 인터페이스 용어집의 변경(레시피 3.3 참조)은 세부적으로 들어가면 같은 주의사항이 필요하다. 의미 프로필을 업데이트할 때 '해를 끼치지 않는다'는 원칙에 주의하라.

API 인터페이스의 일부분은 큰 영향 없이 변경할 수 있으리라 생각할 수 있지만 생각보다 쉽지 않다. 이는 구글의 하이럼 라이트[Hyrum Wright]가 처음 지적했고 후에 하이럼의 법칙[Hyrum's Law]로 정리됐다. 그는 '충분히 많은 사용자가 있다면, 소프트웨어의 모든 동작이 어떤 사람에게는 기능 사양이 된다'고 말했다.[3]

내부적으로 인터페이스 수정이 주위에 영향을 주는 변경이 아니라는 것을 확인하려면 기존 테스트 스위트를 새로운 인터페이스에 적용해보자. 과거 테스트들을 새로운 API에 수행하면 기존의 애플리케이션이 인터페이스 변경에 어떻게 반응할지 간접적으로 확인할 수 있다.

---

3   기본적으로 시스템이 충분히 널리 사용되면 그 시스템의 모든 부분이 중요해질 수 있다는 의미다. – 옮긴이

같이 볼 것

- 레시피 3.10, 확장 가능한 메시지 설계

- 레시피 4.7, 메시지 메타데이터 소스로써의 스키마 도큐먼트 사용

- 레시피 4.12, 전송 메시지의 검증을 위한 도큐먼트 스키마의 사용

- 레시피 6.10, 프로덕션에서의 데이터 모델 수정

- 레시피 6.11, 원격 데이터 저장소 확장

- 레시피 7.1, 워크플로 호환 서비스 설계

## 4장

하이퍼미디어 클라이언트

컴퓨터는 사용자가 시키는 대로 한다는 장점이 있지.
사용자가 시키는 대로 한다는 게 단점이기도 하네.

– 테드 넬슨

API를 사용해 웹에서 외부 서비스를 이용하는 애플리케이션을 작성하려면 특수성(수행할 것)과 일반성(수행 방법)이 혼합돼 있어 어려울 때가 있다. 4장의 레시피들은 로컬 코드로 '무엇을' 클라이언트 애플리케이션에 전달하고 프로토콜과 메시지의 통신을 '어떻게' 할 것인지를 설명한다. '무엇'과 '어떻게'의 조합은 API 클라이언트 애플리케이션의 안정성과 유연성의 기초를 구성한다.

API 클라이언트 제작 기술에 대한 정보는 2장. '하이퍼미디어 클라이언트로 회복탄력성 높이기'를 참조하자.

일반적으로 클라이언트가 할 수 있는 일과 없는 일을 지나치게 구분지으면 애플리케이션은 깨지기 쉽고 재사용이 어렵게 된다. 서버와 통신하는 방법(예: 프로토콜, 메시지 모델, 어휘집)에 대한 기본 전제만 설정하고 다른 모든 세부 사항은 서버가 런타임 때 제공하도록 하는 API 클라이언트 애플리케이션을 만드는 접근 방식이 더 낫다. 그림 4-1에서와 같이, 4장의 레시피는 HTTP 프로토콜을 통해 하이퍼미디어 형식을 사용해 유효성 검사, 상태 관리 및 목표 지향적 클라이언트 애플리케이션의 제작을 지원하는 데 중점을 둔다. API 사용자에게도 이와 비슷한 접근 방식을 취해야 한다.

이는 HTML 브라우저를 복제해야 한다는 의미는 아니다. 클라이언트 애플리케이션은 인터페이스 뒤에 조작하는 사람의 '두뇌'에 의존하는 사용성에 중점을 둔다. HTML 메시지 형식은 인라인 스크립팅을 사용한 콘텐츠의 동적화와 동시에 메시지의 시각적 렌더링을 가능하게 하도록 설계됐다. UI 및 사람의 초점이 대부분 웹 서비스 API의 클라이언트에 필요한 것은 아니다.

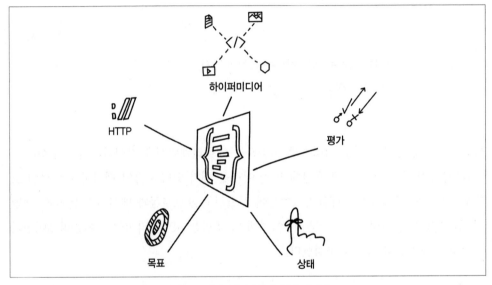

그림 4-1 하이퍼미디어 클라이언트 레시피

대신, 웹 서비스에 대해서는 프로그램 간 상호작용에 초점을 맞추고 '누락된 요소'인 사람을 대체하는 방법을 고려해야 한다. 4장의 레시피는 클라이언트-서버 간 상호작용의 모든 단계에 사람이 참여하는 것에 의존하지 않고 높은 재사용성을 달성할 수 있도록 선별됐다. 이를 위해 회복탄력성이 있는 하이퍼미디어 기반 클라이언트의 네 가지 요소를 강조한다.

- 프로토콜과 포맷을 활용
- 런타임 메타데이터에 의존

- 프로그램 간 인터페이스 문제를 해결

- 클라이언트와 서버 간에 공유된 의미 프로필을 사용하는 것

네 가지 요소를 바탕으로 RESTful Web API를 위한 클라이언트 레시피를 자세히 살펴보자.

4.1 하드코딩 URL 사용의 제한

서버에서 URL이 바뀌면 클라이언트 애플리케이션은 비정상적 상황에 놓이기도 한다. URL 변경은 기능의 추가나 제거로 인해 발생하는데, 이런 문제로부터 클라이언트 애플리케이션을 보호해야 한다. 서비스 URL 변경은 서비스를 한 플랫폼이나 구현 그룹에서 다른 곳으로 '재배치'하거나 이동할 때 이뤄진다. 서버에서의 URL 변경이 클라이언트에게 미치는 영향을 제한시키려면 어떻게 해야 할까?

문제

서비스 URL이 변경될 때 클라이언트 애플리케이션에서의 문제 발생 가능성을 줄일 수 있는 방법은 무엇일까?

솔루션

가장 좋은 방법은 실제 URL 값을 '추상화'시키는 것이다.

명명된 URL 변수를 사용하라

먼저 애플리케이션의 모든 URL 참조를 실제 URL이 아닌 명명된 변수로 코드화해야 한다. 이는 단일 언어(프랑스어, 아랍어, 한국어 등)를 위해 클라이언트 애플리케이션을 '지역화'하는 것과 유사한 패턴이다.

URL 값을 설정 파일에 저장한다

URL 변수명 세트가 정리되면 실제 문자열을 소스 코드에서 분리해 설정파일로

뺀다. 이렇게 하면 소스 코드를 변경하거나 애플리케이션을 재컴파일하지 않고도 URL을 업데이트할 수 있다. 플랫폼에 따라 구성 파일을 변경한 수 클라이언트 애플리케이션을 재배포할 수도 있다.

기억해야 하는 URL 개수를 하나로 줄여라

가능하면 애플리케이션에서 '알아야 할' URL의 개수를 제한해야 한다. 하이퍼미디어 형식(Collection+JSON, SIREN, HAL 등)을 지원하는 서비스에 접근할 때, 클라이언트 애플리케이션은 시작 또는 '홈' URL만 기억하면 된다(레시피 5.1 참조).

서비스 팀에게 하이퍼미디어나 설정 파일을 사용케 하라

사용하는 서비스를 만드는 사람들(예: 회사 동료)에게 영향을 미칠 수 있는 위치에 있다면, 런타임 시 URL을 제공하는 하이퍼미디어 포맷을 사용하거나 최소한 서비스 팀이 런타임에 클라이언트가 필요로 하는 모든 명명된 URL 변수가 있는 설정 파일을 제공하도록 해야 한다.

예제

정리하면 URL의 변경으로 인한 영향을 줄이는 방법은 네 가지가 있다.

- 여러분의 코드에 명명된 URL 변수를 사용한다.
- URL을 사용자 설정 파일에 따로 뺀다.
- 클라이언트가 알아야 할 URL 개수를 제한한다.
- 서비스에 URL을 제공하도록 요청한다.

명명된 URL 변수를 사용하기

다음은 클라이언트에 저장되는 URL 변수의 예제 코드다.

```
// initializing named variables for service URLs
var serviceURLs = {};
serviceURLs.home = "http://service.example.org/";
```

```
serviceURLs.list = "http://service.example.org/list/";
serviceURLs.filter = "http://service.example.org/filter/";
serviceURLs.read = "http://service.example.org/list/{id}/";
serviceURLs.update = "http://service.example.org/list/{id}/";
serviceURLs.remove = "http://service.example.org/list/{id}/";
serviceURLs.approve = "http://service.example.org/{id}/status";
serviceURLs.close = "http://service.example.org/{id}/status";
serviceURLs.pending = "http://service.api.example.org/{id}/status";

/* later in your client code... */

// using named URL variables
const http = new XMLHttpRequest();

// Send a request
http.open("GET", serviceURLs.list);
http.send();

// handle responses
http.onload = function() {
  switch (http.responseURL) {
    case serviceURLs.home:

    ...

    break;

    ...

  }
}
```

일부 URL 값은 이름이 다른 변수들에 의해 공유된다는 점에 주목하라. 이는 중요 정보가 HTTP 본문 또는 HTTP 메소드를 통해 전달될 때(예: HTTP PUT과 HTTP DELETE)에 자주 발생한다. 또한 어떤 URL은 템플릿화된 값(예: http://api.example.org/list/{id})이 포함됐다는 점을 주목해야 한다. 즉, 클라이언트와 서버 모두 템플릿 URL 인코딩에 대해 유사한 표준을 공유해야 한다. IETF의 RFC 6570(https://datatracker.ietf.org/doc/html/rfc6570)을 준수하는 라이브러리를 추천한다.

설정으로부터 명명된 URL 변수를 로딩하기

URL 변수명만으로 코드를 설정했다면, 코드 베이스 외부의 모든 URL을 설정 파일로 옮기는 단계만 거치면 된다.

```html
<html>
  <head>
    <script type="text/javascript"
      src="client.example.org/js/service-urls-config.js"></script>
    <script type="text/javascript">
      ...
      // using named URL variables
      const http = new XMLHttpRequest();

      // Send a request
      http.open("GET", serviceURLs.list);
      http.send();

      // handle responses
      http.onload = function() {
        switch (http.responseURL) {
        case serviceURLs.home:
          ...
          break;
          ...
        }
      }
      ...
    </script>
  </head>
<body>
...
  </body>
</html>
```

설정 파일(앞 예제에서의 코드와 같은 형태)은 클라이언트 코드(예: http://client.example.org/js/)와 같은 위치에 저장된다. 클라이언트 애플리케이션에서 접근할 수 있는 어디에라도 저장이 가능하며, 클라이언트 플랫폼에서 지원하는 로컬 파일 시스템에도 저장할수 있다.

156

하이퍼미디어로 클라이언트가 기억해야 할 URL을 하나로 줄인다

서비스에서 런타임에 URL을 자동으로 제공하는 하이퍼미디어 포맷을 사용할 때 클라이언트 애플리케이션이 미리 알아야 하는 URL의 수를 시작 또는 '홈' URL 1개로 제한할 수 있다. 그러면 클라이언트는 ID, 이름, rel이나 tag에 있는 인라인 정보를 기반으로 다른 URL을 '찾을 수 있다'(레시피 5.1 참조).

```
/* find-rel.js */
var startingURL = "http://service.example.org/";
var thisURL = "";
var link = {};

// using named URL variables
const http = new XMLHttpRequest();

// Send a request
http.open("GET", serviceURLs.list);
http.send();

// handle responses
http.onload = function() {
  switch (http.responseURL) {
    case startingURL:
      link = findREL("list");
      if(link.href) {
        thisURL = link.href;
        ...
      }
    ...
    break;
    ...
  }
}
```

여러분이 서비스팀에 영향을 줄 수 있는 위치라고 할 때, 클라이언트 애플리케이션이 시작 URL만 기억하면 되도록 하이퍼미디어 타입을 사용하게 하거나, 서버팀이 클라이언트가 필요로 하는 정적 URL을 정의하는 모든 명명된 변수를 담고 있는 원격 설정 파일을 제공하도록 설득해야 한다.

토론

서비스 URL 변경이 클라이언트에 영향을 최소화하려면 클라이언트 애플리케이션 코드에서 URL을 제외하는 방법이 가장 좋다. 이를 위해서는 서비스가 런타임에 URL을 제공하는 하이퍼미디어 포맷을 사용하거나, 명명된 변수로 URL 목록을 포함하는 설정 정보를 제공해야 한다. 설정 정보를 얻을 수 없다면, 영향의 최소화는 클라이언트 애플리케이션 프로그래머에게 달려 있다. 클라이언트 측 설정 파일을 사용하거나, 구성 데이터를 읽어들이기 어렵다면(예: 보안 이유) 코드에서 직접 클라이언트 측에 명명된 변수 컬렉션을 생성해 처리한다.

 클라이언트 측 설정 파일에 의존하는 방법은 이상적인 해결책이 아니다. 서비스 URL의 변경은 클라이언트 개발자에게 전달돼야 하고 이를 통해 클라이언트 측 정보(설정 또는 코드)를 업데이트할 수 있다. 이것은 서비스 변경과 클라이언트 변경 사이에 지연을 발생시킬 수 있다. 클라이언트 측에서 변경 사항을 모니터링하는 시스템을 설정할 수 있지만, 이는 더 많은 일이 추가되는 것이고, 통보 없이 변경된 것에 대한 클라이언트 응용 프로그램의 반응 시간을 단축시킬 수 있을 뿐이다.

이전에 언급했듯이 일부 URL 변수는 같은 URL 데이터를 공유할 수 있지만, 전혀 다른 용도로 사용될 수 있다. 예컨대, 읽기, 수정, 삭제를 위한 서비스 URL은 같을 수 있다 (http://service.example.org/{id}). 따라서 클라이언트 애플리케이션이 다음 단계에서는 요청 데이터의 전체 컬렉션(URL, 메소드, 헤더, 쿼리, 문자열, 본문 정보)도 보관하게 된다. 이 옵션에 대한 자세한 내용과 사용 시기는 레시피 4.10을 참조하기 바란다.

같이 볼 것

- 레시피 4.9, 응답에서 하이퍼미디어 컨트롤에의 의존
- 레시피 4.10, 비하이퍼미디어 서비스를 위한 링크와 폼의 지원
- 레시피 5.1, 최소 하나 이상의 고정 URL 게시
- 레시피 7.8, 관련된 모든 액션의 반환

4.2 HTTP를 인식하도록 클라이언트 코딩하기

때로는 헬퍼 라이브러리, 래퍼 및 API 소프트웨어 개발자 키트^{SDK}가 API 클라이언트 애플리케이션의 문제 해결을 더 어렵게 만들 수 있다. 따라서 API 클라이언트 애플리케이션이 HTTP(혹은 다른 프로토콜)로 서비스와 '대화'할 수 있는지 반드시 확인해야 한다.

문제

서비스가 헬퍼 클래스나 SDK를 제공할 때 클라이언트가 문제 해결에 필요한 정확한 로컬 함수를 찾지 못할 때가 있다. 클라이언트 애플리케이션이 서비스에서 제공되는 헬퍼 라이브러리나 SDK의 제한 사항을 해결하도록 하려면 어떻게 해야 할까?

솔루션

효과적인 API 클라이언트 애플리케이션을 만드는 최선의 방법은 필요할 때 HTTP 프로토콜(또는 사용 중인 다른 프로토콜)로 서비스와 직접 대화할 수 있는 '프로토콜 인식' 기능을 만드는 것이다. 이를 위해 클라이언트 애플리케이션이 SDK와 헬퍼 라이브러리를 활용할 때, 클라이언트 애플리케이션이 직접 'HTTP를 말하는' 방법을 갖고 있는지 확인해야 한다.

클라이언트로부터 배운다

서비스 제공자는 클라이언트 애플리케이션이 API에 액세스하는 방식(액세스 순서 포함)을 모니터링함으로써 많은 것을 배울 수 있다. 클라이언트 애플리케이션을 통해 클라이언트가 원하는 기능과 워크플로를 배울 때도 있다. 이런 정보를 통해 서비스는 해당 작업을 더 안전하고 쉽게 완료할 수 있는 새 버전을 출시할 수도 있다.

필요에 따라 사용 가능한 서비스 SDK를 HTTP의 직접 호출과 혼합해 사용할 수 있다. 사실 필요할 때 쉽게 호출할 수 있는 자체 상위 레벨의 HTTP 라이브러리를 만드는 방법도 좋다.

예제

최근 프로그래밍 언어들은 HTTP 라이브러리와 함수를 제공하지만, 자체적인 상위 레벨의 HTTP 지원 라이브러리를 만들기를 권한다. 즉 HTTP 요청과 HTTP 응답 세부정보를 모두 처리할 수 있어야 한다. 다음은 HTTP 호출을 위한 클라이언트 측 자바스크립트 헬퍼 라이브러리의 간단한 예시다.

```
var ajax={

  // setup code here...

  /*********************************************************
    *** PUBLIC METHODS ***
    args = {url:string, headers:{}, queryString:{}, body:{},
      callback:function, context:string}
    *********************************************************/
  httpGet: function(args) {...},
  httpGetXML: function(args) {...},
  httpGetJSON: function(args) {...},
  httpGetPlainText: function(args) {...},
  httpPost: function(args) {...},
  httpPostVars: function(args) {...},
  httpPostForXML: function(args) {...},
  httpPostForJSON: function(args) {...},
  httpPostForPlainText: function(args) {...},
  httpPut: function(args) {...},
  httpHead: function(args) {...},
  httpDelete: function(args) {...},
  httpOptions: function(args) {...},
  httpTrace: function(args) {...},
  // implementation details below ...
}
```

헬프 라이브러리의 호출은 다음 코드를 이용한다.

```
function getDocument(url) {
  var args = {};
  args.url = url;
```

```
  args.callbackFunction = ajaxComplete;
  args.context = "processLinks";
  args.headers = {'accept':'application/vnd.collection+json'};

  ajax.httpGet(args}

  // later ...

function ajaxComplete(response,headers,context,status,msg)
{
  switch(status) {...} // handle status
  switch(context) {...} // dispatch to context
}
```

이 예제는 브라우저 기반 애플리케이션에 초점을 맞춘 클라이언트 측 자바스크립트 구현의 의사 코드다. 라이브러리의 정확한 구현은 중요하지 않으며, 봐야 할 것은 클라이언트 애플리케이션이 HTTP 요청을 문제없이 작성하고 또한 HTTP 응답을 처리할 수 있다는 점이다. 이 라이브러리는 HTTP 호출을 더 쉽게 처리하도록 설계됐으며 프로토콜에 대한 액세스는 제한하지 않는다는 점에 유의하자.

토론

API 클라이언트 애플리케이션에 HTTP 프로토콜에 대한 직접 액세스를 제공하는 것도 중요하지만, 개발자가 HTTP 호출이 발생하고 있음을 항상 인지할 수 있도록 애플리케이션을 코딩하는 것도 중요하다. 시맨틱 메소드[1] 아래에서 'HTTP 숨기기'는 좋은 생각처럼 보일 수 있다.

```
var serviceClient = {
  findUser : function(userId) {...},
  assignUserWorkTickets(userId,ticketArray) {...}
}
```

---

1   객체지향 프로그래밍에서 객체의 내부 상태를 직접 변경하지 않고 그 객체의 '의미'나 '행동'을 표현하는 방법으로 메소드를 정의하는 것을 말한다. – 옮긴이

예제에서 두 번째 호출(assignUserWorkTickets)은 지뢰밭이 될 수 있다. 여기에 얼마나 많은 HTTP 호출이 연관돼 있을까? 한 번일까? ticketArray의 항목당 한 번일까? 티켓 호출이 순차적으로 실행되는가? 아니면 병렬로 실행되는가? 개발자는 SDK나 라이브러리를 사용할 때 어떤 일이 벌어지는지 '볼' 수 있어야 한다. 여기서는 헬퍼 라이브러리의 호출을 assignUserWorkTickets에서 sendHttpRequests({ requestList:WorkTickets, parallel:true })로 변경하는 간단한 작업만으로도 개발자가 작업의 결과를 파악하는 데 도움이 될 수 있다.

또한 HTTP를 인식하는 API 클라이언트도 복잡할 필요는 없다. 클라이언트 측 브라우저 애플리케이션은 HTTP라는 잡초를 너무 깊이 파고들지 않아도 XMLHttpRequest 객체를 사용해 상당한 작업을 수행할 수 있다. 이에 대한 예시는 레시피 4.1을 참조하기 바란다.

이 접근 방식을 사용하면 일부 서비스가 경험이 없거나 악의적인 클라이언트 개발자로부터 자신을 보호하려고 할 수 있다는 단점이 있다. 이 서비스들은 SDK를 사용해 클라이언트 애플리케이션이 서비스와 상호작용하는 방식을 제어하려 한다. 하지만 이런 방식은 악의적인 공격자를 막는 데 전혀 효과가 없으며, 서비스 제공 업체가 생각지도 못한 방식을 만들어 버려 문제를 해결하려는 선의의 개발자를 좌절시킬 뿐이다. 클라이언트 측에서 제공받은 SDK가 부적합하다고 판단해 API를 포기하는 경우를 많이 봤다.

같이 볼 것

- 레시피 4.1, 하드코딩 URL의 사용 제한

- 레시피 4.6, 런타임 시 표현 포맷 관리

- 레시피 5.1, 최소 하나 이상의 고정 URL 게시

- 레시피 5.6, HTTP의 콘텐츠 상호확인 지원

- 레시피 6.6, 데이터 중심 쿼리를 위한 HTTP 200 VS HTTP 400

- 레시피 6.9, 캐싱 지시문으로 성능 개선하기

4.3 메시지 중심 수행의 탄력적인 클라이언트 만들기

클라이언트 애플리케이션의 수명을 연장하고 안정성을 개선하려면, 공개된 미디어 타입으로 '전달하도록' 클라이언트 애플리케이션을 만들어야 한다.

문제

클라이언트 애플리케이션이 작은 변화에도 더 탄력적이고 특정 도메인이나 실행 중인 서비스에 지나치게 의존적이지 않도록 하려면 어떻게 해야 할까?

솔루션

탄력적인 클라이언트 애플리케이션을 구축할 때 특정 서비스나 도메인 문제에 의존하지 않고 서비스에서 반환하는 메시지에 긴밀하게 의존하도록 애플리케이션을 만드는 방법이 가장 좋다. 이렇게 하면 서비스에 사소한 변경이 있더라도 미디어 타입이 항상 똑같이 유지되는 한 클라이언트 애플리케이션이 계속 올바르게 작동할 가능성이 높아진다.

예제

API 클라이언트 코딩을 할 때 많은 옵션을 만나게 된다. 옵션을 서비스와 문서화된 객체에 직접 통합할 수도 있고 여러분의 클라이언트를 서비스가 제공하는 정형화된 미디어 타입에 직접 통합할 수도 있다. 대부분 서비스 인터페이스 타입보다는 미디어 타입에 통합하는 것을 권장한다.

다음은 ToDo 애플리케이션의 일부다. 이 클라이언트는 API 문서에 기술된 모든 액션들을 통합해 동작이 수행된다.

```
/* to-do-functions.js */
var thisPage = function() {
  function init() {}
  function makeRequest(href, context, body) {}
  function processResponse(ajax, context) {}
  function refreshList() {}
```

```
  function searchList() {}
  function addToList() {}
  function completeItem() {}
  function showList() {}
  function attachEvents() {}
};
```

각 함수에서 어떤 일이 일어나는지에 대한 세부 사항은 중요하지 않다. 중요한 것은 도메인의 각 작업(refresh, search, add 등)이 클라이언트 소스 코드에 설명돼 있다는 점이다. 서비스가 새로운 기능(예: 작업에 대해 setDueDate을 설정하는 기능)을 추가하면 이 클라이언트 애플리케이션 코드는 예전 버전이 돼 새로운 기능에 적응할 수 없게 된다. 또한 인수나 다른 액션 메타데이터와 같은 세부 사항이 변경되면(예: POST를 PUT으로 변경하거나 URL을 변경하는 등) 더 어려워질 수 있다.

메시지 중심 모델에 초점을 맞춘 클라이언트를 살펴보겠다. 이때 코드는 ToDo 도메인 작업이 아니라 클라이언트가 송수신하는 메시지(예: HTML, HAL, SIREN 등)에 초점을 맞추고 있다. 사실 이런 메시지 중심 접근은 서비스 도메인이나 토픽에 관계없이 동일하다.

```
/* to-do-messages.js */
var thisPage = function() {
  function init() {}
  function makeRequest(href, context, body) {}
  function processResponse(ajax, context) {}
  function displayResponse() {}
  function renderControls() {}
  function handleClicks() {}
};
```

다시 말하지만, 세부 사항은 빠졌더라도 포인트는 클라이언트 애플리케이션의 기능이 요청, 응답 메시지 처리, 결과와 입력 컨트롤 표시, 클릭이벤트 포착 등의 작업에 뿌리를 두고 있다. 그게 전부다. 실제 도메인별 작업(refresh, search, add 등)은 코드가 아닌 하이퍼미디어 컨트롤을 통해 응답 메시지에 기록된다. 즉, 서비스가 새로운 기능(예: setDueDate 작업)을 추가하면 이 클라이언트는 메시지에 기술된 새로운 작업을 '인식'하고 해당 작업을 자동으로 렌더링한다. 새로운 작업을 위한 새 코드는 필요없다.

메시지 통합을 한다는 것은 새로운 액션과 대부분 기존 액션의 수정이 자유롭다는 것을 의미한다. 추가 코딩이 필요없다.

토론

여러분의 클라이언트 코드를 도메인에서 메시지 중심으로 전환하는 것이 웹에서 탄력적인 애플리케이션을 만드는 더 효과적인 방법일 것이다. 이는 30년 가까이 큰 인터페이스 변경 없이 사용돼 온 HTML 기반 웹 브라우저의 접근 방식이다. HTML 브라우저의 내부 코딩이 한 번 이상 완전히 교체됐고, 다양한 공급 업체의 경쟁 브라우저 버전이 다수 존재하며, 시간이 지남에 따라 HTML의 기능도 변경됐음에도 불구하고 말이다.

API 클라이언트를 'HTTP를 인식'하게 만드는 레시피(레시피 4.2 참조)와 마찬가지로, 메시지 중심으로 만들면 여러분의 솔루션에 복원력 계층이 추가된다. 4장의 뒷부분에서 살펴보겠지만(레시피 4.5 참조) '클라이언트 복원력 계층'에는 처리해야 할 하위 계층이 더 많다. 추가된 각 계층들은 특성 솔루션 구축을 위한 견고하고 안정적인 토대를 만든다.

이 접근 방식의 단점 중 하나는 리소스 응답(레시피 4.3 참조)을 위해서 강력한 타입의 메시지 모델을 적절히 지원하는 서비스에 의존해야 한다는 것이다. 연결해야 하는 서비스가 XML 및 JSON과 같은 비정형화된 미디어 타입으로만 응답할 때, 여러분의 클라이언트 애플리케이션 모델에서 메시지 중심 개발 모델을 활용하기 어려울 수 있다. 서비스 팀에 영향력을 행사할 수 있는 경우(예: IT부서와 협업을 하는 경우), HTML, HAL, SIREN, Collection+JSON 등과 같이 고도로 정형화된 미디어 타입을 사용하도록 유도할 수 있다면 큰 효과를 얻을 수 있다. 웹 서비스의 기본 원칙에 대한 가이드로서 미디어 타입의 가치에 초점을 맞춘 레시피들은 3장을 참조하기 바란다.

같이 볼 것

- 레시피 3.1, 기존 미디어 타입과의 상호운용성 만들기

- 레시피 3.2, 정형 미디어 타입과의 향후 호환성 보장

- 레시피 4.2, HTTP를 인식하도록 클라이언트 코딩

- 레시피 4.3, 메시지 중심 수행의 탄력적인 클라이언트 만들기

- 레시피 4.6, 런타임 시 표현 포맷 관리

4.4 어휘 프로필을 이해하기 위한 효율적인 클라이언트 만들기

클라이언트가 HTTP를 '말하고' 메시지 포맷에 통합하도록 코딩하는 것도 중요하지만, 서비스나 도메인의 어휘로 '대화'할 수 있도록 만드는 것도 중요하다. 이를 위해서는 클라이언트 애플리케이션이 외부 프로필 문서로 표현된 도메인 어휘를 인식하고 활용할 수 있도록 코딩해야 한다.

문제

시간이 지남에 따라 일부 서비스 자체가 변경될 수 있을 때도 클라이언트 애플리케이션이 상호작용할 서비스의 어휘(호출 속성 및 작업 이름)를 '이해' 할 수 있도록 하려면 어떻게 해야 할까?

솔루션

런타임 시 클라이언트와 서버가 '같은 언어를 사용'하도록 하려면 클라이언트와 서버가 같은 어휘(예: 데이터 이름 및 액션 이름)를 이해하도록 코딩해야 한다. 이를 위해서는 다음을 포함한 공개된 어휘 포맷을 사용해야 한다.

- RDF^{Resource Description Framework Schema}(https://www.w3.org/TR/rdf-schema/)

- OWL^{Web Ontology Language}(https://www.w3.org/TR/owl2-overview/)

- DCAP^{Dublin Core Application Profiles}(https://www.w3.org/TR/owl2-overview/)

- ALPS^{Application-Level Profile Semantics}(http://alps.io/spec/index.html)

아무래도 저자가 ALPS의 공동 저작자이기 때문에 여기에서는 ALPS를 사용한 어휘 표준 도큐먼트들을 많이 언급할 것이다. 위에 나열되지 않은 형식을 사용하고 있을 수도

있지만, 여러분과 클라이언트 도메인이 상호작용하는 서비스가 문제의 도메인을 기술하는 방법으로 어떤 어휘 포맷에 동의를 한다는 점이 중요하다.

예제

서비스 도메인을 어휘 용어들로 정리하면 클라이언트와 서비스 제공 업체 모두 통상적이면서 안정적인 방식으로 이해를 공유할 수 있다. 다음은 간단한 도메인을 위한 어휘 용어 세트다.

간단한 ToDo

목적
타임라인과 고객 지원 활동의 개선을 위해 'ToDo'항목을 관리해야 한다.

데이터
애플리케이션을 처음 실행 할 때 아래의 데이터 속성을 추적해야 한다.

* id : 각 ToDo 레코드를 나타내는 유일 값
* body : ToDo레코드의 본문

액션
이번 버전은 다음 동작을 지원해야 한다.

* Home : 서비스의 시작 위치
* List : 시스템의 모든 ToDo 레코드를 반환한다
* Add : 시스템에 새로운 ToDo 레코드를 추가한다
* Remove : 시스템에서 ToDo레코드를 삭제한다.

다음으로 해당 스토리 도큐먼트를 ALPS로 번역하면 다음과 같다.

```
{
  "$schema":"https://alps-io.github.io/schemas/alps.json",
  "alps" : {
    "version":"1.0",
    "title":"ToDo List",
    "doc" : {"value":"ALPS ToDo Profile (see [ToDo Story](to-do-story.md))"},
```

```
  "descriptor":[
    {"id":"id", "type":"semantic", "tag":"ontology"},
    {"id":"title", "type":"semantic", "tag":"ontology"},

    {"id":"home", "type":"semantic", "tag":"taxonomy",
      "descriptor": [{"href":"#goList"}]
    },

    {"id":"list", "type":"semantic", "tag":"taxonomy",
      "descriptor":[
        {"href":"#id"},
        {"href":"#title"},
        {"href":"#goHome"},
        {"href":"#goList"},
        {"href":"#doAdd"},
        {"href":"#doRemove"}
      ]
    },

    {"id":"goHome", "type":"safe", "rt":"#home", "tag":"choreography"},
    {"id":"goList", "type":"safe", "rt":"#list", "tag":"choreography"},
    {"id":"doAdd", "type":"unsafe", "rt":"#list", "tag":"choreography",
      "descriptor": [{"href":"#id"},{"href":"#title"}]},
    {"id":"doRemove", "type":"idempotent", "rt":"#list", "tag":"choreography",
      "descriptor": [{"href":"#id"}]}]
  ]
 }
}
```

앞의 ALPS 도큐먼트에는 가능한 모든 데이터 요소 및 작업 요소와 함께 서비스에 대한 요청을 작성하는 방법 및 응답에 예상되는 사항의 추가 메타데이터가 포함돼 있다. 앞의 ALPS 문서는 이 프로필을 지원하는 모든 서비스와 성공적으로 상호작용을 할 수 있는 클라이언트 애플리케이션을 만들기 위한 소스 자료가 될 수 있다. 특히 하이퍼미디어 응답을 지원하는 서비스라면 더욱 그렇다.

예컨대, ToDo 호환 서비스가 localhost:8484에서 실행되고 있다고 가정하면 ToDo 호환 클라이언트는 다음을 수행할 수 있다.

```
# data to work with
STACK PUSH {"id":"zaxscdvf","body":"testing"}

# vocabulary and format supported
CONFIG SET {"profile":"http://api.examples.org/profiles/todo-alps.json"}
CONFIG SET {"format":"application/vnd.mash+json"}

# write to service
REQUEST WITH-URL http://api.example.org/todo/list WITH-PROFILE WITH-FORMAT
REQUEST WITH-FORM doAdd WITH-STACK
REQUEST WITH-LINK goList
REQUEST WITH-FORM doRemove WITH-STACK
EXIT
```

 HyperCLI로 수행하는 HyperLANG에 대해서는 부록 D를 참조하기 바란다.

클라이언트는 시작 URL과 함께 작업명(doAdd, goList, doRemove) 및 데이터 속성명(id 및 body)만 알면 된다. 또한 클라이언트는 상호작용할 때 어떤 어휘(profile)와 미디어 타입 (format)을 쓸지 서비스에 알려야 한다. 이런 모든 사항은 애플리케이션을 코딩할 때 이뤄진다. 이 작업이 끝나면 나머지 스크립트는 이미 알고 있는 액션을 호출하고 유효한 데이터를 전송한다. 이때, 서비스가 하이퍼미디어 응답을 지원하는 것으로 인식되고 있으므로 클라이언트는 서비스 응답에서 어휘 링크와 양식을 찾아 이에 맞추어 코딩할 것을 확신할 수 있다.

토론

어휘 도큐먼트는 API 생산자와 API 클라이언트를 긴밀하지는 않지만 연결고리를 만들어주는 접착제다. 이전 예제에서 본 것처럼 명확한 어휘와 공개된 미디어 타입에 의존하면 세부 사항을 놓치지 않으면서 클라이언트와 서비스간의 결합을 줄이는 데 큰 도움이 된다.

서비스는 API 정의 문서(예: OpenAPI, AsyncAPI, RAML)를 게시할 때가 있다. 이는 API 서비스의 단일 인스턴스를 구현하는 사람들에게는 편리하지만 API 클라이언트에는 그 가치가 제한적이다. API 애플리케이션이 서비스 구현 사양을 반영해 API 클라이언트를 만들면 해당 애플리케이션은 이 특성 서비스 구현에 엄격하게 통합된다. 이때 서비스의 구현이 변경된다면 해당 클라이언트 애플리케이션은 중단될 가능성이 높다. 대신 API 클라이언트를 게시된 프로필 문서에 통합하는 게 더 나은 접근 방식이다.

서비스에서 어휘 도큐먼트를 게시하지 않는다면, 직접 여러분이 만드는 것이 좋다. API 정의 문서(OpenAPI 등)를 가이드로 삼아 자신만의 ALPS 도큐먼트(또는 원한다면 다른 포맷)를 만든 다음, 다른 사람들이 해당 서비스의 API 클라이언트 제작 시 사용할 수 있도록 만든 도큐먼트를 게시하자. 나중에 참조할 수 있도록 클라이언트 애플리케이션 리포지토리에 해당 ALPS 문서를 포함시키는 것도 나쁘지 않다.

바로 앞의 예제에서 봤듯이, 작업 중인 서비스가 하이퍼미디어 응답을 반환할 때 어휘 프로필의 가장 큰 이점을 얻을 수 있다. 그 외의 경우(그리고 여러분이 서비스팀에 영향력이 없는 경우)에도 하이퍼미디어가 응답에 포함된 것처럼 클라이언트를 코딩할 수 있다(자세한 내용은 레시피 4.10을 참조하기 바란다).

같이 볼 것

- 레시피 3.3, 게시된 어휘를 통해 도메인 세부 정보 공유하기
- 레시피 3.4, 의미 프로필로 문제 공간 기술
- 레시피 4.5, 런타임 시 프로필 지원을 위한 상호확인
- 레시피 4.7, 메시지 메타데이터 소스로써의 스키마 도큐먼트 사용
- 레시피 5.7, 클라이언트 프로그램을 위한 전체 어휘 게시
- 레시피 5.9, 서비스 정의 도큐먼트의 발행

4.5 런타임 시 프로필 지원을 위한 상호확인

사전 정의된 의미 프로필을 사용해 응답을 제공하는 서비스에 의존하는 클라이언트 애플리케이션은 해당 서비스가 필요한 어휘로 '말하도록' 만들어야 한다.

문제

ToDo의 의미 프로필을 준수하는 모든 서비스와 작동하도록 클라이언트를 코딩했다고 하자. 사용하려는 서비스가 ToDo 어휘를 지원하는지 런타임 때 어떻게 확인할 수 있을까?

솔루션

클라이언트 애플리케이션은 '프로필 상호확인_profile negotiation_' 패턴을 통해 서비스에서 의미 프로필 지원 여부를 확인할 수 있다. 클라이언트는 accept-profile 헤더를 통해 예상되는 의미 프로필을 표시할 수 있으며, 서비스는 content-profile 응답 헤더를 사용해 지원되는 의미 프로필을 표시할 수 있다.

콘텐츠 상호확인(레시피 5.6 참조)과 마찬가지로 프로필 상호확인을 사용하면 클라이언트와 서버가 리소스 표현에 대한 메타데이터 세부 정보를 공유하고 서버의 응답이 클라이언트에 허용되는지 여부를 결정할 수 있다. 서비스가 클라이언트의 요청과 일치하지 않는 리소스 프로필을 반환하면, 클라이언트는 오류와 함께 응답을 거부하거나 서버에 추가 정보를 요청하거나 계속 진행할 수 있다.

예제

클라이언트는 여러 가지 방법으로 서비스 리소스를 위한 의미 프로필을 결정할 수 있다. 프로필의 상호확인은 클라이언트가 서비스 프로필 지원을 지정하고 검증할 수 있는 가장 직접적인 방법이다.

다음은 프로필 상호확인의 간단한 예다.

```
** REQUEST
GET /todo/list HTTP/1.1
Host: api.example.org
Accept-Profile: <http://profiles.example.org/to-do>

** RESPONSE
HTTP/2.0 200 OK
Content-Profile: http://profiles/example.org/to-do

...
```

이 예에서 클라이언트는 'accept-profile' 헤더를 사용해 원하는 어휘를 표시한다. 서비스는 content-profile 헤더를 사용해 반환된 리소스 표현을 작성하는 데 사용된 프로필을 클라이언트에게 알려준다.

클라이언트가 서비스에서 지원하지 않는 의미 프로필을 요청하면 서버는 406 HTTP 상태 코드(Not Acceptable)를 반환할 것이다. 이때, 서비스는 대신 해당 서비스가 준비가된 프로필을 나타내는 메타데이터를 반환해야 한다.

```
*** REQUEST
GET /todo/list HTTP/1.1
Host: api.example.org
Accept-Profile: <http://profiles.example.org/to-do/v3>

*** RESPONSE
HTTP/2.0 406 Not Acceptable
Content-Type: application/vnd.collection+json

{ "collection":
  {
    "links" : [
      {"rel":"profile", "href":"http://profiles.example.org/todo/v1"},
      {"rel":"profile", "href":"http://profiles.example.org/todo/v2"},
    ]
  },
    "error" : {
      "title" : "Unsupported Profile",
      "message" : "See links for supported profiles for this resource."
  }
}
```

클라이언트 애플리케이션들이 지원되는 의미 프로필들의 세부 사항을 선제적으로 요청할 수 있는 방법을 서비스가 제공하는 것도 가능하다.

이를 위해 서비스는 '프로필'의 관계값을 갖는 하나 이상의 링크를 제공할 수 있으며, 각링크는 지원되는 의미 프로필 문서를 가리킨다. 예를 들면 다음과 같다.

```
{ "collection":
  {
    "title" : "Supported Semantic Profiles",
    "links" : [
      {"rel":"profile", "href":"http://profiles.example.org/todo/v1"},
      {"rel":"profile", "href":"http://profiles.example.org/todo/v2"},
      {"rel":"profile", "href":"http://profiles.example.org/todo/v3"}
    ]
  }
}
```

이런 링크는 해당 프로필을 지원하는 모든 리소스를 표현할 때 나타날 수 있다. 하나의의미 프로필만 지원될 때도 클라이언트(및 개발자)가 지원되는 어휘를 인식할 수 있도록응답에 프로필 링크를 같이 보내는 것이 좋다. 이때, 클라이언트는 프로필 링크 모음을보고 자신의 의미 프로필 식별자가 응답의 링크들 중 하나인지 확인할 수 있다.

HTTP 헤더로도 지원되는 프로필 목록을 리포팅할 수 있다.

```
*** REQUEST
GET /todo/list HTTP/1.1
Host: api.example.org
Accept-Profile: <http://profiles.example.org/to-do/v3>

*** RESPONSE
HTTP/2.0 406 Not Acceptable
Content-Type: application/vnd.collection+json
Links <http://profiles.example.org/todo/v3>; rel="profile",
<http://profiles.example.org/todo/v2>; rel="profile",
<http://profiles.example.org/todo/v1>; rel="profile"
```

토론

'프로필에 코딩된' 클라이언트 애플리케이션은 수신되는 모든 응답의 유효성을 검사해 클라이언트가 리소스를 올바르게 처리할 수 있는지 확인하는 게 좋다. 서버가 실제로 응답에 둘 이상의 프로필 링크를 보고할 수 있으므로 클라이언트 애플리케이션은 모든 프로필 메타데이터가 하나의 컬렉션으로 리포팅된다고 가정하고 해당 컬렉션에서 원하는 프로필 식별자를 검색해야 한다.

accept-profile 및 content-profile을 사용해 의미 프로필을 상호확인하는 것은 그리 일반적이지 않다. 해당 작업을 설명하는 사양은 아직 초안 단계이며 이 글을 쓰는 현재 프로필에 대한 가장 최근의 W3C 작업은 여전히 진행 중이다. 그러나 폐쇄적인 시스템 (예: 엔터프라이즈 IT)에서 프로필 협상을 구현하는 것은 일반적으로 의미 프로필 사용을 촉진하고 장려하는 좋은 방법이 될 수 있다.

의미 프로필 버전을 지나치게 세분화(v1, v1.1, v1.1.1)해 식별하면 클라이언트 애플리케이션과 원격 서비스 모두에 런타임 때 더 많은 작업만 가중시킬 뿐이므로 권장하지 않는다. 프로필을 변경해야 할 때는 가능한 이전 버전과의 호환성을 유지하는 게 좋다. 프로필 업데이트로 인해 변경 사항이 발생하면 새 버전을 나타내도록 식별자를 업데이트해야 한다(v1 → v2).

같이 볼 것

- 레시피 3.3, 게시된 어휘를 통해 도메인 세부 정보 공유하기
- 레시피 3.4, 의미 프로필로 문제 공간 기술
- 레시피 4.4, 어휘 프로필을 이해하기 위한 효과적인 클라이언트 만들기
- 레시피 4.7, 메시지 메타데이터 소스로써의 스키마 도큐먼트 사용
- 레시피 5.7, 클라이언트 프로그램을 위한 전체 어휘 게시
- 레시피 5.8, 표준 포맷에 맞는 공유 어휘 지원

4.6 런타임 시 표현 포맷 관리

둘 이상의 서비스와 상호작용을 해야 하는 클라이언트 애플리케이션은 둘 이상의 메시지 포맷(HTML, HAL, SIREN, Collection+JSON)으로 '대화'하도록 코딩돼야 한다. 즉 런타임 시 여러 메시지 형식을 인식하고 처리해야 한다.

문제

둘 이상의 메시지 유형을 처리할 수 있어야 하는 클라이언트 애플리케이션이 서비스로부터 메시지 타입을 요청하고 유효성을 검사하고 다양한 포맷으로부터의 정보를 일관되게 처리하려면 어떻게 해야 할까?

솔루션

애플리케이션은 HTTP **Accept** 및 **Content-Type** 헤더를 사용해 리소스 표현 포맷(HTML, HAL, SIREN, Collection+JSON)을 관리할 수 있어야 한다. 메시지 중심 코딩(레시피 4.3 참조)에 초점을 맞추면 클라이언트 코드를 사용 중인 서비스의 특정 도메인에 크게 통합되지 않고도 안정성을 확보할 수 있다.

미디어 타입 우선 개발

웹에서 메시지 포맷을 관리하는 첫 번째 단계는 HTTP의 Accept 및 Content-Type 헤더를 활용해 서비스에 포맷 설정을 알리고, 서비스에 반환한 표현 포맷을 검사하는 것이다.

클라이언트가 API 요청을 할 때마다 애플리케이션이 '이해할 수 있는' 정형화된 형식을 나타내는 HTTP **Accept** 헤더를 포함해야 한다. 그런 다음 서버가 응답할 때 **Content-Type** 헤더를 확인해 지원되는 포맷 중 어떤 포맷이 반환됐는지 확인해야 한다. 반환된 포맷이 클라이언트가 처리할 수 있는 것이 아닐 때는 처리를 중지하고 이를 리포팅해야 한다. 직접 사람과 인터렉션을 하는 애플리케이션일 때 일반적으로 팝업 메시지나 인라인 콘텐츠를 통해 이 작업을 수행한다. 프로그램 사이에 작용하는 애플리케이션은 호출 머신에 오류 메시지를 다시 보내거나 중재자에게 로그 메시지를 보낼 수 있다.

```
** REQUEST
GET /todo/list HTTP/1.1
Host: api.example.org
Accept: application/vnd.collection+json

** RESPONSE
HTTP/1.1 200 OK
Content-Type: application/vnd.collection+json
...
```

또한 클라이언트 애플리케이션은 서비스와 교환되는 메시지 형식과 정보 내부 표현 사이에 관심사 분리^{Seperate of Concern, SoC2}를 생성하는 방식으로 코딩돼야 한다. 서버가 응답을 반환하면 클라이언트 애플리케이션은 메시지 본문을 적절한 핸들러로 라우팅해 처리할 수 있다. 여기서 메시지는 클라이언트 애플리케이션이 응답을 검사하고 조작을 가능하게 하는 내부 모델로 변환된다.

예제

다음 예제는 서비스 응답에서의 미디어 타입 검증 및 이에 따른 처리를 하는 코드다.

```
function handleResponse(ajax,url) {
  var ctype
  if(ajax.readyState===4) {
    try {
      ctype = ajax.getResponseHeader("content-type").toLowerCase();
      switch(ctype) {
        case "application/vnd.collection+json":
          cj.parse(JSON.parse(ajax.responseText));
          break;
        case "application/vnd.siren+json":
          siren.parse(JSON.parse(ajax.responseText));
          break;
        case "application/vnd.hal+json":
          hal.parse(JSON.parse(ajax.responseText));
          break;
```

---

2   컴퓨터 프로그램을 구별된 부분으로 분리시키는 디자인 원칙으로 각 부분은 개개의 관심사를 해결하는 원칙을 의미한다. – 옮긴이

```
        default:
          dump(ajax.responseText);
          break;
      }
    }
    catch(ex) {
      alert(ex);
    }
  }
}
```

여기서 클라이언트는 Collection + JSON, SIREN, HAL 세 가지 메시지 형식으로 '대화'할 수 있다. 서비스가 이외의 것을 반환하면 애플리케이션은 추가 처리를 위해 dump() 루틴을 타게 된다.

토론

메시지 포맷에 따른 클라이언트 코드의 구성은 서비스가 HTML, HAL, SIREN, Collection + JSON 등과 같이 고도로 정형화된 형식을 지원할 때 가장 효과적이다. 서비스가 XML 및 JSON과 같은 비정형 응답 형식을 사용할 때 메시지 기반 클라이언트 코드 지원을 위해 추가적인 메타데이터가 필요하다. 이때 XML 스키마 및 JSON 스키마 문서가 유용하다. 클라이언트 측에서의 스키마 문서 사용은 레시피 4.7을 참조하기 바란다.

수신 메시지 포맷의 인식은 시작 단계에 불과하다. 내부에서 사용하기 위해 해당 메시지를 읽어들이고 번역도 종종 할 수 있어야 한다. 웹 브라우저는 들어오는 JSON 포맷(HAL, SIREN, Collection + JSON)을 렌더링하기 위해 HTML로 변환하는 자바스크립트 라이브러리를 빌드할 수 있다. 다음은 JSON 기반 API 메시지를 HTML로 변환하는 상위 레벨의 메소드다.

```
// collection+JSON-->HTML
function parse(collection) {
  var elm;

  g.cj = collection;
```

```
    title();
    content();
    links();
    items();
    queries();
    template();
    error();

    elm = d.find("cj");
    if(elm) {
      elm.style.display="block";
    }
  }
}

// HAL --> HTML
function parse(hal) {
    g.hal = hal;

    title();
    setContext();
    if(g.context!=="") {
      selectLinks("app", "toplinks");
      selectLinks("list", "h-links");
      content();
      embedded();
      properties();
    }
    else {
      alert("Unknown Context, can't continue");
    }

    elm = d.find("hal");
    if(elm) {
      elm.style.display="block";
    }
  }

// SIREN --> HTML
function parse(msg) {
  var elm;
```

```
  g.siren = msg;

  title();
  getContent();
  links();
  entities();
  properties();
  actions();

  elm = d.find("siren");
  if(elm) {
    elm.style.display="block";
  }
}
```

각 메시지 파서는 선택한 메시지 형식을 HTML로 변환해 브라우저에서 렌더링하도록 설계됐다. 이는 메시지 번역기 패턴을 사용한 구현이다. 이런 단방향 번역기 작성은 고도로 정형화된 포맷의 경우 그리 어렵지 않다. 대상(HTML)이 도메인에 한정되지 않기 때문에 단일 번역기는 모든 애플리케이션의 도메인에 효과적일 수 있다. 저자는 이를 위해 이런 포맷을 사용하는 브라우저 기반 미디어 타입 파서를 만들었다.

수신 메시지를 도메인별 내부 객체 모델이나 그래프로 번역해야 할 때 작업은 더욱 더 어려워진다. 이때는 의미 프로필(레시피 4.4 참조)이나 스키마 문서(레시피 4.7 참조)와 같은 다른 메타데이터를 수신 메시지 번역 가이드로 삼는 게 좋다.

클라이언트가 작업해야 하는 문서가 XML이나 JSON과 같은 비정형 문서이고 신뢰할 수 있는 스키마나 프로필이 없을 때, 작업은 기하급수적으로 어려워진다. 이때, 사람이 읽을 수 있는 문서를 기반으로 맞춤형 번역기를 제작하는 데 시간을 써야 한다. 게다가 사용자 지정 번역기는 문서의 작은 변경으로도 큰 문제를 일으킬 수 있다.

같이 볼 것

- 레시피 3.2, 정형 미디어 타입과의 향후 호환성 보장
- 레시피 3.4, 의미 프로필로 문제 공간 기술

- 레시피 4.3, 메시지 중심 수행의 탄력적인 클라이언트 만들기

- 레시피 4.4, 어휘 프로필을 이해하기 위한 효과적인 클라이언트 만들기

- 레시피 4.7, 메시지 메타데이터 소스로써의 스키마 도큐먼트 사용

- 레시피 5.6, HTTP의 콘텐츠 상호확인 지원

4.7 메시지 메타데이터 소스로써의 스키마 도큐먼트 사용

서비스가 의미 프로필이나 정형 미디어 타입을 지원하지 않을 때도 해당 서비스가 메시지 내용을 설명하는 스키마 문서 참조를 돌려주는 경우, 클라이언트 애플리케이션을 사양에 맞게 코딩할 수 있다.

- 프로필 및 미디어 타입이 충분하지 않거나 누락되면 스키마를 사용한다.

- 수신 메시지의 유효성 검사를 위해 스키마 도큐먼트를 사용하지 않는다.

- 발신 메시지의 유효성 검사에는 스키마 도큐먼트를 사용한다.

문제

의미 프로필 대신 비정형 미디어 타입(XML이나 JSON)에 대한 메시지 스키마를 기반으로 탄력성이 있는 클라이언트 애플리케이션을 구축하려면 어떻게 해야 할까?

솔루션

서비스가 런타임 응답으로 비정형화된 메시지 포맷(XML이나 JSON)의 스키마 문서를 계속 반환할 때도 의미 프로필을 지원하지 않고도 탄력적인 클라이언트 애플리케이션을 만들 수 있다. 이렇게 하려면 스키마 정보로만 구동되는 클라이언트 코드를 구성해야 한다.

스키마 포맷의 XML 스키마(https://www.w3.org/standards/) 및 JSON 스키마(https://json-schema.org/specification-links.html#draft-6)가 가장 일반적인 예로 들 수 있다.

예제

서비스에서 스키마 도큐먼트를 제공할 때 수신 메시지에 대한 추가 메타데이터 정보로 스키마 문서를 사용할 수도 있다. 이는 응답 자체에 스키마에 대한 포인터가 포함돼 있을 때 가장 잘 작동한다. 런타임에 유효하지 않은 입력을 완전히 거부할 게 아니라면 스키마 문서에 대해 수신 메시지의 유효성 검사는 좋은 생각은 아니다. 일반적으로 런타임 응답에는 스키마에 없는 필드 추가, 응답의 요소 순서 재정렬 등 사소한 차이는 있으나, 이런 것들은 입력을 거부할 이유가 되지 못한다. 그러나 제공된 스키마 URL/URI를 식별자로 사용해 서비스가 예상한 의미론적 메타데이터가 포함된 응답을 반환했는지 확인하는 것이 편리하다.

 스키마 문서를 사용해 수신 메시지의 유효성을 검사하는 것은 포스텔의 원칙(견고함의 원칙)에 위배된다. 포스텔의 원칙이란 '자신이 하는 일에 보수적이고, 다른 사람으로부터 받아들이는 것은 진보적이어야 한다'를 말한다. 수신 메시지에 강한 타입 체크를 하면('받아들이는 것에 의존하지 않는 것' 대신) 클라이언트와 서버 모두에게 잘 작동할 수 있는 응답이 거부될 가능성이 높다. 로버트 브래든(Robert Braden)이 작성한 RFC1122 사양 문서(https://datatracker.ietf.org/doc/html/rfc1122)를 보면 메시지 및 프로토콜 세부 사항의 사소한 변화를 안전하게 허용할 수 있는 기능을 설계하고 구현하는 방법을 자세히 설명한다. 이 문제에 대한 자세한 사항은 레시피 4.12 및 4.13을 참조하기 바란다.

스키마의 상호확인

클라이언트 애플리케이션이 서비스와 스키마 상호확인에 참여할 수 있다. 이 기능은 클라이언트와 서버 모두 같은 일반 스키마의 여러 버전(user-v1, user-v2 등)이 있다는 점을 미리 알고 있고 둘 다 같은 버전으로 작업하고 있는지 확인하려 할 때 유용하다. W3C에서 만료된 제안 중 하나가 accepted-schema 및 schema HTTP 헤더를 사용하는 것이었다.

```
*** REQUEST
GET /todo/list HTTP/1.1
Host: api.example.org
Accept-Schema: <urn:example:schema:e-commerce-payment>

*** RESPONSE
```

```
HTTP/1.1 200 OK
Schema: <urn:example:schema:e-commerce-payment
...
```

저자는 이 방식의 실사용 사례를 접해본 적은 없다. 하지만 서비스에서 제공할 때 클라이언트 개발자로서 검토해 볼 가치는 있다. 의미론적 메타데이터는 없는 것보다 낫기 때문이다.

Content-Type 헤더에서의 스키마 식별자

스키마 식별자 역시 Content-type 헤더를 통해 서버에서 클라이언트로 전달될 수 있다.

```
*** REQUEST
GET /todo/list HTTP/1.1
Host: api.example.org
Accept: application/vnd.hal+json

*** RESPONSE
HTTP/1.1 200 OK
Content-Type: \
  application/vnd.hal+json;schema=urn:example:schema:e-commerce-payment
...
```

미디어 타입 문자열에 패싯(';' 뒤에 오는 것)을 추가하면 메시지 타입의 유효성 검사가 복잡해질 수 있다는 점에 유의하자. 일부 미디어 타입 정의에서는 미디어 타입 식별 문자열에 추가 메타데이터를 포함하지 못하도록 명시적으로 금지하고 있다(예: JSON에 이 규칙이 있음).

도큐먼트에서의 스키마 식별자

스키마 식별자는 메시지 본문의 일부로 공개되는 게 일반적이다.

```json
{
  "$schema":"https://alps-io.github.io/schemas/alps.json",
  "alps" : {
    "version":"1.0",
    "title":"ToDo List",
```

```
    "doc" : {"value":"A suggested ALPS profile for a ToDo service"},
    "descriptor":[
      {"id":"id", "type":"semantic", "def":"http://schema.org/identifier"},
      {"id":"title", "type":"semantic", "def":"http://schema.org/title"},
      {"id":"completed", "type":"semantic",
        "def":"http://mamund.site44.com/alps/def/completed.txt"}
    ]
  }
}
```

스키마 식별자는 재참조 가능한 URL일 필요는 없으며(https://alps-io.github.io/schemas/alps.json). URI 또는 URN 식별 문자열(urn:example:schema:e-commerce-payment)이 될 수도 있다. 재참조 가능한 URL을 사용하면 사용자가 링크에 있는 추가 정보를 얻을 수 있는 장점이 있다.

스키마 인식 클라이언트의 제작

스키마 정보를 어떻게 식별할지를 알았다면, 여러분은 이를 클라이언트 애플리케이션 코드에서 처리할 수 있다.

```
function handleSchema(ajax,schemaIdentifier) {
  var schemaType
  try {
    schemaType = schemaIdentifier.toLowerCase()
    switch(ctype) {
      case "https://api.example.com/schemas/task":
        task.parse(JSON.parse(ajax.responseText));
        break;
      case "https://api.example.com/schemas/task-v2":
        task.parse(JSON.parse(ajax.responseText));
        break;
      case "https://api.example.com/schemas/user":
      case "https://api.example.com/schemas/user-v2":
        user.parse(JSON.parse(ajax.responseText));
        break;
      case "https://api.example.com/schemas/note":
        note.parse(JSON.parse(ajax.responseText));
        break;
```

```
      default:
        dump(ajax.responseText);
        break;
    }
  }
  catch(ex) {
    alert(ex);
  }
}
```

스키마 정의를 중심으로 코드를 구성하는 것은 ALPS와 같은 의미 프로필 포맷에 의존하는 것보다 훨씬 더 많은 작업이 필요하다는 점에 유의하자. 스키마는 일반적으로 도메인별로 다르며, 의미 프로필보다 시간이 지남에 따라 변경될 가능성이 높다. 예제에서 작업 개체에 (분명히) 호환되지 않는 스키마 2개가 참조됨을 알 수 있으며, 서로 다른 스키마 도큐먼트가(적어도 이 클라이언트에 관한 한) 호환 가능 버전임을 보여준다.

토론

스키마 도큐먼트의 기본값은 메시지를 작성하고 보낼 때 사용된다(레시피 4.12 참조). 그러나 클라이언트 애플리케이션은 스키마 도큐먼트 식별자 자체(URL 또는 URI)를 수신 메시지 처리를 위한 권고값으로 사용할 수 있다. 기본적으로 스키마 식별자는 클라이언트가 수신한 응답에 클라이언트가 작업을 수행하는 데 필요한 정보가 포함돼 있다는 확인값이 된다.

 이 책에서 저자는 스키마 레지스트리의 유지까지는 언급하지 않았다. 하지만 레시피 3.4와 4.4에서 스키마 문서보다 훨씬 덜 제약적인 등록된 어휘를 다루고 있다.

스키마 식별자에 대한 상호확인도 제한적이지만 가치가 있다. 클라이언트가 지원 가능한 스키마를 미리 서비스에 알려주는 좋은 방법이 될 수 있기 때문이다. 이렇게 하면 서비스에서 HTTP 상태 코드 '406 Not Acceptable'으로 요청을 거부할 수 있다. 하지만 이 역시 포스텔의 원칙에 위배된다.

'스키마 인식'으로 코딩된 클라이언트 애플리케이션은 '미디어 타입 인식(레시피 4.3 참조)' 또는 '프로필 인식(레시피 4.4 참조)'으로 코딩된 클라이언트 애플리케이션보다 더 난해할 수 있다. 스키마 문서는 일반적으로 훨씬 더 세분화된 수준(객체)에 있으며 객체 스키마는 일반적으로 전체 어휘나 메시지 형식보다 더 자주 바뀌기 때문이다.

JSON 스키마에는 스키마에서 찾을 수 없는 추가 속성(additionalProperties:true|false)이 문서에 포함돼 있어도 샘플 문서의 유효성 검사를 원활히 수행할 수 있는 기능이 있다. 기본적으로 이 기능은 'true'로 설정돼 있으므로 스키마 유효성 검사 오류를 일으키지 않고 추가 속성을 표시할 수 있다. 또한 객체 안에서 속성 순서를 바꿔도 스키마 유효성 검사 오류가 발생하지 않는다.

 수신 메시지에 '언노운(unknown)' 속성을 포함한다고 해서 그 자체로 보안에 문제가 되지는 않는데, HTML 형식에서는 이런 경우가 매우 흔하기 때문이다. 그러나 '언노운' 속성을 사용하고 처리하려고 시도하는 것은 보안의 허점이 될 수 있다. 레시피 4.13에서 볼 수 있듯이 클라이언트 애플리케이션은 언노운 속성을 무시하고 애플리케이션이 처리하도록 설계된 값만 처리하는 게 좋다.

XML 도큐먼트에서 스키마 유효성 검사기는 다소 까다롭다. 유효한 것으로 전달되려면 XML 메시지 내의 요소가 스키마 문서에 표시된 것과 같은 순서여야 하며, 대부분은 새로운 요소나 속성이 나타나면 유효성 검사 오류가 발생한다.

같이 볼 것

4.8 응답의 모든 중요 요소에는 식별자가 필요하다

RESTful API의 모든 중요 리소스에 식별자(URL)가 있는 것처럼, 응답의 모든 주요 작업 및 데이터 요소에도 고유한 식별자가 필요하다. 클라이언트는 올바른 리소스를 찾고 리소스 응답에서 올바른 작업이나 데이터 컬렉션을 찾아서 사용할 수 있어야 한다.

클라이언트 애플리케이션이 응답에서 원하는 작업 및 데이터를 찾을 수 있도록 하려면 어떻게 해야 할까? 또한 서비스가 발전함에 따라 이런 중요한 요소를 찾는 기능이 시간이 지나도 저하되지 않도록 하려면 어떻게 해야 할까?

솔루션

API 응답에서 안정적이고 의미있는 식별자를 확보하려면 다양한 식별자 타입을 지원하는 미디어 타입을 정형 요소로 선택하는 것이 가장 중요하다. HTML은 이 작업을 잘 수행한다. 여러 정형 식별자를 지원하는 미디어 타입의 예로 MASH[Machine Accecible Semantic Hypermedia]이 있다.

네 가지 유형의 식별자는 다음과 같다.

- **ID**: 하나의 도큐먼트 전체에서 유일한 값을 갖는 요소(예: id=1q2w3e4r)

- **NAME**: 하나의 애플리케이션 전체에서 유일한 값을 갖는 요소(예: name=createUser Form)

- **REL**: 하나의 시스템에서 유일한 다중값을 갖는 요소(예: rel=create-form self)

- **TAG**: 솔루션에 종속된 유일하지 않으면서 다중값을 갖는 요소(예: tag=users page-level)

마지막 아이템에 해당하는 또 다른 엘리먼트는 HTML의 'CLASS' 엘리먼트다.

클라이언트 애플리케이션은 원하는 FORM, LINK, DATA 블록을 적어도 이 식별자 타입들 중 하나를 이용해 찾을 수 있는 기능을 지원해야 한다.

예제

정형화된 식별자를 지원하는 미디어 타입 사용의 예제로 다음 과제를 생각해보자.

1. 사용자 서비스의 시작 URL에 액세스한다.

2. 해당 요청에 대한 응답에서 기존 사용자 검색을 위한 양식을 찾는다.

3. 양식을 작성해 닉네임이 'mingles'인 사용자를 찾고 요청을 실행한다.

4. 응답의 결과 속성을 클라이언트의 메모리에 저장한다.

5. 해당 요청에 대한 응답에서 이 리소스를 업데이트하기 위한 양식을 찾는다.

6. 응답의 데이터를 사용해 업데이트 양식을 작성하고 이메일 주소를 'mingles@ example.org'로 바꾼 후 요청을 실행한다.

사람이 직접 HTML 브라우저 등을 통해 작업하기는 어렵지 않지만, 프로그램이 이 작업을 수행하도록 하려면 추가적인 노력이 필요하다. 예컨대, 10개 이상의 사용자 계정의 이메일 주소를 업데이트해야 한다든지, 또는 여러 버전의 사용자 서비스를 처리해야 하거나 발전한 서비스를 처리할 때를 생각해보자. 이때 클라이언트는 다음과 같은 스크립트를 처리해야 한다.

```
# hyper-cli example

ECHO Updating email address for mingles

ACTIVATE http://api.example.org/users

ACTIVATE WITH-FORM nickSearch
  WITH-QUERY {"nick":"mingles"}

ACTIVATE WITH-FORM userUpdate
  WITH-BODY {"name":"Miguelito","nick":"mingles","email":"mingles@example.org"}

ACTIVATE WITH-FORM emailSearch
  WITH-QUERY {"email":"mingles@example.org"}
```

```
ECHO Update Confirmed

EXIT

#eof
```

 하이퍼미디어 클라이언트인 HyperCLI와 HyperLANG의 사용법은 부록 D를 참조하자.

예제에서는 클라이언트 애플리케이션이 세 가지 작업(nickSearch, userUpdate, emailSearch)과 고유관계('name', 'nick', 'email') 컬렉션에 식별자를 사용하고 있음을 알 수 있다. 실제 표현 포맷(HTML, MASH, SIREN 등)은 스크립트에서 중요하지 않으며, 클라이언트 내부적으로 처리한다. 또한 제공된 URL은 양식의 일부로 응답에 제공된다.

토론

대부분의 HTTP 설계의 관행은 모든 리소스에 고유한 식별자(URL 형태)를 붙이게 한다. 이는 일반적인 HTTP API를 보면 잘 알 수 있다.

http://api.example.org/customers/123

http://api.example.org/users?custome=123

이는 단일 응답에서의 인터렉션을 기술할 때도 적용된다. 예를 들어 /users?customer=123 에 응답하는 경우를 살펴보자.

```
{
  "id": "aqswdefrgt",
  "href": "http://api.example.org/customers/123",
  "name": "customer-record",
  "rel": "item http://rels.example.org/customer",
  "tags": "item customer read-only",
  "data": [
    "identifier": "123",
```

```
    "companyName": "Ajax Brewing",
    "address": "123 Main St, Byteville, MD",
    "users": "http://api.example.org/users?customer=123"
  ]
}
```

레코드 메타데이터는 다음과 같다.

- id: 클라이언트가 모든 리스트에서 이 레코드를 찾는 데 사용할 수 있는 도큐먼트 전체에서의 고유 ID

- href: 클라이언트가 서비스에서 이 레코드를 검색하는 데 사용할 수 있는 시스템 전체 URL

- rel: 클라이언트가 이 '타입'이나 인스턴스의 레코드를 반환하는 데 사용할 수 있는 시스템 전체 이름의 컬렉션

- tags: 클라이언트가 다양한 방식으로 레코드를 필터링하는 데 사용할 수 있는 애플리케이션 전체의 컬렉션

추가된 href 예제는 시스템 전체 식별자(http://api.example.org/customers/123)가 내부 id('asdfqwer')와 같을 필요는 없다는 것을 보여준다. 실제로 서비스 마이그레이션, 새 프록시의 설치 등으로 인해 URL이 바뀔 때 문제를 피하기 위해 분리돼 있다고 가정하는 것이 좋다.

같이 볼 것

- 레시피 3.5, 임베디드 하이퍼미디어를 통한 런타임에서의 액션 표현

- 레시피 4.3, 메시지 중심 수행의 탄력적인 클라이언트 만들기

- 레시피 5.4, 내부 기능을 외부 액션처럼 표현하기

- 레시피 5.14, 클라이언트 지원 식별자를 통한 처리량 증가

- 레시피 7.13, 상태 감시를 사용한 클라이언트 중심 워크플로 활성화

4.9 응답에서 하이퍼미디어 컨트롤에의 의존

REST 기반 서비스의 원칙에는 '애플리케이션 상태 엔진으로서의 하이퍼미디어'나 로이 필딩이 말한 '하이퍼미디어 제약'에 의존하는 것이 있다. 하이퍼미디어 포맷으로 응답을 내보내는 서비스를 사용하면 클라이언트 애플리케이션이 런타임에 가능한 작업과 해당 작업을 반영하는 것을 훨씬 쉽게 결정할 수 있다. 또한 응답에 표시된 하이퍼미디어 정보는 콘텍스트에 따라 달라질 수 있다. 콘텍스트의 예로는 현재 서비스의 상태(레코드가 이미 존재하는가?), 사용자 콘텍스트(사용자에게 레코드 편집 권한이 있는가?), 요청 자체의 콘텍스트(다른 사람이 이미 이 데이터를 편집했는가?) 등이 있다.

문제

서비스 제공업체가 하이퍼미디어 기반 응답을 전송할 때, API 클라이언트는 어떻게 포함된 정보를 잘 활용해 클라이언트(사람 또는 머신)의 사용 경험을 개선할 수 있을까?

솔루션

API 클라이언트가 응답 포맷을 '이해'하도록 작성해야 한다(레시피 4.3 참조). 하이퍼미디어 타입의 경우 각 형식에는 해당 미디어 타입이 표현될 수 있는 하이퍼미디어 엘리먼트(하이퍼미디어 팩터 또는 H 팩터라고도 한다)들은 고유의 하이퍼미디어 리스트를 나타내는 '하이퍼미디어 서명'이 있다. 미디어 타입을 알고 아홉 가지의 H 팩터를 이해하는 클라이언트 애플리케이션을 만들면 클라이언트 애플리케이션의 유연성과 회복탄력성이 크게 향상된다. 표 4-1과 표 4-2에 설명된 아홉 가지 H 팩터는 RESTful 서비스 응답에서 볼 수 있다.

표 4-1 다섯 가지 링크 요소

	제목	설명	예시
LE	Link Embedded	현재 뷰에 콘텐츠를 보여줌	HTML `<img />` 태그
LO	Link Outbound	새로운 페이지로 뷰를 이동	HTML `<a />` 태그
LT	Link Templete	수행 전에 추가적인 파라미터 지원	URL 템플릿 http://example.org/users{id}

	제목	설명	예시
LN	Link Nonidempotent	비멱등적 액션을 기술	`<FORM method=POST ...>`
LI	Link Idempotent	멱등적 액션을 기술	SIREN `"actions":[{"name":"update-item","method":"put" ...}]`

표 4-2 네 가지 제어 요소

	제목	설명	예시
CR	Control for Read Requests	읽기를 위한 세부 옵션 기술	`Accept:application/vnd.hal+json`
CU	Control for Update Requests	쓰기를 위한 세부 옵션 기술	`enctype="application/x-www-form-urlencoded"`
CM	Control for HTTP Method	사용하는 HTTP 메소드 기술	`<FORM method='GET'...>`
CL	Control for Link Relation	액션에 대한 링크 관계를 기술	`<link rel="create-form"... />`

그림 4-2에서는 세 가지 미디어 타입인 SVG, Atom, HTML에서 사용하는 요소들을 보여주고 있다. 예컨대, SVG에서는 `<IMAGE href='...'>`와 아웃바운드 링크인 `<A href="...">Go Home</a>`인 LE와 LO만을 지원한다.

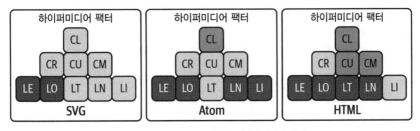

그림 4-2 여러 미디어 타입의 하이퍼미디어 팩터

예제

클라이언트가 어떤 포맷을 접할 가능성이 높은지 알면 클라이언트가 이를 인식하고, 적절한 경우 작업 수행을 위한 옵션을 제공할 수 있다.

HyperCLI 클라이언트(부록 D 참조)는 다수의 하이퍼미디어 포맷을 지원한다. SIREN과 같은 포맷을 사용한다면, HyperCLI 클라이언트에 응답에 있는 하이퍼미디어 컨트롤을 기반으로 한 추가, 검색, 수정, 삭제를 스크립팅할 수 있다. 다음의 짧은 SIREN 스크립트는 HyperLANG으로 작성된 것이다.

```
#
# SIREN Edit Session
# read a record, save it, modify it, write it back to the server
#

# ** make initial request
REQUEST WITH-URL http://rwcbook10.herokuapp.com

# ** retreive the first record in the list
REQUEST WITH-PATH $.entities[0].href

# ** push the item properties onto the stack
STACK PUSH WITH-PATH $.properties

# ** modify the tags property value on the stack
STACK SET {"tags":"fishing,\.\skiing,\.\hiking"}

# ** use the supplied edit form and updated stack to send update
REQUEST WITH-FORM taskFormEdit WITH-STACK

# ** confirm the change
SIREN PATH $.entities[0]

# ** exit session
EXIT
```

 HyperCLI에서 HyperLANG 사용법은 부록 D를 참조하기 바란다.

예제에서는 시작 URL만 주어진 것을 주의하자. 남은 액션은 각 서비스 응답에 제공된 하이퍼미디어 메타데이터에 의해 반영됐다.

토론

레시피 4.9는 하이퍼미디어 데이터를 이용해 문제를 직접 해결하는 원칙을 다룬다. 이는 서비스에서 제공하는 세부 정보에 의존하므로 서비스가 하이퍼미디어 포맷을 지원할 때만 유용하다.

여러분이 사용 중인 스크립트의 하이퍼미디어를 사용하면 클라이언트 애플리케이션에서 수행해야 하는 하드코딩의 양을 줄일 수 있으며, 클라이언트 애플리케이션을 중단하지도 않고도 서비스에서 하이퍼미디어 세부 정보(예: URL, HTTP 메소드, 지원 포맷 등)를 더 쉽게 수정 가능하다. 앞의 예제에서 스크립트는 taskFormEdit 액션에 대한 HTTP URL, 메소드나 인코딩 유형을 하드코딩하지 않으며, 서비스에서 제공한 세부 정보를 사용하기만 하면 된다.

이는 클라이언트 애플리케이션이 응답 포맷(예: SIREN)뿐만 아니라 서비스에서 사용되는 의미 프로필(주제 도메인)에 대해서도 이해도가 높을 때 잘 작동한다. 예를 들어, 앞의 예에서 클라이언트는 기존 레코드를 수정할 때 사용할 수 있는 taskFormEdit 하이퍼미디어 컨트롤이 있다는 것을 사전에 알고 있다. 의미 프로필의 자세한 내용은 레시피 4.4를 참조하기 바란다.

하이퍼미디어 포맷의 H 팩터 서명은 매우 다양하며 API 클라이언트에 하드코딩이 필요한지 여부에 영향을 미친다. 예컨대, SIREN 포맷은 모든 H 팩터를 지원하며 HAL은 일부만 지원한다. 반면 application/json과 같은 비하이퍼미디어 포맷은 내장된 H 팩터가 없으므로 일반 JSON 응답만 지원하는 서비스를 위한 탄력적인 API 클라이언트를 작성하기 어렵다.

일반적으로, 미디어 타입에서 지원하는 H 팩터가 많을수록 향후 하이퍼미디어의 세부 정보가 변경되더라도 API 클라이언트가 계속 사용될 가능성이 높아진다.

같이 볼 것

- 레시피 3.2, 정형 미디어 타입과의 향후 호환성 보장
- 레시피 3.5, 임베디드 하이퍼미디어를 통한 런타임에서의 액션 표현

- 레시피 4.3, 메시지 중심 수행의 탄력적인 클라이언트 만들기

- 레시피 4.7, 메시지 메타데이터 소스로써의 스키마 도큐먼트 사용

- 레시피 5.4, 내부 기능을 외부 액션처럼 표현하기

- 레시피 6.7, 데이터 쿼리를 위한 미디어 타입 사용

4.10 비하이퍼미디어 서비스를 위한 링크와 폼의 지원

명확한 링크와 양식을 제공하지 않는 서비스, 즉 하이퍼미디어 스타일의 응답을 제공하지 않는 서비스와 상호작용을 해야 할 때가 있다. 클라이언트 측에서 이런 부분을 보완하기 위해 취할 수 있는 편리한 접근 방식이 있다.

문제

작업 중인 서비스에서 하이퍼미디어 응답 포맷을 옵션으로 제공하지 않을 때 어떻게 API 디커플링의 이점과 하이퍼미디어 스타일로 가능한 명확한 상호작용을 얻을 수 있을까?

솔루션

하이퍼미디어 스타일의 응답을 제공하지 않는 서비스로 작업하면서 클라이언트가 계속 명확한 링크와 양식을 사용하게 하려면, 원본 API 도큐먼트를 기반으로 런타임 시 자체 링크와 양식을 제공하도록 클라이언트 애플리케이션을 코딩할 수 있다.

예제

하이퍼미디어 기반 API 클라이언트는 응답을 인식하고 메시지에서 작업 항목(링크 및 양식)을 식별한 후, 수신된 모든 데이터와 함께 이를 렌더링한다(사람이 직접 쓰는 솔루션일 때). 이런 종류의 클라이언트 코드를 개략적으로 살펴보면 다음과 같다.

```
// low-level HTTP stuff
function req(url, method, body) {
  var ajax = new XMLHttpRequest();
  ajax.onreadystatechange = function(){rsp(ajax)};
  ajax.open(method, url);
  ajax.setRequestHeader("accept",g.atype);
  if(body && body!==null) {
    ajax.setRequestHeader("content-type", g.ctype);
  }
  ajax.send(body);
}

function rsp(ajax) {
  if(ajax.readyState===4) {
    g.msg = JSON.parse(ajax.responseText);
    showTitle();
    showToplinks();
    showItems();
    showActions();
  }
}
```

응답이 수신되면 클라이언트는 메시지 본문을 살펴보고 모든 주요 작업을 처리한다. showTopLinks() 메소드는 다음과 같을 것이다.

```
// emit links for all views
function showToplinks() {
  var act, actions;
  var elm, coll;
  var menu, a;

  elm = d.find("toplinks");
  d.clear(elm);
  menu = d.node("div");

  actions = g.actions[g.object]; // get the link metadata
  for(var act in actions) {
    link = actions[act]
    if(link.target==="app") {
```

```
      a = d.anchor({
        href:link.href,
        rel:(link.rel||"collection"),
        className:"action item",
        text:link.prompt
      });
      a.onclick = link.func;
      d.push(a, menu);
    }
  }
  d.push(menu,elm);
}
```

예제에서는 사용자 인터페이스의 최상위 링크를 렌더링한다. 렌더링의 소스는 링크 메
타데이터이며 이 클라이언트는 메타데이터들을 한 줄의 코드로 가져온다. 하이퍼링크
응답에서 링크 메타데이터는 메시지 본문에 있다. 하지만 간단한 JSON 데이터 응답을
받는다면 이 코드를 그대로 사용할 수 있다. 어디에서 링크 메타데이터가 오는지만 수
정하면 된다.

다음 예에서 링크 메타데이터는 특정 콘텍스트('사용자', '작업' 등) 에 대한 모든 링크와
양식을 보유하는 내부 구조에서 가져온다. 모든 메타데이터는 사람이 만든 API 문서들
에서 수집됐다. 가능한 액션에 대한 모든 규칙과 변수들은 API 문서에서 다음 클라이언
트 코드로 만들었다.

```
// user object actions
g.actions.user = {
  home:     {target:"app", func:httpGet, href:"/home/", prompt:"Home"},
  tasks:    {target:"app", func:httpGet, href:"/task/", prompt:"Tasks"},
  users:    {target:"app", func:httpGet, href:"/user/", prompt:"Users"},
  byNick:   {target:"list", func:jsonForm, href:"/user",
              prompt:"By Nickname", method:"GET",
              args:{
                nick: {value:"", prompt:"Nickname", required:true}
              }
            },
  byName:   {target:"list", func:jsonForm, href:"/user",
              prompt:"By Name", method:"GET",
```

```
              args:{
                name: {value:"", prompt:"Name", required:true}
              }
            },
  add:      {target:"list", func:jsonForm, href:"/user/",
              prompt:"Add User", method:"POST",
              args:{
                nick: {value:"", prompt:"Nickname", required:true,
                  pattern:"[a-zA-Z0-9]+"},
                password: {value:"", prompt:"Password", required:true,
                  pattern:"[a-zA-Z0-9!@#$%^&*-]+"},
                name: {value:"", prompt:"Full Name", required:true},
              }
            },
  item:     {target:"item", func:httpGet, href:"/user/{id}", prompt:"Item"},
  edit:     {target:"single", func:jsonForm, href:"/user/{id}",
              prompt:"Edit", method:"PUT",
              args:{
                nick: {value:"{nick}", prompt:"Nickname", readOnly:true},
                name: {value:"{name}", prompt:"Full Name",required:true}
              }
            },
  changepw: {target:"single",func:jsonForm,href:"/task/pass/{id}",
              prompt:"Change Password", method:"POST",
              args:{
                nick: {value:"{nick}", prompt:"NickName", readOnly:true},
                oldPass: {value:"", prompt:"Old Password", required:true,
                  pattern:"[a-zA-Z0-9!@#$%^&*-]+"},
                newPass: {value:"", prompt:"New Password", required:true,
                  pattern:"[a-zA-Z0-9!@#$%^&*-]+"},
                checkPass: {value:"", prompt:"Confirm New", required:true,
                  pattern:"[a-zA-Z0-9!@#$%^&*-]+"},
              }
            },
  assigned: {target:"single",func:httpGet,href:"/task/?assignedUser={id}",
              prompt:"Assigned Tasks"}
};
```

이제 런타임 때 링크와 양식을 제공하지 않는 서비스에도 링크와 양식을 쓸 수 있다.

토론

레시피에서는 누군가가 API 도큐먼트에 묻힌 규칙을 프로그램이 읽을 수 있는 형태로 바꿔줘야 한다. 이것이 하이퍼미디어 호환 서비스가 하는 일이다. 서비스가 자동으로 이 작업을 수행하지 않는다면, 클라이언트가 이를 수행해야 하는데, 클라이언트 개발자는 이 작업을 한 번만 수행하고 결과를 공유하는 형태를 통해 시간을 절약할 수 있다. 서비스의 모든 링크 및 양식 메타데이터를 별도의 모듈이나 외부 구성 파일에 배치하는 방향으로 생각해보자. 가능하다면 서버팀이 이 작업을 수행하도록 설득하는 게 좋다.

링크 및 양식 데이터의 캡처 및 공유가 가능하게 한 포맷이 있다. 특별히 그중 하나가 웹 서비스 전환 언어^{WSTL, Web Service Transition Language}다. 여러분은 또한 JSON 하이퍼스키마를 사용할 수도 있다. 자세한 내용은 부록 C의 '하이퍼미디어 지원 유형'을 참조하기 바란다.

예제에서 다루지 않은 몇 가지 문제가 있는데, 가장 큰 문제는 사용자 콘텍스트 관리다. 예를 들어 어드민 사용자는 일반 게스트가 볼 수 없는 것을 보거나 수행해야 한다. 이때, 애플리케이션이 지원하는 각 보안 역할을 별도의 작업 메타데이터 세트를 만드는 것이 좋다.

서비스가 변경됐지만, 로컬 메타데이터 정보가 이를 따라가지 못하는 경우도 해결해야 할 과제다. 이는 클라이언트가 런타임에서 정적 메타데이터를 사용할 때 발생하는 버저닝의 또 다른 문제다. 다행인 것은 서버에서 액션의 규칙이 변경되면 클라이언트 애플리케이션은 전체 코드베이스가 아닌 설정 메타데이터만 업데이트하면 된다.

같이 볼 것

- 레시피 3.2, 정형 미디어 타입과의 향후 호환성 보장

- 레시피 3.5, 임베디드 하이퍼미디어를 통한 런타임에서의 액션 표현

- 레시피 4.3, 메시지 중심 수행의 탄력적인 클라이언트 만들기

- 레시피 4.6, 런타임 시 표현 포맷 관리

- 레시피 5.3, 내부 모델을 외부 메시지로 변환하기

- 레시피 5.4, 내부 기능을 외부 액션처럼 표현하기

4.11 런타임에서 데이터 속성 검증

클라이언트 애플리케이션의 인풋 컬렉션에서 런타임에 유효한 인풋값을 적절하게 설명하는 것은 생각보다 어려운 일이다. 그러나 사람이 읽을 수 있는 산문만으로 문서화된 규칙에 의존하면 클라이언트 애플리케이션의 적응성이 제한되고 시간이 지남에 따라 효용성이 떨어진다.

문제

API 클라이언트가 런타임 시 인풋값에 올바른 데이터 속성을 일관되게 적용하려면 어떻게 해야 할까? 또한 시간이 흘러 입력 규칙의 변동사항이 API 클라이언트에 계속 적용되도록 하고, 규칙 변경으로 인해 이미 배포된 API 클라이언트가 중단되지 않게 하려면 어떻게 해야 할까?

솔루션

API 클라이언트가 런타임 시 데이터 속성의 검증을 지원하려면 HTTP 응답에서 RID^{Rich Input Description}을 파악하고 따르는 방법이 효과적이다. RID의 예시는 HTML 포맷에서 찾을 수 있다. HTML은 `INPUT` 엘리먼트와 속성 컬렉션을 사용해 예상되는 인풋값(`INPUT.type`)을 기술하고 유효값(`INPUT.pattern`, `INPUT.required`, `INPUT.size` 등)을 정의한다.

클라이언트 애플리케이션은 수신 메시지 포맷(HAL, SIREN, Collection+JSON)에서 제공하는 데이터 속성의 품질 검증 중 일부 또는 전부를 지원해야 한다.

예제

HAL-FORMS의 사양(http://rwcbook.github.io/hal-forms/)은 RID를 지원하는 API의 좋은 사례다. HAL-FORMS는 HAL 형식에 RID 지원을 추가하기 위한 HAL 미디어 타입의 확장판이다. HAL-FORMS의 사양은 RID를 세 가지 주요 섹션인 코어^{core}, 애디셔널^{additional}, 특별 카테고리인 옵션^{option}으로 나눈다.

코어 섹션은 클라이언트가 지원해야 하는 readOnly, regex, required, templated 요소들이 나열돼 있다. 애디셔널 섹션에서는 클라이언트가 지원할 수도 있는 cols, max, maxLength, min, minLength, placeholder, rows, step, type 등이 나열돼 있다. 옵션 섹션은 small, medium, large 같은 추가 설명 입력값의 검증을 위한 특별 클래스다.

다음은 HAL-FORM에서 옵션 섹션의 예다.

```
{
  "_templates" : {
    "default" : {
      ...
      "properties" : [
        {
          "name" : "shipping",
          "type" : "radio",
          "prompt" : "Select Shipping Method",
          "options" : {
            "selectedValues" : ["FedEx"],
            "inline" : [
              {"prompt" : "Federal Express", "value" : "FedEx"},
              {"prompt" : "United Parcel Service", "value" : "UPS"},
              {"prompt" : "DHL Express", "value" : "DHL"}
            ]
          }
        }
      ]
    }
  }
}
```

토론

SIREN 포맷은 광범위한 RID(https://github.com/kevinswiber/siren#type-3)를 지원하며, 간단히 input 타입에 대해 HTML의 사양을 참조하기만 하면 된다.

RID는 종종 입력 컨트롤(예: 드롭다운 리스트, 날짜 선택기 등)의 렌더링에 사용될 수 있다. 이는 사용자가 볼 수 있는 API 클라이언트의 응답 메시지를 생성할 때 보통 일어나며, 프로그램 간의 상호작용을 위한 설계를 할 때는 무시할 수 있다.

최소로 지켜야 하는 유효 input 값을 위한 정규식을 설정하면 많은 경우 효과가 있으며, 클라이언트 애플리케이션에서의 구현 부담을 줄일 수 있다. 이는 사용자 인터페이스 렌더링 단서가 필요없는 프로그램 간 상호작용의 경우일 때는 더더욱 그렇다.

서비스 응답에 인라인/런타임 RID가 포함되지 않으면, 클라이언트 애플리케이션에서 도큐먼트를 검토하고 여기에 설명과 같은 종류의 RID를 지원하도록 API 클라이언트를 구현해야 한다. 다시 말해, 이는 RID의 인라인 코드 구현, 또는 설정 기반 접근^{configuration-based approach} 구현을 의미한다. 구현 세부 사항에 관계없이 사람이 읽을 수 있는 input 유효성 검사 규칙을 프로그램이 읽을 수 있는 알고리즘으로 전환하는 게 좋다. 이 전략의 자세한 내용은 레시피 4.10을 참조하기 바란다.

같이 볼 것

- 레시피 3.4, 의미 프로필로 문제 공간 기술

- 레시피 4.4, 어휘 프로필을 이해하기 위한 효과적인 클라이언트 만들기

- 레시피 4.8, 응답의 모든 중요 요소에는 식별자가 필요하다

- 레시피 4.10, 비하이퍼미디어 서비스를 위한 링크와 폼의 지원

- 레시피 4.12, 전송 메시지의 검증을 위한 도큐먼트 스키마의 사용

- 레시피 4.13, 수신 메시지 검증을 위한 도큐먼트 쿼리의 사용

- 레시피 4.14, 수신 데이터의 검증

- 레시피 6.8, 알 수 없는 데이터 필드 무시하기

4.12 전송 메시지의 검증을 위한 도큐먼트 스키마의 사용

클라이언트 애플리케이션은 서버에 유효한 메시지(특히 메시지 본문)를 보내기 위해 최선을 다해야 한다. 유효한 메시지 본문을 전송하는지 확인하는 방법 중 하나는 도큐먼트 스키마로 해당 본문의 유효성을 검사하는 것이다. 그런데 요청의 본문을 보낼 때마다 항상 스키마 검증을 하는 게 좋을까?

문제

클라이언트 애플리케이션이 서비스 요청을 호출할 때 올바른 형식의 유효한 본문을 전송하는지 어떻게 확인할 수 있을까?

솔루션

올바른 형식의 유효한 요청 본문을 POST, PUT, PATCH와 같은 HTTP 메소드로 보내야 한다. 요청이 거부될 가능성을 줄이려면 처리를 위해 서비스에 요청 본문을 줄이기 전에 요청 본문의 구조와 내용을 검증해야 한다. 기본적으로 유효한 요청 본문을 올바르게 작성하는 것은 클라이언트 애플리케이션의 책임이며, 유효한 모든 요청을 처리하기 위해 최선을 다하는 것이 서비스의 역할이다. 이것이 바로 포스텔의 원칙(견고함의 원칙)의 구체적인 예다.

요구사항을 충족시키려면 도큐먼트 스키마를 사용해 메시지 본문의 유효성을 확인하는 것이 가장 좋다. JSON과 XML 모두 강력한 스키마 사양을 갖고 있으며 이를 지원하는 다양한 도구가 있다.

클라이언트가 처리해야 하는 두 가지 확인 단계는 도큐먼트가 잘 작성됐는지, 그리고 유효한지의 여부다. 잘 구성된 문서는 적절한 구조가 있다. 즉 분석이 가능하다. 유효한 문서는 형식이 올바를 뿐만 아니라 구조 요소(예: street_name, purchase_price)와 해당 요소의 값들이 모두 올바른 데이터 유형이며 허용 가능한 값 범위에 있다(예: 'purchase_price'는 0보다 크고 1000보다 작은 숫자).

202

클라이언트 애플리케이션이 요청 메시지 본문을 보내야 할 때, 해당 클라이언트는 요청을 인터넷에 커밋하기 전에 몇 가지 유효성 검사를 수행해야 한다. 본문 포맷이 JSON이나 XML일 때 도큐먼트 스키마와 유효성 검사기 라이브러리를 사용해보자. 다른 포맷(application/x-www-form-urnencoded 등)의 경우 클라이언트 애플리케이션은 자체로컬 유효성 검사 루틴을 사용해 메시지 본문이 제대로 형식화되고 유효한지 확인해야한다.

예제

다음은 FORMS + JSON포맷으로 기술된 메시지 본문의 간단한 예다.

```
{
  id: "filter",
  name: "filter",
  href: "http://company-atk.herokuapp.com/filter/",
  rel: "collection company filter",
  title: "Search",
  method: "GET",
  properties: [
    {name: "status",value: ""},
    {name: "companyName",value: ""},
    {name: "stateProvince",value: ""},
    {name: "country",value: ""}
  ]
}
```

다음은 메시지 본문을 검증할 수 있는 JSON 도큐먼트 스키마다.

```
{
  "$schema": "http://json-schema.org/draft-04/schema#",
  "type": "object",
  "properties": {
    "status": {
      "type": "string",
      "enum": ["pending","active","closed"]
    },
```

```
    "companyName": {
      "type": "string"
    },
    "stateProvince": {
      "type": "string"
    },
    "country": {
      "type": "string"
    }
  }
}
```

 JSON 스키마에 대한 주제를 이 책에서 다루기는 매우 방대하다. JSON 스키마를 자세히 알아보려면 https://json-schema.org를 참조하기 바란다.

클라이언트는 다음과 같은 본문을 보낼 수 있다.

```
{
  "status":"pending",
  "country":"CA"
}
```

다음은 저자가 자주 사용하는 코드이며 JSON 검증기(https://www.npmjs.com/package/ajv)를 사용했다.

```
/*
 * load the schema file from external source
 * pass in the JSON message to send
 * process and return results/errors
 */

function jsonMessageCheck(schema, message) {
  var schemaCheck = ajv.compile(schema);
  var status = schemaCheck(message);
  return {status:status,errors:schemaCheck.errors};
}
```

XML 스키마를 사용한 XMS 메시지의 검증

XML의 검증을 위한 XML 도큐먼트 스키마 및 도구들을 통해 XML도 검증을 할 수 있다. 여러분의 플랫폼에 따라 다양한 접근법이 존재한다.

```xml
<xs:schema attributeFormDefault="unqualified" elementFormDefault="qualified"
  xmlns:xs="http://www.w3.org/2001/XMLSchema">
  <xs:element name="message">
    <xs:complexType>
      <xs:all>
        <xs:element name="status" type="xs:string"
          minOccurs="0" maxOccurs="1"/>
        <xs:element name="companyName" type="xs:string"
          minOccurs="0" maxOccurs="1"/>
        <xs:element name="stateProvince" type="xs:string"
          minOccurs="0" maxOccurs="1"/>
        <xs:element name="country" type="xs:string"
          minOccurs="0" maxOccurs="1"/>
      </xs:all>
    </xs:complexType>
  </xs:element>
</xs:schema>
```

XML 및 XSD을 더 알아보고 싶으면 XML 스키마(https://www.w3.org/TR/xmlschema/) 및 XML 스키마 1.1(https://www.w3.org/TR/xmlschema11-1/)을 참고하기 바란다.

다음은 XML 메시지의 예시다.

```xml
<message>
  <status>pending</status>
  <country>CA</country>
</message>
```

다음은 클라이언트 코드에서 검증하는 간단한 예제다.

```
var xsd = require('libxmljs2-xsd');

function xmlMessageCheck(schema, message) {
  var schemaCheck;
  var errors;
  var status = false;

  try {
    schemaCheck = xsd.parseFile(schema);
    status = true;
  } catch {
    status = false;
    errors = schemaCheck.validate(message);
  }
  return {status:status,errors:errors}
}
```

이 예제는 node 모듈 중 리눅스 'xmllib' 라이브러리(https://www.npmjs.com/package/ksys-libxmljs2-xsd)를 참조한다.

JSON 스키마를 사용한 FORMS의 검증

application/x-www-form-urlencoded 메시지 본문의 검증은 약간의 작업이 필요하지만, 메시지 본문이 복잡하지 않다면, 이를 JSON으로 변환하고 이를 JSON 스키마에 적용해 검증할 수 있다.

```
const qs = require('querystring');

/*
  * read JSON schema doc from external source
  * send in form-urlencoded string
  * convert data into JSON and forward to json checker
  * return results from json checker
  */
function formJSONValidator(schema, formData) {
  var jsonData = qs.parse(formData);
  var results = jsonMessageCheck(schema, jsonData);
  return results // {status:status,schema.errors}
}
```

앞 코드는 이전 코드와 마찬가지로 **jsonMessageCheck**을 사용하는 것에 주의하자.

토론

서비스는 필요한 모든 스키마를 온라인에서 사용할 수 있도록 해야 하고, 검증된 메시지에 의존하는 모든 상호작용에서 이 스키마에 연결해야 한다. 다시 말하면 클라이언트 애플리케이션은 서비스 응답에서 스키마 참조를 찾아야 한다. 보통 참조는 아래 위치에 있다.

HTTP 링크의 헤더를 살펴보자.

```
**** REQUEST
GET /api.example.org/users/search HTTP/1.1
Accept: application/forms+json;

*** RESPONSE
200 OK HTTP/1.1
Content-Type: application/forms+json;
Link: <schemas.example.org/service1/user-schema.json>; profile=schema

{...}
```

응답 본문의 일부다.

```
{
  "id" : "za1xs2cd3",
  "type": "search",
  "schema" : "api.example.org/schemas/user-search.json",
  "links" : [
    {
      "id" : "q1w2e3r4"
      "name" : "user",
      "href" : "http://api.example.org/q1w2e3r4",
      "title" : "User Search",
      "method" : "GET",
      "properties": [
        {"name":"familyName", "value":""},
```

```
      {"name":"givenName", "value":""},
      {"name":"sms", "value":""},
    ]
  }
],
...
}
```

JSON/XML 스키마를 사용해 메시지 본문의 유효성을 검사하는 방법은 다소 까다로울 수 있다. 예를 들어, JSON 스키마는 XML보다 더 관대하다. 런타임에 XML 스키마를 JSON 스키마로 변환을 하려 한다면 이 문제 때문에 제대로 작동하는 경우가 드물다. 스키마는 하나의 형식으로 계속 유지하면서 작성하는 게 좋다.

'application/x-www-form-urlencoded'를 JSON으로 변환하는 작업은 JSON의 결과가 단순한 이름-값 쌍으로 돼 있을 때 한해 잘 작동한다. 대부분 FORM 형식 메시지는 이 패턴을 따르지만, 서비스에서 중첩된 계층 구조를 의미하는 FORM 필드를 만들 때도 있다. 예를 살펴보자.

```
{
  "user" : {
    "familyName" :"mamund",
    "givenName" :"ramund",
    "sms" : "+12345678901"
  }
}
```

서비스의 네이밍 패턴이 점점 더 영리해짐에 따라 FORM 문자열을 JSON으로 변환하는 방법들의 신뢰성이 점점 떨어지는 추세다. 이 문제를 피하려면 코드 기반 유효성 검사기를 작성하는 방법이 더 나을 수도 있다.

서비스가 클라이언트 애플리케이션 개발자에게 런타임에서 사용할 수 있는 제대로 쓰인(그리고 최신 상태의) 스키마 문서를 제공하는 것이 가장 좋은 경우다. 서비스가 이렇게 하지 못한다면 애플리케이션 개발자는 서비스 API에 대해 문서를 검토하고 런타임 시 사용할 자체 스키마 문서를 작성해야 한다. 이런 문서는 클라이언트 애플리케이션이 접근할 수 있는 어딘가에 게시해야 한다(가능한 보안된 URL을 통해). 또한 시간이 지나고 서비스가 변경됨에 따라 이 스키마 문서는 최신으로 유지하도록 신경써야 한다.

 확실하지 않은 경우에는 메시지 검증 코드를 직접 작성해 관리가 되지 않는 스키마 도큐먼트의 문제를 피할 수 있다.

잘 만들어진 서비스는 스키마 변경 이전 버전의 서비스와 하위 호환을 유지할 수 있도록 한다. 그러나 클라이언트 애플리케이션은 이 원칙을 따르지 않는 서비스에 대비해야 한다. 대상 서비스가 이전 버전과의 호환성을 유지하는 데 특히 취약한 경우 클라이언트 애플리케이션은 도큐먼트 스키마에 기반한 검증을 포기하고 대신 코드 기반 유효성 검사기를 작성해 향후 호환성을 보장해야 한다.

같이 볼 것

- 레시피 3.4, 의미 프로필로 문제 공간 기술

- 레시피 4.7, 메시지 메타데이터 소스로써의 스키마 도큐먼트 사용

- 레시피 4.13, 수신 메시지 검증을 위한 도큐먼트 쿼리의 사용

- 레시피 6.7, 데이터 쿼리를 위한 미디어 타입 사용

- 레시피 7.13, 상태 감시를 사용한 클라이언트 중심 워크플로 활성화

4.13 수신 메시지 검증을 위한 도큐먼트 쿼리의 사용

API 클라이언트 애플리케이션이 서비스로부터 응답을 수신할 때 수신 데이터의 유효성을 검사해 응답에 요청된 포맷의 예상 데이터가 포함됐는지 확인해야 한다. 이는 특히 사람이 수신 메시지를 보고 검증할 기회가 거의 없는 머신 간 상호작용의 경우 더욱 중요하다.

문제

API 클라이언트 애플리케이션이 수신 서비스 응답에 요청된 포맷의 데이터가 포함돼 있는지 알 수 있는 일관된 방법은 무엇일까?

솔루션

API 클라이언트 애플리케이션이 세 가지 수준에서 검증해야 한다.

프로토콜

응답에 예상되는 HTTP 프로토콜 수준의 세부 정보(HTTP 상태 코드, 콘텐츠 타입, 기타 중요 헤더)가 포함돼 있는가?

구조

응답 본문(존재하는 경우)이 예상되는 구조로 구성돼 있는가? 예를 들어 예상되는 title 속성이 있는가? 본문에 예상되는 rel, name, 또는 기타 속성을 가진 링크 요소가 하나 이상 포함돼 있는가?

값

예상되는 구조적 요소(예: 링크, 양식, 데이터 속성)가 존재한다고 가정할 때, 해당 요소에 예상되는 값(예: 'rel'="self")이 포함돼 있는가? 데이터 속성은 요소에 예상되는 데이터 유형(문자열, 정수 등)이 포함돼 있으며, 데이터 속성값이 허용 범위에 있는가?

가령, Date 타입의 속성이 유효한 날짜 형식을 갖고 있는가? 수치 값들이 상한 및 하한 범위 이내의 값들인가?

 스키마 문서를 사용해 발신 메시지의 유효성을 검사하는 방법은 레시피 4.12를 참조하기 바란다.

예제

다음은 프로토콜, 구조, 값에 대한 수신 메시지의 유효성을 검사하는 간단한 버전이다.

```
var response = httpRequest(url, options);
var checks = {};
var message = {};

// protocol-level checks
checks.statusOK = (response.statusCode===200?true:false)
checks.contentTypeCollectionJSON = (
  response.headers["content-type"].toLowercase().indexOf("vnd.collection+json")
  ?true:false
  );
checks.semanticTypeTaxes = (
  response.headers["profile-type"].toLowercase().indexOf("taxes.v1.alps")
  ?true:false
  );

// structural checks
checks.body = JSON.parse(response.body);
checks.submitLink = (body.filter("submit").length>0?true:false);
checks.rejectLink = (body.filter("reject").length>0?true:false);
checks.countryCode = (body.filter("countryCode").length>0?true:false);
checks.stateProvince = (body.filter("stateProvince").length>0?true:false);
checks.salesTotal = (body.filter("salesTotal").length>0?true:false);

// value checks
checks.submit = checkProperties(submitLink, ["href","method","encoding"]);
checks.reject = checkProperties(rejectLink, ["href","method","encoding"]);
checks.country = checkProperties(countryCode, ["value"],filters.taxRules);
checks.stateProv = checkProperties(stateProvince, ["value"],filters.taxRules);
checks.salesTotal = checkProperties(salesTotal, ["value"],filters.taxRules);

// do computation
if(validMessage(checks) {
  var taxes = computeTaxes(checks);
  checks.taxes = checkProperties(taxes,filters.taxRules);
}
```

```
// send results
if(validMessage(checks) {
  message = formBody(checks.submit, checks.taxes);
}
else {
  message = formBody(checks.reject,checks.taxes);
}
response = httpRequest(taxMessage);
```

모든 검사가 끝난 후(그리고 모두 통과했다고 가정할 때) 코드가 예상 작업(세금 계산)을 수행하고 결과를 제출하고 있다. 예제를 보면 작업의 대부분 수신 메시지의 유효성을 검사하는 데 있다는 것을 쉽게 알 수 있다. 이는 특히 프로그램 간의 인터렉션을 위한 애플리케이션의 특징이다.

토론

장황한 예제 같지만 이 코드의 대부분은 자동으로 생성될 수 있다는 점에 주목해야 한다. 이는 잘 구성된 API 클라이언트를 작성하는 데 필요한 노력을 크게 줄일 수 있으며, 런타임 시 애플리케이션의 안정성과 일관성을 향상시킬 수 있다.

스키마에 의존하지 말 것

수신 메시지의 유효성을 검사하기 위해 도큐먼트 스키마(JSON 스키마, XML 스키마 등)를 사용하라고 제안하지 않는다는 사실에 놀랄 수도 있다. 수신 메시지에 스키마(특히 엄격한 스키마)를 적용하면 스키마는 실패했지만 클라이언트에서는 처리할 수 있는 메시지가 거부되는 오탐$^{false\ negative}$이 너무 많이 발생했다. 이는 기본적으로 엄격한 XML 스키마는 더더욱 그렇다. 문서에서 순서가 다른 유효한 항목이라도 스키마 검토에는 실패할 수 있다. 또한 스키마는 필요한 프로토콜 수준 검사를 포함하지 않는다.

JSON/XML 경로 쿼리 사용을 고려할 것

이 예제에서는 필터링 검사를 수행하기 위해 자바스크립트의 일부 기능을 사용하며, JSON 경로 쿼리를 사용하는 보다 일반적인 솔루션으로 대체 가능하다. 여기서는 이 작업을 위해 JSON Path-Plus라는 JavaScript/Node.jS 라이브러리를 사용하지만, 이 글을 쓰는 시점에서 IETF(https://datatracker.ietf.org/wg/jsonpath/about/)의 JSONPath 사양은 아직 불완전하고 크게 변경될 가능성이 높으므로 주의가 필요하다.

하지만 XML Path 사양(https://www.w3.org/TR/xpath-30/)은 상당히 완성돼 있으며, XML 형식의 메시지를 검사하는 데 매우 신뢰할 수 있다. 심지어 W3C에서는 JSON 쿼리에 대한 지원을 포함하도록 XML Path(버전 3.1)의 범위를 확장하기 위한 작업이 계속 진행 중이다.

수신 메시지의 필터링에 대한 자세한 내용은 레시피 4.14를 참조하기 바란다.

같이 볼 것

- 레시피 3.4, 의미 프로필로 문제 공간 기술

- 레시피 4.7, 메시지 메타데이터 소스로써의 스키마 도큐먼트 사용

- 레시피 4.12, 전송 메시지의 검증을 위한 도큐먼트 스키마의 사용

- 레시피 6.7, 데이터 쿼리를 위한 미디어 타입 사용

- 레시피 7.13, 상태 감시를 사용한 클라이언트 중심 워크플로 활성화

4.14 수신 데이터의 검증

API 클라이언트를 만들 때는 수신 메시지 처리 방법을 파악하는 게 중요하다. 기본적으로 모든 서비스 응답은 입증될 때까지 위험한 것으로 간주해야 한다. 메시지는 악성 데이터, 트로이 목마처럼 몰래 삽입된 코드, 클라이언트 애플리케이션의 오작동을 유발할 수 있는 단순한 불량 데이터가 포함될 수 있다.

성공적인 API 생태계를 구축하려면 수신되는 전송 데이터를 안전히 처리하기 위한 전략을 반드시 세워야 한다. 특히 프로그램 간 통신이 있는 생태계에서는 사람이 직접 의심스러운 콘텐츠를 검사, 수정하는 기회가 적기 때문에 더욱 그렇다.

문제

수신 메시지에 위험하거나 오동작 콘텐츠가 있는지 클라이언트 애플리케이션이 확인하는 방법은 무엇일까?

솔루션

API 클라이언트 애플리케이션은 수신 메시지(서비스 응답)를 주의 깊게 검사해 위험한 콘텐츠가 있으면 제거하거나 무시해야 한다. 이 작업은 클라이언트 애플리케이션을 제작할 때 몇 가지 기본 원칙에 따라 수행할 수 있다.

- 항상 수신 데이터를 필터링하기

- 콘텐츠의 승인 판단 시 '거절 목록'보다는 '허가 목록'에 의존하기

- 모든 데이터에 최댓값/최솟값을 유지하고 이 범위에 벗어나면 거부하기

이런 일반적인 규칙은 클라이언트 애플리케이션에 대한 또 다른 방어선인 구문 유효성 검사(예상 데이터 타입 기반) 및 의미 유효성 검사(해당 데이터 타입의 예상 값 기반)를 활용한다. 구문 유효성 검사는 우편번호, 전화번호, 개인 식별 번호(미국 사회 보장 번호 등) 및 기타 유사한 사전 정의된 유형들을 예로 들 수 있다. 클라이언트 애플리케이션은 이런 유형의 데이터가 나타날지 인식하고 데이터 유형의 구조에 대한 유효성 검사를 하는 방법을 파악하고 있어야 한다. 예컨대, 미국 우편 번호는 필수 다섯 자리와 선택적으로 대시, 추가 네 자리로 구성된 두 세트의 숫자로 구성된다. 잘 설계된 메시지 형식은 응답에 데이터 유형 정보를 제공한다.

 API 클라이언트는 '요청 처리를 완전히 거부하는 것을 포함해 어떤 대가를 치르더라도 자신을 방어해야 한다'를 기본 전제로 삼아야 한다. 이는 포스텔의 원칙(견고함의 원칙)에 약간 어긋나지만 그럴만한 이유가 있다. API 클라이언트는 이미 알고 있는 콘텐츠 값에만 주의를 기울여야 하고, 그 값이 합리적인지 확인해야 하며, 해당 필드에 미리 결정된 작업만 수행해야 한다.

클라이언트 애플리케이션은 또한 메시지값의 의미론적 유효성을 검증하기 위해 최선을 다해야 한다. 예컨대 startDate와 stopDate와 같이 데이터의 범위가 주어질 때 startDate의 값은 항상 stopDate보다 이전 날짜여야 한다.

예제

Collection+JSON은 통상적인 타입 정보들에 대한 이런 지원의 예를 보여준다.

```
{"collection" :
  {
    ...
    "items" : [
      {
        "rel" : "item person"
        "href" : "http://example.org/friends/jdoe",
        "data" : [
          {"name" : "full-name", "value" : "J. Doe",
            "prompt" : "Full Name", "type" : "string"},
          {"name" : "email", "value" : "jdoe@example.org",
            "prompt" : "Email", "type" : "email"},
          {"name" : "phone", "value" : "123-456-7890",
            "prompt" : "Telephone", "type" : "telephone"}
          {"name" : "birthdate", "value" : "1990-09-30",
            "prompt" : "Birthdate", "type" : "date"}
        ]
      }
    ]
    ...
  }
}
```

토론

콘텐츠 값에 대한 데이터 타입 및 범위의 메타데이터를 자동으로 포함하는 표현 포맷은 많지 않다. 가능하면 클라이언트 애플리케이션이 사용하는 서비스가 이 정보를 런타임 메타데이터로 추가하도록 한다. 이 작업은 JSON-LD, UBER, Collection+JSON, 및 모든 RDF 포맷에서 잘 지원된다.

런타임에 유형/범위 메타데이터를 사용할 수 없을 때, 클라이언트 개발자는 사람이 읽을 수 있는 기존 문서를 확인해 수신 메시지에 적용할 자체 콘텐츠 메타데이터를 만들어야 한다. 이 외부 소스는 시간이 지나면(문서가 업데이트될 때) 동기화되지 않을 수 있지만, 프로그램이 읽을 수 있는 콘텐츠 필터링 규칙 세트를 갖는 것은 가치가 있다.

다음은 판매세 및 부가가치세를 계산하는 클라이언트에 대해 가능한 타입 및 범위 메타데이터의 예다.

```
var filters = {}
filters.taxRules = {
  country:{"type":"enum","value":["CA","GL","US"}],
  stateProvince:{"type":"enum","value":[...]},
  salesTotal:{"type":"range","value":{"min":"0","max":"1000000"}
}
```

응답 메시지를 수신할 때는 해당 메시지의 내부 필터링된 표현을 생성하고 원본이 아닌 필터링된 표현에만 자체 코드가 작동하도록 허용하는 것이 좋다. 이렇게 하면 애플리케이션이 잘못 형성된 데이터를 실수로 수집할 가능성이 줄어들고 애플리케이션에 발생할 수 있는 위험을 제한할 수 있다.

```
// make request, pull body, and scrub
var reponse = httpRequest(url, options);
var message = filterResponse(response.body, filters.taxRules);
```

이 예제에서 message 변수에는 애플리케이션에서 사용해도 문제가 없는 것으로 간주되는 콘텐츠가 포함돼 있다. filterResponse() 루틴은 여러 가지 기능을 수행할 수 있다. 우선 이 클라이언트 애플리케이션에 적합한 콘텐츠만 찾을 수 있다. 가령, 클라이언트가 매출이나 부가세를 계산할 때 country, stateProvice, salesTotal에만 주목하면 된다. 이 필터는 해당 필드의 값이 '안전한' 값인지 확인하면서 해당 필드만 반환할 수 있는데, 국가 필드에 유효한 ISO 국가 코드 목록 중 하나가 포함된다. 이 결과는 향후 요청에 사용될 다른 메시지의 포맷을 지정하는 데 사용될 수 있다.

예제에서는 country 및 stateProvince 값이 모두 호환되는지 확인하기 위해 추가적인 의미론적 유효성 검사가 필요하다는 점에 주의해야 한다. 가령, country="CA"와 stateProvince="KY"는 의미론적으로는 유효하지 않다.[3]

마지막으로 API 클라이언트가 작업 중인 도큐먼트를 받아 일부를 처리하고, 업데이트하며 이 도큐먼트를 다른 애플리케이션이나 서비스로 보내는 작업을 수행할 때가 있다. 이때도 문서의 콘텐츠를 API 클라이언트가 처리해야 하는 필드로만 필터링하고, 그 값의 유효성을 검증하고 작업을 수행한 다음, 원본 문서에 결과를 반영해 전달해야 한다. 하지만 API 클라이언트가 전달할 전체 문서에 작업을 하는 일은 하지 않는다. 여러분의 책임은 필드를 가져와 정리하고 작업을 수행한 후 원본 도큐먼트를 업데이트를 하는 것뿐이다. 이 도큐먼트에서 작업을 하는 다른 애플리케이션에서도 동일한 수준의 자체 보호를 수행하고 있다고 가정해야 한다.

다음은 간단한 예제다.

```
function processTaxes(args) {
  var results = {};
  var response = httpRequest(args.readUrl, args.readOptions);
  var message = filterResponse(response.body,args.rules);

  if(message.status!=="error") {
    results = computeTaxes(message);
  } else{
    results = invalidMessage(message)
  }

  options.requestBody = updateBody(response.body, message);
  response = httpRequest(args.writeUrl, args.writeOptions);
}
```

수신 데이터의 처리에 대한 더 많은 정보는 OWASP Input Validation Cheat Sheet를 참조하기 바란다.

---

3   국가 코드 CA는 캐나다를 의미하지만 지역 코드 KY는 카이만 제도(Cayman island)를 의미한다. 캐나다와는 동떨어진 곳이다.
     – 옮긴이

같이 볼 것

- 레시피 3.4, 의미 프로필로 문제 공간 기술

- 레시피 4.7, 메시지 메타데이터 소스로써의 스키마 도큐먼트 사용

- 레시피 4.12, 전송 메시지의 검증을 위한 도큐먼트 스키마의 사용

- 레시피 4.13, 수신 메시지 검증을 위한 도큐먼트 쿼리의 사용

- 레시피 6.7, 데이터 쿼리를 위한 미디어 타입 사용

4.15 자체 상태 관리 유지

RESTful 시스템에서는 요청과 응답의 트랜지션^{transition} 상태[4]를 찾아서 액세스하는 것이 어려울 때가 있다. 트랜지션 상태 정보를 얻을 수 있는 곳은 서버, 클라이언트, 서버와 클라이언트 사이에 전달되는 메시지 세 곳뿐이다. 언제 어떤 옵션을 선택해야 할까?

문제

클라이언트가 서버와 클라이언트 간 상호작용 중 트랜지션 상태를 추적하려면 어떻게 해야 할까? 단일 클라이언트 애플리케이션이 여러 서버 측 컴포넌트와 통신할 때 애플리케이션의 상태는 어디에 위치해야 하나?

솔루션

런타임 요청과 응답에 의해 정의된 애플리케이션의 트랜지션 상태를 가장 안전하게 보관할 수 있는 곳은 클라이언트다. 클라이언트는 상호작용에 참여하는 서버를 선택하고 HTTP 요청을 시작하는 역할을 한다. 애플리케이션의 상태를 가장 정확하게 파악하는 곳은 클라이언트다. 이는 클라이언트가 작업이나 목표를 달성하기 위해 여러 서비스(서로 관련이 없는 서비스)를 사용할 때 특히 그렇다.

---

4   애플리케이션이 실행 중간의 상태를 의미한다. - 옮긴이

클라이언트 애플리케이션이 각 요청 및 응답의 상호작용에 대한 자세한 기록을 저장하고 해당 기록에서 중요한 애플리케이션 상태 데이터를 선택(또는 처리)하는 방법이 가장 쉽다. 대부분의 프로그래밍 도구는 HTTP 스트림 직렬화를 지원한다.

일반적으로 클라이언트에서는 아래와 같은 엘리먼트들이 저장돼야 한다.

요청 엘리먼트

- URL
- 메소드
- 헤더
- 쿼리스트링
- 요청 본문

응답 엘리먼트

- URL
- 상태
- 콘텐츠 타입
- 헤더
- 본문

주의할 점은 요청 엘리먼트의 URL과 응답 엘리먼트의 URL 값이 다를 수 있다는 점이다. 이는 불완전한 요청 URL(예: api.example.org/users처럼 프로토콜을 누락함)이 있거나 서버사이드 리디렉션이 있다면 발생한다.

예제

다음은 HTTP 상호작용의 요청 및 응답 요소를 관리하는 HyperCLI 클라이언트 애플리케이션의 코드 스니펫이다.

```
...
// collect request info for later
requestInfo = {};
requestInfo.url = url;
requestInfo.method = method;
requestInfo.query = query;
requestInfo.headers = headers;
requestInfo.body = body;

// make the actual call
if(body && method.toUpperCase()!=="GET") {
  if(method.toUpperCase()==="DELETE") {
    response = request(method, url, {headers:headers});
  }
  else {
    response = request(method, url, {headers:headers, body:body});
  }
} else {
  if(body) {
    url = url + querystring.stringify(body);
  }
  response = request(method, url, {headers:headers});
}
response.requestInfo = requestInfo;
responses.push(response);
...
```

각 HTTP 상호작용에 대한 정보를 저장하는 푸시다운^{push-down} 스택을 생성하는 코드다. 이제 같은 클라이언트 애플리케이션에서 상호작용의 기록을 불러와 요청 및 응답의 세부 정보를 사용해 진행 방법을 결정할 수 있다.

다음은 사용 가능한 HTTP 상호작용 기록에 대한 세부 정보를 반환하는 DISPLAY 명령에 대한 SHOW HELP 출력이다.

```
DISPLAY|SHOW (synonyms)
  REQUEST (returns request details - URL, Headers, querystring, method, body)
  URL (returns the URL of the current response)
  STATUS|STATUS-CODE (returns the HTTP status code of the current response)
```

```
CONTENT-TYPE (returns the content-type of the current response)
HEADERS (returns the HTTP headers of the current response)
PEEK (displays the most recent response on the top of the stack)
POP (pops off [removes] the top item on the response stack)
LENGTH|LEN (returns the count of the responses on the response stack)
CLEAR|FLUSH (clears the response stack)
PATH <jsonpath-string|$#> (applies the JSON Path query to current response)
```

 HyperLANG 및 HyperCLI의 자세한 사항은 부록 D를 참조하기 바란다.

토론

HTTP 요청과 응답의 추적 기능은 설정하는 작업이 필요하지만 클라이언트 애플리케이션에는 매우 강력한 기능이 된다. 이를 위한 작업의 비용을 낮추려면 요청/응답 스택만 처리하는 재사용 가능한 라이브러리를 만들어 모든 클라이언트 측 HTTP 애플리케이션에 공유시키는 것이 좋다.

스택에 있는 상호작용의 추적만으로는 보통 충분하지는 않다. 선택한 값을 모니터링하고 이를 '상태 변수'로 추적해야 한다. 앞의 예제에서 제안된 기능에 대한 단일 요청/응답 쌍에서 속성을 검사하고 선택하는 방법으로 JSON Path를 사용하는 것이 포함돼 있었는데, 이를 활용해 중요한 상태값을 모니터링할 수도 있다. 중요한 클라이언트 측 변수 추적에 대한 자세한 내용은 레시피 4.16을 참조하기 바란다.

자체 파일 공간을 관리하지 않는 클라이언트 애플리케이션(예: 웹 브라우저)으로 작업할 때 HTTP 상호작용을 추적하고 원격으로(HTTP를 통해!) 제공되는 외부 서비스를 설정할 수 있다. 이 방법은 같은 기능을 제공하지만 클라이언트와 상호작용 서비스 간의 실시간 HTTP 커넥션에 의존한다. 즉 네이티브 파일 기반 시스템보다 약간 느릴 수 있으며 클라이언트와 상호작용 서비스 간의 네트워크 문제로 인해 서비스 사용 불가가 될 수도 있다.

4.16 목표 설정

특정 목표(대기열이 비어 있거나 총량이 적절한 수준에 도달하는 등)에 도달할 때까지 클라이언트 애플리케이션을 계속 실행(요청하기, 작업 수행, 업데이트 보내기 등)을 해야 할 때가 있다. 이는 어느 정도 자율성이나 자동화된 처리가 존재하는 클라이언트 애플리케이션은 특히 그렇다. 클라이언트는 목표를 알고 있지만 해당 클라이언트가 사용 중인 서버가 목표를 모를 때를 경우를 포함해 여기에는 몇 가지 문제가 존재한다.

문제

어떤 목표에 도달할 때까지 처리를 계속 하도록 클라이언트 애플리케이션을 만들려면 어떻게 해야 할까? 또한 어떤 서비스에도 공유되지 않는 '비공개' 목표를 가진 애플리케이션을 만들려면 무엇이 필요할까?

솔루션

목표에 도달할 때까지 작업을 계속할 수 있는 클라이언트 애플리케이션을 구축하려면 해당 클라이언트에 대해 어느 정도 자율성을 프로그래밍해야 한다. 애플리케이션 스스로 모니터링할 속성을 알고, 선택한 속성의 목표값을 파악하고, 시간 경과에 따른 값을 찾아 모니터링할 수 있어야 하며, 종료 시점과 처리 중지를 적용하는 방법을 알고 있어야 한다.

이 솔루션의 프로그래밍은 기본적으로 대부분 게임 엔진이나 자율 로봇 시스템 작업들이며 클라이언트 애플리케이션에서는 고전적인 인공지능인 PAGE 모델을 따를 수 있다.

Percepts

모니터링돼야 할 속성들

Actions

클라이언트가 속성값에 영향을 수 있는 커밋(read, write, compute) 작업

Goal

최종 요구 값

Environment

클라이언트가 활동하는 경기장이나 게임 공간이다. 클라이언트가 목표를 달성하는 과정에서 인식을 확산하고 영향을 미치기 위해 상호작용하는 서비스

예제

필요한 목표 모델에는 정의된 종료 목표[DEG, Defined Exit Goal] 및 정의된 상태 목표[DSG, Defined State Goal] 두 가지 타입이 있다. 각각은 약간 다른 프로그래밍 구조를 사용한다.

정의된 종료 목표

정의된 종료 목표를 사용할 때는 해당 목표에 도달하면 특정 프로세스를 중지하거나 종료하는 프로그램을 작성할 수 있다. 다음 예제에서는 알려지지 않은 미로에서 길을 찾아가는 자율 하이퍼미디어 클라이언트에서 가져온 것이다.

```javascript
function processLinks(response,headers)
{
  var xml,linkItem,i,rel,url,href,flg,links,rules;

  flg = false;
  links = [];
  rules = [];
```

```
// get all the links in this document
g.linkCollection = [];
xml = response.selectNodes('//link');
for(i=0;i<xml.length;i++)
{
  rel = xml[i].getAttribute('rel');
  url = xml[i].getAttribute('href');
  linkItem = {'rel':rel,'href':url};
  g.linkCollection[g.linkCollection.length] = linkItem;
}

// is there an exit?
href = getLinkElement('exit');
if(href!='')
{
  printLine('*** Done! '+href);
  g.done = true;
  return;
}

// is there an entrance?
if(flg==false && g.start==false)
{
  href = getLinkElement('start');
  if(href!='')
  {
    flg=true;
    g.start=true;
    g.href = href;
    g.facing = 'north';
    printLine(href);
  }
}

// ok, let's go through a door
rules = g.rules[g.facing];
for(i=0;i<rules.length;i++)
{
  if(flg==false)
```

```
    {
      href=getLinkElement(rules[i]);
      if(href!='')
      {
        flg=true;
        g.facing=rules[i];
        printLine(href);
        continue;
      }
    }
  }

  // update pointer, handle next move
  if(href!='')
  {
    g.href = href;
    nextMove();
  }
}
```

클라이언트 애플리케이션은 '출구 찾기'라는 목표를 갖고 있으며, 목표에 도달할 때까지
방에서 방으로 계속 이동한다는 점에 주의하자.

정의된 상태 목표

원하는 상태를 유지하려면 클라이언트 애플리케이션을 별도로 프로그래밍을 해야 할
때가 있다. 예를 들어 방의 온도를 모니터링하고 해당 상태를 유지하기 위해 난방/냉방
장치를 활성화하려면 클라이언트 애플리케이션이 필요하다. 다음은 이를 위해 설계된
코드 스니펫이다.

```
// set control values
var roomURL = "http://api.example.org/rooms/13";
var min = 18;
var max = 22;
var wait = (15*60*1000);
```

```
// set up periodic checks
setInterval(checkTemp(roomURL,min,max),wait));

// do the check
function checkTemp(roomURL, minTemp, maxTemp) {
  var rtn, temp;

  rtn = "";
  response = httpRequest(roomURL);
  printLine(req)

  if(response.temp<minTemp) {
    rtn = response.form("heat");
  }
  if(response.temp>maxTemp) {
    rtn = response.form("cool");
  }

  if(rtn!=="") {
    response = httpRequest(rtn);
    printLine();
  }
}
```

간단한 예시 코드다. 애플리케이션이 실내 온도를 18℃에서 22℃사이로 유지하도록 설정한다. 온도는 15분마다 모니터링되며 필요할 때는 조정이 가능하다. 물론 클라이언트와 연결된 서비스 측은 클라이언트가 무엇을 염두해 두는지 알지 못하며 요청된 방에 대한 정보만 응답할 뿐이다. 예제에서 서비스의 응답에는 온도에 대한 데이터('req.temp')와 온도 상태를 수정하는 하이퍼미디어 컨트롤(req.form("heat") 및 req.form("cool"))이 포함돼 있는 것을 볼 수 있다. 모니터링 서비스(http://api.example.org/rooms)는 실내 온도를 조정하는 방법을 전혀 알지 못할 수 있으며, 이는 별도의 서비스에서 처리할 수 있다.

토론

목표 지향 클라이언트(정의된 종료 목표, 정의된 상태 목표)를 코딩할 때는 몇 가지 중요한 가정이 있다. 첫째, 클라이언트가 최종 목표를 미리 '알고' 있다는 것이다. 둘째, 클라이언트는 이 목표를 달성하는 방법(출구 찾기, 온도 조절)등을 이미 알고 있다. 셋째, 고객이 현재 상태를 정확히 표현할 수 있어야 하며, 넷째 원하는 목표를 두고 현재 상태를 적절히 평가할 수 있어야 한다. 목표 지향적 클라이언트가 성공하려면 이런 모든 요소가 갖춰져 있어야 한다.

 레시피의 클라이언트 예제(정의된 종료 목표, 정의된 상태 목표)에서는 모든 계획 및 평가 기준이 미리 결정되거나 클라이언트가 시작될 때(구성 파일을 통해) 제공된다고 가정한다. 여기서는 클라이언트 애플리케이션에 머신 학습이나 기술의 계획이 내장돼 있지 않다.

정의된 상태 목표 예제에서 클라이언트는 최종 목표가 18℃에서 22℃ 사이의 실내온도라는 것을 알고 있다. 또한 HTTP 응답에서 'heat' 및 'cool' 형식을 사용해 목표를 달성할 수 있다는 것도 알고 있다. 또한 클라이언트는 룸 URL을 사용해 현재 온도를 확인할 수 있으며, 반환된 온도를 자체 내부 최솟값과 최댓값으로 평가하는 방법도 알고 있다.

때로는 평가 단계가 더 복잡해 질 수 있다. 예컨대, 온도 관리의 경우 하루 중 시간대별로 온도 설정이 다르거나, 실내에 사람이 있는지, 없는지, 시간당 현재 킬로와트^{kW}가 얼마인지 등을 기준으로 할 수 있다. 이때, 결정된 조치를 취하기 전에 더 많은 값을 모니터링하고 더 많은 비교 루틴이 사용될 것이다.

평가가 클라이언트가 아닌 다른 서비스에서 처리될 때도 있다. 예를 들어, 주식 매수/매도 결정은 고객이 제공할 수 있는 다양한 입력을 수락한 다음 클라이언트 애플리케이션이 실행할 수 있는 액션 추천을 반환하는 서비스에서 이뤄질 수 있다.

가능한 모니터링할 속성과 로컬 평가 값을 모두 설정 가능한 데이터 포인트 집합으로 만드는 게 좋다. 이렇게 하면 클라이언트 애플리케이션 자체에 의사 결정 데이터를 하드코딩하지 않아도 된다. 구성 파일을 통해 제어 데이터를 클라이언트에게 제공하거나 구성 데이터를 보유한 다른 서비스에 대한 원격 HTTP 호출을 통해 제어 데이터를 제공할 수 있다.

마지막으로, 목표 지향 클라이언트 애플리케이션을 위한 탈출 옵션을 꼭 추가해야 한다. 정의된 종료 목표에 도달하지 못한 채 미로의 출구를 찾지 못한다면 어느 시점에서 포기하거나 영원히 루프에 갇혀 있어야 할 것이다. 이 탈출값도 클라이언트가 완벽하게 제어할 수 있어야 한다. 원격 서비스를 사용할 수 없거나 클라이언트에 잘못된 데이터를 전송하는 경우 다른 서비스에 의존해 탈출을 결정하면 실패할 수 있다.

정의된 상태 목표 스타일의 클라이언트 애플리케이션도 마찬가지다. 온도 모니터링 예제에서 센서 데이터를 반환하는 서비스가 고장나거나 사용할 수 없다고 가정해보자. 클라이언트는 무엇을 할까? 그냥 헛된 확인만 계속 할까? 이때는 경고를 트리거하는 코드를 추가하는 옵션이 낫다.

같이 볼 것

- 레시피 4.14, 수신 데이터의 검증

- 레시피 5.3, 내부 모델을 외부 메시지로 변환하기

- 레시피 6.8, 알 수 없는 데이터 필드 무시하기

- 레시피 7.13, 상태 감시를 사용한 클라이언트 중심 워크플로 활성화

## 5장

하이퍼미디어 서비스

> 최고의 소프트웨어 아키텍처는 자주 변경되는 사항을 '알고' 이를 쉽게 처리한다.
> – 폴 클레멘츠, 『소프트웨어 아키텍처 이론과 실제 4/e』(에이콘, 2022)

서비스용 API를 설계하고 구현할 때 사용성과 발전 가능성 사이의 균형을 맞추는 작업이 가장 큰 과제다. 서비스 API는 명확하고 이해하기 쉬워야 한다. 동시에 같은 인터페이스를 향후 수정 가능한 방식으로 정의하는 것도 중요하다. 서비스 API의 가치는 시간이 지남에 따라 안정성과 연관될 때가 많다. 즉각적인 문제를 해결하는 API를 정의할 수 있으면 좋다. 하지만 시간이 흐르면서 문제가 달라지고, 운영 매개변수가 바뀌며 요구사항과 목표도 변하기 때문에 API는 계속 유용성을 유지해야 한다. 이는 서비스 인터페이스 디자인에서 자주 요구되는 사항이다.

 서비스 인터페이스 제작의 기초에 대한 자세한 내용은 2장의 '하이퍼미디어 서비스를 통한 안정성과 변경 용이성의 증진'을 참조하자.

5장의 첫 인용문에서 알 수 있듯이 소프트웨어 설계에서 자주 변경되는 사항을 파악하고 이를 쉽게 만드는 일은 분명 가치가 있다. 특히 서비스 API의 경우는 더욱 그렇다. API는 계약, 즉 지켜야 할 약속이다.

이에 대한 좋은 예는 HTTP 프로토콜이 설계된 방식에서 찾을 수 있다. HTTP의 거의 모든 측면은 수정이 가능하다. HTTP 메소드, 상태 코드, URL, 사용 가능한 헤더 목록, 사용 가능한 본문 형식 목록은 모두 시간이 지나면서 수정할 수 있는 추상적인 집합이다. HTTP 메시지의 구조는 일관성 있는 약속이다. 그러나 HTTP 메시지의 내용은 가변적이며, 경우에 따라서는 액션 제어 정보(예: HTTP 메소드, URL, 사용 가능한 메시지 형식)의 내용도 가변적이다. 이것이 안정적이고 가치가 있는 서비스용 API를 만들기 위한 핵심이며, 그 내용을 5장에서 다룬다.

 이 책은 인터페이스에 초점을 맞추고 있으므로 5장에서는 인터페이스 뒤에 있는 서비스의 세부 사항은 언급하지 않겠다. 하지만 웹에서 확장 가능하고 강력하며 안정적인 서비스의 내부 작동을 확실히 이해해야 한다. 서비스 설계 및 구축에 대한 권장 자료는 부록 B를 참조하라.

5장의 레시피는 모두 특수성specificity과 발전 가능성 사이에 적절한 균형을 이루도록 API를 쉽게 설계하고 구현하는 데 중점을 두고 있다. 이런 유형의 API의 핵심 기능은 설계 및 빌드 타임에서 설명에만 의존하지 않고 런타임 때도 운영 메타데이터를 포함할 수 있다는 것이다. 이때, 런타임 시 메시지를 수정할 수 있는 이 기능은 HTTP 프로토콜 자체의 일반적인 설계 패턴인 가변 콘텐츠를 지원하는 명확한 메시지 구조를 따르는 하이퍼미디어 포맷을 사용해 구동된다.

서비스 API를 만들 때는 런타임 메타데이터와 설계 시 메타데이터에 대한 노출과 의존도 사이의 균형을 맞춰야 한다(그림 5-1 참조). 성공적인 서비스 인터페이스 구현에서 콘텐츠 상호확인을 통해 여러 표현 포맷을 지원하는 기능이 바로 핵심이다.

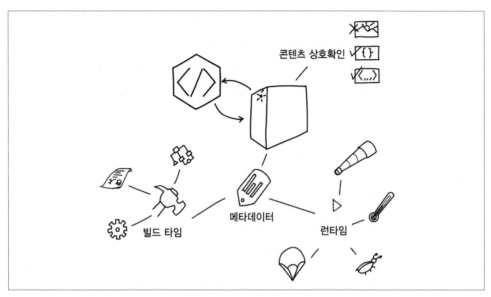

그림 5-1 하이퍼미디어 서비스 레시피

5.1 최소 하나 이상의 고정 URL 게시

서비스가 네트워크에 인터페이스를 게시할 때 API 클라이언트가 쉽게(그리고 일관되게) 접근할 수 있어야 한다. 즉, 고정적인 위치(URL 사용)에 API를 게시해야 한다. 하지만 그렇다고 해서 게시된 위치를 절대 바꿀 수 없다는 뜻일까? 바꿀 수 있다면 API 클라이언트에게 변경 사항을 어떻게 알릴 수 있을까?

문제

서비스 API의 고정적인 네트워크 위치(URL)를 설정하려면 어떻게 해야 하며, 기본 서버가 새로운 위치로 이동했을 때도 API를 찾도록 하려면 어떤 단계를 거쳐야 할까?

솔루션

서비스 인터페이스는 API 클라이언트가 해당 API 뒤에 있는 서비스를 찾고 상호작용을 할 때 쓸 수 있는 고정 URL을 하나 이상 약속해야 한다. URL의 정확성 여부는 중요하지 않다. 이는 API의 '시작점'이 돼야 한다. 시작점은 API에 대한 세부 정보(시작점 포함)를 반환하는 리소스일 수 있으며, 서비스의 초기 목록이나 상태(예: 기본 사용자 목록)일 수도 있다. 또는 API 클라이언트가 서비스에 대한 액세스를 시작할 때 신뢰할 수 있는 다른 응답(예: 로그인, 상태 저장 세션 설정 방법)일 수도 있다.

URL 값은 http://api.example.com/home과 같은 간단한 것일 수도 있고 http://v1.home.api.example.org/q1w2e3r4t5와 같은 복잡한 것일 수도 있다. 클라이언트가 기억할 수 있는(즉, 소스 코드나 구성 파일에 기록할 수 있는) 위치가 하나 이상 있어야 API 클라이언트가 서비스 API와 연결할 수 있다는 점이 중요하다. 마지막으로 이런 고정 URL이 하나만 있어야 할 필요는 없다. 하지만 API 클라이언트들이 시간이 지나도 신뢰할 수 있는 URL이 하나 이상은 존재해야 한다.

고정 URL은 사람이 읽을 수 있는 API 도큐먼트에 게시해야 한다. 또한 HTTP에서 Link 헤더로 표시되거나 인라인 link 엘리먼트를 지원하는 API 응답 본문에서 link 엘리먼트로 표시될 수도 있다.

경우에 따라 서비스 API에 '잘 알려진' URL을 등록하는 방법이 좋지만, 이는 쉽지는 않다. 자세한 내용은 RFC 8651(https://datatracker.ietf.org/doc/html/rfc8615) 및 RFC 7595 (https://datatracker.ietf.org/doc/html/rfc7595)를 참조하라.

고정 URL을 게시한다고 해서 해당 URL의 서비스가 다른 URL로 이동할 수 없다는 의미는 아니다. 서비스가 이동하면 HTTP 상태 코드인 301 Moved Permanently를 사용해 새 위치로 리디렉션을 할 수 있다.

예제

사람이 읽을 수 있는 도큐먼트에 고정적인 API URL을 표시할 때는 해당 URL이 향후에도 유지될 것이며, 필요한 경우 API 클라이언트 애플리케이션을 새 서비스 위치로 리디렉션을 할 것이라는 API 약속을 반드시 명시해야 한다.

HTTP 응답의 Link 헤더를 사용해 API에 대한 고정 URL을 전송할 수 있다.

```
**** REQUEST
GET / HTTP/1.1
Host: api.example.org

**** RESPONSE
HTTP/1.1 200 OK
Content-Type: application/vnd.collection+json
ETag: "p0o9i8u7y6t5r4e3w2q1"
Link: <http://api.example.org/home>; rel="home"
...
```

고정 URL은 인라인 링크를 지원하는 어떤 응답(또는 모든 응답)의 본문에도 표시될 수 있다. 다음은 Collection + JSON 응답에 표시된 예다.

```
{ "collection" :
  {
    "version" : "1.0",
    "href" : "http://api.example.org/friends/",

    "links" : [
      {"rel" : "home", "href" : "http://api.example.org/home"}
     ],

    "items" : [...],
    "queries" : [...],
    "template" : [...]
  }
}
```

서비스 위치가 이동하면 API는 원래 게시된 고정 URL을 계속 유지하며 API 클라이언트를 새 위치의 URL로 리디렉션해야 한다.

```
**** REQUEST
GET / HTTP/1.1
Host: api.example.org

**** RESPONSE
HTTP/1.1 301 Moved Permanently
Location: http://new.example.org/home
```

```
**** REQUEST
GET /home HTTP/1.1
Host: new.example.org

**** RESPONSE
HTTP/1.1 200 OK
Content-Type: application/vnd.collection+json
ETag: "p0o9i8u7y6t5r4e3w2q1"
Link: <http://api.example.org/home>; rel="home"
...
```

토론

서비스 인터페이스는 적어도 하나의 고정 URL을 지원해야 한다. 고정 URL은 API 클라이언트와의 약속이므로 시간이 지나도 변함없이 유지돼야 한다. 물론 2개 이상의 고정 URL을 지원할 수도 있지만, 그러면 이에 대한 지원을 위해 API 설계자의 할 일이 늘어날 뿐이다.

클라이언트 애플리케이션은 서비스에서 효율적인 API 환경을 만들기 위해 원하는 만큼의 URL을 '기억'할 수 있다는 점을 명심해야 한다. 서비스가 하나의 URL만 지원한다고 해서 클라이언트 애플리케이션이 API의 다른 URL을 모른다는 의미는 아니다.

서비스는 모든 클라이언트가 먼저 고정 URL을 시작으로 인터렉션을 시작해야 한다고 가정하거나 요구해서는 안 된다. API가 약속한 고정 URL의 개수에 관계없이 클라이언트는 유효한 요청을 하는 한 원하는 방식으로 자유롭게 상호작용할 수 있다.

저자는 보통, 서비스 API의 고정 URL로 home(https://microformats.org/wiki/rel-home)을 사용한다. 도큐먼트화만 잘 하고 식별자를 일관되게 사용한다면 다른 원하는 값을 사용할 수 있다.

모든 API 응답에서 고정 URL을 링크 헤더로 전송하는 것이 좋다. 또한 가능하면 응답 본문의 일부로도 전송하는 게 좋다(png 파일이나 mp3 파일 자체를 본문으로 넣을 수는 없지 않은가?).

같이 볼 것

- 레시피 4.1, 하드코딩 URL 사용의 제한

- 레시피 4.8, 응답의 모든 중요 요소에는 식별자가 필요하다

- 레시피 5.13, 런타임 서비스 레지스트리를 통한 서비스의 회복성 개선

5.2 내부 모델 노출 방지

서비스 인터페이스가 '중단'되는 방식 중 하나는 서비스 코드의 데이터, 객체, 프로세스 모델을 변경하는 것이다. 이런 내부 요소가 외부 API로 '노출'되지 않도록 방지해야 한다.

문제

서비스의 내부 데이터, 개체 및 프로세스 모델이 서비스 API에 직접적으로 노출될 가능성을 어떻게 줄일 수 있을까?

솔루션

외부 API에서 내부 서비스 세부 정보가 노출될 가능성을 제한하려면 외부 인터페이스가 내부 서비스 모델과 별개로 존재하도록 설계하는 방법이 가장 좋다. 즉, 단순히 서비스 코드를 '외부 세계'에 노출하는 것이 아니라, 서비스 API 기능을 자체적으로 정의해야 한다.

기본적으로 API 구현(인터페이스)은 서비스 내부 모델을 비공개로 유지해야 한다. 그러려면 API 데이터의 속성, 속성 모음, 입출력 매개변수가 내부 서비스 모델과 별도로 '독립'할 수 있도록 일관된 요소로 표현돼야 한다. 인터페이스는 기존 백엔드 서비스 구성 요소의 '레퍼wrapper'가 아니라 자체적으로 독립적인 설계 및 구현 작업으로 취급돼야 한다.

예제

API를 설계할 때 데이터/객체 모델을 무시하는 것이 데이터 유출을 피하는 가장 빠른 방법이다. 2개의 데이터 객체 모음인 item과 user를 지원하는 간단한 ToDo 서비스가 있다고 가정하자. 아마 다음과 같이 구성될 것이다.

```
{"items" : [
  {"id":"q1w2e3r4","text":"This is an item","status":"active","nick":"mork"},
  ...
  ]}
```

```
{"users":[
  {"nickname":"mork","name":"Mark Morkelsen"},
  ...
]}
```

status 필드값들은 active 또는 closed로 국한된다고 가정하자.

인터페이스는 두 가지 객체(item, user)를 모델로 만들어야 한다고 생각할 수 있다. 하지만 세 가지 객체로도 인터페이스를 만들 수 있다.

```
{"items" : [
  {"id":"q1w2e3r4","text":"This is an item","status":"active","nick":"mork"},
  ...
]}
```

```
{"users" : [
  {"nickname":"mork","name":"Mark Morkelsen"},
  ...
]}
```

```
{"status" : [
  {"nickname" : "active"},
  {"name" : "closed"},
  ...
]}
```

또는 단일 구성도 가능하다.

```
{"todo" : [
  {"id":"q1w2e3r4","text":"This is an item",
    "status":"active",
    "nickname":"mork",
    "name":"Morkelsen"
  },
  ...
]}
```

여기서 서비스 모델을 맹목적으로 받아들이지 말아야 한다는 점이 중요하다. 그렇다. 서비스 모델이 변경되면 게시된 인터페이스 로컬 서비스 간의 호환성을 유지하기 위해 약간의 작업이 필요할 수 있다. 이것이 API 설계의 목적이다.

토론

가능하면, API 속성을 앞의 예제처럼 단일 구성으로 모델링한다. 이렇게 하면 클라이언트 측 프로세스가 간소화되고 지원 서비스에서 원하는 로컬 데이터 저장소 모델을 자유롭게 사용할 수 있다. 서비스는 API에 영향을 주지 않으면서 저장소 모델을 변경할 수 있다. 이렇게 모델을 비정규화하면 시간이 지남에 따라 내부 모델이 변경되더라도 안정적인 외부 모델을 유지하기 쉬워진다.

 수년 전 이 주제를 이야기하면서 저자는 말을 하나 만들었다(https://twitter.com/mamund/status/767212233759657984?s=61&t=uZEMrvQlxTNr74MarkfwSg). '여러분의 데이터 모델은 객체 모델이 아니며 객체 모델은 리소스 모델이 아니고 리소스 모델은 메시지 모델이 아니다' 개념을 확장한 '웹 API 설계 성숙도 모델'(http://amundsen.com/talks/2016-11-apistrat-wadm/2016-11-apistrat-wadm.pdf)이라는 발표를 하기도 했다.

API는 독립적인 인터페이스라는 것을 기억해야 한다. 인터페이스에서 새 레코드를 만드는 사람이 여러 저장 위치에 재그룹화해 쓰일 '비정규화된' 속성 모음을 전송할 것으로 예측해도 괜찮다. 서비스가 데이터를 안전하게 관리할 수만 있다면(예: 업데이트 손실이나 데이터 충돌이 없는지 확인) 무엇이든 가능하다.

6장에서 데이터 스토리지를 좀 더 깊이 들여다볼 것이다.

API 설계자는 예상 인터렉션을 지원하기 위해 원하는 만큼의 HTTP 리소스를 자유롭게 만들 수 있다. 예상 인터렉션은 HTTP API에 흔히 사용되는 CRUD 밈을 따를 필요는 없다. 표 5-1은 이 레시피 전체에 걸쳐 언급된 ToDo 서비스를 지원하도록 설계된 리소스다.

표 5-1 ToDo 서비스 인터페이스를 위한 가능한 리소스 설계

액션	URL	메소드	요청 본문	응답 본문
Read List	/todo/	GET	none	[{id,text,status,nick,name}]
Filter List	/todo/?text={text}	GET	none	[{id,text,status,nick,name}]
Create Item	/todo/	PATCH	{id, text,status,nick,name}	[{id,text,status,nick,name}]
Update Item Text	/todo/	PATCH	{id,text}	[{id,text,status,nick,name}]
Update Item Nick	/todo/	PATCH	{id,nick,name}	[{id,text,status,nick,name}]
Update Item Status	/todo/	PATCH	{id, status}	[{id,text,status,nick,name}]

표 5-1은 ToDo 목록이 추가, 편집이 가능하도록 변경 가능한 단일 리소스임을 가리킨다. 클라이언트 애플리케이션이 필요한 작업을 수행할 수 있는 한, 서비스가 이 정보를 내부적으로 구성하거나 저장하는 방법은 클라이언트에게는 실제로 관심이 없다.

표 5-1은 ETag나 If-Match, Last-Modified 및 다른 통합 헤더와 같은 추가적인 HTTP 기능을 포함하지는 않는다. 이에 대해서는 레시피 6.2를 참조하기 바란다.

같이 볼 것

- 레시피 3.1, 기존 미디어 타입과의 상호운용성 만들기

- 레시피 3.3, 게시된 어휘를 통해 도메인 세부 정보 공유하기

- 레시피 3.4, 의미 프로필로 문제 공간 기술

- 레시피 3.5, 임베디드 하이퍼미디어를 통한 런타임에서의 액션 표현

- 레시피 4.7, 메시지 메타데이터 소스로써의 스키마 도큐먼트 사용

- 레시피 5.3, 내부 모델을 외부 메시지로 변환하기

- 레시피 5.4, 내부 기능을 외부 액션처럼 표현하기

- 레시피 6.1, 내부 데이터 스토리지 은닉

- 레시피 6.3, 외부 액션에 대한 데이터 연관관계 감추기

5.3 내부 모델을 외부 메시지로 변환하기

변하는 서비스 간 느슨한 연동을 지원하려면 해당 서비스 간의 안정적인 통신 기반을 구축해야 한다. 이를 위한 전략은 잘 알려진 대로, 고도의 정형 미디어 타입을 API 응답의 표현 포맷으로 사용하는 것이다.

다시 말하면 여러분의 서비스 인터페이스가 메시지 형식을 변경하는 동안 같은 의미적 정보로 응답해야 한다.

문제

저비용 및 노력으로 API 서비스를 유지하면서 API 클라이언트를 위한 콘텐츠 상호확인을 지원하기 위한 인터페이스를 어떻게 구성해야 할까? 백엔드 서비스 데이터를 표준화하고 잘 알려진 미디어 타입으로 일관되게 표현하려면 인터페이스 코드에서 어떤 패턴을 지원해야 할까? 마지막으로 서로 다른 응답 메시지 포맷에 같은 내부 데이터를 표현할 때의 장점과 과제는 무엇인가?

솔루션

서비스 인터페이스 설계가 서비스 내부 데이터(또는 객체) 모델에 너무 밀접하게 결합되지 않도록 하려면 표현 단계를 별도의 설계 작업으로 접근해야 한다. 즉, 내부 모델을

외부 메시지로 변환시킬 때 단순하고 직접적인 직렬화에 의존하지 말고 표현을 설계하는 과정에 적극적으로 참여해야 한다.

HTTP에 대한 정보를 표현하기 위해 일련의 포맷이 만들어졌다. 이 포맷은 메시지 내용(예: givenName, id, telehphone 등)에 통합하는 대신 메시지 형식에 통합할 수 있는 클라이언트 애플리케이션을 지원하기 위한 구조(예: <html>, <head>, <body> 등)가 포함돼 있다.

 추천하는 응답 미디어 타입의 리스트는 부록 C를 참조하기 바란다.

서비스 내부 데이터/객체 모델의 일부를 인터페이스 외부 객체 모델에 매핑하는 프로세스에는 일반적으로 알고리즘 적용과 창의적인 디자인적 사고가 사용된다. 구조화되지 않은 XML 및 JSON과 같은 일부 포맷의 경우, 매핑은 문자 그대로 데이터를 메시지로 단순 직렬화가 가능하다. 하지만 이는 상황에 따라서는 잘못된 생각일 수 있다. 데이터 모델을 직접 메시지 모델로 직렬화하면, 내부 모델이 외부에 노출돼 내부 모델에 변경이 발생하는 경우(실제로 이럴 수 있다!) 깨지기 쉬운 구현을 초래할 수 있다. 자세한 내용은 레시피 6.10을 참조하기 바란다.

대신에 SIREN, Collection+JSON, HTML과 같은 정형 미디어 타입SMT을 표현 소통의 기초로 선택하는 게 좋다. 내부 데이터를 이런 포맷 중 하나로 매핑하는 작업은 처음에는 '수작업'으로 하거나 해당 미디어 타입에 대해 미리 빌드된 대표 라이브러리를 사용할 수 있지만, 향후 변경 사항이나 추가 인터페이스에도 같은 라이브러리를 사용해 API 클라이언트에게 유효한 외부 메시지를 렌더링할 수 있으므로 시간이 지남에 따라 그 효과가 나타날 것이다.

서비스에 독립적인 서비스 인터페이스 설계에 대한 더 많은 정보는 레시피 5.17을 참조하기 바란다.

예제

선택 가능한 미디어 타입을 지원하는 서비스 인터페이스 코드는 두 가지 주요 런타임 지원 엘리먼트를 구현해야 한다. 첫째, 서비스 API가 클라이언트가 선호하는 방식을 지원할 수 있어야 하고, 둘째, 서비스 API가 해당 정보를 사용해 내부 데이터를 선호하는 포맷으로 렌더링할 수 있어야 한다.

HTTP는 클라이언트가 요청을 보낼 때 포맷의 기본 설정을 포함할 수 있도록 Accept 헤더를 정의한다. 서비스 API가 Accept 헤더를 확인하면 해당 헤더의 값을 읽어 들여 적절한 선택을 해야 한다. Accept 헤더의 내용을 해석하는 방법은 Accept 헤더의 HTTP 사양 (https://datatracker.ietf.org/doc/html/rfc7231#section-5.3.2)을 참조하기 바란다.

간단한 요청 및 응답은 다음과 같다.

```
*** REQUEST
GET /todo/list HTTP/1.1
Host: api.example.org
Accept: application/vnd.collection+json, application/vnd.uber+xml

*** RESPONSE
HTTP/1.1 200 OK
Content-Type: application/vnd.collection+json
```

서비스 인터페이스는 여기서 application/vnd.collection+json 형식을 선택했다. 둘 이상의 기본 설정이 제공되면 서비스에서는 클라이언트가 리스팅하지 않은 기본 포맷을 반환하는 것을 포함해 반환할 수 있는 형식에는 어느정도 자유롭다. 이에 대한 자세한 내용은 레시피 5.5를 참조하기 바란다.

서비스 API가 응답을 렌더링하는 데 사용할 형식을 선택하면 선택한 응답 포맷의 사양에 따라 내부 데이터를 출력 포맷에 매핑해야 한다. 대부분은 쉽게 매핑할 수 있지만, 내부 데이터는 렌더링하기가 다소 어렵고 응답에서 누락될 수도 있다.

응답에 들어가야 할 내부 서비스 데이터의 예시다.

```
{
  "user" : {
    "id":"q1w2e3r4t5",
    "givenName":"Mark",
    "familyName":"Morkelsen",
    "nickName":"mork",
    "telephones":[
      {"type":"home", "value":"1-234-567-8901"},
      {"type":"work", "value":"1-987-654-3210"}
    ]
  }
}
```

클라이언트가 다음과 같은 요청을 보냈다고 가정하자.

```
GET /users/q1w2e3r4t5 HTTP/1.1
Host: api.example.org
Accept: application/json
```

간단한(하지만 추천은 하지 않는) 표현 방법은 내부 데이터를 그냥 직접 직렬화를 하는 것
이다.

```
*** RESPONSE
HTTP/1.1 200 OK
Content-Type: application/json
...
{
  "user" : {
    "id" : "q1w2e3r4t5",
    "givenName" : "Mark",
    "familyName" : "Morkelsen",
    "nickName" : "mork",
    "telephone" : [
      {"type" : "home", "value" : "1-234-567-8901"},
      {"type" : "work", "value" : "1-987-654-3210"}
    ]
  }
}
```

text/csv 포맷을 사용해 표현을 한 요청을 살펴보자.

```
GET /users/q1w2e3r4t5 HTTP/1.1
Host: api.example.org
Accept: text/csv

*** RESPONSE
HTTP/1.1 200 OK
Content-Type: application/json
...
"id","givenName","familyName","nickName","telephone_home","telephone_work"
"q1w2e3r4t5","Mark","Morkelsen","mork","1-234-567-8901","1-987-654-3210"
```

내부 telephone 객체는 CSV 응답의 단일 속성 중의 한 세트로 렌더링된 것을 주목하자.
클라이언트는 내부 데이터가 어떤 형태인지 아직 모른다.

마지막으로 아래는 클라이언트가 요청에 aplication/vnd.collection+json 미디어 타
입을 포함할 때, 그에 따른 표현 예시다.

```
{ "collection" :
  {
    "version" : "1.0",
    "href" : "http://example.org/users/q1w2e3r4t5",

    "links" : [
      {"rel" : "users", "href" : "http://example.org/users"},
      {"rel" : "products", "href" : "http://example.org/products"},
      {"rel" : "services", "href" : "http://example.org/services"}
    ],

    "items" : [
      {
        "href" : "http://example.org/users/q1w2e3r4t5",
        "data" : [
          {"name" : "id", "value" : "q1w2e3r4", "prompt" : "Identifier"},
          {"name" : "givenName", "value" : "Mark", "prompt" : "First Name"},
          {"name" : "familyName", "value" : "Morkelsen", "prompt" : "Last Name"},
          {"name" : "nickName", "value" : "Mork", "prompt" : "Nick"},
        ],
```

```
      "links" : [
        {"rel" : "telephones", "prompt" : "Telephones",
          "href" : "http://examples.org/users/q1w2e3r4t5/telephones"}
      ]
    }
  ]
  }
}
```

이 마지막 상황에서는 API 서비스의 대표 기능에 의해 상당한 '추가' 정보들이 제공됐는데 여기에는 prompt 값을 각 데이터 포인트에의 매핑과, 연관 데이터를 가리키는 link 엘리먼트, telephone 데이터 배열을 연관된 다른 리소스로 옮기는 것도 포함된다.

여기에서 핵심은 서비스 데이터에 대한 대표 기능을 설계할 때 내부 모델을 맹목적으로 직렬화하는 데만 국한돼서는 안 된다는 것이다.

토론

서비스의 API 구현 단계에서는 내부 모델을 외부 메시지로 변환하는 데 사용하는 규칙을 도큐먼트화하는 것이 좋다. 이렇게 하면 다른 개발자와 알고리즘을 공유하고 그 과정에서 발견한 오류를 더 쉽게 디버깅할 수 있다. 하지만 이 표현을 API 클라이언트에게 게시하는 것은 좋은 생각은 아니다. 클라이언트는 인터페이스 뒤에 있는 내부 데이터나 객체 모델을 알 필요가 없다.

시간이 흐르면 서비스의 내부 모델이 변경될 때가 생길 수 있다. 대부분은 이런 변경으로 인해 외부 메시지가 바뀌면 안 된다. 예를 들어 내부 모델 속성 user.id가 user.identifier로 바뀌면 외부 속성을 변경할 필요가 없다.

그러나 일부 내부 모델 변경에는 새로운 속성(user.hatsize)이 포함되며, 새로운 속성은 기존 API를 손상 없는 범위에서 외부 메시지에 반영될 수 있다. text/csv 행 끝에 필드를 추가하는 것도 나쁘진 않지만, 행의 필드 순서를 재배열(예: 새 필드를 행의 첫 번째 필드로 삽입)하는 것은 좋지 않은 생각이다.

내부 모델이 자주 변경될 것으로 예상되면 변경의 영향을 줄이기 위한 표현 포맷을 선택해야 한다. 예를 들어, 다양한 모델(모든 프로퍼티가 data.name과 data.value로 표시되는)에는 Collection + JSON이 적합하며, 객체 속성에 직접 통합하기 때문에 SIREN이나 HAL은 맞지 않다.

서비스 인터페이스를 하드코딩해 항상 같은 형식(HAL, SIREN)을 전송할 수도 있지만, 일반적으로 HTTP 콘텐츠 조정 프로세스(레시피 5.6 참조)를 준수해 API 클라이언트가 런타임에 **Accept** 요청 헤더를 사용해 포맷 기본 설정을 표시할 수 있도록 하는 게 좋다. 클라이언트 미디어 타입 기본 설정 처리 방법은 레시피 5.5를 참조하기 바란다.

나는 최소 두 가지를 지원하며 상황에 따라서는 세 가지 이상을 지원하려고 노력한다. 첫째, 하이퍼미디어 팩터 점수가 높은 한 가지 미디어 타입(예: Collection + JSON이나 SIREN)을 선택하는 것이 좋다(H 팩터에 대한 자세한 내용은 레시피 4.9 참조). 둘째, 간단한 형식을 빠르게 사용할 수 있는 API 클라이언트가 많으므로 JSON, XML, CSV와 같은 간단한 직렬화 형식을 지원한다. 그리고 여러분의 API 클라이언트가 선호하는 다른 포맷을 추가할 수 있다.

적절하다면, 서비스 API의 HTML 표현을 지원하는 방법도 도움이 된다. 이는 서비스 개발자가 인터페이스 설계를 테스트하는 동안 도움이 될 것이다. 또한 API 클라이언트를 코딩하는 데 많은 시간을 투자하지 않고도 API를 '사용해보고' 싶어하는 API 클라이언트들에 도움이 될 수 있다. 마지막으로 HTML 형식은 서비스 모음에서 H 팩터가 높은 미디어 타입 중 하나로 확실한 선택지가 될 수 있다.

같이 볼 것

- 레시피 3.2, 정형 미디어 타입과의 향후 호환성 보장

- 레시피 4.5, 런타임 시 프로필 지원을 위한 상호확인

- 레시피 4.9, 응답에서 하이퍼미디어 컨트롤에의 의존

- 레시피 5.5, 클라이언트 응답 설정에 대한 게시 지원

- 레시피 5.6, HTTP의 콘텐츠 상호확인 지원

- 레시피 6.10, 프로덕션에서의 데이터 모델 수정

5.4 내부 기능을 외부 액션처럼 표현하기

정형 미디어 타입^{SMT}을 사용해 응답을 표준화하는 방식을 채택한 후에는 인터페이스 뒤에 있는 서비스의 내부 기능을 적절하게 표현하는 문제도 해결해야 한다. 이를 위해 서비스의 데이터 모델뿐 아니라 해당 서비스의 액션 모델(외부 API를 통해 액세스해야 하는 서비스의 기능)도 이 방식에 의존해야 한다.

문제

API를 통해 노출해야 하는 서비스의 내부 함수를 어떻게 결정하고 API 클라이언트가 쉽게 찾고 동작시킬 수 있도록 일관된 방식으로 해당 메소드를 어떻게 표현할 것인가? 내부 서비스 함수를 외부 인터페이스 액션으로 변환하는 데 사용할 수 있는 형식 또는 패턴은 무엇인가?

솔루션

서비스의 내부 기능을 외부 액션으로 노출하려면 하이퍼미디어 컨트롤을 사용해 해당 기능을 표현하는 방법을 권한다(레시피 4.9 참조). 예를 들어 HTML에서 함수명(`<form name"approveUser"...>`), input 매개변수(`<input>` 컨트롤), 출력 반환값은 내부 서비스 함수를 나타내는 데 사용될 수 있다. 하지만, 외부 액션을 바로 내부 서비스 수행에 통합하는 것이 항상 가능하지는 않다(그리고 좋은 방법도 아니다).

내부 서비스 함수를 표현할 때는 일반적으로 설정된 외부 어휘집을 사용하는 게 좋다. 예를 들어 내부 데이터 매개변수의 이름은 `firstName`으로 명명될 수 있다. 하지만 같은 파라미터가 `givenName`이라는 이름으로 외부 인터페이스로 쓰일 수 있다(레시피 3.3 참조). 이때 API 코드는 내부 이름과 외부 이름 사이의 변환을 처리할 수 있다. 이렇게 하면 서비스의 내부 변경으로부터 외부 인터페이스를 보호할 수 있는 장점이 있다. 이 예제를 확장하기 위해 서비스를 업데이트하면 firstName이 fNameValue로 변경될 수 있다. 이때, 실제 외부 인터페이스가 아닌 미들웨어 코드만 업데이트하면 된다.

마지막으로 일부 내부 작업, 특히 복잡한 계산이나 프로세스를 수반하는 작업은 보다 단순한 방식으로 표현하는 것이 좋다. 어떤 서비스(onboardingSvc)가 작업을 완료하기 위해 여러 종속 서비스('userSvc, customerRelationsSvc, accountSalesSvc) 간에 데이터를 전달해야 할 수도 있다. 이를 여러 종속 액션 대신 단일 액션(sendOnboardingData)으로 외부에 표현한다(자세한 내용은 다음 예제를 참조하자).

기본적으로 API 프로세스 인터렉션 설계 작업을 API 의존 작업으로 생각하라. 원하는 만큼 창의적으로 독창적으로 설계할 수 있다. 서비스 내부를 그대로 답습하지 말고 좋은 인터페이스를 설계해야 한다. API 통신과 내부 서비스의 변혁 사이에 '번역' 단계가 있을 수 있다고 가정하라. 기본 서비스와 퍼블리싱하는 서비스 인터페이스 사이에 느슨한 결함을 유지하기 위해 노력해야 한다.

예제

내부 함수에서 외부 작업으로 직접 변환할 때는 다음 서비스 함수 예시로부터 출발할 수 있다.

```javascript
function approveUser(userId, nickname, approver,level) {
  var approval = {};

  approval.userId = userId;
  approval.nickname = nickname;
  approval.approver = approver;
  approval.level = level;

  return data.create(approval);
}
```

이제 내부 요소를 응답 메시지에서 HTML FORM 객체로 변환한다.

```
<form name="approveUser" enctype="application/x-www-form-urlencoded"
  method="post" action="http://api.example.org/users/approvals"
  target="approvalDisplay">
  <input name="userNick" type="string" value="mork" />
  <input name="approverName" type="string" value="Mr. Roboto" />
  <input name="approveLevel" type="string" value="nominal" /> \
  <input type="submit" value="Approve User" />
</form>
<iframe id="approvalDisplay" />
```

하지만 앞에서 논의했듯 직접 변환은 추천하는 방법은 아니다. 내부 서비스에서 아직 지원하지 않은 용어집이라도 표준화된 용어집을 사용해 외부 액션을 나타내기 위해 잘 알려진 외부 용어집(여기서는 Schecma.org를 참조했다)을 활용한 예제를 살펴보자.

기존 사용자 객체의 업데이트에 대한 간단한 내부 메소드를 생각해보자.

```
function updateUser(id, fname, lname, email) {

    ...

    return userObject
}
```

Schema.org에서 가져온 속성명을 사용해 인터페이스 액션(Collection+JSON 템플릿으로 표현된)을 살펴보자.

```
{
  "collection"{
    "template" : {
      "data" : [
        {"name" : "identifier", "value" : "q1w2e3r4", "prompt" : "User ID"},
        {"name" : "givenName", "value" : "Mark", "prompt" : "First Name"},
        {"name" : "familyName", "value" : "Morkelsen", "prompt" : "Last Name"},
        {"name" : "email", "value" : "mork@example.org", "prompt" : "Email"}
      ]
    }
  }
}
```

마지막으로, 업데이트 액션을 받는 코드는 내부 및 외부명을 처리할 수 있다. 외부 양식에 매핑하는 메소드는 Schema.org의 속성명(identifier, givenName, familyName, email)을 사용하며, 파라미터들의 값들을 로컬 사용자 객체 속성(id, fname, lname, email)에 저장한다.

```
function updateAction(identifier, givenName, familyName, email) {
  var user = data.read(identifier);
  if(user) {
    user.id = identifier;
    user.fname = givenName;
    user.lname = familyName;
    user.email = email;
    user = data.write(user);
  }
  return user;
}
```

여기서 인터페이스가 외부 함수와 직접 매핑을 하지 않는 외부 액션을 가질 때, 다른 시나리오가 있을 수 있다. 다음 외부 액션이 있다고 하자.

```
<form name="declineContract" method="post" action = "...">
  <input name="customerId" value="q1w2e3r4t5" />
  <input name="contractId" value="o9i8u7y6.t5r4" />
  <input name="salesRepName" value="Mandy Miningham" />
  <input name="reviewerName" value="Mark Morkelsen" />
  <input name="reasonCode" value="Q201.B" />
  <textarea name="comments">Unable to locate collateral</textarea>
  <input type="submit" value="Decline Contract" />
</form>
```

이 인터페이스 뒤에 있는 서비스 코드에는 declineContract 메소드가 없다. 하지만 이때 완료돼야 하는 작업들이 있다.

1. declined 로그 레코드 생성

2. customer 레코드 업데이트

3. `contract` 레코드 업데이트

4. `salesRep` 레코드 업데이트

5. `reviewer` 레코드 업데이트

6. `nationalCredit` 에이전트 업데이트

이때, 서비스 API에는 여러 종속 서비스에 수행해야 하는 일련의 함수가 있을 가능성이 높다. 함수 중 일부는 로컬(예: 서비스 코드의 인터널 객체)일 수 있고 일부는 원격(예: nationalCreadit 에이전시와 같은 기타 외부 서비스)일 수 있다. 이런 모든 세부 사항은 API 클라이언트에게는 '숨겨져' 있다.

 앞 예제에서는 발생할 수 있는 오류, 데이터 업데이트 실패 등에 대한 처리 방법을 보여주지는 않는다. 이를 처리하는 방법은 7장을 참조하기 바란다.

토론

'외부 액션처럼 설계'하는 방식을 채택하는 것은 API의 느슨한 결합 측면을 개선할 수 있는 방법이다. 특히 여러분이 직접적으로 매핑된 서비스가 없는 외부 액션을 생성할 때 그런데, 기본 서비스에의 변경 사항이 이 독립적 액션들에서는 직접적으로 반영될 필요가 없기 때문이다. 기본적으로 여러분이 인터페이스 액션 설계 작업을 하면 할수록 향후 서비스 변경, 심지어 보기에는 문제가 될 것처럼 보이는 변경이 API에 나쁜 영향을 미칠 가능성이 줄어든다.

때로는 서비스에서는 내부 작업들(intializeCustomer, collectUserData, collectBankData, finalizeCustomerData)이 있을 수 있다. 가능하면 내부 함수를, 중요한 데이터를 모두 수집하는 단일 외부 작업으로 표현한 다음, API 코드가 작업 순서를 정렬하도록 하는 것이 좋다. 이 작업은 모든 입력이 포함된 단일 '양식'으로 수행하거나 필요한 경우 '진행 중인 작업'의 워크플로를 사용할 수 있다(레시피 7.10 참조). 이렇게 하면 나중에 시퀀스 순서를 변경하거나 단계를 추가, 제거하는 작업을 처리하지 않아도 된다.

동작 제어를 위해 내부 서비스가 부울값에 의존할 때가 있다.

```
function approveUser(bool) {

  if(bool===true) {
    ...
  }
  else {
    ...
  }

  return results;
}
```

부울 연산자를 외부 액션에 대해 드러내는 것은 좋은 생각이 아닌데, 이는 시간이 지남에 따라 목록을 수정하거나 확장할 수 있는 기능을 제한시키기 때문이다. 대신 열거자(여기서는 HAL-FORMS로 표현됨)를 노출하고 클라이언트와 서비스가 내부적으로 이런 값을 렌더링할 방법을 결정하는 게 좋다.

```
{
  "_templates" : {
    "default" : {
      ...
      "properties" : [
        {
          "name" : "approveUser",
          "prompt" : "User Approval",
          "options" : {
            "selectedValues" : ["No"],
            "inline" : ["No","Yes"]
          }
        }
      ]
    }
  }
}
```

API의 코드는 서비스를 호출하기 전에 Yes/No 값을 true나 false로 변환할 수 있다. 또한 향후 서비스 변경으로 인해 pending 상태가 되면, API에 대한 다른 변경 없이 option 엘리먼트를 업데이트할 수 있다.

대부분의 API 구현에서 저자는 선언들을 사용해 내부와 외부 네이밍 전환 작업을 자동화하는 작은 '매핑' 함수를 작성한다. 이렇게 하면 전체 API에 대해 단일 위치에서의 규칙을 업데이트만 하면 된다.

같이 볼 것

- 레시피 4.4, 어휘 프로필을 이해하기 위한 효과적인 클라이언트 만들기
- 레시피 4.9, 응답에서 하이퍼미디어 컨트롤에의 의존
- 레시피 5.7, 클라이언트 프로그램을 위한 전체 어휘 게시
- 레시피 6.3, 외부 액션에 대한 데이터 연관관계 감추기
- 레시피 7.16, 자동 재시도를 통한 빠른 오류 대응
- 레시피 7.17, 로컬 실행 취소 및 롤백의 지원

5.5 클라이언트 응답 설정에 대한 게시 지원

HTTP 프로토콜은 클라이언트가 환경 설정을 나타내는 데 사용할 수 있는 콘텐츠 관련 파라미터를 제공한다. HTTP는 헤더 매개변수 모음, OPTIONS 메소드, 링크 관계값을 지원한다. 하지만 상호작용에 대한 클라이언트 기본 설정을 식별하고 도큐먼트화하기 위해 보다 광범위한 방법이 필요할 때가 있다. 이때 주소 지정이 가능한 별도의 기본 설정 리소스를 통해 HTTP 프로토콜 옵션과 몇 가지 추가 의미론적 레퍼런스를 혼합해 사용하는 방법을 해결책으로 채택한다.

문제

서비스가 일관되고 확장 가능한 방식으로 API 클라이언트에게 가능한 모든 기본 설정 옵션을 게시할 수 있는 방법은 무엇일까? 어떤 HTTP 헤더를 사용할 수 있을까? HTTP OPTIONS 메소드는 언제 사용하는 것이 합리적일까? API 서비스의 기능을 알리기 위해 링크 관계 및 다른 값들에 의존하는 것이 좋은 때는 언제일까?

솔루션

네트워크 서비스에 액세스하기 위해 HTTP 프로토콜을 사용할 때 클라이언트와 서버가 요청한 응답 매개변수의 세부 사항을 조정하는 데 사용할 수 있는 광범위한 '조정 가능한' 값이 HTTP에 있다는 장점이 있다. 기본적으로 서비스는 메시지 통신의 선택 가능한 측면을 하나 이상 '게시'할 수 있으며 클라이언트는 이 정보를 사용해 런타임에 자신의 설정을 서비스에 알릴 수 있다.

 솔루션으로 소개하는 내용을 보면 HTTP 프로토콜, HTML 'FORMS' 속성, 심지어 명명된 링크 관계값과 같은 다양한 소스의 요소가 포함돼 있음을 알게 될 것이다. 응답 옵션의 게시 작업은 복잡한 히스토리가 있으므로, 주어진 가능한 옵션으로 작업해야 한다.

다음은 HTTP의 모든 '조정 가능한' 값과 클라이언트 및 서비스가 이를 이용해 메시지 통신을 사용자화하는 방법을 간략히 정리했다.

Accept

　HTTP **Accept** 헤더(https://datatracker.ietf.org/doc/html/rfc7231#section-5.3.2)는 지원되는 응답 미디어 타입 목록을 반환하는 데 사용할 수 있다. 필수는 아니지만 이 목록값은 IANA 미디어 타입 도큐먼트(https://www.iana.org/assignments/media-types/media-types.xhtml), 또는 다른 출처에 나열된 미디어 타입에서 가져와야 한다.

Allow

　HTTP **Allow** 헤더(https://datatracker.ietf.org/doc/html/rfc7231#section-7.4.1)는 서비스에서 HTTP 메소드에서 지원하는 리스트를 반환할 때 사용된다. 리스트의 값

은 IANA Hypertext Transfer Protocol Method Registry(https://www.iana.org/assignments/http-methods/http-methods.xhtml)에서 가져와야 한다.

enctype

HTML 양식(https://www.w3.org/TR/html401/interact/forms.html#adef-enctype)의 **enctype** 속성은 지원되는 요청 미디어 타입 목록을 반환하는 데 사용될 수 있다. 필수는 아니지만 이 목록의 값은 IANA 미디어 타입 도큐먼트(https://www.iana.org/assignments/media-types/media-types.xhtml)나 다른 출처에서 나열된 타입에서 가져와야 한다.

charset

HTTP **charset** 파라미터(https://datatracker.ietf.org/doc/html/rfc7231#section-5.3.3)는 응답 본문에서 지원하는 캐릭터 세트 목록을 가리키는 데 사용할 수 있다. 이 목록의 값은 IANA character Set document(https://www.iana.org/assignments/character-sets/character-sets.xhtml)에서 가져와야 한다.

encoding

HTTP **encoding** 파라미터는 응답 본문에서 지원되는 인코딩 목록을 반환하는 데 사용될 수 있다. 이 목록의 값은 IANA Content Encoding Registy(https://www.iana.org/assignments/http-parameters/http-parameters.xml#http-parameters-1)에서 가져와야 한다.

language

HTTP **language** 태그(https://datatracker.ietf.org/doc/html/rfc7231#section-3.1.3.1)는 응답 본문에서 지원하는 자연 언어들의 목록을 반환하는 데 사용될 수 있다. 이 목록에서의 유효값들은 IANA Language Subtag Registry(https://www.iana.org/assignments/language-subtag-registry/language-subtag-registry)에서 가져와야 한다.

profile

profile 링크 관련값은 응답에 대해 지원되는 프로필 목록을 반환하는 데 사용할 수 있다. 이 엘리먼트의 내용은 지원되는 어휘나 다른 설명 도큐먼트를 다시 전송하는 유효한 URI 목록일 수 있다.

 HTTP가 지원하는 다른 클라이언트 기본 설정값은 `accept-ranges`다. 이를 통해 클라이언트는 범위 헤더를 통해 응답을 반환할 때 범위값의 범위가 존재한다는 신호를 서비스에 보낼 수 있다. 자세한 내용은 HTTP 사양(https://datatracker.ietf.org/doc/html/rfc7233#section-2.3)에서 확인할 수 있다.

이 항목들은 HTTP `OPTIONS` 메소드나 `meta` 링크 관계값(rel="meta")을 따를 때 반환되는 리소스를 통해 접근 가능해야 한다. 세부 사항은 예제를 통해 보도록 하자.

클라이언트는 서비스에서 지원하는 클라이언트 설정을 요청한 후 이 응답의 값을 요청에 사용해 서비스에서 응답에 사용할 포맷, 언어, 인코딩 등을 서비스에 표시할 수 있다.

서비스가 지원하는 가능한 응답이 하나뿐일 때도(예: "language":"en"), 클라이언트가 중요 매개변수의 값을 찾을 수 있도록 서비스에서 전체 `meta` 리소스 목록을 반환해야 한다.

서비스 인터페이스의 Home 리소스에 클라이언트 기본 설정 `meta` 리소스를 가리키는 링크를 지원하는 게 좋다. `meta` 리소스에서 클라이언트는 서비스가 지원하는 모든 클라이언트 기본 설정의 목록과 가능한 값을 찾을 수 있다.

그림 5-2는 클라이언트 설정 옵션의 `meta` 리소스 목록을 지원하는 인터렉션 모델을 나타내는 다이어그램이다.

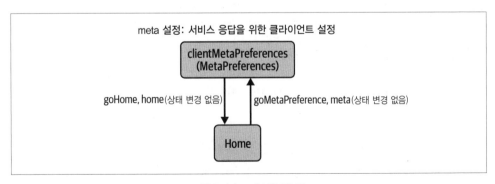

그림 5-2 'meta' 설정 레시피

meta 클라이언트 설정 리소스의 자세한 내용은 이 책과 관련된 온라인 ALPS 도큐먼트 (https://webapicookbook.github.io/alps-documents/)를 참조하기 바란다.

meta 링크가 활성화됐을 때 API에서 무엇이 반환되는지 예제를 보여주고 있다.

예제

요청을 받으면, meta 리소스는 각각 허용되는 값들과 함께 API에서 지원하는 모든 가능한 클라이언트 설정 파라미터를 리스트로 만들어야 한다. 물론 API가 클라이언트 기본 설정 옵션을 모두(또는 일부만)지원하지 않을 수도 있다. 그에 따라 응답 내용도 달라진다.

meta 링크에 대한 응답이나 HTTP OPTIONS 메소드 실행에 대한 응답의 예시(HAL 포맷)를 살펴보자.

```
{
  "_links" : {
    "self" : {"href" : "http://api.example.com/user-service/meta-preferences"},
    "home": {"href" : "http://api.example.com/user-service/"},
    "profile" :
  {"href" :
    "https://webapicookbook.github.io/alps-documents/meta/meta-preferences.json"
    }
  },
  "allow" : "GET PUT PATCH DELETE HEAD OPTIONS",
  "accept" : "application/vnd.hal+json application/vnd.collection+json",
  "enctype" : "application/x-www-form-urlencoded application/json",
  "charset" : "utf-8, iso-8859-1;q=0.7",
  "encoding" : "deflate gzip compress",
  "language" : "en es fr",
  "profile" : "https://alps.example.org/fhir-4.0.1"
}
```

(HTTP사양에 따라) OPTIONS 응답에 본문을 포함할 필요는 없지만 어떤 방식으로든 meta-preferences 표현을 반환하는 게 좋다. OPTIONS가 단일 리소스에 한정된 경우 서

비스에서 meta-preferences 응답을 적절히 수정할 수 있다. 가령, 다운로드 링크는 두 가지 이상의 응답 포맷을 지원할 수 있다. 다음은 SIREN 포맷의 OPTIONS 응답 예시다.

```
**** REQUEST ****
OPTIONS /file-system/download HTTP/1.1
Host: api.example.org
...

*** RESPONSE ***
HTTP/1.1 200 OK
Content-Type: application/vnd.siren+json
Content-Length: XX
Cache-Control: max-age=604800
Allow: GET PUT DELETE HEAD OPTIONS
Accept: application/zip application/gzip
Accept-Charset: utf-8
Accept-Encoding: compress
Accept-Language: en
Link: <https://webapicookbook.github.io/alps-documents/about/about.json>; \
rel="profile"

{
  "class" : [ "meta preferences" ],
  "links" : [
    { "rel" : ["self"], "href" : "http://api.example.org/file-system/download"},
    { "rel" : ["home"], "href" : "http://api.example.org/file-system/"},
    { "rel" : ["profile"],
      "href" : "https://api.example.org/profiles/meta-preferences.json"}
  ],
  "properties" : {
    "allow" : "GET PUT DELETE HEAD OPTIONS",
    "accept" : "application/zip application/gzip",
    "enctype" : "application/json",
    "charset" : "utf-8",
    "encoding" : "compress",
    "language" : "en",
    "profile" : "https://alps.example.org/downloads/"
  }
}
```

OPTIONS 응답에서 헤더 공간과 응답 본문에 모두 클라이언트 기본 설정 매개변수 목록이 포함돼 있음을 알 수 있다. 일부 클라이언트 애플리케이션은 헤더 모음만 구문 분석을 하고 응답 본문의 콘텐츠를 건너뛸 수 있으므로 두 정보 집합을 모두 포함하는 것이 좋다.

토론

단일 서비스 인터페이스가 여기에 나열된 모든 클라이언트 기본 설정을 지원하는 경우는 드물다. 클라이언트가 관심을 갖는 가장 일반적인 설정은 allow, accept, enctype과 가끔 language 정도다. charset 및 encoding은 거의 표시되지 않는다.

서비스 인터페이스가 기본 설정 항목에 하나의 값만 지원하더라도 해당 항목이 meta-preference 응답에 있어야 한다. 이런 방식으로 meta-preference 응답은 서비스 옵션의 런타임 도큐먼트가 되며 API 클라이언트는 이 응답을 통해 매개변수의 최신 목록을 얻을 수 있다.

API 도큐먼트에 개발자에게 인터페이스가 옵션 또는 메타 링크 관계값을 지원한다는 것을 알려주는 항목을 포함해야 한다.

지원되는 클라이언트 환경을 전달할 때 HTTP 옵션에만 의존하는 것은 단점이 있다. HTTP 사양에는 OPTIONS가 캐시를 사용할 수 없다고 명시돼 있다. OPTIONS 요청을 보내는 API 클라이언트가 많으면 API의 확장 문제가 발생할 수 있다. 하지만 독립형 메타 환경설정 리소스(예: `<link rel="meta" href="http://api.example.org/meta-preferences/" />`)를 제공하면 해당 리소스를 긴 캐시 수명으로 표시하고 클라이언트 환경설정 응답을 작성하고 반환하는 데 비용을 줄일 수 있다.

같이 볼 것

- 레시피 3.3, 게시된 어휘를 통해 도메인 세부 정보 공유하기

- 레시피 4.5, 런타임 시 프로필 지원을 위한 상호확인

- 레시피 5.7, 클라이언트 프로그램을 위한 전체 어휘 게시

- 레시피 5.8, 표준 포맷에 맞는 공유 어휘 지원

5.6 HTTP의 콘텐츠 상호확인 지원

HTTP 프로토콜만의 측면 중 하나는 선호하는 응답 본문 형식을 선택할 수 있다는 점이다. 이메일 사양에서 차용한 HTTP용 content-type 헤더 구현으로 인해 공식 IANA Media Type 레지스트리에 등록된 미디어 타입은 약 1,500개에 달하며, 매년 더 많은 미디어 타입이 추가되고 있다. 문제는 어떤 미디어 타입을 사용할지, 언제 사용할지, 클라이언트와 서비스 양측이 컨텐츠 상호확인의 세부 사항을 어떻게 해결할 수 있는지 파악하는 것이다.

문제

HTTP는 클라이언트와 서비스가 메시지를 주고 받을 때 사용할 미디어 타입을 선택하는 프로세스인 '콘텐츠 상호확인'을 하게 한다. 이는 어떻게 동작할까? 사전 콘텐츠 상호확인과 사후 콘텐츠 상호확인의 차이점은 무엇인가? 그리고 적절한 콘텐츠 상호확인을 지원하기 위해 서비스 인터페이스는 무엇을 해야 할까?

솔루션

HTTP는 다양한 응답 포맷을 지원하는 기능이 중요하다. 이를 통해 같은 리소스가 어떤 클라이언트에게는 HTML을, 또 다른 클라이언트에게는 CSV를 반환할 수 있다. 더욱 강력한 기능은 런타임에 응답 포맷을 상호확인할 수 있도록 지원한다는 점이다. 즉 API 클라이언트와 공급자는 요청이 이뤄지는 그 순간 응답에 어떤 메시지 포맷이 사용되는지 알아낼 수 있다.

HTTP 사양에 설명된 콘텐츠 상호확인에는 사전 대응형과 사후 대응형의 두 가지 주요 '타입'이 있다. 각각의 장단점을 알아보자.

사전 콘텐츠 상호확인

사전 콘텐츠 상호확인PCN, Proactive Content Negotiation은 HTTP 서비스에서 가장 구현하기가 쉽다. PCN을 이용하면 API 클라이언트가 응답으로 선호하는 미디어 타입 목록을 하나 이상 전송하면 서버가 제공된 목록을 사용해 사용할 미디어 타입을 사전에 결정한다. 이를 '서버 주도형 콘텐츠 상호확인server-driven content negotiation'이라고도 한다.

클라이언트는 요청에 Accept 헤더를 사용해 응답 기본 설정을 표시하고 서버는 응답에 Content-Type 헤더를 사용해 최종 내용을 표시한다(레시피 5.6 후반부 예제 참조).

PCN에서는 클라이언트가 서버에 선호 사항을 알려주면 서버가 응답 포맷을 최종적으로 결정한다. 클라이언트의 Accept 헤더에 포함되지 않는 형식으로 서비스가 응답할 수 있다는 점에 유의하자. 여기 JSON 예시를 사용하면, 서비스가 JSON 형식을 지원하지 않을 때 해당 서비스는 text/plain이나 application/HTML로 응답할 수 있다.

사후 콘텐츠 상호확인

서비스의 사전 콘텐츠 상호확인에 대한 대안으로 사후 콘텐츠 상호확인RCN, Reactive Content Negotiation이 있다. RCN에서는 서비스가 클라이언트에게 가능한 표현 포맷 목록을 전송하고 클라이언트는 목록에서 선호하는 포맷을 선택한 후 다시 요청을 전송해 어떤 응답 포맷을 선택했는지 알려줘야 한다. 이렇게 하면 선택 권한이 클라이언트 애플리케이션에 완전히 주어지지만 매번 추가 '왕복'이 수행된다.

RCN은 많은 변수(언어, 메시지 포맷, 인코딩 체계)가 있을 때 잘 작동하지만, 서버와 클라이언트가 선호하는 응답 형식을 선택하기 위한 상호작용하는 방법은 HTTP 사양에 명시돼 있지 않다. 일반적인 접근 방식은 서버가 클라이언트가 검토할 수 있는 옵션을 나열하는 응답 본문과 함께 HTTP 상태 코드 300 Multiful Choices로 응답을 하는 것이다. 300 Multiful Choices 응답에는 일련의 Link 헤더와 클라이언트가 자동 리디렉션을 원할 때 Location 헤더가 포함될 때가 많다.

예제

사전 및 사후 콘텐츠 상호확인은 HTTP에 의해 모두 지원된다. 다음은 그 예제다.

사전 콘텐츠 상호확인

PCN에서, 클라이언트는 Accept 헤더에 선호하는 응답 포맷 목록을 보내고, 서버는 이를 통해 최종 선택을 한다.

```
**** REQUEST ****
GET /list HTTP/1.1
Accept: application/vnd.siren+json, application/vnd.hal+json, application/json
...


**** RESPONSE ****
200 OK HTTP/1.1
Content-Type: application/json
....
```

위 경우에서는 서버는 미디어 타입으로 application/json를 선택했다. 클라이언트는 quality 또는 q값의 형태로 추가 설정 정보를 제공할 수 있다. 아래는 그 예다.

```
**** REQUEST ****
GET /list HTTP/1.1
Accept: application/vnd.hal+json;q=0.8, application/json;q=0.4
...


**** RESPONSE ****
200 OK HTTP/1.1
Content-Type: application/json
```

위 경우에서는 클라이언트는 더 높은 설정값(q=0.8 값)으로 application/vnd.hal+json 미디어 타입을 지정했다. 하지만 서버는 여전히 application/json 응답 포맷을 선택했다.

 quality(q)값의 자세한 내용은 HTTP 사양(https://datatracker.ietf.org/doc/html/rfc7231#section-5.3.1)을 참조하기 바란다.

사후 콘텐츠 상호확인

RCN에서, 서버는 지원 가능한 표현 목록을 반환하고, 클라이언트는 최종 선택을 해 응답으로 다시 보낸다.

```
**** REQUEST ****
GET /search HTTP/1.1

**** RESPONSE ****
HTTP/1.1 300 Multiple Choices
Link: <http://api.example.org/html/search>;rel="alternate html"
Link: <http://api.example.org/api/search>;rel="alternate api"
Location: http://api.example.org/html/search
```

다른 방법으로 RCN 응답은 HTML 본문 내 anchor 태그 링크값으로 반환할 수 있다.

```
**** REQUEST ****
GET /search HTTP/1.1

**** RESPONSE ****
HTTP/1.1 300 Multiple Choices
Content-Type: text/html

<html>
  <title>Multiple Choices</title>
  <body>
    <h1>Multiple Choices</h1>
    <ul>
      <li><a href="http://api.example.org/html/search>HTML</a></li>
      <li><a href="http://api.example.org/api/search>API</a></li>
    </ul>
  </body>
</html>
```

토론

서비스가 여러 표현 포맷을 지원할 때 가장 일반적인 접근 방식은 사전(서버 주도형) 콘텐츠 상호확인을 하는 것이다. 이는 클라이언트가 선호하는 포맷을 받지 못할 수 있지만, 가장 간단한 상호작용 방법이다.

RCN에는 주요 단점이 있다. 서버는 기본적으로 어떤 포맷을 반환할 지 추측해야 한다. 클라이언트와 서비스가 같은 포맷을 지원한다면 최고지만, 이런 경우가 아닐 때 할 수 있는 일이 거의 없다. 일반적인 선택은 서비스가 선호하는 것을 반환하는 것이다. 이에 대한 유일한 대안은 클라이언트의 Accept 설정과 일치하지 않을 때 406 Not Acceptable을 반환하는 것이다.

PCN의 단점은 클라이언트가 서버가 무엇을 지원하는지 모르는 경우가 많다는 것이다. 서비스는 이 문제를 클라이언트 설정을 게시하기 위한 메타 서비스 패턴 지원을 통해 해결할 수 있다(레시피 5.5 참조).

사후 콘텐츠 상호확인을 실전에서 접할 때는 거의 없었다. 응답 세부 사항이 잘 명시돼 있지 않기 때문에 양 당사자가 사전에 모든 세부 사항들을 결정하지 않는 한, 프로그램 간 사용 사례에 사용하는 것을 추천하지는 않는다.

이런 콘텐츠 상호확인 문제를 피하는 방법 중 하나는 각 표현 형식에 URL 공간을 할당하는 것이다. 예를 들면 다음과 같다.

- http://api.example.org/siren/search
- http://api.example.org/hal/search
- http://api.example.org/collection-json/search
- http://api.example.org/html/search

이때 서비스 인터페이스가 공간 만큼의 URL 경로가 필요하다는 단점이 있다.

API를 설계할 때 도큐먼트에 지원되는 형식을 도큐먼트화한 다음 클라이언트 기본 설정을 게시하고(레시피 5.5 참조) 런타임 때 사전 콘텐츠 상호확인을 반영하는 방법이 경험상 효과가 있었다.

같이 볼 것

- 레시피 3.1, 기존 미디어 타입과의 상호운용성 만들기

- 레시피 4.5, 런타임 시 프로필 지원을 위한 상호확인

- 레시피 5.5, 클라이언트 응답 설정에 대한 게시 지원

- 레시피 6.7, 데이터 쿼리를 위한 미디어 타입 사용

5.7 클라이언트 프로그램을 위한 전체 어휘 게시

다른 서비스에서 액세스할 수 있는 서비스(예: 프로그램 사이의 인터페이스)를 만들 때는 양 당사자가 서로를 확실히 '이해'하고 있는지 반드시 확인해야 한다. 즉, 각 메시지가 완전하고 양 당사자가 메시지에 포함된 내용을 모두 인식해야 한다. 이것이 RESTful 구현의 본질이다. 로이 필딩은 이를 가리켜 "제대로 된 RESTful API는 제한된 어휘를 가진 고객을 위한 웹 사이트에 불과하다."고 말했다.

문제

API 클라이언트가 서비스 응답을 충분히 '이해'할 것이라는 사실을 어떻게 보장할까? '자기 설명self-describing'이 가능한 메시지를 보낸다는 것은 무엇을 의미할까? 메시지를 설명할 때 무엇이 포함돼야 할까?

솔루션

API 클라이언트가 API 제공자로부터의 메시지를 '이해'할 것이라는 것을 보장하려면 메시지에 나타날 수 있는 모든 중요 데이터 및 작업 속성을 나열하는 '완전한' 어휘 도큐먼트를 작성하는 방법이 좋다. 레오나르드 리처드슨은 이런 값을 '마법의 문자열'[1] 또는 프로필profiles이라고 한다.

---

1   매직 스트링이라고 부른다. 매직 스트링은 서비스가 '어떤 것을 의미'하고 API 제공자와 클라이언트가 중요 정보를 '서로에게 전달' 하는 데 사용할 수 있는 문자열이다. 이 책에서는 이런 매직 스트링의 모음을 어휘집이라고 한다.

profile 링크 관련 타입은 클라이언트가 리소스 표현과 관련된 추가 의미(제약조건, 규칙, 확장)를 학습할 수 있도록 허용하는 것으로 RFC 6906(https://www.rfc-editor.org/rfc/rfc6906.html)에 정의돼 있다. 리소스에 프로필을 적용한다고 해서 메시지에 포함된 콘텐츠의 의미가 바뀌지는 않는다. 대신, 프로필은 메시지에 대한 '추가' 정보를 제공한다.

다른 이름에 의한 프로필

'사전', '용어집', '스키마'와 같이 데이터 및 액션 속성의 최종 목록을 식별하는 데 여러 가지 용어가 사용된다. 저자는 '데이터 사전' 또는 '데이터 모델'이라는 용어를 사용하지는 않는다. 서비스 어휘는 단순히 서비스 데이터의 속성이나 명명된 객체의 속성 그 이상을 정의하기 때문이다. 또한 링크, 양식, 쿼리 문자열을 포함한 모든 세부 작업 사항도 함께 정의한다.

서비스 프로필은 메시지에서 사용하는 모든 식별자를 포함한다. 예를 들어 다음과 같은 HTML FORM을 생각해보자.

```
<form name="create-template" action="http://api.example.org/users"
  method="post" enctype="application/x-www-form-urlencoded">
  <input name="id" value="q1w2e3r4" />
  <input name="familyName" value="Mark" />
  <input name="givenName" value="Morkelson" />
  <input name="telephone" value="+1-555-123-4567" />
  <input name="email" value="mork@example.org" />
  <input name="status" value="active" />
  <input type="submit" />
</form>
```

이 양식에서 어휘 정보는 create-template, id, familyName, given Name, telephone, email, status다. API 서비스 및 API 클라이언트 모두 이 값들이 무엇을 나타내는지 식별하고 '이해'해야 한다. 여기에 이 엘리먼트들의 값이 아닌 이름만 포함시켰다는 점을 주의해야 한다(예: id=q1w2e3r4). 또한 저자의 리스트에서 미디어 타입의 엘리먼트도 포함하지 않았다(예: name, action, method, enctype 등).

어휘 엘리먼트를 식별하는 것만으로는 충분치 않다. 여러분은 해당 어휘가 무엇을 나타내며 메시지에 어떻게 나타날 수 있는지에 대한 설명도 제공해야 한다. 가령, createtemplete 의미론적 값은 HTTP 메시지에서 form 엘리먼트의 name 값으로 나타날 수 있다. 이는 클라이언트 시스템에 새 레코드를 추가하는 데 사용할 수 있는 양식을 식별한다.

여러분은 의미 프로필 도큐먼트에 문자열 값의 출처 같은 추가적인 정보를 포함할 수 있다. 예를 들어 familyName은 Schema.org의 사전에 정의돼 있다는 정보 등이다.

예제

다음은 테스트 서비스인 WebAPICookbook의 book repo(https://webapicookbook. github.io/alps-documents/other/person-api/index.html)에 나열된 person API에 대한 어휘 도큐먼트(소위 의미 프로필)의 예시이며, 다음은 서비스의 샘플 출력 결과다.

```
{
  "collection": {
    "version": "1.0",
    "href": "http://localhost:8181",
    "title": "BigCo Activity Records",
    "links": [
      {
        "name": "home", "href": "http://localhost:8181/",
        "rel": "home", "prompt": "Home"
      },
      {
        "name": "list", "href": "http://localhost:8181/list/",
        "rel": "list", "prompt": "List"
      }
    ],
    "items": [
      {
        "id": "22s3k36pkn4",
        "rel": "person",
        "href": "http://localhost:8181/22s3k36pkn4",
        "data": [
          {"name": "id", "value": "22s3k36pkn4", "prompt": "id"},
          {"name": "givenName", "value": "Mork", "prompt": "givenName"},
          {"name": "familyName", "value": "Mockery", "prompt": "familyName"}
        ],
        "links": [
          {
```

```
          "name": "read", "href": "http://localhost:8181/22s3k36pkn4",
          "rel": "read", "prompt": "Read"
        }
      ]
    }
  ],
  "queries": [
    {
      "name": "filter",
      "href": "http://localhost:8181/filter/",
      "rel": "filter",
      "prompt": "Search",
      "data": [
        {"name": "givenName", "value": ""},
        {"name": "familyName", "value": ""}
      ]
    }
  ],
  "template": [
    {"name": "id", "value": "", "prompt": "id"},
    {"name": "givenName", "value": "", "prompt": "givenName"},
    {"name": "familyName", "value": "", "prompt": "familyName"}
  ]
 }
}
```

적어도 여러분은 의미 식별자를 모두 나열하고 설명을 포함시켜야 한다(표 5-2 참조).

표 5-2 Person API의 의미 프로필

식별자	설명
'id'	person 레코드의 식별자
'givenName'	person 레코드에서의 이름
'familyName'	person 레코드에서의 성
'person'	person 레코드를 가리킴
'home'	Home 뷰로 이동하는 하이퍼미디어 컨트롤
'list'	List 뷰로 이동하는 하이퍼미디어 컨트롤
'read'	단일 person 레코드로 이동하는 하이퍼미디어 컨트롤
'filter'	List 뷰를 필터링하는 하이퍼미디어 컨트롤

추가 정보로 메시지에서 각 요소가 표시될 가능성이 있는 위치를 나열할 수도 있다(표 5-3).

표 5-3 엘리먼트 위치가 포함된 Person API 의미 프로필

식별자	설명	엘리먼트
'id'	person 레코드의 식별자	'name'
'givenName'	person 레코드에서의 이름	'name'
'familyName'	person 레코드에서의 성	'name'
'person'	person 레코드를 가리킴	'rel'
'collection'	레코드의 모음을 식별함	'rel'
'item'	단일 레코드를 식별함	'rel'
'home'	Home 뷰로 이동하는 하이퍼미디어 컨트롤	'rel', 'name'
'list'	List 뷰로 이동하는 하이퍼미디어 컨트롤	'rel', 'name'
'read'	단일 person 레코드로 이동하는 하이퍼미디어 컨트롤	'rel', 'name'
'filter'	List 뷰를 필터링하는 하이퍼미디어 컨트롤	'rel', 'name'

표 5-3에서 세 번째 컬럼('엘리먼트')는 반환하는 미디어 타입에 따라 서로 다른 엘리먼트를 포함할 수 있다는 것을 기억하라. 가령, person 표현을 반환하는 서비스가 application/forms+json 미디어 타입을 사용해 반환한다면, 표 5-4와 같이 될 것이다.

표 5-4 미디어 타입 위치가 포함된 Person API 의미 프로필

식별자	설명	엘리먼트	엘리먼트(Fj)
'id'	person 레코드의 식별자	'name'	'KEY'
'givenName'	person 레코드에서의 이름	'name'	'KEY'
'familyName'	person 레코드에서의 성	'name'	'KEY'
'person'	person 레코드를 가리킴	'rel'	'KEY'
'collection'	레코드의 모음을 식별함	'rel'	'rel'
'item'	단일 레코드를 식별함	'rel'	'rel'
'home'	Home 뷰로 이동하는 하이퍼미디어 컨트롤	'rel', 'name'	'rel', 'name', 'id'
'list'	List 뷰로 이동하는 하이퍼미디어 컨트롤	'rel', 'name'	'rel', 'name', 'id'
'read'	단일 person 레코드로 이동하는 하이퍼미디어 컨트롤	'rel', 'name'	'rel', 'name', 'id'
'filter'	List 뷰를 필터링하는 하이퍼미디어 컨트롤	'rel', 'name'	'rel', 'name', 'id'

FormsJSON 형식은 일부 의미론적 값은 JSON의 구조 엘리먼트(id, givenName, familyName, person)로, 다른 의미값은 값 엘리먼트(collection, item, list, home, read, filter)로 나타난다. 이런 구조와 값의 조합이 각 미디어 타입을 특별하게 만든다. 서비스에서 2개 이상의 미디어 타입을 지원할 때 의미적 요소를 메시지 요소에 적절하게 '매핑'하는 의미 프로필 정보를 제공해야 한다.

```json
{
  "person": {
    "links": [
      {
        "id": "home",
        "name": "home",
        "href": "http://localhost:8181/",
        "rel": "home",
        "title": "Home",
        "method": "GET",
        "properties": []
      },
      {
        "id": "list",
        "name": "list",
        "href": "http://localhost:8181/list/",
        "rel": "list collection",
        "title": "List",
        "method": "GET",
        "properties": []
      },
      {
        "id": "filter",
        "name": "filter",
        "href": "http://localhost:8181/filter/",
        "rel": "filter collection",
        "title": "Search",
        "method": "GET",
        "properties": [
          {"name": "givenName", "value": ""},
          {"name": "familyName", "value": ""}
        ]
      }
```

```
    ],
    "items": [
      {
        "links": [
          {
            "id": "read_22s3k36pkn4",
            "name": "read",
            "href": "http://localhost:8181/22s3k36pkn4",
            "rel": "read item",
            "title": "Read",
            "method": "GET",
            "properties": []
          }
        ],
        "id": "22s3k36pkn4",
        "givenName": "Mork",
        "familyName": "Mockery"
      }
    ]
  }
}
```

토론

기본적으로 의미 프로필은 서비스의 도메인 요소(person, list, filter 등)를 담고 있다. 의미 프로필은 서비스 도메인을 도큐먼트화하는 방법이라고도 생각할 수 있다.

의미 프로필은 filter 하이퍼미디어 컨트롤이 어떻게 작동하는지 설명하지 않으며, 단지 응답에 나타날 수 있다는 것만 설명한다는 점을 주목할 필요가 있다. 의미 프로필은 API 클라이언트 애플리케이션이 미디어 타입이 프로필과 독립적이라는 것을 이해하고 있다고 가정한다. 메시지 타입을 이해하는 것과 메시지의 의미를 이해하는 것 사이의 분리는 잘 설계된 하이퍼미디어 서비스의 중요한 특징이다.

여러분의 서비스가 등록된 미디어 타입을 사용하지 않고 대신 일반 JSON이나 XML과 같은 직렬화 포맷을 사용하면, 서비스는 일반적으로 도메인의 의미를 메시지 구조에 포함시킨다. 예를 들어 다음은 person 서비스에 나올 수 있는 XML로 된 응답이다.

270

```
<list>
  <home href="..." rel="collection"/>
  <list href="..." rel="collection"/>
  <filter href="..." method="get" rel="collection">
    <givenName></givenName>
    <familyName></familyName>
  </filter>
  <person id="..." rel="item read" href="...">
    <familyName>...</familyName>
    <givenName>...</givenName>
  </person>
</list>
```

의미 프로필 매핑은 표 5-5처럼 될 것이다.

표 5-5 JSON과 XML 위치 힌트가 포함된 Person API 의미 프로필

식별자	설명	엘리먼트	엘리먼트(Fj)	엘리먼트(XML)
'id'	person 레코드의 식별자	'name'	KEY	ATTRIBUTE
'givenName'	person 레코드에서의 이름	'name'	KEY	ELEMENT
'familyName'	person 레코드에서의 성	'name'	KEY	ELEMENT
'person'	person 레코드를 가리킴	'rel'	KEY	ELEMENT
'collection'	레코드의 모음을 식별함	'rel'	'rel'	'rel'
'item'	단일 레코드를 식별함	'rel'	'rel'	'rel'
'home'	Home 뷰로 이동하는 하이퍼미디어 컨트롤	'rel', 'name'	'rel', 'name', 'id'	ELEMENT
'list'	List 뷰로 이동하는 하이퍼미디어 컨트롤	'rel', 'name'	'rel', 'name', 'id'	ELEMENT
'read'	단일 person 레코드로 이동하는 하이퍼미디어 컨트롤	'rel', 'name'	'rel', 'name', 'id'	'rel'
'filter'	List 뷰를 필터링하는 하이퍼미디어 컨트롤	'rel', 'name'	'rel', 'name', 'id'	ELEMENT

이때, 도메인의 의미들이 메시지 형식과 매우 밀접하게 얽혀 있어 내부 도메인 요소의 변경으로 인해 외부 인터페이스의 구조적 변경(예: 엘리먼트 이름 바꾸기, 속성 추가/제거 등)이 중단될 수 있다. 가능하면 메시지 세부 사항(외부 인터페이스)을 도메인 세부 사항 (내부 기능)과 독립적으로 유지시켜야 한다. 도메인 의미들이 응답 내에서 구조적 엘리

먼트로 나타날 때를 보면 내부 세부 정보가 외부 인터페이스로 유출되지 않도록 메시지 디자인을 다시 생각해야 한다는 의미다. 이 주제에 대한 자세한 내용은 레시피 5.4를 참조하기 바란다.

같이 볼 것

- 레시피 3.2, 정형 미디어 타입과의 향후 호환성 보장
- 레시피 4.4, 어휘 프로필을 이해하기 위한 효과적인 클라이언트 만들기
- 레시피 5.3, 내부 모델을 외부 메시지로 변환하기
- 레시피 5.4, 내부 기능을 외부 액션처럼 표현하기
- 레시피 5.8, 표준 포맷에 맞는 공유 어휘 지원

5.8 표준 포맷에 맞는 공유 어휘 지원

서비스 인터페이스가 메시지를 통신하기 위해 정형화된 미디어 타입SMT의 사용을 채택하는 경우, 런타임에 서비스의 도메인별 속성 및 동작(또는 의미)이 표현되는 방식도 표준화해야 한다. 이는 메시지 포맷 문제와 유사하며, 표준화된 포맷을 사용해 의미를 표현해 해결해야 한다. 실제 작업은 내부 데이터 또는 객체 모델을 일관된 외부 의미 모델로 표현하는 것이다.

문제

콘텐츠의 의미가 프로그램 간에 전달되는 방식을 어떻게 표준화할 수 있을까? 이 작업에 사용할 수 있는 포맷은 무엇이며, 내부 데이터 및 프로세스 모델을 표준화된 의미 모델로서 표현하는 패턴은 무엇인가?

솔루션

API 클라이언트가 표준화된 프로토콜(예: HTTP)과 표준화된 메시지 포맷(예: SIREN, Collection+JSON 등)에 의존하는 것처럼, 표준화된 어휘의 이점도 API 클라이언트가 누릴 수 있다. 이를 위해, 클라이언트가 이해할 수 있는 표준 포맷으로 모든 데이터 속성과 작업 이름을 정해야 한다.

이는 API에 나타날 수 있는 모든 가능한 이름의 단일 소스가 필요하다는 의미다. 예를 들어 id, name, class, rel나 이와 유사한 구조 요소와 같은 속성에 나타날 수 있는 모든 값이 이에 해당한다. 이런 값의 모음은 '사용자 관리' 또는 '회계' 등의 주제나 도메인을 포괄할 수 있다.

어휘 데이터를 표준화된 형태로 전달하는 데는 몇 가지 옵션이 있다. 가장 오래 전부터 알려진 솔루션 중 하나는 RDF/XML, Turtle(https://www.w3.org/TR/turtle/), JSON-LD(https://www.w3.org/2018/jsonld-cg-reports/json-ld/)와 같은 리소스 기술 프레임워크RDF, Resource Description Framework 형식을 사용하는 것이다. OWL(https://www.w3.org/TR/owl2-overview/) 및 RDF 스키마를 비롯한 몇 가지 스키마 중심 RDF 언어도 있다. API가 RDF 기반 포맷을 사용할 때 자주 사용되는 것은 JSON-LD 포맷이다.

스키마 도큐먼트를 사용할 수도 있다. XML 메시지는 XSD(https://www.w3.org/TR/xmlschema11-1/)를, JSON 기반 메시지는 JSON 스키마(https://json-schema.org/)를 사용할 수 있다. 많은 도구와 함께 잘 정리돼 있지만, XSD 및 JSON 스키마의 일반적인 사용은 어휘의 데이터 속성명을 정의하는 것으로 제한되며 일반적으로 작업 이름(예: 양식 이름, 링크 관계 식별자 등)은 포함하지 않는 포맷이라는 점에 유의해야 한다.

어휘 도큐먼트 작업을 위해 저자가 사용한 포맷은 ALPS 포맷이다. 이는 XML, JSON, 심지어는 YAML에 대한 직렬화를 지원한다.

예제

다음은 FOAFFriend Of A Friend 어휘집에서의 person의 RDF 버전이다.

```
@prefix rdf: <http://www.w3.org/1999/02/22-rdf-syntax-ns#> .
@prefix rdfs: <http://www.w3.org/2000/01/rdf-schema#> .
@prefix foaf: <http://xmlns.com/foaf/0.1/> .

<#JW>
  a foaf:Person ;
  foaf:name "James Wales" ;
  foaf:mbox <mailto:jwales@bomis.com> ;
  foaf:homepage <http://www.jameswales.com> ;
  foaf:nick "Jimbo" ;
  foaf:depiction <http://www.jameswales.com/aus_img_small.jpg> ;
  foaf:interest <http://www.wikimedia.org> ;
  foaf:knows [
    a foaf:Person ;
    foaf:name "Angela Beesley"
  ] .

<http://www.wikimedia.org>
  rdfs:label "Wikimedia"
```

그림 5-3은 위 RDF 도큐먼트를 :isSemantic 시각화 서비스(https://issemantic.net/rdf-visualizer)를 사용해 시각화한 것이다.

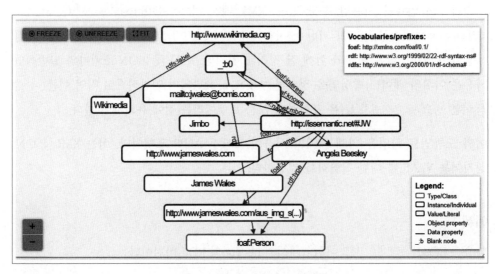

그림 5-3 FOAF RDF의 person 렌더링

다른 접근 방식의 경우, 다음은 이 레시피 전체에서 참조한 person 서비스 API를 자세히 설명하는 ALPS 도큐먼트의 일부다. ALPS 포맷에 대한 자세한 내용은 레시피 3.4를 참조하기 바란다.

```
{
  "$schema": "https://alps-io.github.io/schemas/alps.json",
  "alps":
  {
    "version": "1.0",
    "title": "Person Service API",

    "descriptor" : [
      ...
      {"id": "home", "type": "semantic",
        "title":"Home (starting point) of the person service",
        "tag":"taxonomy",
        "descriptor": [
          {"href": "#goHome"},
          {"href": "#goList"}
        ],
        "doc" : {"value" : "Person API starting point"}
      },
      {"id": "collection", "type": "semantic",
        "title":"List of person resources",
        "tag":"taxonomy",
        "descriptor": [
          {"href": "#person"},
          {"href": "#goHome"},
          {"href": "#goList"},
          {"href": "#goFilter"},
          {"href": "#goItem"},
          {"href": "#doCreate"}
        ],
        "doc" : {"value" : "List of person resources"}
      },
      {"id": "item", "type": "semantic",
        "title":"Single person resource",
        "tag":"taxonomy",
        "descriptor": [
```

```
            {"href": "#person"},
            {"href": "#goHome"},
            {"href": "#goList"},
            {"href": "#goFilter"},
            {"href": "#goItem"},
            {"href": "#doUpdate"},
            {"href": "#doStatus"},
            {"href": "#doRemove"}
        ],
        "doc" : {"value" : "A single person resource"}
        },
        ...
    ]
  }
}
```

그림 5-4는 person 프로필의 전체를 app-state-diagram^{ASD}(https://github.com/koriym/app-state-diagram#alps-asd)를 통해 시각화한 그림이다.

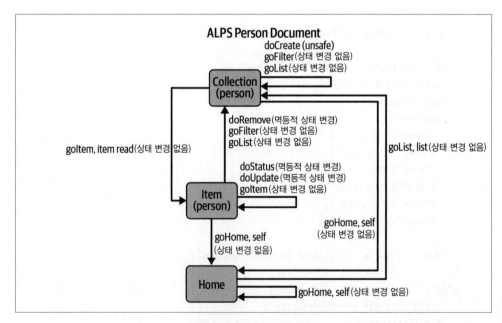

그림 5-4 ALPS의 person 렌더링

RDF와 ALPS의 핵심이 되는 차이점은 RDF는 데이터 아이템 간의 관계에 초점을 맞추고 있으며, ALPS는 액션 아이템 간에 초점을 맞춘다는 것이다. 이 어휘 포맷 간의 차이를 잘 메워주는 것이 히드라 온톨로지^{hydra ontology}다.

토론

서비스 API는 의미 프로필 도큐먼트에 포함된 내용을 완전히 이해할 필요 없이 의미 프로필 URL을 식별자로 사용할 수 있다. 예를 들어, 응답의 헤더 모음에 프로필 URL을 포함시킴으로써 서비스 API는 API 클라이언트에게 해당 서비스 API가 어떤 어휘를 '말하는지'를 알려준다.

```
**** REQUEST ****
GET /shopping/ HTTP/1.1
Host: api.example.org
Accept: application/vnd.collection+json

**** RESPONSE ****
HTTP/1.1 200 OK
Content-Type: application/vnd.collection+json
Link: <http://docs.alps.io/shopping-v2.json>; rel="profile"
```

예제에서는 API 서비스가 shopping 프로필 버전 2를 지원한다고 '게시'하고 있다. API 공급자와 클라이언트가 프로필 지원을 위해 상호확인하는 방법에 대한 자세한 내용은 레시피 4.5를 참조하기 바란다.

인터페이스의 의미를 자세히 설명하는 프로필은 스키마 도큐먼트와 같은 역할을 수행하지는 않는다. 스키마는 객체 또는 도큐먼트 메시지를 설명하는 데 사용된다. 의미 프로필은 객체(또는 도큐먼트)가 서로 상호작용하는 방식을 설명하는 데 사용된다. 프로필 도큐먼트를 게시하면 개발자(및 프로그램)가 문제 공간, 즉 API의 잠재 기능을 이해하는 데 도움이 된다. 사용 중인 메시지 포맷에 따라 스키마 도큐먼트를 게시해 사람과 프로그램이 문제 공간에서 전달될 개체 및 도큐먼트의 타입을 이해하는 데 도움을 줄 수도 있다. API에 스키마 도큐먼트를 활용하는 방법에 대한 자세한 내용은 레시피 4.7을 참조하기 바란다.

또한 ALPS와 같은 의미 프로필 도큐먼트는 OpenAPI, AsyncAPI, Protobuf, SOAP 등과 같은 API 정의 도큐먼트와 같지 않다는 점도 알아둬야 한다. 의미 프로필은 API 모음(해당 프로필을 지원하는 API)에 대한 속성 및 작업의 전체 어휘를 제공한다. API 정의 도큐먼트는 서비스 API의 단일 인스턴스(예: http://api.example.org/shopping)가 어떻게 구현되는지의 세부 정보를 제공한다.

의미 프로필에의 지원에서 중요한 부분은 통신되는 메시지의 미디어 타입 엘리먼트에 프로필 엘리먼트를 매핑하는 것이다. 프로필/미디어 타입 매핑을 도큐먼트화하는 방법의 자세한 내용은 레시피 5.7을 참조하기 바란다.

모든 서비스 API 도큐먼트에 의미 프로필 도큐먼트를 포함하는 것이 좋다. 이렇게 하면 어휘에 대한 자세한 목록을 제공해 API 클라이언트에게 도움이 되며, 서비스가 지원하는 '문제 공간'을 탐색하는 방법에 대한 중요한 힌트를 제공할 수 있다. API가 클라이언트에게 제공해야 하는 서비스 자산의 보다 포괄적인 목록은 레시피 5.10을 참조하기 바란다.

같이 볼 것

- 레시피 3.4, 의미 프로필로 문제 공간 기술

- 레시피 4.5, 런타임 시 프로필 지원을 위한 상호확인

- 레시피 4.7, 메시지 메타데이터 소스로써의 스키마 도큐먼트 사용

- 레시피 5.6, HTTP의 콘텐츠 상호확인 지원

- 레시피 5.7, 클라이언트 프로그램을 위한 전체 어휘 게시

- 레시피 5.10, API 메타데이터의 발행

- 레시피 7.1, 워크플로 호환 서비스 설계

5.9 서비스 정의 도큐먼트의 발행

대부분의 서비스 API는 API 제공자와 API 클라이언트 모두가 성공적으로 상호작용하기 위해 이해해야 하는 공유 인터페이스를 명시적으로 설명하는 서비스 정의 도큐먼트[SDD, Service Definition Document]를 게시해야 한다. 오늘날 가장 일반적인 방법은 여러 표준 포맷 중 하나로 API의 정의를 게시하는 것이다.

문제

일반적인 SDD 포맷은 무엇인가? 어떻게 API 클라이언트들과 SDD를 쉽게 공유할 수 있을까? SDD를 공유할 때 어떤 URL이나 링크 관계값을 사용해야 할까? API의 링크와 함께 다른 위치에도 SDD에 대한 링크를 나열해야 할까? 다른 도큐먼트에도 표시해야 하나?

솔루션

대부분의 API에는 런타임에 공유되는 고정된 URL 및 메시지 본문으로 구성된 세트가 있다. 이런 고정된 '엔드포인트'와 '객체'는 서비스 인터페이스 구현 스타일에 따라 다양한 형식으로 도큐먼트화할 수 있다.

일반적인 API 스타일은(그리고 관련 SDD는) 다음과 같다.

- **HTTP CRUD**: OpenAPI, WADL[Web Application Description Language]

- **이벤트 주도**: AsyncAPI, CloudEvents

- **Remote Procedure**: 프로토콜 버퍼, XML-RPC, JSON-RPC

- **Remote messaging**: WSDL[Web Service Description Language]

- **하이퍼미디어**: ALPS[Appliocation-Level Profile Semantics]

일반적으로 SDD는 사람이 읽을 수 있는 도큐먼트를 생성하거나 API 클라이언트 코드를 생성하는 작업을 간소화하기 위해 설계된다. 때로는 SDD가 실제로 코드에서 생성되기도 한다. 예를 들어, OpenAPI와 WSDL 모두 기존 소스 코드에서 생성할 수 있다. 이 글을 쓰는 현재, 대부분의 포맷은 서비스 인터페이스 디자인 프로세스의 일부로 '수작업'으로 작성된다.

어떤 도큐먼트가 만들어지든, 쉽게 찾을 수 있는 위치에 도큐먼트가 게시되는 게 좋다. 이렇게 하면 API 클라이언트 애플리케이션 개발자가 서비스 API를 성공적으로 쉽게 적용할 수 있다. 이를 위한 가장 좋은 방법은 HTTP 응답에서 링크 헤더, 응답 본문 또는 두 가지 모두에 SDD에 대한 링크를 반환하는 것이다. RFC 8631은 SDD 도큐먼트를 가리키는 링크를 식별할 때 사용할 service-desc의 링크 관계값을 정의한다. 또한 HTTP OPTIONS 요청에 대한 응답으로 링크 헤더에 SDD에 대한 포인터를 반환하는 것이 좋다. 자세한 내용은 이 레시피의 예제를 참조하기 바란다.

 API 메타데이터 도큐먼트에 SDD 도큐먼트의 링크를 되도록 포함시켜라(레시피 5.10 참조).

예제

API의 SDD 위치를 게시할 수 있는 좋은 위치는 HTTP 링크 응답 헤더, 인터페이스 서비스 메타데이터의 일부, HTTP OPTION 응답 내 일부 총 세 가지다.

HTTP 응답 내의 SDD

link 헤더로서 API의 SDD의 포인터를 API 응답에 넣어 게시할 수 있다.

```
HTTP/1.1 200 OK
Content-Type: application/vnd.hal+json
Link: <http://api.example.org/service-desc>; rel=service-desc
...
```

여러분은 또한 응답 본문에 이 정보를 넣어 반환할 수 있다.

```
HTTP/1.1 200 OK
Content-Type: application/vnd.collection+json
...
{ "collection" : {
  "links" : [
    {"rel": "service-desc", "href": "http://api.example.org/service-desc"}
  ]
...
}}
```

포맷이 이를 지원하면 응답의 헤더와 본문 모두에 SDD 위치를 반환할 수 있다.

서비스 메타데이터 내의 SDD

API의 메타데이터 도큐먼트에서 SDD의 위치를 반환할 수도 있다(레시피 5.10 참조). 서비스 메타데이터에 권장하는 포맷은 APIs.json이며, 여기에는 가장 일반적인 SDD 포맷에 대한 키워드가 있다.

다음은 OpenAPI SDD에 대한 지원을 인용한 APIs.json 도큐먼트의 일부를 나타낸 것이다.

```
{
  "name": "Example API",
  "type": "Index",
  "created": "2014-04-07",
  "modified": "2020-09-03",
  "url": "http://example.com/apis.json",
  "specificationVersion": "0.14",
  "apis": [
  {
    "name": "Example API",
    "humanURL": "http://example.com", "baseURL": "http://api.example.com",
    "properties": [
      {"type": "OpenAPI", "url": "http://example.com/openapi.json"}
    ]
```

```
    }
  ]
  ...
}
```

 현재 APIs.json 사양에 포함되지 않는 SDD 포맷을 사용할 때는 자체 포맷 확장으로 추가할 수도 있다.

HTTP OPTIONS 응답에서의 SDD

link 헤더나 OPTIONS 응답의 본문 링크에 SDD를 포함시킬 수도 있다.

```
**** REQUEST ****
OPTIONS / HTTP/1.1
Host: api.example.org
...

**** RESPONSE ****
HTTP/1.1 200 OK
Content-Type: application/vnd.siren+json
Content-Length: XX
Cache-Control: max-age=604800
Allow: GET PUT DELETE HEAD OPTIONS
Accept: application/zip application/gzip
Accept-Charset: utf-8
Accept-Encoding: compress
Accept-Language: en
Link: <https://api.example.org/service-desc>; rel="service-desc"
```

OPTIONS 메소드의 사용에 대한 자세한 것은 레시피 5.5를 참조하기 바란다.

토론

가능하면 SDD 도큐먼트를 서비스 인터페이스의 루트 폴더에 저장해야 한다. 도큐먼트 이름을 service-desc로 지정하는 것도 도움이 될 수 있다. 두 가지를 일관되게 수행하면 API 클라이언트는 SDD의 위치를 '추정'할 수 있으므로 API 개발자가 더 쉽게 작업할 수 있다.

포맷 모음은 완전한 목록이 아니다. 사용자가 다른 SDD 포맷을 사용하고 있거나 일부 대규모 조직은 자체적으로 사용하는 사내 SDD를 갖고 있을 수도 있다. 이 책에는 '실무'에서 가장 자주 등장한 SDD를 포함했다.

경우에 따라 서비스가 여러 인터페이스 스타일(예: HTTP CRUD 및 GraphQL)을 지원할 때도 있다. 이때 응답의 헤더나 본문에 여러 개의 SDD 도큐먼트를 반환할 수 있다.

```
HTTP/1.1 200 OK
Content-Type: application/vnd.hal+json
Link: <http://api.example.org/openapi/service-desc>; rel="service-desc"; \
type="application/openapi+json"
Link: <http://api.example.org/graphql/service-desc>; rel=service-desc"; \
type="application/sdl+json"
...
```

링크 헤더의 **type** 속성을 사용해 응답의 예상 포맷을 나타낼 수 있다(앞의 예제 참조). 여기서 문제는 대부분의 SDD용 포맷에는 자체 미디어 타입 식별자 문자열이 IANA에 등록돼 있지 않다는 것이다. 저자는 미디어 타입 식별자 집합을 채택해 API 도큐먼트에 포함시켰다. 이상적이지는 않지만 예상대로 작동한다. 이 책을 읽고 있을 때쯤이면 더 많은 SDD 포맷이 자체적으로 정규화된 미디어 타입 식별자를 확보하게 되기를 바란다.

하이퍼미디어 스타일 API에 대해 합의된 표준 SDD 형식은 아직 없다는 점에 주의해야 한다. 현재로서는 API 프로필의 일부로 ALPS 도큐먼트를 포함하는 것이 좋다(레시피 5.7 참조).

같이 볼 것

- 레시피 3.4, 의미 프로필로 문제 공간 기술

- 레시피 4.4, 어휘 프로필을 이해하기 위한 효과적인 클라이언트 만들기

- 레시피 4.6, 런타임 시 표현 포맷 관리

- 레시피 5.7, 클라이언트 프로그램을 위한 전체 어휘 게시

- 레시피 5.10, API 메타데이터의 발행

5.10 API 메타데이터의 발행

오픈 웹에서 애플리케이션 인터페이스의 수가 증가함에 따라 API에 대한 메타데이터를 설명하기 위한 공통 포맷과 공통 어휘집이 필요해졌다. 이는 서비스 제공업체가 실제 회의, 상호작용이나 맞춤형 설명 및 도큐먼트화 작업 없이 API에 대한 중요 세부 정보를 전달하고자 할 때 특히 중요하다. 다행히도 이런 정보를 전달할 수 있는 APIs.json 사양이 있다.

문제

서비스 인터페이스에 대한 중요한 메타데이터(지원 포맷, 어휘, 도큐먼트, 보안 등)를 표준화된 방식으로 표현해 API 클라이언트가 인터페이스의 메타 수준 세부 정보를 쉽게 찾고 이해할 수 있도록 하려면 어떻게 해야 할까?

솔루션

API 메타데이터를 카탈로그화하고 게시하는 신뢰할 수 있는 방법은 APIs.json(http://apisjson.org/format/apisjson_0.16.txt)이라는 공개 사양을 사용하는 것이다. 여기에는 API에 대한 대부분의 중요한 메타데이터 엘리먼트(기본 정의, API의 속성, 중요한 URL, 주요 연락처 및 유지 관리자 등)를 다루는 어휘와 구조적 레이아웃이 포함돼 있다. 또한 확장성이 뛰어나 API 제공자가 필요에 따라 이전 버전과 호환되는 방식으로 APIs.json 도큐먼트를 필요에 맞게 확장할 수 있다.

APIs.json 사양은 도큐먼트의 주요 섹션을 정의해 놓고 있다.

- **Root**: API에 대한 이름과, 상세정보, URL, 기타 다른 기본 정보들

- **APIs**: 도큐먼트에 정의돼 있는 API의 목록

- **Tools**: 운영의 일부로 사용 가능한 오픈소스 도구 목록

- **Specification**: 운영의 일부로 적용된 개방형 사양 목록

- **Resource**: API 운영에 대한 가용 리소스 목록

- **Common**: 모든 API 및 도구들에 대한 공통 속성 목록

- **Include**: 도큐먼트에서 포함하고 있는 다른 API.json의 도큐먼트

- **Maintainers**: 해당 API의 유지보수를 위한 개인, 또는 조직

API 제공자는 서비스의 루트 폴더에서 사용할 수 있는 단일 도큐먼트(apis.json이라는 이름의)에 API 메타데이터를 도큐먼트화 할 수 있다. API는 HTTP 헤더 및 HTTP 응답 본문에 포함될 수 있는 링크 관계에 대한 값들도 제공한다. service-meta 관계값(RFC 8631(https://datatracker.ietf.org/doc/html/rfc8631)에 정의돼 있다)은 API의 API.json 도큐먼트를 가리킬 때의 사용을 위한 권장값이다.

가급적 서비스 인터페이스의 'Home' 리소스에서 서비스 메타 리소스 링크를 지원해주는 게 좋다(그림 5-5 참조).

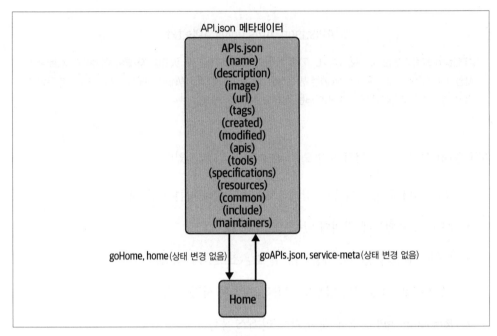

API.json 메타데이터

그림 5-5 API 메타데이터 레시피

API.json 리소스의 service-meta의 자세한 사항은 이 책과 관련이 깊은 ALPS 온라인 도큐 먼트(https://webapicookbook.github.io/alps-documents/)를 참조하기 바란다.

예제

다음은 APIs.json 도큐먼트에 대한 간단한 예제다.

```
HTTP/1.1 200 OK
Content-Type: application/apis+json
...
{
  "name": "Example API",
  "type": "Index",
  "description": "This is an example APIs.json file.",
  "image": "https://api.example.org/logo.jpg",
  "tags": ["Application Programming Interface","API"],
```

286

```
  "created": "2014-04-07",
  "modified": "2020-09-03",
  "url": "http://example.com/apis.json",
  "specificationVersion": "0.14",
  "apis": [
    {
      "name": "Example API",
      "description": "This provides details about a specific API.",
      "humanURL": "http://example.com",
      "baseURL": "http://api.example.com",
      "tags": ["API","Application Programming Interface"],
      "properties": [
        {"type": "Documentation","url": "https://example.com/documentation"},
        {"type": "OpenAPI","url": "http://example.com/openapi.json"}
      ],
      "contact": [{"FN": "APIs.json","email": "info@apisjson.org"}]
    }
  ],
  "specifications": [
    {"name": "OpenAPI", "url": "https://openapis.org"},
    {"name": "JSON Schema","url": "https://json-schema.org/"}
  ],
  "common": [
    {"type": "Signup","url": "https://example.com/signup"},
    {"type": "Authentication","url": "http://example.com/authentication"},
    {"type": "Login","url": "https://example.com/login"}
  ],
  "maintainers": [{"FN": "Mark Morkelson","email": "mork@example.org"}]
}
```

서비스에서는 HTTP 응답에 APIs.json의 가용 여부를 게시할 수 있다.

```
HTTP/1.1 200 OK
Content-Type: HTML
Link: <http://api.example.org/apis.json>; rel=service-meta
...

<html>
  <head>
    <link rel="service-meta" href="http://api.example.org/apis.json" />
```

```
    </head>
    <body>
    ...
    </body>
</html>
```

API 클라이언트 애플리케이션은 사양에 명시된 대로 파일의 기본 위치를 호출해 APIs.json 도큐먼트를 자동으로 '검색'할 수도 있다.

```
GET /apis.json HTTP/1.1
Accept: application/apis+json, application/yaml, text/plain
Host: http://api.example.org
```

토론

APIs.json 사양은 서비스 인터페이스에 대한 관련 정보를 전달하기 위한 것이지, 해당 인터페이스를 자세히 설명하거나 정의하기 위한 것이 아니라는 점에 유의해야 한다. OpenAPI, AsyncAPI, protobuf 등과 같은 다른 포맷이 이런 역할을 위해 설계됐다. 서비스 정의 포맷과 이를 API 클라이언트와 공유하는 방법의 자세한 내용은 레시피 5.9를 참조하기 바란다.

 이 책을 쓰는 시점에서 APIs.json 사양의 완성본은 아직 나오지 않았다. 하지만 현재 버전도 충분히 안정적이며 유용하다. 여러분도 현재 버전을 검토해보기 바란다.

서비스 메타데이터에 APIs.json 포맷을 채택하는 이유 중 하나는 APIs.json 포맷을 입력으로 사용하는 검색 엔진을 제공하는 관련 오픈 소스 프로젝트가 있기 때문이다. APIs.json 검색 엔진 프로젝트(https://github.com/apisio/apis.io)의 최신 버전은 온라인에서 찾을 수 있다. 이 글을 쓰는 현재 이 프로젝트를 포크하거나 다운로드해 APIs.json 도큐먼트를 호스팅하는 자체 API 검색 엔진을 시작할 수 있다.

APIs.json 검색 엔진 프로젝트는 또한 해당 검색 엔진에 대한 APIs.json 도큐먼트의 업로드 및 유효성 검사를 자동화하기 위한 자체 API를 지원한다. 이렇게 하면 대상 API 검색 엔진에 API를 등록하는 자동화된 프로세스를 만들 수 있다.

APIs.json 사양에는 50개 이상의 예약어가 들어있다. 이들 대부분은 '속성 엘리먼트'로 알려져 있으며 APIs.json 문서의 common 섹션에 있는 항목의 type 값에 사용된다. 다음 은 몇 가지 샘플이다.

- `Signup`

- `Login`

- `TermsOfService`

- `InterfaceLicense`

- `PrivacyPolicy`

- `Security`

- `StatusPage`

- `Pricing`

- `Rate Limits`

여기서 물론 여러분이 원하는 이름으로 속성 엘리먼트를 확장해 사용할 수도 있다.

API 메타데이터를 전달하는 데 JSON Home(https://datatracker.ietf.org/doc/draft-nottingham-json-home/) 사양을 사용할 수 있다. 그러나 이 사양 제안은 몇 년 동안 업데이트되지 않았으며, 여기서 설명하는 APIs.json 사양만큼 JSON Home의 실무 예제를 찾기는 쉽지 않다.

같이 볼 것

- 레시피 3.3, 게시된 어휘를 통해 도메인 세부 정보 공유하기

- 레시피 3.4, 의미 프로필로 문제 공간 기술

- 레시피 4.4, 어휘 프로필을 이해하기 위한 효과적인 클라이언트 만들기

- 레시피 5.7, 클라이언트 프로그램을 위한 전체 어휘 게시
- 레시피 5.9, 서비스 정의 도큐먼트의 발행
- 레시피 7.1, 워크플로 호환 서비스 설계

5.11 서비스 상태 모니터링 지원

웹에서 마이크로서비스를 만들어 사용할 때 모든 기능을 직접 프로그래밍할 필요 없이 다른 사람의 서비스에 의존할 수 있다는 장점이 있다. 하지만 종속 서비스를 추가하면 분산 네트워크에서 장애가 발생할 가능성은 올라간다. 종속 서비스의 상태를 모니터링하려면 다른 서비스가 제대로 작동하는지 확인하기 위해 정기적으로 '상태 체크'를 하는 방법이 좋다.

문제

웹에서 서비스의 상태(헬시 체크)를 일관적이면서 정기적으로 모니터링해 서비스가 정상적으로 실행되고 예상대로 작동하는지 확인하려면 어떻게 해야 할까? 서비스의 상태를 평가하기 위해 모니터링해야 하는 일반적인 값은 무엇일까? 이런 상태값을 전달하기 위한 표준 포맷은 무엇인가? 상태 모니터링에 대한 지원을 어떻게 알리고 해당 상태 데이터를 어떻게 공유할까?

솔루션

웹상에서 운영되는 서비스의 상태 모니터링은 일반적으로 쉽지는 않다. 하지만 다행인 것은 몇 년 동안 이 프로세스를 표준화하기 위한 많은 노력이 있었다. 현재는 만료됐지만 HTTP API를 위한 상태 체크 포맷(https://datatracker.ietf.org/doc/html/draft-inadarei-api-health-check-06)이라는 초안 문서가 있다. 이 사양은 2018년에 처음 발표됐으며, 꽤 오랫동안 상태 체크를 구현하기 위한 지침으로 사용됐다.

상태 체크 사양을 정의하는 속성을 소개한다.

- **status**: 서버 상태를 표시함(pass, fail, warn)

- **version**: 서비스의 버전을 게시함

- **releasedId**: 서비스 배포 버전

- **notes**: 현재 서비스 상태에 대한 기록들

- **output**: fail 또는 warn의 경우 오류 출력

- **checks**: 추가 후속 시스템의 자세한 상태 정보를 제공하는 개체

- **links**: 서비스 상태에 대한 자세한 정보를 포함할 수 있는 외부 링크 및 URI를 포함하는 개체

- **serviceId**: 서비스의 고유 식별자

- **description**: 서비스의 설명

 check 개체는 관련 '후속' 서비스의 모음을 나타낸다. 이는 다른 심층 서비스의 상태를 '미리 보기'하는 것이다. 이 개체에서는 몇 가지 속성이 더 정의돼있으며, 세부 사항은 사양을 통해 검토할 수 있다.

상태 체크 사양을 검토할 때 염두에 둬야 할 추가 사항이 있다.

상태 리소스

서비스는 상태 체크 도큐먼트를 요청하는 데 사용할 수 있는 엔드포인트를 게시해야 한다. 상태 리소스^{health resource} 사양은 서비스가 이를 위한 URL로 /health를 사용할 것을 제안하지만, 반드시 따라야 할 필요는 없다.

상태 링크 관련값

상태 링크 관련값^{health link relation value}은 사양 도큐먼트에는 없지만 health-check 링크 관련 값도 사용해 상태 정보를 반환할 URL을 식별한다.

상태 링크 미디어 타입

상태 링크 미디어 타입^{health media type}은 서비스에서 상태 정보를 반환할 때 application/
health+json 타입 식별자를 사용하고 유효한(사양에 근거해) 상태 도큐먼트를 반환
해야 한다.

캐싱

서비스는 빈번한 요청의 영향을 줄이고 서비스 거부 공격을 피하기 위해 응답에
HTTP 캐싱^{caching} 지시어(max-age, ETag 등)를 포함해야 한다. 물론 클라이언트도 캐싱
지시어를 따라야 한다.

세부 사항은 예제를 참조하기 바란다.

여러분의 서비스 인터페이스의 Home 리소스에서 health 리소스를 가리키는 링크를
포함시키는 것도 좋은 방법이다.

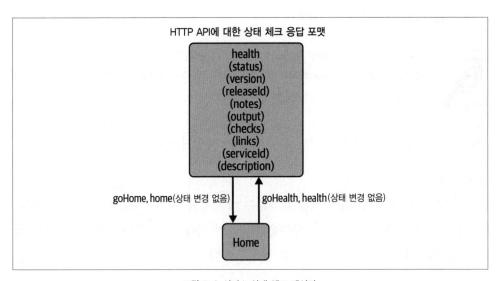

그림 5-6 서비스 상태 체크 레시피

 health 상태 체크(Health check) 리소스의 세부 사항은 이 책과 관련이 깊은 ALPS 도큐먼
트를 참고하기 바란다.

292

예제

일반적인 application/health+json 응답은 다음과 비슷할 것이다.

```
HTTP/1.1 200 OK
Content-Type: application/health+json
Cache-Control: max-age=3600
ETag: "w\i8u7y6t5r4e3w2"
...
{
  "status": "pass",
  "version": "1",
  "releaseId": "1.2.2",
  "notes": [""],
  "output": "",
  "serviceId": "f03e522f-1f44-4062-9b55-9587f91c9c41",
  "description": "health of authz service",
  "checks": {
    "cassandra:responseTime": [
      {
        "componentId": "dfd6cf2b-1b6e-4412-a0b8-f6f7797a60d2",
        "componentType": "datastore",
        "observedValue": 250,
        "observedUnit": "ms",
        "status": "pass",
        "affectedEndpoints" : [
          "/users/{userId}",
          "/customers/{customerId}/status",
          "/shopping/{anything}"
        ],
        "time": "2018-01-17T03:36:48Z",
        "output": ""
      }
    ],
    ...
  }
}
```

여기에서 cache-control 및 ETag 헤더를 사용해 서비스의 트래픽 부하를 줄이기 위해 도큐먼트의 로컬 복사본을 유지하도록 지시하는 것에 주목하자.

OPTIONS 응답에서의 상태 체크 정보

응답에 `link` 관련 값들을 포함시켜 상태 체크 패턴 정보 '게시'할 수 있다. 저자는 대부분 OPTIONS 응답을 통해 수행한다.

```
**** REQUEST ****
OPTIONS / HTTP/1.1
Accept: application/vnd.collection+json, application/html, application/json
...

**** RESPONSE ****
HTTP/1.1 200 OK
Content-Type: application/vnd.collection+json
Link: <http://api.example.org/health>; rel="health-check"
...
```

서비스 메타 응답에서의 상태 체크 정보

상태 체크 정보를 서비스 메타데이터 도큐먼트에도 넣을 수 있다(레시피 5.10 참조).

```
HTTP/1.1 200 OK
Content-Type: application/apis+json
...
{
  "name": "Example API",
  "type": "Index",
  "description": "This is an example APIs.json file.",
  "image": "https://api.example.org/logo.jpg",
  "tags": ["Application Programming Interface","API"],
  "created": "2014-04-07",
  "modified": "2020-09-03",
  "url": "http://example.com/apis.json",
  "specificationVersion": "0.14",
  "apis": [
    {
      "name": "Example API",
      "description": "This provides details about a specific API.",
      "humanURL": "http://example.com",
      "baseURL": "http://api.example.com",
```

```
      "tags": ["API","Application Programming Interface"],
      "properties": [
        {"type": "Documentation","url": "https://example.com/documentation"},
        {"type": "OpenAPI","url": "http://example.com/openapi.json"},
        {"type": "Health","url": "http://example.com/health.json"}
      ],
      "contact": [{"FN": "APIs.json","email": "info@apisjson.org"}]
    }
  ],
  ...
}
```

APIs.json에서 health 타입은 APIs.json 공식 사양에는 들어 있지 않다는 점에 주의하자. 자세한 사항은 레시피 5.10을 참조하기 바란다.

토론

대부분 상태 체크는 기본사항을 점검할 때 도움이 된다. 일반적으로 서비스 클라이언트에게는 pass, fail, warn을 보고하는 것으로 충분하다. 상태 체크를 디버깅이나 진단 도구로 사용하지 말기 바란다. 상태 체크는 인터페이스의 상태를 반영하는 것이지 인터페이스 뒤에 있는 서비스를 반영하는 것이 아니기 때문이다.

레시피 5.11은 'Health Check Response Format for HTTP APIs' 도큐먼트의 draft-06 버전을 기초로 작성됐다. 이 책을 읽을 시점에서 새로운 드래프트 버전이나 최종 RFC버전이 나올 수 있으니 계속 주시하기 바란다.

일부 독자는 다른 사람들이 서비스의 정기적인 응답을 구독할 수 있도록 하는 '콜백' 상태 엔드포인트를 설정하고 싶을 수도 있을 것이다. 하지만 이를 권하지는 않는다. 서비스 사용자 수가 증가함에 따라 처리해야 할 콜백 요청이 수백, 수천 건에 달할 수 있으며 이는 서비스를 쉽게 압도할 수 있기 때문이다. 따라서 많은 상태 요청의 영향을 줄여주는 cache-control 값이 있는 HTTP GET 엔드포인트를 제공을 고수해야 한다. 상태 체크로 인해 서비스가 SLA^Service-Level Agreement을 충족할 수 없게 된다면 정말 아이러니한 일이 아니겠는가!

사양에 따르면 상태 체크에 대한 응답은 '동적'이며, 응답의 내용은 호출 콘텍스트에 따라 사용자 정의화될 수 있다. 가령, 익명 요청은 status 값(pass, fail, warn)만 반환할 수 있지만, 권한이 승인된 요청(예: 어드민 사용자의 요청)은 서비스 상태에 대한 자세한 정보를 볼 수 있다.

사양은 application/health+json의 확장에 대한 많은 자세한 사항을 제공하지는 않는다. 정의된 속성 이외의 추가 정보를 더 포함하고 싶다면, 이전 버전과 호환되는 방식으로 수행해야 하며, 확장에 대한 설명이 담긴 도큐먼트 링크를 제공해야 한다.

같이 볼 것

- 레시피 3.8, 반복 가능한 액션을 위한 설계

- 레시피 3.9, 가역 액션을 위한 설계

- 레시피 5.12, 오류 리포트의 표준화

- 레시피 7.16, 자동 재시도를 통한 빠른 오류 대응

- 레시피 7.17, 로컬 실행 취소 및 롤백의 지원

5.12 오류 리포트의 표준화

모든 인터페이스에서는 오류가 있기 마련이다. 이런 오류를 적절히 처리하는 방법이 관건이다. 이를 위한 첫 번째 단계는 API를 사용하는 애플리케이션에서 일관성 있고 의미 있는 방식으로 초기 오류를 보고하는 것이다. 이것이 바로 RFC7807이 하는 일이다.

문제

웹 기반 서비스에서 런타임 오류를 리포팅하는 가장 좋은 방법은 무엇일까? 오류가 발생하면 호출자에게 어떤 정보를 반환해야 할까? 해당 정보를 반환하는 가장 좋은 포맷은 무엇인가? 오류 보고로 인해 오류가 발생한 API 클라이언트 애플리케이션이 예기치 않게 중단되거나 '충돌'되지 않도록 하기 위해 서비스에서 할 수 있는 일은 무엇인가?

솔루션

안정적이고 사용 가능한 서비스 인터페이스를 위해 오류 리포팅은 매우 중요한 부분이다. 가능한 한 API 제공자와 클라이언트 모두가 오류를 해결하고 설계된 대로 계속 작동할 수 있는 방식으로 오류를 처리해야 한다. 여기서 핵심은 표준화된 방식으로 오류를 리포팅하는 것이다. 즉, API 클라이언트가 "아, 저건 오류야!"라고 인식하고 오류를 해결할 수 있는 기회를 제공해야 한다.

API 클라이언트에게 오류를 보고하는 가장 좋은 방법은 RFC 7807에 정의된 Problem Details 미디어 타입(https://datatracker.ietf.org/doc/html/rfc7807)을 사용하는 것이다. Problem Details 미디어 타입으로 오류를 보고하면 클라이언트가 오류를 인식할 가능성이 높아지며 메시지에 설명된 문제를 해결할 준비를 더 잘 할 수 있다(레시피 5.12의 예제를 참조하기 바란다).

포맷에서의 오류 리포팅 지원

경우에 따라 메시지 포맷에 설계의 일부로 오류 보고 기능이 있는 경우도 있다. 가령, Collection＋JSON 포맷은 error 객체를 포함한다. 포맷이 메시지에서 직접 오류 리포팅을 책임지는 경우 같은 정보를 리포팅하기 위해 RFC 7807 메시지를 사용하는 대신 해당 포맷에서 오류를 보고하는 것이 더 좋다.

오류를 실패한 요청이 아닌 '대체 응답'으로 취급하는 것이 핵심이다. 즉, 항상 오류 리포트를 실패 조건이 아닌 서비스 인터페이스의 기능으로 포함시켜야 한다.

예제

문제 상황에 대한 세부 사양(RFC 7807)은 몇 가지 엘리먼트를 정의하고 있다.

- **type**: 문제 유형을 식별하는 URI 참조(RFC 3986)
- **title**: 문제 유형을 나타내는 제목
- **status**: 서비스가 응답한 HTTP 상태 코드(문자열이 아닌 숫자다)

- detail: 문제 발생과 관련된 설명

- instance: 특정 문제 발생을 식별하는 URI 참조

이 사양은 type:"about:blank"에 대한 기본값을 정의한다. type 속성에 URI가 표시될 때 사양에서는 이 URI가 해당 문제 유형에 대한 메시지를 가리키도록 권장한다.

다음은 일반적인 문제에 대한 세부 메시지다.

```
HTTP/1.1 403 Forbidden
Content-Type: application/problem+json
Content-Language: en
{
  "type": "https://example.com/probs/out-of-credit",
  "title": "You do not have enough credit.",
  "detail": "Your current balance is 30, but that costs 50.",
  "instance": "/account/12345/msgs/abc",
  "status": 403
}
```

사용자 정의 속성을 추가해 문제 사항을 더 세부적으로 기술할 수도 있다.

```
HTTP/1.1 403 Forbidden
Content-Type: application/problem+json
Content-Language: en
{
  "type": "https://example.com/probs/out-of-credit",
  "title": "You do not have enough credit.",
  "detail": "Your current balance is 30, but that costs 50.",
  "instance": "/account/12345/msgs/abc",
  "status": 403,
  "balance": 30,
  "accounts": ["/account/12345", "/account/67890"]
}
```

type 요소의 URL은 out-of-credit 문제의 용도와 의미를 정의하는 문서를 가리켜야 한다. 이 문서에는 balance 및 accounts 요소의 정의도 포함돼야 한다. 이런 식으로 유

형 속성은 이 문제 표현에 대한 의미 프로필을 가리킨다. 의미 프로필의 자세한 내용은 레시피 5.7을 참조하자.

위에서 문제에서의 type, title과 status 세부 메시지들은 '고정'됐으며, API나 서비스가 어떤 메시지를 반환하던 간에 항상 같다. 하지만 detail과 instance 속성은 상황에 따라 달라질 수 있다. 다음은 그 예시다.

```
HTTP/1.1 403 Forbidden
Content-Type: application/problem+json
Content-Language: en
{
  "type": "https://example.com/probs/out-of-credit",
  "title": "You do not have enough credit.",
  "detail": "Your current balance is 20, but that costs 50.",
  "instance": "/account/12345/msgs/q1w2e3",
  "status": 403,
  "balance": 20,
  "accounts": ["/account/r4er3w2", "/account/y6t5r4"]
}
```

이를 앞의 예시와 비교해보자. 두 경우 모두 type, title, status의 값은 같다. 하지만 detail, instance, balance, accounts는 다르다.

RFC7807 사양은 application/problem+json과 application/problem+xml 미디어 타입 식별자를 모두 포함한다. 하지만 xml에 대해서는 세부 메시지의 어떤 예시도 보여주지는 않는다. 다음은 xml의 응답 예제다.

```
HTTP/1.1 403 Forbidden
Content-Type: application/problem+xml
Content-Language: en
<problem-details>
  <type>https://example.com/probs/out-of-credit"</type>
  <title>You do not have enough credit.</title>
  <detail>Your current balance is 30, but that costs 50.</detail>
  <instance>/account/12345/msgs/abc</instance>
  <status>403</status>
<problem-details>
```

이 글을 쓰는 현재, RFC7807에서는 IETF 표준 위원회에서 업데이트를 진행 중이다. 업데이트에서 큰 변화는 없을 것으로 예상되지만, 이 규격을 향후 계속 주시하고 발생할 수 있는 모든 변화에 대비해야 한다.

토론

이 사양은 간단한 HTTP 4xx 또는 5xx 상태 보고로 충분하다면, 발생 문제에 대한 상세 메시지를 사용해서는 안 된다는 점을 명시하고 있다. 예를 들어, 사용자가 기존 레코드를 업데이트하려고 하는데 해당 권한이 없으면 403 응답을 PUT에 반환하는 것으로 충분할 수 있다. 그러나 사용자가 잘못된 본문을 PUT 메시지로 전송한 때는 다시 제출하기 전에 문제를 설명하고 오류를 수정할 수 있는 방법을 제공하는 문제 세부 정보 응답을 반환하는 것은 도움이 될 수 있다.

서비스는 이 포맷을 사용해 클라이언트 애플리케이션에 '디버깅' 정보를 반환해서는 안 된다. 이는 API 뒤에 있는 기본 서비스가 아니라 인터페이스에 대한 세부 정보를 공유하기 위한 것이기 때문이다.

새로운 문제에 대한 타입을 세부화하려면 다음 세 가지를 도큐먼트화해야 한다.

- **type** URI(예: http://api.example.org/problems/insufficient-funds)

- **title**(예: "송금하기에는 잔액이 부족합니다")

- 문제를 정의한 **status** 코드(예: 403)

가능하면 새로운 문제 세부 정보 유형의 수를 제한하고 재사용할 수 있을 만큼 일반적인 유형을 만드는 것이 좋다. 메시지의 **detail**(텍스트) 및 **instance**(URL) 엘리먼트를 사용해 문제 표현을 사용자 정의화해 추가할 수 있다.

또한 문제에 대한 세부 응답을 위해 **Retry-After** 헤더의 사용을 지시하는 것도 가능하다. 이를 통해 필요할 때 API 클라이언트에게 재시도 세부 정보를 표시할 수 있다.

같이 볼 것

- 레시피 3.8, 반복 가능한 액션을 위한 설계

- 레시피 3.9, 가역 액션을 위한 설계

- 레시피 5.11, 서비스 상태 모니터링 지원

- 레시피 7.17, 로컬 실행 취소 및 롤백의 지원

- 레시피 7.16, 자동 재시도를 통한 빠른 오류 대응

5.13 런타임 서비스 레지스트리를 통한 서비스의 회복성 개선

모든 API 인터페이스의 핵심 목표는 사용하려는 서비스를 쉽게 검색하고 다양한 제품과 애플리케이션에서 해당 서비스를 일관되게 (재)사용할 수 있는 기능이다. 레시피 5.13은 공유 런타임 서비스 레지스트리^{RSR, Runtime Service Registry}에 등록해 공급자 서비스를 런타임(설계나 빌드 타임이 아닌)에 덮어쓰고 재사용할 수 있도록 하는 작업에 중점을 둔다.

문제

서비스 제공업체는 자신의 서비스가 타겟 RSR에 쉽고 일관되게 등록되도록 하기 위해 무엇을 해야 할까? 각 서비스 인터페이스가 검색되려면 어떤 내부 기능을 지원해야 할까? 서비스는 어떻게 런타임 상태 통계를 RSR에 보고할 수 있나? 머신과 사람 모두의 서비스 검색 가능성을 개선하기 위해 서비스는 어떤 서비스 메타데이터를 제공해야 하나?

솔루션

RSR을 유지 관리하면 웹에서 실행 중인 서비스의 검색 가능성과 재사용성을 향상시킬 수 있다. 서비스가 웹에 배포되고 시작되면 해당 서비스는 하나 이상의 RSR에 스스로를 '게시'해야 한다. 이는 기본적으로 레지스트리에 서비스가 실행 중인 위치, 서비스의 기능 종류, 미디어 타입(레시피 3.1), 공유 어휘(레시피 3.3), 인터페이스 정의(레시피 5.9), 상

태 체크(레시피 5.11)와 같은 기타 지원 정보를 알려준다. RSR은 서비스를 위한 일종의 도메인 이름 시스템(DNS)으로, 다른 서비스를 찾고 연결할 수 있는 신뢰할 수 있는 장소라고 생각하면 된다.

레시피는 기존 API의 프로그램 간의 런타임 검색 및 사용을 지원하는 데 중점을 두고 있다. API 포털, 카탈로그 등과 같이 사람이 주도하는 설계나 빌드 시간을 검색을 지원하는 다른 옵션도 있다. 이 레시피(레시피 5.10과 함께)는 설계 및 빌드 시 API 검색을 지원하도록 조정할 수도 있다.

서비스가 런타임 웹에서 쉽게 검색되고 (재)사용되려면 다음을 지원해야 한다.

시작 시 등록

서비스가 배포되면 하나 이상의 RSR에 자동으로 자동 등록register on startup돼야 한다. 이렇게 하면 다른 서비스에서 필요할 때 서비스를 찾을 수 있다.

주기적인 상태 리포트

주기적인 상태 리포트periodic health reports는 RSR에 의해 간격이 설정된 서비스로 등록 시 제공한 URL을 사용해 RSR에 '핑백ping back'해 서비스가 실행 중인지 확인해야 한다. 선택 사항으로 지난 보고 기간 동안 호출된 횟수, 보고된 오류 수(400/500) 및 응답 시간과 같은 일부 사용 통계를 보고할 수 있다.

셧다운시 등록 해제

서비스가 제어된 종료나 치명적인 오류로 인해 오프라인 상태가 되면 관련된 모든 RSR에 대해 자동으로 등록 해제unregister on shutdown돼야 한다. 이렇게 하면 서비스를 사용할 수 없을 때 다른 서비스가 연결을 시도하지 않는다.

소개한 세 가지 지원 작업은 모두 서비스 내부에 있으며 이 기능을 사용 가능한 서비스 API 인터페이스의 일부로 노출할 필요는 없다.

예제

RSR을 지원하는 서비스를 만든다는 것은 서비스가 시작 시 등록하고, 상태 핑을 RSR로 보내고, 종료 시 등록을 취소하도록 설정하는 것을 의미한다. 다음은 discovery라는 패키지를 사용해 시작 시 사전 구성된 RSR에 등록하는 간단한 예제다.

```
var srsResponse = null;
var srsRegister({Url:"...","name":"...", .....});

// register this service w/ defaults
discovery.register(srsRegister, function(data, response) {
  srsResponse = JSON.parse(data);
  initiateKeepAlive(srsResponse.href, srsResponse.milliseconds);
  http.createServer(uuidGenerator).listen(port);
  console.info('uuid-generator running on port '+port+'.');
});
```

등록 시 다음과 같은 서비스 메타데이터 모음을 RSR에 제공해야 한다.

- serviceURL: 여러분이 등록한 서비스의 URL

- serviceName: 등록된 서비스의 이름

- semanticProfile: 공백으로 분리된 프로필 URI(레시피 3.4 참조)

- mediaType: 공백으로 분리된 mediaType 식별자 목록(레시피 3.1 참조)

- apiDefinition: API 정의 도큐먼트를 가리키는 주석이 달린 링크 모음(레시피 5.9 참조)

- tags: 공백으로 분리된 검색 가능한 키워드(예: "gdpr banking loans")

서비스가 실행되는 동안 주기적으로 RSR을 핑ping 해 서비스가 계속 실행 중인지 확인해야 한다. 예제에서는 initiate KeepAlive(...) 메소드를 사용해 이를 보여준다. 이 메소드는 추가 상태 정보(또는 해당 데이터를 가리키는 'href'. 세부 사항은 레시피 5.11 참조)를 전송할 수도 있다.

서버가 의도됐든 치명적인 오류 때문이든 오프라인 상태로 빠질 때마다 다른 사람이 누락된 인스턴스(또는 클러스터)를 사용하려고 시도하지 못하도록 RSR 레지스트리에서 해당 서비스를 제거해야 한다. 다음은 종류별로 서비스 등록 취소 방법을 보여주는 Node.jS 예제다.

```
// set up proper discovery shutdown
process.on('SIGTERM', function () {
  discovery.unregister(null, function(response) {
    try {
      uuidGenerator.close(function() {
      console.log('gracefully shutting down');
        process.exit(0);
      });
    } catch(e){}
  });
  setTimeout(function() {
    console.error('forcefully shutting down');
    process.exit(1);
  }, 10000);
});
```

setTimeout 메소드를 추가해 필요할 때 서비스를 다운로드한다는 점을 주목해야 한다.

치명적인 서비스 충돌은 discover.unregister 메시지의 전송을 무효화시킬 수 있으므로, RSR은 보통 평백 대기시간을 최대로 잡는다. 최대 시간을 초과한다면, RSR은 등록 엔트리를 삭제하거나 상태를 down(또는 다른 값)으로 변경할 것이다.

토론

실행 중인 각 서비스 인스턴스나 클러스터는 RSR에 있어야 한다. 예를 들어, 북미의 한 컴퓨터에서 실행 중인 netPresentValueCalculator 서비스 인스턴스와 북아프리카의 한 컴퓨터에서 실행 중인 다른 인스턴스가 있다면, 이는 RSR에 2개의 항목으로 표시될 것이다. 반대로 같은 서비스 인스턴스가 여러 RSR에 나열될 수도 있다. 예를 들어, 인스턴스가 북미에서 호스팅되는 레지스트리와 호주에서 호스팅되는 레지스트리에 등록될 수도 있다.

단일 서비스(예: computeInterest)에 여러 버전이 있을 수 있다는 점에 유의하자. 이런 버전이 독립 실행형 인스턴스로 실행되면, 각 버전이 RSR에 나열돼야 한다. 이를 통해 API 클라이언트는 사용하려는 버전을 찾을 수 있다.

 RSR은 서비스를 등록하기 위해 인증된 사용자를 요구할 가능성이 높다. 특히 웹에서 사용되는 RSR의 경우는 더욱 그렇다.

서비스는 RSR을 사용해 내부적으로 종속된 서비스를 찾아 연결할 수도 있다. 가령, computeInterest 서비스가 외부 taxTable 및 federalRates 서비스에도 의존할 때, 서비스는 RSR로 이런 각 외부 서비스의 기본 버전을 찾아 통합할 수도 있다.

서비스를 등록할 때는 서비스의 '검색 가능성'을 개선하기 위해 가능한 한 많은 메타데이터를 제공하는 것이 유리하다. 태그 필드에 키워드는 물론 서비스 프로필, API 정의, 지원되는 미디어 타입도 반드시 포함해야 한다.

같이 볼 것

- 레시피 3.4, 의미 프로필로 문제 공간 기술
- 레시피 4.4, 어휘 프로필을 이해하기 위한 효과적인 클라이언트 만들기
- 레시피 5.7, 클라이언트 프로그램을 위한 전체 어휘 게시
- 레시피 5.9, 서비스 정의 도큐먼트의 발행
- 레시피 7.6, RESTful 작업 제어 언어 지원

5.14 클라이언트 지원 식별자를 통한 처리량 증가

일반적으로 서버는 클라이언트 애플리케이션이 생성한 모든 리소스에 식별자를 생성하고 반환한다. 이는 고유 리소스 URL의 처리를 단순화시키지만, 단점이 있다. 특히 다단계 프로세스(A를 생성하고, 고유 ID를 A에서 얻고, 이를 통해 B를 생성하는 데 사용)가 엮여 있으면 더욱 그렇다.

문제

언제 클라이언트가 고유 식별자를 제공하도록 허용해야 할까? 어떻게 하면 안전하고 일관되게 제공할 수 있나? API 클라이언트가 제공한 리소스 ID를 지원하는 가장 쉽고 신뢰할 수 있는 방법은 무엇인가?

솔루션

고유 식별자를 생성하기 위한 믿을 만하면서 간단한 방법은 날짜-시간 스탬프 정보를 사용하거나 난수 생성기를 사용하는 것이다. 다음은 자바스크립트의 난수 생성기를 사용한 예다.

```
var id = parseInt(String(Math.random()).substring(2)).toString(36);
// id = "906lem09xu8"
```

여러분은 또한 날짜-시간 또는 난수를 UUID^{Universally Unique Identifier} 생성에 사용할 수 있다. UUID 생성에는 사양(RFC-4122(https://www.rfc-editor.org/rfc/rfc4122.html)이 있으며 간단한 루틴을 작성하기 위한 가이드로 참조할 수 있다. 다행스러운 것은 RFC-4122 호환의 UUID 생성기가 대부분 프로그래밍 언어에서 지원한다는 점이다. 일부 프로그래밍 플랫폼은 UUID 생성을 위한 직접 호출을 제공하기도 한다(Node.jS의 v17은 cryptoAPI 모듈을 통해 UUID 함수를 지원한다).

 클라이언트 제공 식별자는 다단계 워크플로의 순차 처리(sequencial processing)를 줄이고 이를 병렬 처리(parallel processing)로 대체시킬 수 있다(예제 참조).

클라이언트 애플리케이션은 고유 식별자를 생성해 URL에 포함되거나 서비스 API로 전송되는 HTTP POST, PUT, PATCH 요청의 본문에 제공하도록 지시해야 한다. 그러면 서비스 API는 요청을 처리하기 전에 값을 검사하고 고유한 값인지 확인할 수 있다. 클라이언트가 제공한 값이 고유하지 않으면, 서비스는 클라이언트가 문제를 해결할 수 있는 방법에 대한 추가 정보와 함께 409 conflict 상태 코드를 반환할 수 있다.

예제

고유 식별자를 생성하는 가장 간단한 방법은 프로그래밍 언어에서 지원하는 난수 생성기를 이용하는 것이다. 다음은 자바스크립트로 구현한 샘플 코드다.

```
// generating unique identifiers
function makeId() {
  var rtn;

  rtn = String(Math.random());
  rtn = rtn.substring(2);
  rtn = parseInt(rtn).toString(36);

  return rtn;
}
```

makeId()를 호출하면 1oyte4x0zep와 같은 난수값이 출력될 것이다.

어떤 난수 생성기는 기대하는 '임의의 값'이 아닐 가능성도 있다. 그래서 난수값과 날짜-시간 값을 조합해 RFC-4122 사양을 따르는 UUID 값을 만들 수도 있다. 다음은 이에 대한 예제다.

```
// generating UUIDs (Public Domain/MIT)
function generateUUID() {
  var d = new Date().getTime();
  var d2 = ((typeof performance !== 'undefined') &&
    performance.now && (performance.now()*1000)) || 0;
  return 'xxxxxxxx-xxxx-4xxx-yxxx-xxxxxxxxxxxx'.replace(/[xy]/g, function(c) {
    var r = Math.random() * 16;
    if(d > 0){
```

```
    r = (d + r)%16 | 0;
    d = Math.floor(d/16);
  }else {
    r = (d2 + r)%16 | 0;
    d2 = Math.floor(d2/16);
  }
  return (c === 'x' ? r : (r & 0x3 | 0x8)).toString(16);
  });
}
```

이렇게 해서 출력된 UUID는 절대로 값이 중복돼 생길 일은 없을 것 같다. 하지만 결과 값은(예: e6db8698-7128-478d-8658-12c2cb9dd126) 앞 예제에서 만들었던 값보다 지나치게 길다.

결괏값은 클라이언트 애플리케이션의 HTTP 'POST' 동작에 대한 본문 메시지의 일부로서 전달될 수 있다.

```
<p>Create a New Person</p>
<form name="create" action="/persons/" method="post">
  <input type="hidden" name="unique-id" value="1oyte4x0zep" />
  <input type="text" name="name" value="Mark Morkleson" />
  <input type="submit" />
</submit>
```

또는 HTTP PUT 동작에 대한 URL의 일부로도 전달될 수 있다.

```
<p>Create a New Person</p>
<form name="create" action="/persons/1oyte4x0zep" method="put">
  <input type="text" name="name" value="Mork Markleson" />
  <input type="submit" />
</submit>
```

 새로운 리소스 생성을 위한 HTTP PUT 사용의 세부 내용은 레시피 5.15를 참조하기 바란다.

클라이언트가 제공한 고유 식별자가 허용 가능한지 확인하는 것은 서버 측의 몫이다. 예를 들어, 식별자(및 관련 리소스)가 이미 존재하는지, 식별자의 형식이 올바른지(예: 적절한 길이의 문자열에 적절한 문자가 포함되는 등) 등이다. 어떤 이유로든 클라이언트가 제공한 식별자가 허용되지 않으면, 서비스 인터페이스는 HTTP 상태 409 conflict로 쓰기 작업을 거부해야 한다.

토론

일부 클라이언트 애플리케이션 개발자는 고유한 값을 제공하는 것을 꺼릴 수 있다. 이 때는 고유 식별자를 생성하는 코드 라이브러리를 제공하고 클라이언트 애플리케이션 개발자가 SDK를 사용할 때처럼 이를 사용하도록 권장하면 이런 걱정을 덜 수 있다.

클라이언트가 제공한 식별자를 요구하는 접근 방식은 클라이언트가 제공하지 않았을 때 식별자를 생성하는 대체 접근 방식을 서비스 인터페이스에 제공하는 것이다. 이는 간단한 if-test에 사용될 수 있다.

```
function addItem(id, body) {
  var item;

  if (id) {
    item.id = id;
  } else {
    item.id = makeId();
  }
  ...
}
```

위는 id가 없을 때 makeId()로 대체하는 코드이며, 이 API가 백엔드 서비스에서 간단하게 제공되는 경우라면 유용하다.

고객이 제공한 식별자를 사용하면 순차적인 워크플로 처리의 필요성을 줄일 수 있다는 장점이 있다. 가령, customer, account, salesRecord 등 세 가지 리소스를 업데이트해야 할 때를 생각해보자. 또한 acount 레코드에는 customer 식별자가 속성으로 있어야 하고, salesRecord에는 customer 및 account 식별자가 모두 속성으로 있어야 한다고 가정하자. 이 시나리오에서 서비스가 식별자를 제공하는 경우 워크플로는 다음과 같을 수 있다.

```
writeCustomer()
  .then(function(customerResponse) {
    return writeAccount(accountResponse);
}).then(function(nextResponse) {
    return writeSalesRecord(salesRecordResponse);
}).then(function(finalResponse) {
    console.log('Final response: ' + finalResponse);
}).catch(failureCallback);
```

기본적으로 각 단계는 이전 단계가 완료될 때까지 기다려야 한다. 하지만 클라이언트 제공 식별자를 사용할 때는 다음과 같이 작업할 수 있을 것이다.

```
var cId = makeId();
var aId = makeId();
var sId = makeId();
Promise.all([
  writeCustomer(cId),
  writeAccount(cId,aId),
  writeSalesRecord(cId,aId,sId)
])
.then(() => console.log('All done!'))
.catch(function(err) {
  rollbackAll(cId,aId,sId);
  console.log('Write failed!');
});
```

클라이언트 제공 식별자 레시피의 부작용은 리소스 식별자가 순차적이지 않고 사람들이 읽거나 기억하기 쉽지 않다는 것이다. 순서가 없기 때문에 악의적인 해커가 리소스 식별자를 추측하기가 더 어려워질 수 있다. 또한 합법적인 개발자가 레코드 모음을 탐색하기 어렵게 만들 수도 있다. 생성된 식별자가 사용자 인터페이스에서 숨겨져 있을 때 클라이언트가 목록 및 기타 출력에 표시할 수 있는 '친숙한 ID'를 다음처럼 제공하도록 하면 두 번째 문제를 완화할 수 있다.

```
<ul>
  <li id="q1w2e3r4">Sally-R</li>
  <li id="p0o9i8u7">Jane-Q</li>
  <li id="6y5t4r3e">Barb-Z</li>
</ul>
```

같이 볼 것

- 레시피 3.6, 멱등성을 통한 일관성 있는 데이터 작성 설계

- 레시피 3.8, 반복 가능한 액션을 위한 설계

- 레시피 3.9, 가역 액션을 위한 설계

- 레시피 5.15, 멱등성 생성을 통한 신뢰성 향상

- 레시피 6.2, 모든 변경에 멱등성 부여

- 레시피 7.16, 자동 재시도를 통한 빠른 오류 대응

5.15 멱등성 생성을 통한 신뢰성 향상

웹 API에서 새 리소스를 생성할 때 HTTP POST를 사용하는 방법이 관행이지만, 가장 신뢰할 수 있는 방법은 아니다. 프로그램 간의 상호작용(중간에 사람의 개입이 없는)의 경우 응답 손실 문제가 발생할 수 있기 때문에 HTTP POST를 사용하는 것이 문제가 되기도 한다. 네트워크 연결에 결함이 있을 때도 반복 가능하고 신뢰할 수 있는 리소스를 생성할 수 있는 솔루션이 필요하다.

문제

HTTP POST를 사용해 새 리소스를 만들 때 응답 손실 문제가 발생할 수 있다. 예를 들어, API 클라이언트가 계정 A에서 계정 B로 500달러를 이체하는 'POST'를 보냈는데 해당 API 클라이언트가 HTTP 응답을 받지 못한다고 가정하자. 200 OK도 400 Bad Request도 500 Server Error도 없다.

이때 클라이언트는 무엇을 해야 할까? 요청이 서버에 전달됐나? 요청을 거부하는 서버 측 오류가 있었나? 요청이 서버에 도달해 완료됐지만 '200 OK' 응답이 네트워크에서 삭제됐다면 어떻게 해야 할까? 이때 요청을 반복하면 전송이 두 번 실행될 수 있다.

서비스에 데이터를 쓸 때 응답 손실 문제의 악영향을 피하려면 어떻게 해야 할까?

솔루션

서버 리소스 상태가 불분명하기 때문에 HTTP POST 작업에 대한 응답이 손실되면 문제가 발생한다. 서버가 업데이트됐는가? 문제를 더욱 복잡하게 만드는 것은 POST에 대한 HTTP 사양(https://datatracker.ietf.org/doc/html/rfc7231#section-4.3.3)이 이 메소드를 멱등으로 정의하지 않는다는 점이다. 즉, HTTP PUT과 달리(https://datatracker.ietf.org/doc/html/rfc7231#section-4.2.2) HTTP POST 요청은 '클라이언트가 서버의 응답을 읽기 전에 통신 장애가 발생하면 자동으로 반복'될 수 없다.

레시피 5.15의 중요 엘리먼트는 클라이언트 제공 고유 URL의 사용이다. 자세한 내용은 레시피 5.14를 참조하기 바란다.

이 문제에 대한 해결책은 API 클라이언트가 새 레코드를 만들거나 기존 레코드를 업데이트하는 등 서비스에서 리소스를 수정하려는 모든 경우에 PUT을 사용하는 것이다. HTTP PUT은 멱등성이 있는 메소드이므로 클라이언트 애플리케이션은 실수로 리소스를 '이중 게시'할 염려 없이 서비스에서 데이터를 수정하려는 요청을 자신 있게 반복할 수 있다.

HTTP 'POST'를 계속 사용하면서 멱등성 업데이트를 지원하는 다른 옵션도 있다. 최근의 예로 '멱등성있는 핵심 HTTP 헤더 필드(https://datatracker.ietf.org/doc/html/draft-ietf-httpapi-idempotency-key-header)'가 있다. 이 방법은 새로운 헤더나 다른 확장 없이도 기존 HTTP 버전에서 잘 작동하므로 이 레시피에 따라 솔루션을 구현하는 것을 권장한다.

클라이언트 애플리케이션은 새 리소스를 만들려 할 때 **If-None-Match** 헤더를 사용할 수도 있고, 기존 리소스를 업데이트하려 할 때 **If-Match** 헤더를 사용할 수도 있다.

이런 방식으로 클라이언트 애플리케이션은 목록 응답 문제로 인한 부작용을 피할 수 있다.

예제

멱등 응답 솔루션의 핵심은 항상 서버에 데이터를 쓸 수 있는 비활성 HTTP 메소드('PUT')를 지원하는 것이다. 클라이언트 애플리케이션이 새 리소스를 생성하도록 하려면 **PUT** 메소드를 사용하도록 하고, 전체 URL을 제공하고, 값이 '*'인 **If-None-Match** 헤더를 포함하라.

다음은 HTTP 리소스 생성을 위한 **PUT** 사용 예제다.

```
PUT /persons/q1w2e3r4
Host: api.example.org
Content-Type: application/json
Content-Length: XXX
If-None-Match : "*"

{"name":"Mark Morkelson"}
```

이 요청을 받으면 API 서비스는 제공된 URL에 이미 리소스가 있는지 확인하고 와일드카드 엔티티 태그('*')와 '일치하는 것이 없을 때' 서버가 리소스를 생성하고 다음과 같은 응답을 반환할 수 있다.

```
201 Created
Location: http://api.example.org/persons/q1w2e3r4
```

그러나 해당 URL에 리소스가 이미 존재할 때 서버는 다음과 같은 응답을 반환할 수 있다.

```
209 Conflict
Content-Type: text/plain

Unable to create. Resource already exists.
```

클라이언트 애플리케이션이 기존 리소스를 업데이트하려면 업데이트 PUT 요청을 보낼
때 해당 리소스의 고유 엔티티 태그(서버에서 제공)를 제공해야 한다. 다음은 예제다.

```
**** REQUEST ****
GET /persons/q1w2e3r4
Accept: text/plain

**** RESPONSE ****
200 OK
Content-Type: application/vnd.collection+json
ETag: "w/p0o9i8u7y6yt5r4"

{"collection": {
  "items": [
    {"href" : "/persons/q1w2e3r4", "data" : [ {"name" : "Mark Morkleson"} ]}
  ],
  "template" : { "data" : [ {"name" : "Mork Markleson"} ] }
}}

**** REQUEST ****
PUT /persons/q1w2e3r4
If-Match: "w/p0o9i8u7y6yt5r4"
Content-Type: application/x-www-form-urlencoded
Accept: application/vnd.collection+json

name=Mork%20Markleson

**** RESPONSE ****
200 OK
Content-Type: application/vnd.collection+json
ETag: "w/i8u7y6t5r4e3"

{"collection": {
  "items": [
```

```
    {"href" : "/persons/q1w2e3r4", "data" : [ {"name" : "Mork Markleson"} ]}
  ]
}}
```

이 업데이트 시나리오를 위해 기존 리소스의 **ETag** 헤더값과 함께 **If-Match** 헤더가 전송된다. 서버는 **PUT** 요청을 확인하면 **If-Match** 헤더의 값을 사용해 리소스가 존재하는지, 다른 업데이트 프로세스(새로운 엔티티 태그 값으로 나타날)에 의해 변경되지는 않는지 확인할 수 있다. 업데이트가 실패하면(예: 리소스 부재 또는 엔티티 태그의 불일치) 서버는 409 **Conflict** 응답을 반환할 수 있다.

토론

레코드를 생성할 때 완전한 URL의 제공은 일부 API 설계자들에게는 좀 익숙하지는 않아 보일 것이다. 하지만 이는 대부분 HTTP 클라이언트 애플리케이션이 파일 업로드(이미지, PDF 문서 등)를 수행하는 일반적인 방식이다.

레시피 5.15는 클라이언트 애플리케이션이 HTTP 헤더(ETag, If-None-Match, if-match)와의 상호작용에 기인한다. 하지만 이는 일부 API 클라이언트(예: HTML FORMS로 제한된 브라우저)에는 문제가 될 수 있다. 서버에서 제공하는 양식에서 엔티티 태그 관련 정보를 숨겨진 필드로 제공하면 여전히 이 작업을 수행할 수 있다. 엄밀히 따지면 이 레시피에 HTTP POST를 사용할 수도 있다. HTML 브라우저에서 수행은 다음과 같다.

```html
<p>Create a New Person</p>
<form name="create" action="/persons/q1w2e3r4" method="post">
  <input type="hidden" name="if-none-match" value="*" />
  <input type="text" name="name" value="Mark Morkleson" />
  <input type="submit" />
</submit>

<p>Update an Existing Person</p>
<form name="update" action="/persons/q1w2e3r4" method="post">
  <input type="hidden" name="if-match" value="w/p0o9i8u7y6yt5r4" />
  <input type="text" name="name" value="Mork Markleson" />
  <input type="submit" />
</submit>
```

이 방법은 HTTP POST에서 작동하지만, PUT은 비활성(안정적으로 반복 가능)으로 정의되고 이런 POST 사용은 관례에 따라 상호작용을 반복 가능한 것으로만 '취급'하기 때문에 서버를 구현할 때는 HTTP PUT을 대신 사용하도록 권장한다.

모든 쓰기 작업에 멱등적 메소드를 고수함으로써 서비스에서 업데이트에 대한 자동 재시도를 지원할 수도 있다. 대부분의 HTTP 라이브러리는 HTTP GET에 대한 자동 재시도를 지원하지만, PUT이나 DELETE에 대해서도 이 기능을 제공하는 라이브러리는 아직 찾지 못했다. 이 옵션에 대한 자세한 내용은 레시피 5.16을 참조하기 바란다.

같이 볼 것

- 레시피 3.6, 멱등성을 통한 일관성 있는 데이터 작성 설계
- 레시피 5.14, 클라이언트 지원 식별자를 통한 처리량 증가
- 레시피 5.16, 종속 서비스에 대한 런타임 대체 제공
- 레시피 6.2, 모든 변경에 멱등성 부여
- 레시피 7.16, 자동 재시도를 통한 빠른 오류 대응

5.16 종속 서비스에 대한 런타임 대체 제공

하나의 서비스가 다른 서비스를 호출할 때, 처음 서비스는 이후 서비스에 종속성을 띤다. 이 서비스들은 네트워크상에서 동작하므로 많은 문제들이 발생할 가능성이 있다. 단일 종속 서비스에 문제 발생시 실패의 영향은 적을지 몰라도, 다중 종속 서비스에서 발생할 경우 실패의 영향은 기하급수로 커질 수 있다. 여러분이 서비스 API를 운영한다면 이런 실패 가능성에 책임이 있으며, 이를 완화해야 한다.

문제

하나의 서비스가 다른 서비스에 종속되고 있을 때, 실패에 대한 위험을 어떻게 줄일 수 있을까? '치명적인 종속성'과 같은 종류의 가능성을 억제하기 위해 어떤 패턴을 사용할

수 있으며, 런타임 시 이런 종속성이 발생했을 때 어떻게 해결할 수 있을까? 종속된 서비스로부터 데이터를 읽을 때와 해당 서비스에서 데이터를 쓸 때, 서비스의 신뢰성을 어떻게 유지할 수 있을까?

솔루션

API가 실제로는 다른 API를 통합하는 인터페이스일 때도 있다. 예를 들어 쇼핑 API는 쇼핑 카트 API, 결제 API, 배송 API라는 세 가지 다른 API의 혼합으로 구현될 수 있다. 문제는 의존 API 중 하나 이상이 네트워크 또는 로컬 서버 문제로 인해 런타임에 연결할 수 없는 상황이 발생할 수 있다는 점이다. 필요한 것은 각 의존 API에 대해 잘 정의된 '백업 계획' 또는 대체 옵션이다.

 여러분의 솔루션은 '데이터 읽기'와 '데이터 쓰기'에 대한 시나리오를 고려해야 함을 명심하라.

네트워크 문제로부터, 또는 의존하고 있는 다른 서비스의 문제로부터 여러분의 서비스 인터페이스를 보호하는 것은 몇 가지 방법으로 완화시킬수 있다.

자동재시도

자동재시도^{automatic retries}란 실패 발생이 간헐적이고 잠깐 동안 발생하며 재시작으로 고쳐진다고 가정하는 것이다. 대부분 HTTP 라이브러리들은 내장형 HTTP GET 요청에 대해 자동재시도 기능이 있지만 PUT이나 DELETE 같은 불안전한 액션들에는 지원하지 않는다. 하지만 여러분의 코드를 수정해 이를 지원하는 것은 그리 어렵지 않다.

정적 대체 옵션

정적 대체 옵션^{static fallback option}이란 여러분이 초기 API 의존성을 설정(또는 하드코딩)할 수 있는 것처럼(예: var shoppingAPI = "http://shopping.example.com/home") 설정을 확장해 같은 서비스에 대한 두 번째 '대체' 위치(예: var shoppingAPIFallback = "http://other-shopping.example.com/home")를 정할 수 있음을 말한다. 이후 초기 위

치가 응답 실패를 반환하면 대체 여러분의 런타임 코드가 대체 위치를 참조하도록 바꿀 수 있다. 이는 약간의 상태 관리가 필요하며 자세한 내용은 레시피 3.7을 참조하기 바란다.

동적 대체 옵션

동적 대체 옵션dynamic fallback option이란 통합 API를 만들어 필요한 기능에 대해 사용 가능한 다른 대안을 찾을 수 있는 서비스 레지스트리를 요청할 수 있다. 이는 본질적으로 서버의 위치를 갖고 있는 런타임 DNS와 유사하게 런타임 서비스 검색 기능이다. 자세한 내용은 레시피 5.13을 참조하기 바란다.

나중에 재생할 수 있도록 요청을 대기열에 추가

초기 서비스와 대체 서비스 모두 연결이 불가능한 상태라면, 여러분은 요청을 '대기'열에 추가해 놓고 서비스가 다시 정상으로 돌아올 때 시도할 수 있다. 이를 위해 로컬 큐를 설정하고 이의 처리를 위한 코드를 만들어야 한다. 일반적으로, 이때 초기 응답은 HTTP 202 Accepted와 함께 응답 본문이 반환되며, 본문에는 API 클라이언트가 지연된 요청을 처리하고 모니터링하는 방법을 기술하고 있다(레시피 7.15참조). 물론 여러분은 도큐먼트화된 인터페이스 설계에 이의 가능성을 포함시킬 필요가 있으며, 이를 통해 API 클라이언트는 이런 종류의 응답에 준비를 할 수 있을 것이다.

포기

마지막 방법은 요청 자체를 그냥 중지시켜 API 클라이언트에게 호출한 API는 "현재 요청 처리가 불가능한 상태입니다"라는 메시지와 함께 HTTP '500' 오류를 반환하는 것이다. 이는 가장 안전하면서 기능이 필요 없는 옵션이다. 이때, 가능하면 API 클라이언트가 요청을 재시도하기 전에 예상 대기시간을 포함시킨 응답 본문을 반환해야 한다. 여러분의 500 Internal Service Error는 API 클라이언트가 이를 완화시키기 위한 코드를 만들 수 있으며, 이는 클라이언트 애플리케이션에도 영향을 미칠 수 있다.

종속된 서비스가 단순히 메인 데이터 소스로만 쓰인다면(예: 우편번호, 국가, 지역, 제품 번호 목록 등) 6장에서 다룰 데이터 캐싱 레시피를 사용할 수도 있다.

기본적으로 의존하는 시스템의 다른 엘리먼트에서 장애가 발생할 때를 가정하고 각 가능한 장애 지점에 대해 앞서 언급한 완화 솔루션 중 하나 이상을 통합하도록 API를 구현해야 한다. 궁극적으로 장애를 예방할 수 없지만, 그 영향을 완화할 수 있다. 존 갈[John Gall]의 말을 인용하면 "모든 대규모 시스템은 대부분의 시간 동안 장애 모드에서 운영될 것이다."

회로차단기 패턴의 고려

이 레시피에서 회로차단기(Circuit-Breaker) 패턴과 같은 다른 솔루션을 기대했을 수도 있다. 이 책은 주로 프로그램 간 상호작용 수준에 초점을 맞춰 회로 차단기와 같은 기준 코드 중심 솔루션은 대부분 생략했다. 서문에서 회로차단기 패턴 및 기타 패턴을 포함해 마이크로서비스 코딩을 위한 가이드로 여러 권의 책을 적극 추천한다.

예제

레시피 5.16은 몇 가지 가능한 솔루션을 간략히 설명한다. 다음은 각각의 예제다.

자동 재시도

여러분은 자동으로 재시도 요청을 호출하는 API를 배치할 수 있다. 여기서 관리를 위한 핵심은 다음과 같다.

- 요청 실패 타입(예: HTTP '502'가 반환되는 경우)
- 만들어진 요청 타입(예: 'GET', 'PUT', 'DELETE')
- 다시 시도하기 전까지의 대기 시간(재시도까지의 대기 시간은 250ms)
- 재시도 횟수(예: 재시도 횟수는 3회)

내부 API 코드는 다음과 비슷하게 구성될 수 있다.

```
var reqParams = {} // request params
reqParam.host = "https:/api.example.com"
reqParams.url = "/users/q1w2e3";
```

```
reqParams.body = "mork=mamund&name=Mike Morkelsen";
reqParams.method = "PUT";
reqParams.waitMS = 300;
reqParams.retryAttempts = 3;
reqParams.successFunction = requestSucceeded;
reqParams.failFunction = requestFailed;

httpLib.request(reqParams);
```

이 API가 실패하게 되면, 여러분은 시도(대기 기간의 수정을 통해)를 반복하든지, 아니면 레시피에서 제시한 완화 작업(정적 대체, 동적 대체, 요청 대기열 추가, 포기)중 하나를 시도할 수도 있다.

정적 대체

여러분은 요청 모음의 대체 위치를 포함시키고 추가적 요청 시도 및 호스트 교체를 위한 요청 메소드에 코드를 추가해 대체 호스트 호출 시도를 포함하는 여러분의 요청 기능을 업데이트할 수 있다.

```
var reqParams = {} // request params
reqParams.host = "https:/api.example.com"
reqParams.url = "/users/q1w2e3";
reqParams.body = "mork=mamund&name=Mike Morkelsen";
reqParams.method = "PUT";
reqParams.waitMS = 300;
reqParams.retryAttempts = 3;
reqParams.successFunction = requestSucceeded;
reqParams.failFunction = requestFailed;
reqParams.alternateHost = "https://alternate-api.example.com";

httpLib.request(reqParams);
```

이 API가 실패하면 다른 옵션을 시도할 수 있다.

동적 대체

동적 대체 방법은 고정된 대체 호스트가 없고 대신 호스트를 '찾아야' 하므로 조금 더 까다롭다. 동적 대체를 구현하는 방법의 자세한 내용은 레시피 5.16을 참조하기 바란다.

요청 대기열 추가

재시도 및 대체가 실패하면 요청을 대기열에 추가하고 나중에 다시 시도하도록 할 수 있다. 이 기능은 로컬 요청 구현 시 옵션으로 추가할 수 있다.

```
var reqParams = {} // request params
reqParams.host = "https:/api.example.com"
reqParams.url = "/users/q1w2e3";
reqParams.body = "mork=mamund&name=Mike Morkelsen";
reqParams.method = "PUT";
reqParams.waitMS = 300;
reqParams.retryAttempts = 3;
reqParams.successFunction = requestSucceeded;
reqParams.failFunction = requestFailed;
reqParams.queuingFunction = queueRequest;
reqParams.alternateHost = "https://alternate-api.example.com";

httpLib.request(reqParams);
```

이를 실행하면, 본문에 추가적인 정보를 포함시키면서 HTTP 202 Accepted 응답을 반환해야 할 것이다. 자세한 사항은 레시피 7.15를 참조하기 바란다.

포기

어느 시점에서는 실패를 인정하고 요청을 완료하려는 시도를 중단해야 할 수도 있다. 이때 요청을 완료할 수 없음을 나타내는 응답 본문과 함께 적절한 응답(HTTP 5xx 오류)을 반환해야 한다. 이 요청은 API 클라이언트가 일련의 API 요청 중 하나일 수 있으므로 시리즈에 있는 다른 요청의 추가 롤백을 지원하기 위해 클라이언트가 필요로 할 수 있는 정보를 포함해야 한다. 자세한 내용은 레시피 7.16을 참조하기 바란다.

토론

다행인 점은 나열된 옵션 중 몇 가지(자동 재시도, 정적 대체, 동적 대체)는 API 클라이언트의 조정없이 가능하다는 것이다. 이런 옵션은 '숨겨진' 구현의 세부 사항이다.

반대로 요청 대기 중 옵션은 클라이언트가 202 Accepted 응답에 대비해야 할 뿐만 아니라 다른 서비스에 이 대기열 이슈를 알려야 할 수도 있으므로 API 클라이언트와 상당한 상호확인이 필요하다. 서비스가 결제 처리를 처리하는 데 일부 종속 서비스를 사용할 수 없을 때를 생각해보자. API 호출자에게 202 Accepted를 반환하면 호출자 쪽에서는 혼란이 온다. 이미 재고를 줄이고 구매한 상품의 배송을 예약했을 수도 있기 때문이다. 이제 다른 활동을 '되돌릴'지, 그대로 두고 호출 API에 알리지 않을 것인지, 아니면 호출 API에 활동을 기다리거나 취소할 수 있는 옵션을 제공할 것인지 결정해야 한다.

 POST나 PATCH와 같이 멱등성이 없는 HTTP 메소드에 재시도를 수행하지 말아야 한다. 대신에 GET, HEAT, PUT, DELETE에 대해서만 이 완화 조치를 해야 한다. 드물지만, HTTP POST 작업이 성공적으로 완료됐어도 실패로 간주될 수 있다. 예를 들어, 대상 서비스의 201 Created 응답이 호출을 수행한 API 클라이언트에게 반환되지 않을 때가 있을 수 있다. 이 시나리오에 대한 자세한 내용은 레시피 5.15를 참조하기 바란다. PUT은, '잘못된 실패'의 결과로 대상 서비스에서 데이터가 손상되거나 중복될 가능성은 훨씬 적다.

포기 옵션의 예외와 함께, 여기서의 모든 완화 방법은 API 실행상의 추가 처리를 포함한다. 추가된 기능들(재시도, 대체, 대기열)은 효과를 보기 위해서는 로컬에서 실행돼야 할 것이다.

이런 완화 기능을 API에서 호출되는 외부 공유 서비스로 구현하는 실수를 범하면 안된다. 이렇게 되면(치명적인) 의존성이 발생할 수 있다. 여러분의 API 코드가 작업을 수행하기 위해 다른 기본 서비스에 연결할 수 없을 때, 외부 완화 서비스에도 연결하지 못하는 경우가 발생한다.

모든 HTTP 500번대 레벨의 응답에 완화 방법을 사용하는 것이 일반적이나, 완화 기능을 재설정하는 시점의 제한을 원할 수도 있을 것이다. 예를 들어 HTTP 408 Request Timeout은 이를 지원하는 좋은 후보다.

향후 HTTP 500번대 레벨에 새로운 응답이 추가될 수도 있을 것이며, 모든 500번대에 완화 기능을 적용하는 것은 좋은 생각은 아니다. 저자가 추천하는 재시도, 대체, 대기열에 적용할 만한 HTTP 응답은 500, 502, 503, 504 정도다. 다른 500번대 응답은 '포기' 옵션으로 처리를 하는 게 더 낫다.

이 옵션들의 수행은 실패한 서비스의 동의를 받을 필요는 없다. 가령, 서비스 인터페이스에서는 적시에 응답하지 못한 서비스가 발생하면 이를 제외시키면서 재시도, 대체, 대기열 삽입 등의 완화 조치를 할 수 있다.

재시도 옵션을 구현할 때 대상 서비스(재시도를 하려는 서비스)의 도큐먼트를 체크해서 서비스 거부 응답을 트리거하도록 코드를 프로그래밍하지 않았는지 확인해야 한다. 재시도를 지나치게 자주, 또는 빨리 전송해 기본 대상 서비스를 남용하지 않도록 주의해야 한다.

 서비스의 요청이 처리된 모든 과정을 기록으로 남겨놓는 것도 좋은 아이디어다. API 클라이언트의 요청을 처리하고 저장하고 전달하는 추가적인 작업 수행을 하는 곳에서는 분명 유용하다(이 레시피에서 다룬 것처럼).

대체 옵션을 구현할 때 활동을 추적하려는 경우(예: API 클라이언트의 과거 작업 기록 유지) 추가적인 요청/응답 관리 기능을 제공해야 할 수도 있다. 다른 서비스 사용을 대체 옵션으로 설정하면 처리 대상을 가변적으로 만들게 되므로 모든 요청이 같은 서비스에서 처리되지 않을 수 있다. 세부 사항이 중요한 경우에는 서비스 인터페이스에서 이런 요청을 추적하고 이에 대한 추가 요청 추적 및 관리 옵션을 제공할 수 있도록 준비해야 한다.

같이 볼 것

- 레시피 5.4, 내부 기능을 외부 액션처럼 표현하기

- 레시피 6.9, 캐싱 지시문으로 성능 개선하기

- 레시피 7.16, 자동 재시도를 통한 빠른 오류 대응

- 레시피 7.17, 로컬 실행 취소 및 롤백의 지원

5.17 의미적 프록시를 사용한 비규격 서비스로의 액세스

이 책에 소개된 레시피의 핵심은 하이퍼미디어 기반 서비스 인터페이스를 사용해 탄력적인 API 클라이언트를 지원한다는 개념이다. 하지만 네트워크에 노출해야 하는 서비스가 하이퍼미디어 상호작용을 구현하지 않을 때가 있다(예: FTP 업로드 서비스). 이런 서비스는 자체 IT 에코 시스템 외부의 타사에서 운영하기 때문에 변경할 수 없을 때도 있다.

문제

RESTful 웹 마이크로서비스 에코시스템에서 비규격 서비스를 이슈없이 노출하려면 어떻게 해야 할까? 다른 원격 타사 서비스를 래핑하는 로컬 프록시 서비스는 언제 만들어야 좋을까? 우리가 설계하지 않았고 유지 관리하지 않는 서비스에 안정적이고 신뢰할 수 있는 프록시를 만들려면 필요한 것이 무엇일까?

솔루션

기존 서비스의 기능이 필요하지만 서비스 설계가 RESTful 에코시스템에서 적응 가능하고 진화 가능한 인터페이스를 지원하도록 설계되지 않을 때가 있다. 이때는 비규격 서비스와 나머지 서비스 에코시스템 사이에서 '번역' 장치 역할을 하는 로컬 규격을 준수하는 서비스 프록시를 만들어야 한다.

일반적으로 원하는 서비스 인터페이스를 설계한 후, 비규격 서비스에서 지원되는 요청으로 RESTful 요청을 변환하는 API '래퍼'에서 자체 로컬 코드를 작성해야 한다. 또한 이런 프록시는 비규격 서비스의 모든 응답을 RESTful 리소스 표현으로 변환해야 한다.

기존 서비스가 선호하는 의미적 어휘로 작동하지 않거나 메시지 통신을 위해 원하는 미디어 타입을 지원하지 않을 때가 있다. 이때, API 클라이언트로부터 비규격 서비스를 숨기는 일종의 '의미적 번역' 프록시를 도입하는 것은 그리 어려운 일이 아니다.

프록시 솔루션은 비규격(1장의 '웹에서 확장 가능한 서비스를 위한 공유 원칙' 참조) 서비스에 '갇힌' 기능을 노출해야 하고 해당 서비스를 RESTful 웹 마이크로서비스 원칙에 맞게 수정할 수 없거나 수정할 수 없을 때 유용하다.

레시피 5.17에서 논의할 서비스 프록시에는 엔터프라이즈 레벨 프록시ELP, Enterprise-Level Proxy, 사용자 정의 일회성 프록시COP, Custom One-off Proxy, 의미 프로필 프록시SPP, Semantic Profile Proxy 세 가지가 있다.

엔터프라이즈 레벨 프록시(ELP)

알고리즘적으로 비호환 서비스와 호환 서비스 간의 커뮤니케이션을 해 주는 ELP를 생성할 수 있을 때가 있다. ELP의 대표적인 예는 IBM의 CISC EXCIExternal Call Interface다. 이 솔루션은 조직이 그동안 RESTful 서비스로 개발되지 않았던 도메인 특화 서비스 플랫폼(예: 회계 시스템 등) 개발에 많은 노력을 기울여 왔다면 잘 작동한다.

ELP 접근 방식은 기존의 관련 서비스 모음(또는 단일 소스로부터 넓은 범위의 기능을 제공하는 단일 모놀리식)을 변환할 때 잘 작동할 것이다.

사용자 정의 일회성 프록시(COP)

좀 더 점진적인 접근방식은 COP를 생성해 기존 기능들을 RESTful Web API 호환 인터페이스로 변환하는 것이다. 예컨대, 기존 FTP 파일 업로드 서비스에 RESTful 인터페이스를 추가하려는 경우다. COP 접근방식은 호환 문제를 해결하는 데 필요한 노력을 줄이고 진행하면서 확정과 수정을 더 용이하게 만들어준다.

호환 규정을 따라야 하는 이종의 서비스가 섞여 있거나 이런 종류의 주의가 필요한 소규모 서비스가 예상될 때 COP 접근 방식을 사용하면 좋다.

의미 프로필 프록시(SPP)

때로는 외부 서비스와의 상호운영성의 장벽은 각 서비스가 '말하는' 언어를 서로 이해하지 못하기 때문에 발생한다. 예를 들면, Collection +JSON이나 SIREN과 같은 하이퍼미디어 포맷 대신 'text/csv' 메시지로 소통하는 서비스에 의존할 때가 있을 것이다. 또는 응답이 여러분의 조직에 선호하는 어휘(예: 의료, 헬스 분야 어휘집인 FHIR이나 은행 정보 어휘집인 BIAN)를 따르지 않는 경우도 있을 것이다. 이때, 데이터 통신을 위해 SPP의 생성을 생각해 볼 수 있다.

SPP의 구현은 XML을 SIREN으로 변환하는 작업처럼 간단할 수도 있고 하이퍼미디어 폼을 CSV 파일 형식만 지원하는 일련의 통신들에 추가하는 것처럼 복잡할 수도 있다. 이런 이유 때문에 때로는 SPP의 설계 및 구현에 어느 정도 작업이 들어가야 할지 추측하는 게 어렵다. 이 작업의 예는 Collection+JSON과 XMA의 전환을 지원하는 XLST 전환 프록시 작성이 있다.

어떤 접근방식을 선택하든지 간에(SPP, COP, ELP) 모든 서비스 프록시는 다음 엘리먼트를 처리해야 한다.

- 사용 중인 도메인을 설명하는 의미 프로필을 생성한다(레시피 5.7)

- 여러분의 프록시의 기능을 보여주는 API 정의 도큐먼트를 게시한다(레시피 5.9)

- 기본 서비스, 내부 함수를 사용해 모든 외부 액션을 구현하는 코드를 작성한다(레시피 5.4)

기본적으로, 서비스 프록시를 작성하는 것은 새로운 서비스 인터페이스의 설계, 정의, 구현을 하는 작업이다. 이미 다른 비호환 구현체에 의존하는 동작 중인 서비스가 존재한다는 차이점이 있다.

예제

각 프록시 모델(ELP, COP SPP)는 조금씩 다른 구현 접근법을 요구한다.

COP 예제

다음은 FTP 파일 업로드를 위한 RESTful 프록시의 COP 구현 예제다. 일단 RESTful 인터페이스 구현으로 '커버'해야 할 기존 서비스 인터페이스는 다음과 같다.

```
// HTTP upload external action
function httpUpload(file) {
  var uploader = new httpService();
  var file = uploader.read();
  return file;
}
```

```
// FTP client service
function ftpUpload(file) {
  var client = new ftpService();
  var results = client.put(file);
  return results;
}

// proxy function for file uploads
function proxyUpload(file) {
  var results = null;;
  var file = httpUpload(file);
  if(file) {
    results = ftpUpload(file)
  }
  return results;
}
```

다음은 파일 업로드를 위한 RESTful 인터페이스다(HTML).

```
**** REQUEST ****
GET /upload-file/ HTTP/1.1
Accept: text/html
...
**** RESPONSE ****
HTTP/1.1 200 OK
Content-Type: text/html
....

<form method="post" action="https://api.example.org/uploads/"
  enctype="multipart/form-data" >
    <input type="file" name=file value="daily-batch.txt" />
    <input type="submit" value="Upload" />
</form>

**** REQUEST ****
POST /uploads/ HTTP/1.1
Accept: text/html
...

Content-Disposition: form-data; name="file";
```

```
...

**** RESPONSE
HTTP/1.1 200 OK
Content-Type: text/html
....
```

<p>File has been uploaded</p>

ELP 예제

ELP의 경우, 앞 레시피에서 인용된 무선 애플리케이션 프로토콜^{WAP, Wireless Application Protocol} 예제를 위해 사용되는 변환 게이트웨이의 개념으로 접근할 수 있다. 알고리즘적 프록시의 다른 예제는 XML 기반 메시지를 JSON 기반 포맷으로의 변환, 언어의 변환(예: 영어에서 스페인어로), 앞에서 참조된 FTP ↔ HTTP 프록시나 WAP ↔ HTTP 프로토콜 변환 등이 있다.

SPP 예제

간단한 SPP(예: 포맷 변환기)의 구현은 기존 서비스로부터의 응답이 일정하고 출력 포맷에 대한 커스터마이징 레벨이 높지 않는 한 어렵지 않다. 예컨대, XML을 Collection + JSON 으로 변환하는 XSLT 구현을 한다고 하자.

```
results = convert(xmlDocument, xsltCollectionJSON);
```

하지만 상황에 따라 이 응답에 하이퍼미디어 컨트롤을 주입해야 할 때가 있다. 기존 서비스가 정적 인터페이스(예: CRUD 스타일 모델)를 제공한다면 작업은 쉽다. 간단하게 표준 CRUD(생성, 읽기, 수정, 삭제) 동작을 변환 스크립트에 주입하면 된다.

결국 기존 서비스의 어휘를 바꿔야 한다면(예: firstName을 givenName으로 변경) 추가 작업이 필요하다. 보통 XSLT를 변환 언어를 사용하기는 쉽지 않다. 대신에 어떤 변환 포맷과도 분리된 추가적인 변환 코드를 작성해야 한다.

토론

COP 구현은 노출하려는 기능이 정적 작업 집합으로 제한되거나 이에 포커싱됐을 때 동작한다. ELP는 기존의 서비스를 보다 현대적이고 접근하기 쉬운 외부 작업들로 전환하기 위한 대규모 작업에 사용해야 한다. 이전에 몇 건의 ELP 유형의 프로젝트를 진행했는데, 대부분의 프로젝트는 예상보다 훨씬 더 많은 노력이 필요했으며, 프로젝트 결과도 오래가지 못하고 결국 다른 기술로 대체됐다.

서비스 프록시의 확장은 대부분 시간을 두고 진행된다. 두 인터페이스 간의 변환 작업은 문자열 조작과 프로토콜 호핑으로 이뤄진 번거로운 작업들이다. 따라서 변환 프록시는 많은 트랜잭션양이나 낮은 지연을 요구하지 않는 시스템 부분으로 제한해야 한다. 큐 기반 구현은 보통 서비스 프록시의 대상이 된다.

 리소스가 충분하지 않다면 ELP의 구현은 취해야 할 것이 못된다. 돈뿐만 아니라 첫 번째 배포 완료 및 향후 유지보수에 드는 시간이 충분해야 한다.

ELP 변환기를 구현할 때 의미 프로필과 API 정의 파일은 게이트웨이를 통과하는 정보의 도메인 수준 시맨틱이 아니라 게이트웨이 수준 의미들을 문서화한다. 이런 방식으로 ELP를 구현하는 것은 새로운 메시지 프로토콜 또는 엔드 투 엔드 프로그래밍 프레임워크를 설계, 정의 및 구현하는 것과 매우 유사하다.

일반적으로 프로토콜 변환 프록시(FTP ↔ HTTP 등)는 애플리케이션 레벨의 프로토콜은 사양이 안정적이기 때문에 비교적 쉽게 구현할 수 있다. 메타데이터(HTTP 헤더, FTP 상태 코드 처리 등)와 관련해 많은 '혼동의 영역'이 있지만, 대부분 일반 응답을 사용해 문제를 해결할 수 있다.

반대로 SPP는 성공적으로 구현하기 가장 어려운 프록시일 때가 많다. 종종 제대로 명시되지 않은 어휘, 모호한 용어의 의미, 로컬 서비스 구현에 묻혀 있는 오랜 조직 지식이 안정적인 SPP를 구축하는 것을 어렵게 만든다. 어휘(예: 대상 도메인)가 작을수록 성공할 가능성이 올라간다.

저자의 경험에 비춰보면 성공적인 서비스 프록시에는 두 가지 유형이 있다. 첫 번째는 더 좋고 안정적인 솔루션(예: 신제품)이 등장해 이를 대체할 때까지 '충분히 잘' 작동하는 것으로, 빠르면 빠를수록 좋다. 다른 성공적인 프록시 구현은 수년 동안 사용됐지만 아무도 어떻게 작동하는지 전혀 모르는 것이다. 공기와 같은 존재가 돼 버려 수정할 필요도, 보강할 필요도 느끼지 못하는 상태의 프록시다.

같이 볼 것

- 레시피 3.4, 의미 프로필로 문제 공간 기술

- 레시피 4.4, 어휘 프로필을 이해하기 위한 효과적인 클라이언트 만들기

- 레시피 5.4, 내부 기능을 외부 액션처럼 표현하기

- 레시피 5.7, 클라이언트 프로그램을 위한 전체 어휘 게시

- 레시피 5.9, 서비스 정의 도큐먼트의 발행

- 레시피 6.11, 원격 데이터 저장소 확장

분산 데이터

데이터 중심이라는 습관을 깨기 위한 첫 발은, 시스템을 데이터 서비스의 집합처럼
설계하는 것을 멈추고 비즈니스 역량을 위한 설계를 하는 것이다.

– 이라클리 나다레이슈빌리, JP모건 체이스

6장은 데이터 중심 서비스 인터페이스에 대한 레시피를 다룬다. 데이터 중심 인터페이스는 5장에서 다룬 모든 원칙과 데이터의 저장 및 관리에 대한 책임으로부터 발생하는 추가적 세부 사항을 똑같이 따를 필요가 있다. 추가적 세부 사항에는 데이터의 무결성 보장, 구현 기술의 은닉, 기존 데이터를 무효화하지 않으면서 다양한 네트워크 장애 대처하기가 포함된다. 이는 데이터가 전 세계로 이동이 가능하며 데이터 보호 규정, 즉 GDPR^{General Data Protection Regulation}(https://gdpr-info.eu/) 등의 규제가 적용되는 요즘 특히 중요하다.

모든 서비스가 자체 데이터를 관리할 필요는 없지만, 대부분은 어느 정도 데이터를 관리할 책임이 있다. 데이터 중심 서비스의 문제는 보통 영구 데이터와 관련이 있다. 오프라인 서비스일 때도 데이터는 계속 존재하고 다른 서비스가 이에 접근 가능해야 한다. 때에 따라 서비스 인터페이스는 로컬로 관리되는 데이터를 다른 외부 서비스의 데이터와 섞는 작업을 수행한다. 이는 대상 인터페이스가 요청을 받은 작업 수행을 위해 다른 데이터 서비스에 의존해야 하므로 무결성 및 신뢰성 문제를 악화시킨다. 특히 데이터 쓰기는, 작업에 관련된 서비스가 많을수록 오류 발생 가능성이 커지고 문제 해결이 더 어려워진다.

하이퍼미디어 환경에서의 분산 데이터의 지원(그림 6-1)은 반환되는 데이터상에서 가능한 액션을 소통하기 위해 데이터 메시지로서의 응답의 표현 및 하이퍼미디어 컨트롤의 반환을 의미한다. 이는 또한 SQL, GraphQL 등과 같은 내부 사용자 정의 데이터 쿼리 기술로부터 독립된 정보 검색 쿼리 언어 표현을 의미하기도 한다. 네트워크상의 데이터를 수정한다는 것은 또한 모든 변화에 원활한 수정 반영을 위한 멱등성을 지원한다는 뜻이다. 마지막으로 분산 데이터를 적용한다는 의미는 데이터에 대한 수정 및 백엔드 데이터 모델을 서비스 인터페이스 중단 없이 지원해야 한다는 의미다.

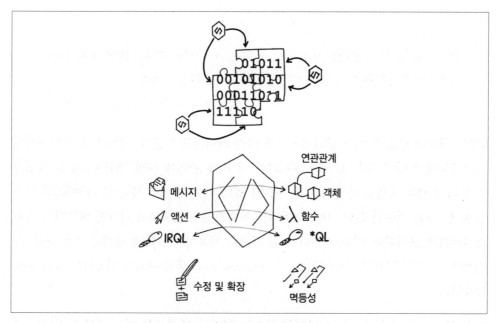

그림 6-1 하이퍼미디어 데이터 레시피

최소 노력의 법칙

6장의 레시피는 일반적인 문제, 일반적인 원칙, 팀 버너스리의 '최소 노력의 법칙'을 따르는 API를 어떻게 만들지를 위해 선택된 것이다. 최소 노력의 법칙이란 저사양의 언어일수록, 그 언어를 통한 데이터 저장으로 할 수 있는 것은 많다.

데이터 서비스는 의심할 여지 없이 쉬운 작업은 아니다. 여기에서의 솔루션은 여러분이 저장된 데이터로 더 많은 작업을 할 수 있도록 저사양의 '데이터 언어'를 사용한다.

 데이터 중심 서비스의 설계 및 구현에 대한 자세한 사항은 1장. '분산데이터의 지원'을 참고하기 바란다.

6.1 내부 데이터 스토리지 은닉

데이터 스토리지 기술은 수십 년간 극적으로 변했다. 동시에 인터페이스 설계자는 이 기술로 만들어졌으며 분산 네트워크 지원 대신 로컬 접근에 맞춰 설계된 데이터 서비스와 상호작용을 할 API를 생성해야 한다. 데이터 중심의 서비스를 생성할 때 가이드 원칙은 내부 데이터를 인터페이스 뒤로 은닉하고 항상 API라는 창을 통해 데이터 저장 기술의 언어가 아닌 'API 클라이언트의 언어로 말을 해야' 한다.

문제

데이터 중심 서비스를 위한 API가 서비스가 사용하는 기존 스토리지 및 쿼리 기술을 철저히 감추기 위한 최적의 방법은 무엇인가? API 클라이언트들을 기본 데이터 기술의 변화로부터 어떻게 보호할 수 있을까? 사용 중인 스토리지 기술을 언제 드러내야 좋을까, 또는 서비스 인터페이스의 일반적 질의, 데이터 관리, 스토리지 언어를 언제 채택해야 좋을까?

솔루션

원칙적으로는 API 클라이언트들에게 데이터 저장 기술은 은닉돼야 한다. 클라이언트는 SQL 기반 기술을 사용하는지, GraphQL을 사용하는지, 아니면 단순한 파일 기반 스토리지를 사용하는지 몰라야 한다. 기존 API 클라이언트에게 부정적인 영향을 미치지 않고 기본 데이터 저장소를 변경할 수 있는 방식으로 인터페이스를 설계해야 한다. 이를 위한 제일 좋은 방법은 서비스 인터페이스가 외부 인터페이스의 '데이터 언어(예: writeToDB(CustomerObject)나 queryData(invoices where valance>0)' 등에 의존하는 대신 완료해야 할 일(예: updateCustomer 또는 findUnpaidInvoices 등)에 집중하게 하는 것이다.

새로운 데이터 서비스가 필요하신가요?

여러분이 데이터 관리 서비스를 설계하고 구현할 때는 이 규칙에 예외사항이 발생한다. 목표가 GraphQL의 클론을 만들거나 아파치 루씬(Lucene)의 기술을 개선하는 것이 목표라면, 스토리지, 쿼리, 데이터 관리 언어를 설계해야 한다. 이는 쉽지는 않지만 가치있는 일이다. 하지만 데이터 엔진을 설계하는 것은 데이터 서비스 지원이나 사용자 관리 인터페이스 정도 레벨의 일이 아니다.

여러분의 API에 데이터 기능을 추가할 때 도메인에 특화된 액션을 외부 인터페이스로 노출시키고 선정된 데이터 기술을 API 내부 상세 구현은 은닉해야 한다.

예제

저장된 모음(예: customers, salesReps, products 등)에 있는 기존 객체의 업데이트를 지원하는 경우를 생각해보자. 또한 내부 서비스가 일반 메소드(update(object))를 외부로 열어준다고 가정해보자.

고전적인 HTTP 구현에서는 기존 레코드의 수정을 지원하는 FORM을 적용할 수 있다.

```
**** REQUEST ****
GET /customers/q1w2e3 HTTP/1.1
Accept: application/vnd.siren+json
...

**** RESPONSE ****
HTTP/1.1 200 OK
Content-Type: application/vnd.siren+json
ETag: "w\p0o9i8u7"
...
  "class": ["customer"],
   "properties": {
     "id": "q1w2e3r4",
```

```
      "companyName": "BigCo, Inc.",
      ...
  },
  "actions": [
    "name": "update", "type": "application/x-www-form-urlencoded",
    "method": "PUT", "href": "http://api.example.org/customers/q1w2e3r4",
    "fields": [
      {"name": "id", "value": "q1w2e3r4"},
      {"name": "companyName", "value": "BigCo, Inc.",
      ...
    ]
  ]
}
```

예제에서는 업데이트 수행이 어떤 데이터 기술이 쓰였는지 알 수 없고, 또 그래야 한다. 가령, 첫 번째 배포 때 쓰인 데이터 기술은 SQLite 데이터베이스였을 수 있다. 하지만 현재는 데이터 스토리지 구현이 GraphQL일 수 있다. 좋은 소식은 데이터 플랫폼의 변경은 API를 사용하는 클라이언트에 영향을 주지 않고 구현될 수 있다는 것이다.

데이터 쓰기(생성, 수정, 삭제)를 열어주는 것은 쓰인 기술에 대한 노출없이 쉽게 가능하다. 하지만 외부 액션으로서 쿼리를 노출해야 할 때는 문제가 될 수 있다. 지나치게 자주 쿼리를 노출하다보면 여러분의 인터페이스에 어떤 쿼리 엔진을 사용했는지 노출하기 쉽다. 쿼리의 노출은 초기 배포는 빨라질 수 있겠지만, 기본 기술이 변경되거나 기본 테이블/관계 레이아웃이 바뀌면 곤란할 순간이 있다. 또한, 데이터 제공자의 관점이 데이터 소비자의 관점과 항상 같지는 않다. 항상 소비자의 요구사항을 공급자의 요구사항보다 우선하는 편이 좋다.

기본 쿼리 언어 노출은 지양해야 한다. 이렇게 되면 서비스 인터페이스에 정의된 문제 도메인을 관리하는 대신 쿼리 언어를 관리하는 데 시간을 소비하게 될 것이다. 가능하면 쿼리를 설명하는 간단한 링크(및 가능한 경우 양식)를 게시해야 한다. 이는 6장의 시작 부분에서 언급한 '최소 사양의 법칙'을 따른 것이다.

가령, 서비스 인터페이스에서 30일, 60일, 90일 이상 연체된 미결제 잔액이 있는 모든 고객을 찾도록 지원해야 하는 경우를 가정해본다. 다음은 구현의 예다.

```
**** REQUEST ****
GET / HTTP/1.1
Host: api.customers.org
Accept: application/vnd.collection+json
...

{"collection": {
  "title": "Customers",
  "links" : [...]
  "items" : [...]
  "queries" : [
   {"name": "unpaid30", "href": "..."},
   {"name": "unpaid60", "href": "..."},
   {"name": "unpaid90", "href": "..."}
  ]
}}
```

여기서 데이터 스토리지나 쿼리 기술 등에 대한 어떤 단서도 서비스 인터페이스에 없다
는 점을 주목해야 한다. 이에 대한 정보를 좀 더 포함시키면 다음과 같을 것이다.

```
**** REQUEST ****
GET / HTTP/1.1
Host: api.customers.org
Accept: application/vnd.collection+json
...

{"collection": {
  "title": "Customers",
  "links" : [...]
  "items" : [...]
  "queries" : [
   {"name": "unpaid", "href": "..."
    "data" : [
      {"name": "days", "value": "30", "required": "true"}
    ]
   }
  ]
}}
```

필수 파라미터를 API에 추가하면 향후 API의 유지보수를 더 어렵게 만든다. 만일 기본 서비스가 days를 쿼리로 썼다가 month를 쓰는 걸로 바꾼다면, 여러분의 인터페이스도 수정돼야 하는데 1) 'days'를 쓰고 있는 클라이언트 및 로컬 컨버전을 지원하고 2) month로의 변경이 호환성 문제로 인해 문제가 발생할 수 있음을 안내해야 한다. 가능하다면 필수 파라미터의 사용은 피하자.

쿼리에 값이 전달되지 않으면 기본값(예: 30)을 제공한다면 필수 매개변수를 선택 사항으로 만들 수 있다. 이렇게 하면 쿼리 인터페이스가 단순화되지만 구현에는 더 많은 작업이 추가된다.

토론

데이터 쓰기를 위해 데이터 기술을 은닉하는 것은 일반적으로 문제가 되지 않는다. HTTP 메소드를 사용해 메시지(예: customer, product 등)를 전달할 때 HTTP를 그대로 사용하면 된다. 데이터 쓰기에 대한 자세한 내용은 레시피 6.2를 참조하기 바란다.

쿼리를 위해 데이터 기술을 은닉하는 것은 어려울 수 있다. 서비스 자체에서 사용하는 쿼리 기술이 노출되기 쉽다. API가 API 클라이언트와 데이터 저장소 사이의 유일한 계층이라면 특히 그렇다. 다음의 데이터 중심 코드를 보고 그 어리석음을 느껴보기 바란다.

```
function sqlExecute(connectionString, sqlStatement) {
  var sql = sqlConnection(connectionString);
  var results = sql.query(sqlStatement);
  return results;
}
```

다음은 (끔찍한) HTTP 인터페이스다.

```
POST /data/ HTTP/1.1
Host: api.example.org
Accept: application/vnd.collection+json
Content-Type: application/x-www-form-urlencoded
...
```

```
sqlConnection=user=mork,pw=m04k,server=db1,database=products&
sqlStatement=select%20*%20from%20products
```

확실히 좋은 소식은 인터페이스 설계자가 많은 작업을 하지 않고도 위와 같은 모든 기능을 갖춘 데이터 중심 인터페이스를 만들 수 있다는 점이다. 다만, 보안 및 발전 가능성 측면에서 이는 악몽이라는 단점이 있다. 한마디로 쓰지 말라는 얘기다.

루씬이나 다른 IRQL과 같은 독립적인 쿼리 언어에 의존하는 API를 구현하려 할 때가 있을 것이다. 이때, 쿼리 언어의 노출은 위보다 덜 위험하다. 언어별 쿼리 지원을 안전하게 구현하는 방법은 레시피 6.7을 참조하기 바란다.

같이 볼 것

- 레시피 3.2, 정형 미디어 타입과의 향후 호환성 보장
- 레시피 5.2, 내부 모델 노출 방지
- 레시피 6.3, 외부 액션에 대한 데이터 연관관계 감추기
- 레시피 7.1, 워크플로 호환 서비스 설계

6.2 모든 변경에 멱등성 부여

데이터 서비스와 인터페이스의 중요한 책임 중 하나는 데이터 무결성 보장이다. 이는 특히 네트워크가 느리거나 불안정하면 웹을 통해 HTTP를 사용할 때 어려운 문제가 될 수 있다. HTTP를 통한 데이터 쓰기의 안정성을 개선하는 방법을 설명한다.

문제

HTTP를 통해 데이터 쓰기가 네트워크의 결함이나 일관성이 깨진 데이터로 인해 실패할 때가 있다. 이때, 데이터 쓰기의 신뢰성을 개선시킬 최적의 방법은 무엇일까?

솔루션

웹에서 데이터 쓰기의 안정성을 개선하는 가장 간단한 방법은 쓰기 작업을 HTTP PUT 메소드에만 의존하도록 제한하는 것이다. HTTP를 통해 데이터를 쓸 때 PATCH나 POST를 사용하지 마라. HTTP PUT 메소드는 멱등성이 있다. 여러 번 반복 실행돼도 같은 결과를 반환하도록 설계됐다. PATCH나 POST는 이런 기능이 없다.

PATCH와 멱등성

HTTP PATCH를 위한 HTTP 메소드 레지스트리 엔트리는 이를 비멱등적으로 정의한다. 하지만 전체 스펙 문서(https://www.rfc-editor.org/rfc/rfc5789.html#section-2)에서 지적하길 'PATCH 요청은 멱등적 방법으로 만들어질 수 있다'고 했다. 하지만 항상 HTTP상에는 PUT만 쓰기를 주위에 권하고 있는데 단순히 PUT을 쓰기보다 PATCH를 쓰는 게 여러 가지 생각해야 할 문제가 있기 때문이다.

HTTP PUT 메소드는 '대상 리소스의 상태를 표현에 정의된 상태로 생성하거나 대체'되도록 설계됐다. 그래서 새 데이터 레코드를 만들거나 기존 데이터 레코드를 업데이트할 때 PUT을 사용한다.

HTTP POST를 대신해 HTTP PUT을 어떻게 사용하는지의 자세한 사항은 레시피 5.15를 참조하기 바란다.

서비스 인터페이스는 항상 HTTP PUT 액션을 조건부 요청으로 만들어야 한다. 이를 위해 HTTP PUT을 사용해 새 데이터 리소스를 생성할 때 If-None-Match: * 헤더를 전송해야 한다. 이렇게 하면 요청에 사용된 URL에 리소스가 없을 때만 레코드가 생성된다.

기존 데이터 소스의 수정을 위해 HTTP PUT을 사용할 때, API 클라이언트는 수정을 위해 레코드를 읽을 때 받은 Etag 헤더에 세팅된 값 If-Match: "..." 헤더를 보내야 한다. 이렇게 해야 PUT은 엔티티 태그(응답에서의 Etag 및 요청에서의 If-Match)가 같아야 비로소 수행이 완료된다.

기존 레코드의 엔티티 태그의 값이(또는 와일드카드(*)가) 포함된다면, 조건이 맞아떨어 졌을 때만 HTTP 요청이 완료될 것이다. 이런 방법으로 엔티티 태그를 사용하는 것은 다른 API 클라이언트로부터의 중복 없이 같은 요청을 여러 번 반복해 보내는 것을 가능하게 한다. HTTP PUT을 사용한 레코드를 생성할 때, 불필요한 중복 생성을 막아줄 것이다. 마지막으로 API 클라이언트가 오류를 만났을 때(또는 응답 전체를 받지 못했을 때), 클라이언트는 다른 클라이언트의 작업에의 영향 없이 자신있게 업데이트를 재발송할 수 있다.

HTTP PUT은 멱등적이기 때문에, 안정적으로 반복 작업이 가능하다. 이는 실패한 요청 처리를 위한 사람의 개입이 어려운 머신 투 머신에서 매우 유용하다.

예제

다음은 기존 리소스 레코드의 생성 및 수정을 위한 HTTP PUT 사용 예제다.

새로운 리소스 생성을 위한 HTTP PUT의 사용

다음은 HTTP PUT을 사용해 새로운 데이터 소스를 생성하는 간단한 예제다.

```
**** REQUEST ****
PUT /tasks/q1w2e3r4 HTTP/1.1
Host: api.example.org
Content-Type: application/x-www-form-urlencoded
If-None-Match: *
Accept: application/vnd.hal+json
...

id=q1w2e3r4&title=Meet%20with%Dr.%Bison

**** RESPONSE ****
HTTP/1.1 201 Created
ETag: "w/p0o9i8u7"
Location: http://api.example.org/tasks/q1w2e3r4

**** REQUEST ****
GET /tasks/q1w2e3r4 HTTP/1.1
Host: api.example.org
```

```
ETag: "w/p0o9i8u7"
Accept: application/vnd.hal+json

**** RESPONSE ****
HTTP/1.1 200 OK
Content-Type: application/vnd.hal+json
ETag: "w/p0o9i8u7"
....

{
  "_links": {...},
  "id": "q1w2e3r4",
  "title": "Meet with Dr. Bison",
  "dateCreated": "2022-09-21"
}
```

기존 리소스의 업데이트를 위한 HTTP PUT의 사용

첫 번째 응답(201 created)에서 ETag가 포함됐다는 사실을 주의해야 한다. 이는 API 클라이언트 애플리케이션에 다음 GET 요청에서 사용될 ETag를 위한 적절한 값을 제공한다.

API 클라이언트는 같은 task 레코드를 업데이트를 하려 한다고 가정하자.

```
**** REQUEST ****
PUT /tasks/q1w2e3r4 HTTP/1.1
Host: api.example.org
Content-Type: application/json
Accept: application/vnd.hal+json
ETag: "w\p0o9i8u7"
...

{ "id": "q1w2e3r4", "title": "Meet with Dr. Bison at 16:00"}

**** RESPONSE ****
HTTP/1.1 200 OK
Content-Type: application/vnd.hal+json
ETag: "w\y6t5r4e3"
...
```

```
{
  "_links": {...},
  "id": "q1w2e3r4",
  "title": "Meet with Dr. Bison at 16:00",
  "dateCreated": "2022-09-21"
}
```

수정된 응답에서 반환된 업데이트된 ETag 값을 기록하는 것에 주목하라. 이렇게 하면 작업 리소스 표현의 새 버전이 다시 전송된다.

 엔티티 태그(ETag 헤더)는 리소스의 각 표현마다 고유하다. 가령, 각 person 리소스에 대한 HTML 도큐먼트 형태로 반환되는 ETag는 JSON 도큐먼트 형태로 반환되는 person에 대한 ETag와는 다르다.

HTTP PUT 업데이트의 실패 처리

마지막으로 API 클라이언트가 리소스 업데이트를 재시도할 때를 생각해보자. 하지만 이번에는 다른 어딘가에 있는 다른 클라이언트 애플리케이션이 리소스를 업데이트한다. 이런 이유로, 업데이트는 실패하고 재시도를 해야 하는 상황이다.

```
**** REQUEST ****
PUT /tasks/q1w2e3r4 HTTP/1.1
Host: api.example.org
Content-Type: application/json
Accept: application/vnd.hal+json
ETag: "w\p0o9i8u7"
...

{ "id": "q1w2e3r4", "title": "Meet with Dr. Bison at 16:30"}

**** RESPONSE ****
HTTP/1.1 412 Conflict
Content-Type: application/problem+json
{
  "type": "https://api.example.org/probs/lost-update",
  "title": "The resource has already been updated",
```

```
  "detail": "The title properties do not match",
  "instance": "http://api.example.org/tasks/q1w2e3r4",
}
```

412 Conflict가 반환되면, API 클라이언트 애플리케이션은 즉시 GET 요청을 생성해 레코드 수정 요청을 보내야 한다.

```
**** REQUEST ****
GET /q1w2e3r4 HTTP/1.1
Host: api.example.org
Accept: application/vnd.hal+json
ETag: "w/o9i8u7y6"
...

{
  "_links": {...},
  "id": "q1w2e3r4",
  "title": "Meet with Dr. Bison at downtown office",
  "dateCreated": "2022-09-21"
}
```

새로 고쳐진 레코드를 손에 넣으면, 이제 API 클라이언트가 업데이트 요청을 다시 제출할 수 있다.

```
**** RESPONSE ****
HTTP/1.1 200 OK
Content-Type: application/vnd.hal+json
ETag: "w/o9i8u7y6"
...

{
  "_links": {...},
  "id": "q1w2e3r4",
  "title": "Meet with Dr. Bison at the downtown office at 16:00",
  "dateCreated": "2022-09-21"
}
```

마지막 예제에서 다른 클라이언트 애플리케이션의 이전 업데이트로 인해 응답이 실패했다. 이를 흔히 업데이트 손실 문제(https://www.w3.org/1999/04/Editing/)라고 한다. 문제를 해결하려면 기존 레코드에 GET 요청을 수행한 다음 PUT 요청을 다시 전송해야 한다.

네트워크 오류의 처리

생각할 수 있는 오류 조건은 네트워크 장애다. 이때, 업데이트는 서버에 도달하지 않거나 서버의 응답이 클라이언트에 도달하지 않는다. 이를 응답 손실 문제라고 할 수 있을 것이다. 응답 손실 문제는 안정적이진 않지만 간단히 해결할 수 있다. 그냥 API 클라이언트는 기존 요청을 재시도하는 것이다. 재시도가 실패하면, API 클라이언트는 오류를 기록하고 반복 접속으로 대상 서버를 괴롭히는 것을 중단해야 한다.

토론

모든 쓰기 액션을 멱등화(HTTP PUT을 통해)한다고 해서 발생할 수 있는 오류를 해결할 수 없다. 대신 HTTP PUT을 사용하면 웹에서 발생하는 오류 조건을 덜 복잡하게 처리하고 더 쉽게 해결할 수 있다.

PUT을 사용해 리소스 레코드를 생성하는 것은 클라이언트 애플리케이션이 고유 리소스 식별자를 제공해야 함을 의미한다(예: /task/{id}). 이를 위한 믿을 수 있는 방법은 클라이언트에 UUID 생성을 하게 하든지, 높은 자릿수의 날짜-시간 스탬프를 리소스 식별자로 사용하는 방법이 있다. 두 경우 모두 안전하고 효과적으로 작업하기 위해 많은 지침이 있다. 자세한 내용은 레시피 5.15를 참조하기 바란다.

---

410 Gone의 처리

API 클라이언트가 HTTP PUT으로 다른 API 클라이언트에 의해 HTTP DELETE 요청으로 삭제된 레코드를 업데이트하도록 하는 것은 가능하다. 이때 API 클라이언트는 410 Gone 응답을 받을 것이며, 이후 나중에 조사할 수 있도록 기록돼야 한다.

데이터 서비스 인터페이스는 항상 응답에 엔티티 태그(ETag)를 반환해야 한다. 이 값은 API 제공자와 소비자 모두 쓰기 요청을 시도할 때 리소스 무결성을 보장할 수 있는 가장 확실한 방법이다. 데이터 중심 서비스 인터페이스는 엔티티 태그 헤더(생성할 때는 If-None-Match, 업데이트 및 삭제할 때는 If-Match)가 포함되지 않은 리소스 상태 수정 시도를(PUT, POST, PATCH 및 DELETE를 통해) 거부해야 한다.

 If-None-Match 및 If-Match 헤더에 중점을 뒀지만, HTTP 사양에서는 날짜 스탬프에 기반한 If-Modified-Since 및 If-Unmodified-Since 헤더도 정의하고 있다. 항상 날짜 스탬프 대신 엔티티 태그를 기반으로 하는 헤더를 사용하는 것을 권장하고 있지만, 두 가지 접근 방식 모두 가능하다.

업데이트가 실패할 때가 있는데 프로그램상에서 이 문제를 해결할 수 있는 방법이 없을 때도 있다. 이때 API 클라이언트 애플리케이션은 로그 기록을 작성하거나 실패를 알리는 문자/이메일 메시지를 전송하고 담당자에게 문제 해결을 요청해야 한다.

같이 볼 것

- 레시피 3.6, 멱등성을 통한 일관성이 있는 데이터 작성 설계
- 레시피 4.8, 응답의 모든 중요 요소에는 식별자가 필요하다
- 레시피 5.15, 멱등성 생성을 통한 신뢰성 향상
- 레시피 7.16, 자동 재시도를 통한 빠른 오류 대응

6.3 외부 액션에 대한 데이터 연관관계 감추기

서비스 인터페이스에서 데이터 기술 은닉의 원칙을 따를 때는 해당 기술이 사용하는 모든 데이터 모델 관계를 숨기는 것도 중요하다. 이 레시피로 API에서 데이터 관계를 숨기면서 런타임에 해당 관계를 계속 유지할 수 있다.

문제

서비스 인터페이스에서 데이터 모델 관계(예: 하나 이상의 주소 레코드로서의 person)를 숨기는 가장 좋은 설계는 무엇일까? 해당 인터페이스 뒤에 있는 데이터 모델이나 데이터 기술을 노출하지 않고 백엔드 관계를 지원할 수 있는 방법이 있을까?

솔루션

기본 데이터 모델에 엔티티 관계를 포함하는 데이터를 작성하는 가장 안전한 접근 방식은 연결된 데이터의 '플랫 뷰flat view'를 사용해 데이터 속성을 표현하는 것이다. 가령, person과 address는 한 번의 쓰기 작업이 두 엔티티에 필요한 모든 필드를 포함할 수 있다. 단일 메시지를 필요한 만큼의 쓰기 작업으로 분할하는 것은 API 코드나 API 뒤에 있는 서비스의 코드에 의존한다.

클라이언트가 다른 관련 엔티티를 추가할 수 있는 포인터를 쓰기 응답에 포함하는 것도 유용하다. 예컨대, 새 person 및 address 엔티티의 쓰기 성공 응답에는 저장된 모델에 다른 주소 추가를 위한 링크 또는 양식이 포함될 수 있다.

예제

그림 6-2는 person 레코드와 address 레코드가 person 인터페이스에서 어떻게 기존 데이터 모델에 연관되는지를 보여주는 엔티티 관계 다이어그램 예제다.

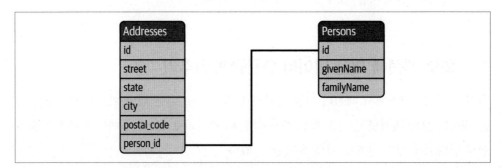

그림 6-2 Person–address 관계

다음은 게시된 API로부터의 Collection + JSON 템플릿이다.

```json
{"collection": {
  "title": "Persons",
  "links": [...],
  "items": [...],
  "template": {
  "data": [
    {"name": "id", "value": "q1w2e3r4", "type": "person"},
    {"name": "givenName", "value": "Mork", "type": "person"},
    {"name": "familyName", "value": "Markelson", "type": "person"},
    {"name": "street", "value": "123 Main", "type": "address"},
    {"name": "city", "value": "Byteville", "type": "address"},
    {"name": "state", "value": "Maryland", "type": "address"},
    {"name": "postal_code", "value": "12345-6789", "type": "address"}
  ]
  }
}}
```

예에서는 person 및 address 데이터 속성이 모두 단일 쓰기 메시지에 포함돼 있다. 데이터 저장소에서 데이터가 어떻게 구성될 수 있는지에 대한 힌트를 제공하는 type 속성을 포함시키는 구현이 추가됐다. 이는 옵션 사항이다.

뒷단에서 API 코드는 이를 두 개의 쓰기 작업으로 바꿀 것이다.

```javascript
var message = http.request.body.toJSON();
var person = personFilter(message);
var adddress = addressFilter(message);
address.person_id = person.id;

Promise.all([writePerson(person), writeAddress(address)]).then(...);
```

이때, 부모 레코드(person)와 관련 자식 레코드(address)의 쓰기 작업이 단일 HTTP 요청으로 전송돼 API 코드가 세부 정보를 출력할 수 있다. 더 많은 하위 레코드를 추가하기 위한 링크가 쓰기 요청에 응답으로 올 수 있다.

```
{"collection": {
  "title": "Persons and Addresses",
  "links": [
    {"rel": "person collection", "href": "...", "prompt": "List persons"},
    {"rel": "address create", "href": "...", "prompt": "Add another address"},
    ...
  ],
  "items": [...],
  "queries": [...],
  "template": {...}
}}
```

 기본 데이터 모델 관계를 은닉하려면 '진행 중 작업' 레시피를 사용해 일련의 HTTP 쓰기 요청으로 모든 관련 정보(person, address, online-contacts 등)를 점진적으로 수집한다. 그런 다음 모든 데이터가 수집되면 '제출' 작업을 제공해 전체 모음을 최종 HTTP 요청으로 전송한다. 이에 대한 자세한 내용은 레시피 7.10을 참조하기 바란다.

이 레시피는 내부 데이터 모델과 독립적으로 인터페이스 작업을 모델링하는 것이 사용법의 핵심이다. 그러면 인터페이스 설계자가 향후 배포에서 API 세부 정보나 스토리지 세부 정보를 큰 변경 없이 자유롭게 바꿀 수 있다.

토론

여기 예제에서는 단일 관계(person 및 address)를 보여 주지만, 이 레시피는 여러 엔터티 관계 모델에 작동한다. 가령, 다음은 세 개의 저장소 모음(company, address, salesRep)으로 모델링할 수 있는 단일 쓰기 요청이다.

```
<form name="createEntry" method="PUT" action="...">
  <input name="companyId" value="p0o9i8" class="company" />
  <input name="companyName" value="BigCo, Inc" class="company" />
  <input name="contactId" value="y6t5r4: class="contact" />
  <input name="contactName" value="Mork Markleson" class="contact" />
  <input name="salesRepId" value="w2e3r4" class="salesRep" />
  <input type="submit" />
</form>
```

앞의 쓰기 메시지의 마지막 데이터 속성 항목은 판매 담당자에 대한 다른 데이터 속성이 아닌 판매 담당자에 대한 판매 담당자의 ID다. 이때, 이는 존재하는 판매 담당자의 리소스에 대한 참조가 된다. 인터페이스 및 서비스 계층은 이를 처리하는 방법을 알고 있어야 한다. 데이터 모델(예: SQL 엔진)에서는 여기에 표시된 것처럼 참조 필드만 요구할 수도 있고, 도큐먼트 인터페이스 모델(예: 파일 기반 엔진)에서는 저장소에서 `salesRepId` 데이터를 읽은 다음 최종 저장소 도큐먼트에 포함시켜야 할 수도 있다.

클라이언트 애플리케이션이 제출하는 모든 메시지에 대해 로그를 남기는 것도 좋은 아이디어다. 이는 클라이언트가 쓰기 오퍼레이션을 철회나 취소 요청을 할 때 매우 유용하다.

앞의 예시에서는 '엔티티 힌트' 패턴(class="company")을 사용했다. 이는 클라이언트가 데이터 속성을 '그룹화'하는 방식을 위한 추가 메타데이터를 API 계층(또는 백엔드 서버)에 제공하는 편리한 방법이다. 하지만 여기에는 데이터 수집의 당사자가 그룹화를 해야 동작을 한다는 한계가 있다. 이렇게 되면 품질의 '누락'이 발생하기 쉽다.

클라이언트 애플리케이션이 응답에 있는 데이터 저장소에 대한 '힌트'에 너무 얽매이지 말아야 한다. 스토리지 모델링이 향후 어느 시점에 변경되면 이런 '힌트'가 쓸모없게 될 수 있기 때문이다.

일반적으로 프로그램 간의 상호작용은 사람과 머신 간의 상호작용보다 대용량 페이로드(여러 엔티티 관계를 포함하는)를 더 잘 처리할 수 있다. 사람이 많은 데이터를 머릿속에 저장하는 데는 한계가 있으며, 따라서 매우 긴 입력 양식은 사용자에게 문제가 될 수 있다. 사람 대 프로그램 인터페이스를 디자인할 때 여기에 표시된 '플랫' 모델 접근 방식을 자유롭게 사용하자. 그리고 이때 레시피 7.10 '진행 중인 작업'을 사용하는 게 좋다.

같이 볼 것

- 레시피 3.5, 임베디드 하이퍼미디어를 통한 런타임에서의 액션 표현
- 레시피 4.9, 응답에서 하이퍼미디어 컨트롤에의 의존

- 레시피 6.11, 원격 데이터 저장소 확장

- 레시피 7.1, 워크플로 호환 서비스 설계

6.4 HTTP URL을 활용한 Contains 및 AND 쿼리

HTTP 프로토콜에는 간단한 정보 검색 쿼리 언어가 내장돼 있다. URL 쿼리 스트링은 contains와 AND 조건을 조합해 상당히 효과적인 검색을 수행할 수 있다. 서비스 인터페이스를 이 검색 기능이 어떻게 지원하는지를 알아본다.

문제

HTTP API에 IRQL을 붙이기 위한 가장 쉬운 방법은 무엇일까? 이를 위해 어떤 연산, 조건, 구문 등이 필요할까?

솔루션

HTTP 인터페이스에 구현할 수 있는 가장 간단한 검색 지원은 이름-값 쌍(?name=value)에 대한 URL 쿼리 문자열 패턴을 활용하는 것이다. HTTP URL은 쿼리를 지원하기 위해 필요한 구현은 이름-값 쌍을 구분하는 = 연산자를 처리해 엄격한 '같음' 검사 대신 실제로 Contains 또는 in을 사용하는 것이다.

스토리지에 다음과 같은 두 개의 레코드가 있다고 가정하자.

```
ID      NAME  CITY
q1w2e3  Mork  Middletown
e3r4t5  Mick  Morganville
```

=를 포함(contains)으로 구현한다면, 쿼리는 다음과 같이 될 것이다.

```
?ID=q1w2e3은 첫 번째 레코드를 반환한다.
?ID=e3은 두 레코드를 모두 반환한다.
```

첫 번째 경우, = 연산자는 '같음equals' 연산의 의미로 사용됐다. 하지만 두 번째 쿼리는 제공된 값 (e3)이 id가 포함되면 모두 반환한다.

여러분은 또한 & 연산자를 HTTP 쿼리에서 AND 조건 검색 예약 문자로 쓸 수 있다. 이는 다시 말하면 다음을 의미한다.

ID=3e&NAME=Mi는 두 번째 레코드만 반환한다.

 URI 사양(https://datatracker.ietf.org/doc/html/rfc3986#section-6.2.2.1)은 URI의 쿼리 부분이 대소문자를 구분하는 것으로 정의돼 있다(예: X=m은 x=M과 같은 쿼리가 아님). 그러나 저자가 접하는 대부분은 쿼리 부분이 대소문자를 구분하지 않는 것으로 구현돼 있다. 꼭 필요할 때만 대/소문자를 구분하는 검색을 구현하는 것이 좋으며, 구현할 때는 API 사용자의 혼란과 불편을 줄이기 위해 구현 세부 사항을 쉽게 알아볼 수 있도록 하는 것이 좋다.

"contains"를 지원하는 = 연산과 AND를 지원하는 & 연산이 포함된 이름-값 쌍을 사용해 HTTP 검색 지원을 구현하는 것이 HTTP API에 구현할 수 있는 가장 간단한 IRQL이며, 이것 이상 필요로 한 경우는 본 적이 없다. URI 쿼리 구문의 자세한 내용은 관련 IETF 사양(https://datatracker.ietf.org/doc/html/rfc3986)을 참조하기 바란다.

예제

대부분의 하이퍼미디어 포맷은 쿼리 양식을 지원한다. 다음은 이전 표의 데이터 속성을 사용하는 표현의 몇 가지 예제다.

FORMS를 사용하는 IRQL을 지원하는 HTTP는 다음과 같다.

```
<form method="GET" action="http://api.example.org/persons/" rel="search">
  <input name="ID" value="e3" />
  <input name="NAME" value="" />
  <input name="CITY" value="Mo" />
  <input type="submit" />
</form>
```

이는 다음 HTTP 요청에 의해 직렬화가 이뤄져야 한다.

```
GET /persons/?ID=e3&NAME=&CITY=Mo HTTP/1.1
Host: api.example.org
...
```

양식에서의 세 필드 모두 URL에서 이름-값 쌍으로 변환되며, 검색값이 없는 필드 (NAME)도 포함된다. 인터페이스 구현에서도 이를 고려해야 한다. 예를 들어, 검색 서비스가 빈 값을 무시하지 않는다고 확신이 들지 않으면, 이 필드값을 검색 서비스에 전달하지 않을 수 있다.

다음은 같은 쿼리의 Collection+JSON 포맷이다.

```
{"collection": {
  "title": "Persons",
  "links": [...],
  "item": [...],
  "queries": [
    {"name": "search", "href": "http://api.example.org/persons/",
      "data": [
        {"name": "ID", "value": "e3"},
        {"name": "NAME", "value": ""},
        {"name": "CITY", "value": "Mo"}
      ]
    }
  ],
  "template" : {...}
}}
```

여기서 Collection+JSON 예제는 이전 HTML 예제에 표시된 것과 같은 HTTP GET 요청을 생성한다.

마지막 예로, HAL 미디어 타입은 인라인 폼은 지원하지 않지만 인라인 URI 템플릿은 지원한다. 다음은 HAL 링크 템플릿과 같은 쿼리의 예제다.

```
{
  "_links": {
    "search": {"href": "http://api.example.org/persons{?ID,NAME,CITY}"}
  }
}
```

HAL은 URI 템플릿을 지원하지만 이런 템플릿은 값을 인라인으로 포함하는 것을 지원하지 않는다는 점을 주의하자.

토론

기술적으로, URL에서 ?와 #(또는 URL 끝) 사이의 모든 문자들은 URL의 쿼리 부분으로 간주된다. 여기에 원하는 콘텐츠를 자유롭게 삽입할 수 있다. 그러나(다시 말하지만) 자신만의 쿼리 구문을 만들 때 API 클라이언트가 쿼리를 만들어 제출하기 전에 이 구문을 이해했는지 확인해야 한다. 새로운 쿼리 문자열 포맷은 만들지 않는 게 좋다.

같은 쿼리에서 이름-값 쌍에 있는 같은 name을 여러 번 포함하는 것은 유효하다.

```
?city=northville&city=southland
```

API에서 쿼리 지원을 구현할 때 이 점을 반드시 고려해야 한다.

창의적인 쿼리

HTTP 쿼리 문자열을 사용해 IRQL 기능을 지원하는 창의적인 방법은 많이 있다. 여기서는 가장 간단한 지원 방식을 고수했는데, 이것만으로도 충분하기 때문이다. 또한 HTTP 클라이언트 애플리케이션에서 가장 일반적으로 이해하는 방식이기도 하다. 다른 연산자(not-equals, less-than, more-than 등)를 구현하는 것은 확실히 가능하다. BETWEEN, LIKE 등과 같은 기능을 지원하는 것도 마찬가지다. 그러나 IETF는 이 기능을 URI로 표현하기 위한 표준을 정하지 않았으며, 정말 필요하면 루씬, SQL 등과 같은 다른 쿼리 기술로 넘어갈 수 있다. 이 주제에 대한 자세한 내용은 레시피 6.7을 참조하기 바란다.

HTTP상 IRQL 요청의 구현에 대한 전형적인 패턴(또는 안티패턴)은 사용자 데이터 쿼리에 의한 단일 URI 쿼리 스트링 속성(예: ?q= 또는 ?query=)을 포함한다. 보통 다음과 같이 표현된다.

```
GET /?query=select * from users where id='q1w2e3r4'
```

쿼리를 URL 인코딩으로 처리할 수도 있다.

```
GET /?query=select%20%2A%20from%20users%20where%20id%3D%27q1w2e3r4%27
```

두 경우 모두 기본적으로 URL의 일부로 데이터 쿼리를 전달하고 있다. 하지만 이는 위험하며, 다음과 같은 여러 가지 문제들을 안고 있다.

쿼리가 너무 긴 경우

쿼리의 길이가 너무 길면 서버나 게이트웨이 쪽에서 잘릴 우려가 있다.

쿼리가 예약어를 포함하는 경우

쿼리가 예약된 URI 문자를 포함하면 잘못된 요청이 전달될 수 있다.

URL인코딩

인코딩 자체가 서버 측에서의 쿼리 오역을 유발할 때가 있다. 이때는 예상치 못한 결과로 이어진다.

보안 문제

SQL 구문 같은 데이터 쿼리를 사용할 때 SQL 인젝션 공격 같은 보안 공격에 노출될 수 있다.

쿼리는 느슨한 커플링을 방해한다

데이터 스토리지 모델과 직접 연결된 쿼리를 드러내기 때문에(예: SQL, OData 등), 느슨한 커플링을 만들기는 어려워진다. 예를 들어 데이터 모델의 변경(필드의 추가/삭제/이름 변경)은 API의 동작에 영향을 준다.

같이 볼 것

- 레시피 4.9, 응답에서 하이퍼미디어 컨트롤에의 의존

- 레시피 4.10, 비하이퍼미디어 서비스를 위한 링크와 폼의 지원

- 레시피 6.5, 쿼리 응답을 위한 메타데이터 반환

- 레시피 6.6, 데이터 중심 쿼리를 위한 HTTP 200 VS HTTP 400

- 레시피 6.12, 대규모 응답의 제한

- 레시피 7.14, 쿼리의 저장 기능으로 쿼리 최적화 수행

6.5 쿼리 응답을 위한 메타데이터 반환

데이터 중심의 HTTP 응답을 반환할 때 쿼리 결과만 반환하는 것은 권장하지 않는다. API 클라이언트가 응답의 품질을 더 잘 평가하고 원하는 결과를 얻기 위해 쿼리를 수정하고 다시 제출해야 하는지 판단하는 데 도움이 되는 정보를 같이 포함시킨다.

문제

HTTP IRQL의 결과를 나타내기 위한 제일 좋은 방법은 무엇일까? 어떤 타입의 메타데이터가 데이터 중심 HTTP 쿼리 결과가 반환될 때 같이 고려돼야 할까?

솔루션

대부분의 데이터 쿼리에서 결과 데이터만 반환하는 것만으로는 충분하지 않다. 요청을 한 클라이언트 애플리케이션이 반환된 데이터의 품질과 유용성을 더 잘 이해할 수 있도록 쿼리에 대한 메타데이터를 반환하는 것도 중요하다. HTTP 쿼리에 대한 응답 표현의 일부로 고려해야 하는 메타데이터 값을 보여준다(그림 6-3 참조).

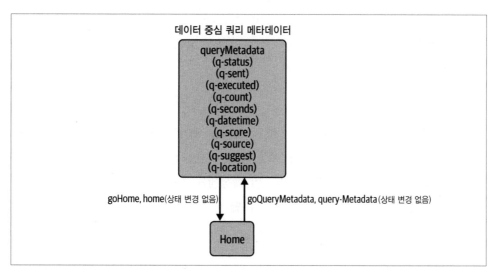

그림 6-3 쿼리 메타데이터 레시피

그림 6-3과 같은 메타데이터 값을 전달하는 방법은 반환하는 속성 수에 따라 달라진다. 메타데이터의 수가 작게 반환될 때는 응답 본문에 값을 포함시킬 수 있다. 반환할 값이 다수가 있으면 실제 데이터 응답에 추가 데이터 속성으로 포함시킨다. 관련 메타데이터 값이 여러 개 있을 때 모든 쿼리 메타데이터가 포함된 리소스를 가리키는 HTTP 링크(본문 또는 헤더 모음)를 반환할 수 있으며, 두 가지를 혼합해 구현할 수도 있다. 이런 값을 반환하는 방법의 자세한 내용은 '예제'를 참조하기 바란다.

쿼리 상태: q-status

요청된 쿼리의 상태에 대한 간단한 내용이다. 일반적으로 이 응답은 '성공적으로 완료됨'이지만 쿼리가 잘못됐거나 시간 초과됐거나 다른 방식으로 중단되면, 이 문자열에는 쿼리가 완전히 완료되기 위해 쿼리에서 발생할 수 있는 변경 사항과 함께 발생한 세부 정보가 포함될 수 있다. 이는 실패한 HTTP 요청의 '오류' 상태(HTTP 400 응답이라고도 함)와는 다르다는 점에 유의하라. 자세한 내용은 레시피 6.6을 참조하기 바란다.

발송된 쿼리: q-sent

보통 API 클라이언트 애플리케이션이 서비스 인터페이스로 전송한 HTTP 쿼리 문자열 또는 HTTP 요청 본문의 사본을 의미한다. 이는 사람에게 전송된 쿼리를 상기시키고 머신이 서비스 인터페이스가 제출된 쿼리를 올바르게 구문 분석했는지 확인하는 데 사용할 수 있다.

실제 수행된 쿼리: q-executed

경우에 따라 서비스 인터페이스는 해당 쿼리를 데이터 저장소에 제출하기 위해 수신한 쿼리 정보를 수정할 수 있다. 예를 들어, 간단한 HTTP 이름-값 쌍 쿼리는 SQL "SELECT..." 문으로 변환될 수 있다. 이 속성에는 이렇게 수정된 쿼리가 포함된다. 주의할 것은 이때, 보안 문제가 발생할 수 있다('토론' 섹션 참조).

반환된 쿼리 수: q-returned

응답에서 반환된 레코드 개수를 의미한다. 그리고 쿼리 기준과 일치하는 총 레코드 수의 하위 집합일 수 있다(q-count 참조). 가령, 발견된 총 레코드 수는 11,000개이지만 이 응답에서 반환된 레코드 수는 1,000개일 수 있다.

반환 세트의 추정 사이즈: q-count

여기에는 쿼리에서 선택된 레코드의 예상 총 개수가 저장된다. 예를 들어 쿼리에서 수천 개의 레코드가 선택될 수 있지만 요청을 시작한 클라이언트에게는 처음 100개만 반환된다. 예상 개수가 너무 많으면 쿼리에 조정이 필요할 수 있다는 의미다('제안 쿼리[Query Suggestion]' 참조).

쿼리 수행 시간: q-seconds

인터페이스 뒤의 서비스가 쿼리를 실행하는 데 걸린 총 시간(초)이다. 이는 진단값으로 유용하게 사용할 수 있다. 가령, 쿼리가 느리게 실행되고 있는가? 특정 쿼리가 많은 비용이 드는 쿼리인가?

실행된 날짜/시간 쿼리: q-datetime

쿼리가 실행된 날짜/시간을 항상 반환해야 한다. 이는 특히 나중에 리뷰를 위해 캐시될 때는 특히 그렇다.

결과의 관련성: q-score

가능하면 쿼리 엔진에서 반환될 수 있는 쿼리 결과의 관련성에 대한 표시를 함께 전달하는 것이 도움이 될 수 있다. 예를 들어, 루씬은 쿼리의 '점수' 반환(https://lucene.apache.org/core/3_5_0/scoring.html)을 지원한다(일반적으로 도큐먼트 수준에서). 쿼리의 '관련성'에 대한 특성화가 있을 때는 응답 메타데이터에 이를 반환하는 것이 편리할 수 있다.

데이터 소스: q-source

경우에 따라 쿼리를 수행하는 데 사용된 데이터 소스를 반환하는 것이 편리할 수 있다. 이는 결과를 개선하기 위해 쿼리를 '조정'하고자 하는 사용자에게 유용하다. 이때, 보안 및 연결 문제가 발생할 수 있으므로 자세한 내용은 '토론' 섹션을 참조하기 바란다.

쿼리 제안: q-suggest

쿼리가 너무 많은 레코드를 반환하거나, 전혀 반환하지 않을 때 클라이언트 애플리케이션이 결과의 품질을 개선하는 데 도움이 되는 제안 사항이 있을 수 있다. 특정 필드를 포함하든지, 제외하든지, 범위를 추가/제거 하는 등의 제안이 있을 수 있다.

재생 URL: q-location

쿼리가 인터페이스나 기본 서비스에서 나중에 사용하기 위해 저장된 경우 같은 쿼리를 쉽게 재생할 수 있는 고유 URL을 생성할 수 있다. 이 재생은 같은 결과 집합을 반환하거나 동일한(저장된) 쿼리 매개변수를 사용해 반복되는 쿼리일 수 있다.

쿼리 메타데이터에 이런 데이터 필드를 모두 포함할 필요는 없다. 각 사용 사례에 적합한 것을 선택하자. 예를 들어 쿼리가 하나의 레코드만 반환하도록 설계되면 ('?id=q1w2e3r4'), 날짜/시간 메타데이터만 포함할 수 있다.

예제

쿼리 메타데이터를 반환하려면 세 가지 가능한 위치를 사용할 수 있다.

- HTTP 응답 헤더 모음

- HTTP 응답 본문

- 모든 쿼리 메타데이터가 포함된 별도의 HTTP 리소스에 대한 링크

세 가지를 혼합해 사용할 수 있다.

쿼리 메타데이터를 HTTP 헤더 모음을 전달할 수 있다.

```
**** RESPONSE ***
HTTP/1.1/persons/?id=q1w2e3r4 200 OK
Q-Status: successful
Q-DateTime: 2024-12-12:00:12:0012TZ
...
```

쿼리 메타데이터를 HTTP 응답 본문의 일부로 반환할 수도 있다.

```
**** RESPONSE ***
HTTP/1.1 /persons/?id=q1 200 OK
Content-Type: application/vnd.collection+json
...
{"collection": {
  "title": "Person",
  "metadata" : [
    {"name": "q-sent", "value": "?id=q1"},
    {"name": "q-datetime", "value": "2024-12-12:00:12:0012TZ"},
    {"name": "q-status", "value": "result set too large, query canceled"},
    {"name": "q-seconds", "value": "120"},
    {"name": "q-count", "value": "10000+"},
    {"name": "q-suggest",
      "value": "reduce return set with additional query parameters"},
  ]
  ...
}}
```

쿼리 메타데이터가 방대하거나 쿼리 응답의 정보 양을 줄이려 할 때 응답 표현의 헤더 및 본문에 쿼리 메타데이터에 대한 링크를 포함할 수 있다.

```
HTTP/1.1 /persons/?id=q1 200 OK
Content-Type: text/html
Link: <http://api.example.org/queries/u7y6t5r4>;rel="query-metadata"
...
<html>
  <title>Person</title>
  <meta name="query-metadata" href="http://api.example.org/queries/u7y6t5r4" />
  ...
  <body>
    <a href="http://api.example.org/queries/u7y6t5r4">Query Metadata</a>
    ...
  </body>
</html>
```

예에서는 클라이언트 애플리케이션이 query-metadata 링크(http://api.example.org/queries/u7y6t5r4)를 따라갈 query-metadata 메타데이터가 반환된다. 다음은 HAL 형식의 쿼리 메타데이터 응답 예제다.

```
{
  "_links": {
  "self": {"href": "http://api.example.org/queries/u7y6t5r4"},
  },
  "q-status": "success",
  "q-sent": "?state=MN",
  "q-executed": "SELECT * from persons where contains(state,'MN')",
  "q-count": "750",
  "q-seconds": ".5",
  "q-datetime": "2024-12-12:12:12:12",
  "q-score": "100%",
  "q-source": "bigco.persons",
  "q-suggest": "none",
  "q-location", "http://api.example.org/queries/t5y6r4u7"
}
```

물론 헤더에 일부 기본 데이터(예: Q-DateTime)를 포함하거나 본문에 일부 기본 데이터 (예: q-status, q-count, q-suggest)를 포함하거나 모든 정보를 별도의 쿼리 메타데이터 리소스(HTTP 링크를 통해)에 포함함으로써 이런 옵션을 혼합해 사용할 수 있다.

토론

쿼리 메타데이터를 사용하면 좋은 점과 나쁜 점이 섞여 있다. 실제 실행된 쿼리, 쿼리 소스 등의 메타데이터가 너무 많으면 서비스 및 데이터 기술 정보가 너무 많이 노출돼 보안 문제가 발생하고 강한 커플링이 발생할 가능성이 높아질 수 있다. 동시에 메타데이터가 전혀 없으면 비효율적인 쿼리가 발생하고 유효하지 않은(또는 잘못된) 요청에 응답하는 데 어려움을 겪을 수 있으며 일반적으로 API 클라이언트가 쉽고 안전하게 양질의 쿼리를 작성하기 어렵게 된다. 각각의 고유한 사례에서 적절한 균형을 찾으려면 주의와 경험이 필요하다.

궁극적으로 비정상적이거나 악의적인 쿼리로부터 스스로를 보호하는 것은 인터페이스 백엔드에 있는 서비스이지만, 서비스 인터페이스도 종종 이런 책임의 일부를 떠맡을 수 있다. HTTP 응답의 한계를 정의하는 것은 인터페이스라는 점을 기억하기 바란다. 쿼리 응답에 문서화된 제한(레코드 수, 실행 시간 등)을 적용할 수 있으며, 적용해야 한다. 이 주제에 대한 자세한 내용은 레시피 6.12를 참조하기 바란다.

q-location 메타데이터 속성은 '퀵 링크'를 쿼리 결과에 포함시킨다는 의미다. 이를 이미 수행됐던(그리고 저장된) 쿼리를 재호출하거나 수정된 결과를 얻기 위해 저장된 쿼리 파라미터를 재실행하는 데 사용할 수 있다.

 서비스에 특화된 내부 정보와 같이 쿼리 메타데이터를 로딩하고 싶은 유혹을 견뎌야 한다(예: 디버깅, 성능 통계 등을 위해). 이런 종류의 데이터는 HTTP 레벨에서 다른 서비스나 API에 공유될 것이 아니다. query-metadata의 값들 중 기존 서비스의 니즈에 연관있는 것이 아닌 API 클라이언트들의 니즈에 직접 연관이 있는 것만 공유하자.

많은 쿼리 메타데이터를 갖고 있거나 자주 사용되는 쿼리(이전 결과에 다시 접근하거나 새로운 결과를 만들 때 모두)를 갖고 있다면 query-metadata는 탁월한 선택이다. 하지만 단일 레코드를 위한 단순한 HTTP 이름-값 쿼리를 사용하는 경우라면, 추가적인 리소스는 그렇게 도움이 되지 못한다.

같이 볼 것

- 레시피 5.8, 표준 포맷에 맞는 공유 어휘 지원

- 레시피 5.10, API 메타데이터의 발행

- 레시피 5.12, 오류 리포트의 표준화

- 레시피 6.6, 데이터 중심 쿼리를 위한 HTTP 200 VS HTTP 400

- 레시피 7.7, 워크플로에 대한 진행 상태 리소스의 공개

6.6 데이터 중심 쿼리를 위한 HTTP 200 VS HTTP 400

데이터 중심 API를 구현하다보면, 응답 본문에 레코드가 없이 본문이 들어올 때가 있다. 이때, 적절한 HTTP 상태 코드를 반환하는 것이 중요한데, 상태 코드를 통해 응답에 결과 모음이 없음을 정확히 전달한다.

문제

데이터 중심 요청에 HTTP 응답을 반환할 때, 응답에 결과 모음이 이에 적절한 HTTP 상태 코드는 무엇일까? 항상 `200 OK` 오류를 반환해야 할까? 또는 404나 다른 400번대 상태 코드를 반환해야 할까? 어떻게 반환 코드 클래스를 결정하며 데이터 중심 HTTP 요청에 대해 '빈' 응답을 어떻게 처리해야 할까?

솔루션

다른 HTTP 요청도 마찬가지겠지만, HTTP 상태 코드는 반환되는 응답의 상태를 나타내는 중요한 정보가 된다. 그리고 HTTP 요청이 데이터 쿼리에 대한 것이라고 해도 이 원칙은 변함이 없다. 요청이 포맷을 충실히 따르고 서버도 이를 정확히 해석하고 응답을 처리하면, HTTP 상태 코드는 200번대 클래스가 돼야 한다. 하지만, 서버가 이를 수행할 수 없다면, 또는 요청 처리가 요청 내부 및 서비스의 요청 처리 오류로 인해 문제가 발생하면, HTTP 상태 코드는 400번대(클라이언트 측 문제) 또는 500번대(서버 측 문제)가 돼야 한다.

다음은 자주 사용되는 상태 코드를 보여준다.

200 OK

요청이 포맷을 잘 따르고 있으며, 필터 규칙(예: /persons/?status=pending)에 맞는 레코드 모음을 결과로 요청하고 있지만 수행 결과가 없다면(해당 쿼리에 대한 결과 레코드가 없는 경우), HTTP 상태 코드는 **200 OK**가 돼야 한다.

404 Not Found

요청이 단일 리소스(예: /persons/?id=q1w2e3)의 반환을 결과로 요청하고 있지만 그 결과가 존재하지 않으면, API는 HTTP **404 Not Found** 상태 코드를 반환해야 한다.

4xx Bad Request

클라이언트 애플리케이션이 유효하지 않은 요청(예: 잘못된 URL, 적절하지 않는 포맷의 데이터 쿼리 등)을 한다면, API는 **400 Invalid Request** 응답(문제 해결 관련 사항과 함께)을 반환해야 한다.

5xx Server Error

클라이언트는 정확하게 요청을 보냈지만, 서버가 이 요청을 서버 문제로 인해 수행하지 못할 때(데이터 저장소에 접근이 안 된다든지, 네트워크 오류 등), API는 500번대 클래스의 상태 코드를 세부 정보와 함께 반환해야 한다.

 단일 리소스를 반환하기 위한 URL 쿼리 스트링은 피해야 한다. 기존 HTTP 리소스를 반환하기 위한 persons/?id=q1w2e3 대신에, 차라리 /person/q1w2e3이 더 낫다. 물론 우리가 설계한 URL 설계를 항상 선택하지 않는다. 때로는 타인이 설계한, 우리가 컨트롤하지 않는 서비스를 위한 URL과 작업을 할 필요가 있다.

일반적으로 정상적인 포맷의 쿼리에 대해서는 빈 모음과 함께 **200 OK**를 반환한다. 400번대와 500번대 상태 코드는 클라이언트 또는 서비스에서 오류가 발생하는 경우를 위해 놔둬야 한다(404를 반환하는 단일 리소스 쿼리는 이 규칙에서 예외다).[1]

---

1 이때는 오류 발생이 아닌, 쿼리의 결과가 없기 때문이라 예외로 둔다. - 옮긴이

예제

데이터 중심 쿼리의 '빈' 응답에 대한 적절한 HTTP 상태 코드를 정할 때 다루는 네 가지 일반적인 케이스가 있다

필터 검색의 결과가 비어있는 모음이면 200 OK를 반환

비어있는 모음을 데이터 중심 HTTP 요청에 대한 응답으로 받았다면, 여러분은 200 OK 상태 코드를 쿼리 정보 메타데이터와 함께 사용해야 한다(세부 사항은 레시피 6.5를 참조하기 바란다).

```
**** REQUEST ****
GET /persons/?status=pending HTTP/1.1
Host: api.example.org
Accept: application/vnd.collection+json
...

**** RESPONSE ***
HTTP/1.1 200 OK

Content-Type: application/vnd.collection+json
...

{"collection": {
  "title": "Persons",
  "metadata": [
    "name": "q-status", "value": "success",
    "name": "q-sent", "value": "?status=pending",
    "name": "q-count", "value": "0"
  ],
  "items": []
}}
```

응답 본문 안에 쿼리 메타데이터(레시피 6.5 참조)에 주목하자. 응답에 이와 같은 종류의 정보를 추가하면 '비어있는 모음'이 반환됐다는 의미가 더 명확히 전달될 것이다.

쿼리 스트링이 리소스가 없다는 것을 가리키면 404를 반환하라

기존 리소스를 가리키는 URL 쿼리 스트링을 사용할 때 요청된 HTTP 리소스가 없으면 404 Not Found 오류를 반환해야 한다.

```
**** REQUEST ****
GET /persons/?id=q1w2e3 HTTP/1.1
Accept: text/html
...

**** RESPONSE ****
HTTP/1.1 404 Not Found
Content-Type: text/html
...

<html>
  <title>Not Found</title>
  <body>
    <h1>Not Found</h1>
    <div class="error">
      Unable to locate the requested resource
      <span class="q-sent">?id=q1w2e3</span>
    </div>
  </body>
</html>
```

HTTP 404는 데이터 행이나 리소스의 모음이 아닌 URL + 쿼리가 단일 리소스를 가리킬 때만 사용된다는 것을 기억하라.

유효하지 않는 요청을 클라이어언트가 보낼 때는 4xx를 반환한다

클라이언트가 애플리케이션이 유효하지 않은 요청을 보낼 때는 이에 맞는 400번대의 상태 코드를 클라이언트가 어떻게 문제를 해결해야 하는지의 힌트와 함께 반환해야 한다.

```
**** REQUEST ****
GET /persons/?hatsize=13 HTTP/1.1
Accept: application/vnd.collection+json
...
```

```
**** RESPONSE ****
HTTP/1.1 400 Bad Request
Content-Type: application/vnd.collection+json
...

{"collection": {
  "title": "Persons List",
  "error": {
    "title": "Data Filter Error",
    "message": "The data property 'hatsize' does not exist"
  }
}}
```

예제에서 요청의 형태는 HTTP 레벨에서 보면 잘못된 것이 아님에 주목하자. 대신, 데이터 서비스가 쿼리가 유효하지 않기 때문에 요청의 처리를 못한 것뿐이다. 물론 HTTP 레벨 관점에서 잘못된 형태도 있으며 이럴 때도 그에 맞는 400번대 응답 코드가 결과로 반환돼야 한다.

유효한 요청을 처리할 수 없을 때는 5xx를 반환한다

이때는 쿼리도 유효하며 HTTP 레벨에서의 요청 형태도 문제가 없지만 기존 서비스에서 이 요청을 처리하지 못할 때 발생한다. 예를 들어, 서비스 인터페이스가 소스 데이터까지 접근할 수 없다든지 기존 데이터 요청을 처리하기에 너무 프로세스가 오래 걸리는 경우 등이 그것이다. 이때, API는 그에 맞는 500번대 상태 코드를 서비스 인터페이스의 상태 정보와 함께 반환해야 한다.

```
**** REQUEST ****
GET /persons/?status=active HTTP/1.1
Accept: application/vnd.hal+json
...

**** RESPONSE ****
HTTP/1.1 504 Gateway Timeout
Content-Type: application/problem+json
....
```

```
{
  "type": "https://api.example.org/problems/time-out",
  "title": "Data query timed out.",
  "detail": "The remote data storage took too long to reply.",
  "instance": "/persons/?status=active",
  "q-status": "failed",
  "q-seconds": "120",
  "q-suggest": "Try again later."
}
```

HTTP의 문제 상세 정보 미디어 타입(레시피 5.12참조)와 함께 쿼리 메티데이터(레시피 6.5 참조)를 사용하면 클라이언트 애플리케이션에 반환되는 정보의 품질을 향상시킬 수 있다.

토론

데이터 중심 응답에 200이나 4xx 코드를 사용할지 여부를 결정할 때는 요청이 모음을 반환하도록 설계됐는지, 아니면 단일 리소스를 반환하도록 설계됐는지 여부를 고려해야 한다. 전자의 경우 빈 응답은 OK다. 하지만 후자의 경우는 Not Found를 의미한다.

 서비스 인터페이스에서의 4xx나 5xx 응답의 반환은 네트워크나 서비스의 정보를 노출시킬 가능성이 있다. HTTP 오류 응답 메시지 생성 시 여러분의 데이터가 저장된 곳에서 너무 자세한 정보를 드러내지 말기 바란다.

어떤 때는, 여러분의 API가 이 레시피를 따르지 않는 다른 서비스 인터페이스를 호출할 수 있다. 가령, 어떤 서비스에서는 쿼리 결과인 데이터 모음의 건수가 0이면 404를 반환할 수도 있다. 가능하다면 이런 응답을 여러분의 API에 전달되지 않도록 해야 한다. 대신에 반환값을 200 OK로 수정해 여러분의 API에서 받아들이도록 하자. 이렇게 해야 API의 신뢰성과 지속성에 영향을 주지 않는다.

같이 볼 것

- 레시피 4.3, 메시지 중심 수행의 탄력적인 클라이언트 만들기

- 레시피 5.12, 오류 리포트의 표준화

- 레시피 6.5, 쿼리 응답을 위한 메타데이터 반환

- 레시피 6.7, 데이터 쿼리를 위한 미디어 타입 사용

- 레시피 7.14, 쿼리의 저장 기능으로 쿼리 최적화 수행

6.7 데이터 쿼리를 위한 미디어 타입 사용

여러분의 서비스 인터페이스를 위한 데이터 쿼리 지원의 구현은 종종 단일 데이터 기술 (SQL, GraphQL, 루씬 등) 선택(그리고 인터페이스의 일부로 공개) 종용으로 인해 어려워지기도 하는데, 이는 기존 세부 구현 사항을 느슨한 커플링을 통해 감춰야 한다는 사상과는 배치된다.

이에 대한 대안은 데이터 기술에 얽매이지 않는 여러분만의 사용자 정의 데이터 쿼리 언어를 만드는 것이다. 하지만 이는 완전한 데이터 언어를 만들고 유지보수를 해야 하거나 강한 커플링 속성을 가진 새로운 언어로 될 수 있다. 처음에는 쓸만하게 보이지만, 나중에는 불필요하게 일이 커지는 것이다.

이 레시피는 안정된 데이터 쿼리 언어의 장점은 취하면서 여러분의 인터페이스로부터 데이터 기술을 분리하는 방법을 제공한다.

문제

서비스 인터페이스를 위한 데이터 쿼리 지원 구현은 어떻게 해야 할까? 기존 쿼리 언어 (SQL, GraphQL, 루씬 등)에서 하나를 골라야 하나? 아니면 백엔드 기술에 얽매이지 않는 사용자 정의 언어를 만들어야 하나? 같은 서비스 인터페이스에 하나 이상의 쿼리 언어를 어떻게 지원할 수 있을까? 단일 백엔드 서비스에 강하게 커플링되지 않아도 잘 알려진 데이터 쿼리 언어를 지원할 방법이 있을까? 백엔드 서비스가 향후 변경될 때(예: SQL에서 GraphQL로 기술을 변경 시) 어떤 일이 일어날까?

솔루션

API에서의 느슨한 커플링 구현과 SQL과 GraphQL과 같은 잘 알려진 데이터 쿼리 언어가 주는 힘 사이에서 균형을 잡기란 어렵다. 저자는 이를 위한 간단한 솔루션이 있기는 하지만, 자주 쓰이는 것을 보지는 못했다. 간단한 솔루션이란 HTTP상의 미디어 타입으로 여러분만의 데이터 쿼리 언어를 구현하는 것이다. 이 책에서 우리는 등록된 미디어 타입(RMT – 레시피 3.1 참조)과 의미 프로필(SPD – 레시피 3.4 참조)을 콘텐츠 상호확인 지원과 함께 살펴본 적이 있다. 이와 같은 원리가 데이터 쿼리 언어의 상호확인에도 적용될 수 있다.

상호확인의 첫 번째 단계는 데이터 쿼리 언어를 위한 미디어 타입 정의 사용 정책을 적용하는 것이다. 이는 SQL 포맷에 대해서는 RFC6922에서 적용된 상태다. 이 사양은 `application/sql` 미디어 타입을 SQL 쿼리를 HTTP상에서 제출하는 방법을 문서화하고 있다(다음 절의 예제를 보라).

공식화되진 않았지만, 같은 기법을 적절히 만들어 다른 쿼리에도 적용하고 있다.

- Solr(https://solr.apache.org/guide/6_6/index.html): application/prs.sole+json

- OData(https://www.odata.org/documentation/): application/prs.odata+json

- GraphQL(https://spec.graphql.org/draft/): application/prs.graphql+json

 이 책을 쓰는 현재, Solr, OData, GraphQL에 대한 IANA에 등록된 미디어 타입은 없다. 저자는 pre. 접두어(https://www.rfc-editor.org/rfc/rfc6838.html#section-3.3)가 붙은(이는 개인, 또는 임시 등록을 의미) 미등록 미디어 타입 식별자를 사용한다. 언제 다른 데이터 쿼리 언어가 공식 미디어 타입 식별자로 등록되는지 알기 위해 항상 IANA의 미디어 타입 레지스트리를 확인해야 한다.

데이터 쿼리 전송을 위해 HTTP 요청 본문을 활용하는 것이 레시피 6.7의 핵심이다. 예를 들어 API 클라이언트는 지정된 언어(SQL, OData 등)를 통해 유효한 쿼리를 만들 수 있다. 이 메시지는 서비스 인터페이스로 보내지는 HTTP **POST** 또는 **PUT** 요청에서 본문이 된다(레시피 5.15 참조). API는 요청을 받아들이고 필요하면, 요청을 기존 데이터 엔진을 이용해 사용 가능한 형식으로 변경하고 쿼리를 실행해 결과를 API 호출자에게 반환한다.

 PUT/POST를 사용해 데이터 쿼리를 제출하는 것은 향후 같은 쿼리를 쉽게 저장하고 리플레이를 할 수 있다는 것을 의미한다. 어떻게 이를 수행하는지는 레시피 7.14를 참조하기 바란다.

데이터 쿼리 요청을 미디어 타입 요청으로 바꿈으로써, HTTP 콘텐츠 상호확인(레시피 5.6 참조)의 이점을 취할 수 있다. 또한 서비스 메타데이터에 지원되는 데이터 쿼리 미디어 타입을 포함시키거나(레시피 5.10 참조). 여러분의 클라이언트 환경설정 응답에 미디어 타입 문자열을 나열할 수 있다(레시피 5.5 참조).

예제

다음은 SQL을 사용한 데이터 쿼리의 제출을 위한 HTTP의 예시다.

```
**** REQUEST ****
PUT /person/queries/q1w2e3r4 HTTP/1.1
Host: api.example.org
If-None-Match: *
Content-Type: application/sql
Accept: text/html
...

SELECT id,name,city FROM persons where city LIKE '%ville%'

**** RESPONSE ****
HTTP/1.1 301 Moved Permanently
Location: http://api.example.org/person/results/p0o9i8u7

**** REQUEST ****
GET person/queries/p0o9i8u7 HTTP/1.1
Accept: text/html

**** RESPONSE ****
HTTP/1.1 200 OK
```

```
Content-Type: text/html
ETag: "w/o9p0i8y6"

<html>
  <title>Persons</title>
  <body>
    <div class=query-metadata>
      <span class="q-status">success</span>
      <span class="q-sent">
        SELECT id,name,city FROM persons where city LIKE '%ville%'
      </span>
    </div>
    <div class="results">
      ...
    </div>
  </body>
</html>
```

이 요청을 위한 쿼리 인터페이스가 사용하는 서비스 인터페이스와 커뮤니케이션을 하기 위해 쿼리는 application/sql 콘텐츠 타입을 사용해 전송된 것을 주목하자. 또한 응답에 쿼리 메타데이터의 사용(레시피 6.5 참조)이 된 것도 보인다. 어떻게 PUT이 POST를 대신해 새로운 리소스 생성에 사용되는지의 자세한 내용은 레시피 5.15를 참조하기 바란다.

한 개 보다는 두 개가 더 낫다

이 레시피의 모든 예제에서 새로운 리소스(/person/queries/q1w2e3r4) 생성에 사용된 PUT 요청은 데이터 쿼리 리소스를 생성하고 이 데이터 쿼리 리소스를 데이터 결과 리소스(person/results/p0o9i8u7)를 만들기 위해 사용한다. 이들은 서로 분리된 별개의 리소스들이다. 하나는 쿼리를, 또 하나는 결과를 의미한다. 결과 리소스는 데이터 쿼리로부터의 정적 결과를 반환하기 위해 호출될 수 있다. 쿼리 리소스는 데이터 소스에 대한 쿼리의 리플레이에 사용될 수 있고 이를 통해 새로운 결과(그리고 접근 가능한 새 URL)를 얻을 수 있다. 자세한 내용은 레시피 7.14를 참조하기 바란다.

인터페이스만 지원한다면, 같은 쿼리는 Solr로 만들어질 수 있다.

```
**** REQUEST ****
PUT /person/queries/q1w2e3r4 HTTP/1.1
Host: api.example.org
If-None-Match: *
Content-Type: application/prs.solr
Accept: text/html
...

fl=id name city
city:ville
```

또는 OData로도 만들어질 수 있다.

```
**** REQUEST ****
PUT /person/queries/q1w2e3r4 HTTP/1.1
Host: api.example.org
If-None-Match: *
Content-Type: application/prs.odata
Accept: text/html
...

$select=id, name, city
$filter=contains(city,'ville')
```

OData는 HTTP **POST**와 **GET** 요청을 위한 쿼리 제작 방법의 자체 규칙을 갖고 있다. OData 4.1부터는 규칙도 크게 변경됐다. 저자는 이 버전의 포맷을 채택했으며(이것이 현재 버전보다 약간 더 읽기 쉽다) 백엔드 OData 엔진이 실행 중인 버전에 따라 엔진과 호환되도록 쿼리를 재작성한다. 이를 채택하거나 또는 유사한 접근법을 채택하면 백엔드 쿼리 엔진이 향후 변경되더라도 여러분의 서비스 인터페이스를 안정적으로 유지할 수 있다.

 위는 존 가토고(John Gathogo)의 HTTP상의 OData 사용에 대한 글(https://devblogs.microsoft.com/odata/passing-odata-query-options-in-the-request-body/)이며, 상당히 유용하다.

예제를 하나 더 보자. 다음은 GraphQL 쿼리 엔진을 위해 만든 같은 요청이다.

```
**** REQUEST ****
PUT /person/queries/q1w2e3r4 HTTP/1.1
Host: api.example.org
If-None-Match: *
Content-Type: application/prs.graphql
Accept: text/html
...

{
  person(city: {regex: "/ville/"}) {
    id
    name
    city
  }
}
```

OData 쿼리 엔진과 마찬가지로, GraphQL도 HTTP POST 및 GET을 통한 데이터 쿼리 전송에 대한 자체 규칙을 갖고 있다. 문서화를 항상 체크하고, 필요하다면 application/prs.graphql 메시지를 GraphQL이 처리할 수 있는 메시지로 변경하는 재작성 단계를 넣어야 한다.

여러분의 목표는 안정적이고 얽매이지 않는 기술 특정적인 데이터 쿼리를 제출하는 방법을 만드는 것이라는 점을 잊지 말아야 한다.

토론

미디어 타입을 통해 데이터 쿼리를 전달하면 데이터 기술을 강력하기 유형화된 메시지 포맷으로 캡슐화할 수 있다. 또한 인터페이스를 변경하지 않고도 같은 데이터 저장소에 대해 여러 데이터 쿼리 언어를 구사할 수 있다. 즉, API의 첫 배포 때 application/sql에 대한 지원을 구현할 수 있으며, 필요한 경우 추후에 Solr나 GraphQL에 대한 지원을 추가할 수도 있다.

여기에 표시된 레시피는 새 리소스를 생성할 때 POST가 아닌 PUT을 사용한다는 것을 다시 한 번 강조한다. 그러나 기본 서비스에서 GraphQL이나 OData 쿼리 등에 대해 POST를 사용해야 할 수도 있다. 또는 Solr의 경우 GET을 사용하기도 한다. 여기에서 사용된 PUT 메소드는 서비스 인터페이스에서만 사용되며 백엔드 서비스에 대한 HTTP 요청에는 독립적이다.

데이터 쿼리 지원을 위해 추가적인 미디어 타입 구현을 도입하지 않고 데이터 엔진의 HTTP 규칙을 직접 채택하는 것이 더 나을 수도 있다. 향후 데이터 쿼리 엔진을 변경할 계획이 없고 쿼리 엔진의 획기적인 버전 업도 반영할 계획이 없는 한 이 방법도 괜찮다. 초기 비용이 발생하지만(미디어 타입 스트링, HTTP PUT/POST 엔드포인트 설정, 재작성기rewriter 구현 등) 시간이 지남에 따라 성과를 얻을 수 있다.

SPARQL 쿼리 언어(https://www.w3.org/TR/sparql11-query/)는 HTTP상에서 사용되도록 설계됐으며, 이미 관련 일련의 미디어 타입을 갖고 있기 때문에 SPARQL이 이 레시피에 잘 맞는다.

SQL 기반의 스토리지에만 적용될 SQL 쿼리 언어를 요청하는 규칙은 없다는 것을 주목해야 한다. SQL 데이터베이스를 모두 파일 기반 스토리지로 변환한 후 SQL 쿼리에 대해 지원을 유지하는 것은 분명 가능하다. 여기서 핵심은 인터페이스 구현에서 분리된 레이어로서 쿼리 언어를 처리한다는 것이다. 이런 방식을 따른다면 필요할 때 서비스 인터페이스의 변경 없이 백엔드 스토리지를 바꿀 수 있다.

이때, 여러분만의 데이터 쿼리 언어의 설계의 함정에 빠지지 않도록 주의해야 한다. 여러분 고유의 데이터 엔진 생성을 계획하고 있지 않다면, 미디어 타입 패턴을 사용해 일종의 상호운용성을 만드는 게 좋다. 이렇게 하면 시간이 지남에 따라 지원할 리소스가 없을 수도 있는 새로운 언어를 도입하지 않고도 많은 가능성을 제공한다.

같이 볼 것

- 레시피 3.1, 기존 미디어 타입과의 상호운용성 만들기
- 레시피 3.4, 의미 프로필로 문제 공간 기술

- 레시피 4.6, 런타임 시 표현 포맷 관리

- 레시피 5.6, HTTP의 콘텐츠 상호확인 지원

- 레시피 5.10, API 메타데이터의 발행

- 레시피 7.14, 쿼리의 저장 기능으로 쿼리 최적화 수행

6.8 알 수 없는 데이터 필드 무시하기

때로는 서비스 간에 통신되는 데이터 메시지에는 API 클라이언트가 원하는 것보다 더 많은 데이터 속성이 있다. 이때, '추가' 데이터 속성은 그냥 무시하고 여러분이 관심있는 메시지만 처리를 하는 게 좋다.

문제

서비스 사이에 통신되는 데이터 메시지에 API 클라이언트가 원하는 것보다 더 많은 데이터 속성이 포함돼 있을 때가 있다. 예를 들어, 이메일 주소 처리를 위해 설계된 서비스는 데이터 서비스에 전체 물리적 주소 및 이메일 주소를 요구할 수 있다. 소비자 측 서비스가 알고 있는 속성만 읽고 쓸 때 데이터 무결성을 보장하는 가장 좋은 방법은 무엇일까? 소비자 측 서비스는 수정된 속성만 반환하는 것일까? 혹은 이해하지 못하는 필드를 포함해 모든 필드를 반환하는 것일까?

솔루션

다른 서비스에서 데이터 레코드를 읽은 다음 업데이트할 때는 해당 레코드에 변경 사항이 없거나 이해하지 못하는 필드가 포함돼 있을 때도 항상 '전체' 데이터 레코드를 업데이트해야 한다. 이는 레코드를 직접 업데이트한 후 소스로 반환할 때도 마찬가지다. 전달 서비스에서 업데이트를 처리하고 지원하기 위해 데이터 레코드를 다른 서비스로 전달할 때도 마찬가지다.

일반적으로 사용자(또는 데이터를 전달하는 다른 서비스)가 해당 데이터를 소스에 다시 쓰는 기능도 지원하면 들어오는 데이터 메시지에서 (필요 없는)데이터를 제거하는 것은 좋지 않다. 예를 들어, 데이터 저장소에 일부 값을 쓰려고 시도하면 업데이트된 값이 편집되지 않은 값과 호환되지 않는 경우가 발생할 수 있다. 즉, 저장된 데이터의 무결성이 손실되거나 쓰기가 거부되며, 두 가지 결과 모두 서비스의 안정성을 떨어뜨린다.

이 솔루션의 핵심은 느슨하게 '무시'해야 함이다. 상대방으로부터 메시지를 받을 때 이해하지 못하는 부분은 무시해야 한다. 이해할 수 있는 부분만 작업하고, 업데이트를 시도하는 경우 업데이트 후 전체를 반환한다.

예제

그림 6-4와 같은 케이스를 생각해보자. 여기에서는 사용자의 이메일 주소의 읽기/쓰기를 지원하는 인터페이스를 생성한다(emailUpdater).

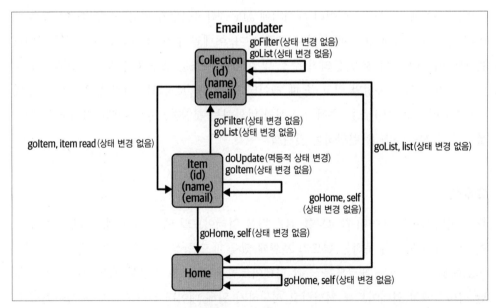

그림 6-4 Email Updater

여기서 여러분의 인터페이스는 소스 데이터를 다른 서비스(addressManager)로부터 얻는다. 소스 데이터에는 수많은 사용자의 이메일, 주소 정보가 있다(그림 6-5).

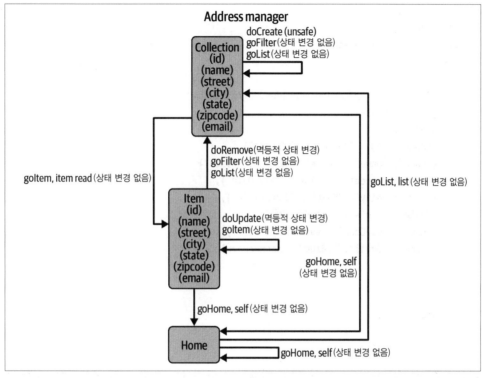

그림 6-5 address manager API에 대한 ALPS 도큐먼트

요청이 되면, `emailUpdater`는 API 호출자로부터 레코드 식별자를 얻는다(GET http://api.emailupdater.org/q1w2e3r4). 그리고 이를 사용해 `address Manager`를 호출하며, 그 결과 다음과 같은 메시지를 반환한다.

```
**** REQUEST ****
GET /q1w2e3r4 HTTP/1.1
Host: api.addressManager.org
Accept: application/vnd.collection+json
...

**** RESPONSE ****
```

```
HTTP/1.1 200 OK
Content-Type: application/vnd.collection+json
Content-Length: XX
ETag: "w\u7y6t5r4"

{"collection": {
  "title" : "Address Manager",
  "links" : [...],
  "items" : [
    {"href": "http://api.addressmanager.org/q1w2e3r4",
      "rel" : "address",
      "data" : [
        {"name": "id", "value": "q1w2e3r4"},
        {"name": "name", "value": "Mork Mickelson"},
        {"name": "street", "value": "123 Main"},
        {"name": "city", "value": "Byteville"},
        {"name": "state", "value": "MD"},
        {"name": "zipCode", "value": "12345"},
        {"name": "email", "value": "mork@example.org"}
      ]
    }
  ],
  "template": {...}
}}
```

다음으로 emailUpdater는 요청 대로 이메일을 업데이트 하고 전체 레코드를 address Manager로 반환한다.

```
**** REQUEST ****
PUT /q1w2e3r4 HTTP/1.1
Host: api.addressManager.org
Accept: application/vnd.collection+json
Content-Type: application/vnd.collection+json
If-Match: "w\u7y6t5r4"
...

{"template": {
  "data": [
    {"name": "id", "value": "q1w2e3r4"},
    {"name": "name", "value": "Mork Mickelson"},
```

```
      {"name": "street", "value": "123 Main"},
      {"name": "city", "value": "Byteville"},
      {"name": "state", "value": "MD"},
      {"name": "zipCode", "value": "12345"},
      {"name": "email", "value": "mickle@example.org"}
    ]
}}

**** RESPONSE ****
HTTP/1.1 200 OK
Content-Type: application/vnd.collection+json
Content-Length: XX
ETag: "w\i8u7y6t5"

{"collection": {
  "title" : "Address Manager",
  "links" : [...],
  "items" : [
    {"href": "http://api.addressmanager.org/q1w2e3r4",
      "rel" : "address",
      "data" : [
        {"name": "id", "value": "q1w2e3r4"},
        {"name": "name", "value": "Mork Mickelson"},
        {"name": "street", "value": "123 Main"},
        {"name": "city", "value": "Byteville"},
        {"name": "state", "value": "MD"},
        {"name": "zipCode", "value": "12345"},
        {"name": "email", "value": "mickle@example.org"}
      ]
    }
  ],
  "template": {...}
}}
```

마지막으로, 미래 어느 시점에 addressManager가 새로운 데이터 속성을 메시지에 추가한다고 상상해보자(예: telephone 또는 sms). emailUpdater는 자신이 알고 있는 하나의 필드를 수정하고 반환된 모든 필드를 다시 전달하는 같은 작업을 계속 수행할 수 있다. 이런 방법으로 emailUpdate 인터페이스의 서비스는 새로운 필드가 addressManager에 추가돼도 매번 수정될 필요가 없다.

토론

메시지에서의 관련없는 엘리먼트를 무시하기는 다른 인터페이스와 상호작용을 하는 서비스와 API의 회복탄력성을 위한 간편한 대응법이다. 여러분의 작업 범위 밖에 있는 다른 인터페이스와 작업을 할 때, 다른 인터페이스 뒤에서는 어떤 일이 벌어지는지 모르며, 인터페이스가 약속한 것만 알 수 있을 뿐이다. 시간이 지나면서 확실한 것은 인터페이스는 변한다는 것이며, 여러분과의 약속이 변경되지 않는 한, 필드의 추가/삭제 또는 필요 이외의 액션은 관심 밖의 영역이다.

'무시해야 한다'는 규칙

관심없는 필드를 삭제하는 대신 무시하는 패턴은 향후 서비스와 인터페이스의 호환성을 위한 핵심 엘리먼트다. 웹 자체도 이런 가정을 염두에 두고 만들어졌다. 이는 대략 '무시해야 한다'는 규칙으로 불리우며 W3C 웹 사이트(https://www.w3.org/2001/tag/doc/versioning-20070326.html#iddiv470454016)의 'Extanding and Versioning Languages Part 1' 문서에 잘 정리돼 있다.

이 레시피는 응답에서 하이퍼미디어 양식을 인식하고 사용하는 서비스의 능력에 따라 달라진다. 모든 서비스 인터페이스와 마찬가지로 데이터 서비스도 호출자가 추가 작업을 실행하는 방법에 대한 하이퍼미디어 리치 메시지(이에 대해서는 레시피 3.5 및 4.9를 참조)를 반환해야 한다. 하이퍼미디어를 지원하지 않는 포맷(HAL, CSV, plain JSON 등)으로 반환하는 경우 작업 설명이 포함된 다른 문서(예: HAL-FORMS, XML/JSON 스키마, ALPS 등)에 대한 포인터를 반환해야 한다.

이 레시피는 레시피 6.13(패스 스루 프록시에 대해)과 밀접한 관련이 있다. 사실 데이터 프록시 역할을 하는 인터페이스(백그라운드에서)와 통신하는 API 클라이언트를 위한 레시피라고 볼 수 있다. 물론 서비스는 누구하고 통신하고 있는지 실제로는 알 수 없다. 서비스는 단지 액션 약속을 이행하는 서비스 인터페이스와 대화하는 것뿐이다.

같이 볼 것

- 레시피 3.3, 게시된 어휘를 통해 도메인 세부 정보 공유하기

- 레시피 3.4, 의미 프로필로 문제 공간 기술

- 레시피 4.11, 런타임에서 데이터 속성 검증

- 레시피 4.13, 수신 메시지 검증을 위한 도큐먼트 쿼리의 사용

- 레시피 5.7, 클라이언트 프로그램을 위한 전체 어휘 게시

- 레시피 6.5, 쿼리 응답을 위한 메타데이터 반환

- 레시피 6.13, 데이터 통신을 위한 패스 스루의 사용

6.9 캐싱 지시문으로 성능 개선하기

HTTP는 프로토콜에 풍부한 캐싱 모델을 심어놨다. 데이터 중심 서비스에 대해, 캐싱 모델은 적은 노력으로 체감 성능을 개선하고 지연 시간을 감소시킬 수 있다.

문제

서비스가 데이터 소스에 의존할 때, 느린 네트워크와 때때로 발생하는 네트워크 장애로 인해 성능이 저하되는 것으로 인식될 수 있다. 여러분의 관리 범위를 벗어난 원격 데이터 중심 서비스에 의존할 때 서비스의 체감 성능을 어떻게 개선할 수 있을까? 어떻게 운용 중인 서비스의 신뢰성 및 가용성 개선을 위해 HTTP 캐싱 모델을 서비스와 클라이언트 측 모두에서 사용할 수 있을까?

솔루션

서비스 인터페이스가 데이터 관점에서, 다른 원격 서비스에 의존할 때 체감 성능을 개선하려면 프로토콜에 내장된 HTTP 캐싱을 이용하는 방법이 가장 쉽다. 즉 서비스 제공자가 모든 응답을 캐싱된 메타데이터로 체크해 사용자가 응답의 수명을 이해하도록 할 필요가 있다. 이는 또한 서비스 소비자가 API 응답의 품질 개선을 위해 캐싱된 메타데이터를 확인하고 이를 준수해야 한다는 의미이기도 하다.

HTTP 캐싱 모델을 더 알고 싶으면, RFC7234에 있는 HTTP 캐싱 사양(https://datatracker. ietf.org/doc/html/rfc7234)을 참조하기 바란다.

이 레시피에서는 HTTP 1.1 이상에서의 캐싱 모델 메타데이터만 다루려고 한다. 캐싱 지시어는 HTTP 1.0 서비스에서 작동하는 **Age**, **Expires**, **Pragma**와 같은 HTTP 헤더 모음 전체에서도 지원한다.

캐싱 지시어에 대한 전체 목록은 HTTP Cache Directive Registry(https://www.iana. org/assignments/http-cache-directives/http-cache-directives.xhtml)를 참조하자.

서비스 제공자를 위한 캐싱 메타데이터 응답

서비스 제공자는 캐싱 메타데이터로 응답을 체크할 수 있다. 일반적으로 캐싱 범위(public 또는 private), 응답을 보관할 수 있는 최대 길이(max-age), 응답 처리 방법(no-store, no-cache, must-revalidate 등)을 표시한다. 이는 자주 변경되지 않는 응답(예: 고정 데이터의 조회 목록, 거의 변경되지 않는 서면 문서 등)에 적합하다.

캐싱 지시어를 사용하지 않는 서비스 API를 클라이언트로 쓰고 있다면, 제공자에게 캐싱 지원을 하도록 요청해보자. 이는 특히 데이터 중심 서비스가 승인되고 회사의 다른 팀에 의해 지원을 받는 환경에 있을 때 효과적이다.

응답에 자주 변경될 수 있는 정보가 포함되는 경우, API 클라이언트에게 캐시된 응답을 재생하기 전에 원본 서버에 다시 확인하도록 하는 지시문을 사용할 수 있다. 서비스 인터페이스는 Cache-Control: must-revalidate와 함께 ETag를 반환해 If-Match 헤더에 있는 ETag 값으로 API 클라이언트에게 조건부 요청(GET 또는 PUT/DELETE)을 만들도록 할 수 있다.

> **불변 캐시**
>
> immutable이라는 캐시 지시어는 API 클라이언트로 해금 응답이 길고 신뢰할 만한 수명을 가지고 있음을 알리는 역할을 한다. 이는 마치 뉴스에서 사진 아래의 설명과 같은 역할일 것이다. 데이터 중심 서비스는 이 지시어를 고정 리스트, 제품의 이미지와 같은 긴 수명의 응답에 사용할 수 있다. 이에 대한 자세한 사항은 RFC 8246(https://datatracker.ietf.org/doc/html/rfc8246)을 참조하기 바란다.

이 패턴은 서비스 제공자가 API 클라이언트가 같은 리소스에 대한 업데이트(PUT/POST/PATCH/DELETE)를 보낼 것으로 예상하고 서버의 리소스 버전이 이미 수정된 경우 작업이 완료되지 않았는지 확인하려 할 때도 유용하다.

API 클라이언트를 위한 메타데이터 캐싱

서비스 인터페이스에 요청을 보낼 때, API 클라이언트는 자신이 받고자 하는 응답 타입의 품질을 높이기 위해 캐싱 메타데이터를 사용할 수 있다. 예를 들어 API 요청에 Cache-Control: max-age=600, min-fresh=300를 지시어에 포함시키면 공급자에 소비자는 받을 응답이 10분 동안 저장 가능하며(max-age=600) 만든 시점부터 적어도 5분 이내에 유효한 응답(min-fresh=300)임을 알 수 있다.

이런 종류의 캐싱 지시어는 API 클라이언트가 '새로고침'을 줄이기 위해 잠시 보류할 수 있는 응답을 받았는지 확인하고 싶을 때 유용하다.

API 클라이언트는 요청에 캐싱 메타데이터를 사용해 서비스 인터페이스가 '새로운' 응답을 제공하도록 서비스 인터페이스를 강제할 수 있으며, Cache-Control: no-cache 지시어를 사용할 수도 있다. 이 기능은 API 클라이언트가 해당 레코드를 편집하기 위해 가장 최근의 리소스 재전송을 원할 때 유용하다.

클라이언트는 Cache-Control:max-stale, stale-if-error 지시어를 사용해 서비스 인터페이스에 리소스의 '오래된' 복사본이 유일한 리소스일 때 반환해도 괜찮다고 알릴 수도 있다. 이는 API 클라이언트가 읽기 전용 요청(편집이 예상되지 않음)을 처리하고 4xx 또는 5xx 상태를 보고하는 대신 오래된 응답을 받기를 원할 때 좋은 아이디어다.

예제

다음은 공급자의 응답과 클라이언트 요청에 캐싱 메타데이터를 적용하는 예제다. 또한 클라이언트와 서버 모두 캐싱 메타데이터를 사용해 응답성과 품질을 모두 개선하는 시나리오 예제도 있다.

캐싱 메타데이터 응답 제공 예제

캐싱 메타데이터가 추가된 간단한 응답 예제다.

```
**** REQUEST ****
GET /provinces/list HTTP/1.1
Host: api.example.org
Accept: application/vnd.collection+json
...

**** RESPONSE ****
HTTP/1.1 200 OK
Content-Type: application/vnd.collection+json
Content-Length: NN
Date: Tue, 15 Nov 2022 08:12:31 GMT
Cache-Control: public, max-age=600
...
```

응답 캐싱 메타데이터는 API 클라이언트에게 응답은 모든 프록시(public)에서 캐싱 가능하며, 응답 수신 후 최대 10분 동안 저장(및 재생)될 수 있음을 알려준다.

다음은 서비스 인터페이스가 HTTP 엔티티 태그 헤더와 must-revalidate 지시문을 사용해 API 클라이언트에게 조건부 요청(GET 또는 PUT/DELETE)을 작성하도록 지시하는 캐싱 메타데이터를 제공하는 방법을 보여준다.

```
GET /user/q1w2e3r4 HTTP/1.1
Host: api.example.org
Accept: application/vnd.siren+json
...

**** RESPONSE ****
HTTP/1.1 200 OK
Content-Type: application/vnd.siren+json
Content-Length: NN
ETag: "w/p0o9i8u7y6t5"
Date: Tue, 15 Apr 2022 11:12:13 GMT
Cache-Control: public, max-age=300, must-revalidate, stale-if-error
...
```

이때, API 클라이언트는 현재 응답을 최대 5분 동안 보관할 수 있으며, 요청이 있을 때
는 캐시된 사본을 API 클라이언트에게 반환하기 전에 먼저 백엔드 서버에 서버와 캐시
의 버전이 같은지(ETag 헤더를 통해) 확인해야 한다. 유효성 검사 요청이 실패하는 경우
(예: 네트워크 오류) 캐시 보유자에게 응답의 유효기간이 지났더라도 이 응답 사본을 반
환해도 괜찮다는 것을 알려주는 stale-if-error 지시문을 사용한다는 점에 유의하자.

소비자의 캐싱 메타데이터 요청

소비자가 응답을 최대 10분 동안 저장 가능(max-age=600) 및 유효기간을 적어도 5분
(min-fresh=300)을 원하는 API 요청의 예제를 살펴본다.

```
**** REQUEST ****
GET /users/list HTTP/1.1
Host: api.example.org
Accept: application/vnd.hal+json
Cache-Control: max-age=600, min-fresh=300
```

API 클라이언트는 또한 요청 안에 서비스 인터페이스가 '새로운' 응답을 전달하도록 캐
시 지시어를 사용할 수 있다.

```
**** REQUEST ****
GET /users/q1w2e3r4 HTTP/1.1
```

```
Host: api.example.org
Accept: application/vnd.hal+json
Cache-Control: no-cache
```

다음은 API 클라이언트가 서비스 인터페이스에 현재 사용 가능한 리소스가 '오래된' 리소스 사본뿐이면 이를 전송해도 괜찮다고 말하는 예제다.

```
**** REQUEST ****
GET /users/q1w2e3r4 HTTP/1.1
Host: api.example.org
Accept: application/vnd.hal+json
Cache-Control: max-stale, stale-if-error
```

확장된 캐싱 메타데이터 예제

서비스 인터페이스가 HTTP 응답에 캐싱 메타데이터를 반환할 때, API 클라이언트는 이런 지시어를 준수하고 의도한 대로 사용해야 한다. 예를 들어, API 공급자는 응답을 수신 후 최대 10분 동안 로컬로 캐시할 수 있다고 표시할 수 있다(Cache-Control: max-age=600). 이때, API 클라이언트는 응답의 사본을 저장하고 지정된 시간에 해당 리소스가 필요할 때마다 저장된 응답을 재생해야 한다.

하나는 customer 데이터를, 다른 하나는 order 데이터를 추적하는 서비스가 있다고 가정해보자. 여러분의 서비스는 두 데이터의 집계를 customer-order 형태의 읽기 전용으로 반환한다. customer 및 order API의 API 클라이언트는 이런 서비스에서 반환하는 캐싱 메타데이터를 준수해야 한다.

다음은 customer 서비스로부터의 단일 레코드 요청이다.

```
**** REQUEST ****
GET /customer/e3r4t5y6 HTTP/1.1
Host: api.example.org
Accept: application/vnd.collection+json
Cache-control: no-cache

**** RESPONSE ****
HTTP/1.1 200 OK
```

```
Host: api.example.org
Content-Type: application/vnd.collection+json
Cache-Control: private, max-age=600, must-revalidate
ETag: "w/i8u7y6t5r4er3"
```

다음은 order 서비스로부터의 관련 콘텐츠의 요청이다.

```
**** REQUEST ****
GET /orders/filter?customer=e3r4t5y6 HTTP/1.1
Host: api.example.org
Accept: application/vnd.collection+json
Cache-control: max-stale

**** RESPONSE ****
HTTP/1.1 200 OK
Host: api.example.org
Content-Type: application/vnd.collection+json
Cache-Control: private, max-age=1800
ETag: "w/u7y6t5r4e3w2"
```

첫 번째 경우, Customer 서비스에 대한 요청은 리소스의 '새로운' 복사본을 요청한다 (Cache-Control: no-cache). 그러나 관련 레코드 목록(order 서비스)은, 요청은 사용 가능한 것이 그뿐일 때 오래된 응답을 수락하겠다고 말한다(Cache-Control: max-stale). 이는 자주 일어나는 상황이다. 개별 레코드(업데이트될 수 있는 레코드)는 종종 '최신' 사본이어야 하지만 관련 목록은 '최신이 아닐 수 있다'. 그러나 order 서비스의 단일 리소스가 필요할 때 가장 최신 리소스를 가져오려면 해당 요청을 Cache-Control: no-cache로 표시하는 것이 현명하다.

토론

모든 서비스는 응답에 캐싱 메타데이터를 제공하는 것이 좋다. 이는 응답(본질적으로 데이터 레코드)을 자주 재사용할 가능성이 높은 데이터 중심 서비스라면 특히 중요하다.

예상되는 데이터 변경률(예: 레코드 수정 빈도)는 리소스를 캐시할 수 있는 기간에 대한 좋은 가이드가 된다. 기본 데이터(예: 시/도 목록, 주소 등)가 자주 변경되지 않으면 이 데이터의 캐시 기간은 몇 시간 또는 며칠로 비교적 길 수 있다. 그러나 기본 데이터의 변동성이 더 크면(예: 장바구니의 내용) 캐싱 기간은 몇 초 정도로 매우 짧아야 한다.

API 클라이언트는 no-cache 지시어를 아껴서 사용해야 한다. 이는 본질적으로 서비스 인터페이스에 추가적인 부담을 가중시킬 수 있는 '캐시 버스터'다. 클라이언트가 리소스를 편집하려 할 때는 no-cache 지시문을 사용해 가장 최근의 데이터 복사본을 가져와야 한다. 그렇지 않으면 클라이언트는 공급자가 기본(가능하면 캐시된) 응답을 보내도록 허용해야 한다.

데이터의 수명이 길다면(고정 목록, 고정 도큐먼트 등), API 클라이언트는 캐싱을 사용해 일반적으로 사용되는 데이터 레코드의 로컬 복사본을 직접 구축할 수 있다. 이것은 일종의 '충실도가 낮은' 복제 패턴이다. 이와 관련된 자세한 내용은 레시피 7.14를 참조하기 바란다.

여러분의 상황은 다양하다

레시피 6.9에서 다루지 않은 중요 캐싱 관련 헤더는 Vary 헤더다. Vary 헤더는 어떤 HTTP 엘리먼트(URL, host, 메소드 외에)를 나타내는 데 사용할 수 있다. 예를 들어 Vary:Authorization은 응답은 Authorization 값이 후속 요청과 값이 일치할 때만 응답을 재생할 수 있도록 한다. 또 다른 일반적인 Vary의 지시문에는 accepted-language, content-type나 다른 상호확인 가능한 엘리먼트를 포함한다.

제공자는 Cache-Cotrol 지시어로 응답을 표시할 때 이런 사항을 염두에 두고 잘못된 표현이 '재생' 되지 않도록 해야 한다.

같이 볼 것

- 레시피 4.15, 자체 상태 관리 유지

- 레시피 5.14, 클라이언트 지원 식별자를 통한 처리량 증가

- 레시피 5.16, 종속 서비스에 대한 런타임 대체 제공

- 레시피 7.14, 쿼리의 저장 기능으로 쿼리 최적화 수행

6.10 프로덕션에서의 데이터 모델 수정

언젠가는 서비스에서 리소스를 생성하는 데 사용하는 데이터 모델을 업데이트해야 할 수도 있다. 이때, 기존 데이터 소비자에 영향을 주지 않고 데이터 모델을 수정할 수 있는 방법을 찾아야 한다.

문제

이미 제작 단계로 배포된 서비스의 데이터 모델을 안전히 업데이트하는 방법은 무엇일까? API 클라이언트에 영향을 주지 않고 모델의 어떤 측면을 변경할 수 있을까? 새 배포에서 모델을 업데이트하고 해당 모델 변경 사항을 롤백해야 할 때는 어떻게 해야 할까?

솔루션

프로덕션 데이터 서비스에 대한 데이터 모델 변경을 지원하려면 처음부터 변경을 지원하도록 데이터 저장소를 설계하는 방식이 가장 효과적이다. 즉, 수정 사항이 '볼트 끼워 맞추기'나 '사후 고려'가 아니라 실제로 원래 설계의 일부가 돼야 한다.

데이터 저장소에 대한 모델 변경 사항을 구축하는 좋은 방법은 명시적 및 암시적 데이터 속성을 사용해 데이터를 모델링하는 투 티어two-tier 접근 방식을 채택하는 것이다. 명시적 필드는 모델 또는 스키마의 일부다(예: {"familyName": "Quarkus"}). 암시적 필드는 모델과 연결된 이름-값 모음의 일부다(예: {"nvp": [{ "name": "familyName", "value": "Quarkus" }]}). 임의의 수의 이름 및 값 요소를 보유할 수 있는 배열이나 모음 속성을 만들면 기존 모델이나 스키마를 변경하지 않고도 데이터 모델에 새 속성을 추가할 수 있는 기능이 갖춰진다.[2]

이 접근 방식은 모든 API 클라이언트를 위해 스키마를 업데이트하지 않고도 이름 값 모음에 새로운 속성을 추가할 수 있다는 장점이 있다. 또한 추가 데이터 필드를 수집하는 서비스 API의 새 버전을 배포한 후 해당 배포를 철회해야 할 때도 데이터 모델을 바꿀

---

2   nvp는 name-value pair(이름-값 쌍)의 약어다. - 옮긴이

필요가 없으며 새 이름-값 쌍 필드에서 수집된 모든 데이터를 잃지 않는다. 그런 다음 버그를 수정하고 새 배포를 만들 때 이전에 수집한 데이터를 활용할 수 있다. 기본적으로 정방향 및 역방향 호환성을 모두 지원하는 데이터 모델링 패턴을 만드는 것이다.

예제

일반적으로 로컬 데이터 저장소는 강력하게 유형화된 데이터 개체로 모델링된다. 예를 들어 다음은 person 저장소 객체다.

```
{
  "givenName": "John",
  "familyName": "Doe",
  "age": 21
}
```

person 메시지는 다음의 스키마 도큐먼트로 정의된다.

```
{
  "$id": "https://api.example.org/person.schema.json",
  "$schema": "https://json-schema.org/draft/2020-12/schema",
  "title": "Person",
  "type": "object",
  "additionalProperties": false,
  "properties": {
    "givenName": {
    "type": "string",
    "description": "The person's first name."
    },
    "familyName": {
      "type": "string",
      "description": "The person's last name."
    },
    "age": {
      "description": "Age in years. Must be equal to or greater than zero.",
      "type": "integer",
      "minimum": 0
    }
  }
}
```

이 패턴에서 사용된 JSON 스키마 예제 모두 additionalProperties 속성값을 false로 갖고 있다. XML기반 스키마 역시 기본값을 갖고 있다.

새로운 속성 추가

person 객체에 middleName이라고 하는 새 속성을 추가하고 싶다고 가정해보자. 스키마에 새 필드를 추가하면 기존 API 클라이언트의 서비스가 중단될 위험이 있다. 우리는 모든 소비자 서비스에 대한 업데이트를 동시에 배포해야 한다. 모든 API 클라이언트와 생산자가 같은 팀(또는 두 팀이 긴밀히 협력해 유지 관리하는 서비스)에서 이 작업을 수행할 수 있지만, 이마저도 까다로울 수 있다. 대신 이름-값 패턴을 사용해 person 개체에 새 속성을 추가할 수 있다.

```
{
  "givenName": "John",
  "familyName": "Doe",
  "age": 23,
  "nvp" : [
    {"name" : "middleName", "value" : "Seymore"}
  ]
}
```

이 모델에 대한 새로운 스키마는 다음과 같다.

```
{
  "$id": "https://example.com/person.schema.json",
  "$schema": "https://json-schema.org/draft/2020-12/schema",
  "title": "Person",
  "type": "object",
  "additionalProperties": false,
  "properties": {
    "givenName": {
      "type": "string",
      "description": "The person's first name."
    },
```

```
    "familyName": {
      "type": "string",
      "description": "The person's last name."
    },
    "age": {
      "description": "Age in years which must be equal to or greater than zero.",
      "type": "integer",
      "minimum": 0
    },
    "nvp" : {
      "type" : "array",
      "items" : { "$ref": "#/$defs/nvp"},
      "description" : "List of name/value pairs.",
    }
  },
  "$defs": {
    "nvp": {
      "type": "object",
      "required": [ "name", "value" ],
      "properties": {
        "name": {
          "type": "string",
          "description": "The name of the property."
        },
        "value": {
          "type":["number","string","boolean","object","array", "null"],
          "description": "The value of the property."
        }
      }
    }
  }
}
```

데이터 모델에 대한 '강하게 타입이 적용된' 스키마 대신 '약하게 타입이 적용된' 접근 방식을 사용한다. 모델에 추가하려는 모든 속성을 npv 배열에 배치할 수 있으며, 결과 객체는 여전히 게시된 스키마 유효성 검사를 통과한다.

단일 액세스 함수

투 티어 접근은 서비스에 대해 원하는 속성을 관리할 때 조금 문제를 일으키기도 한다. 누군가 "나는 'middleName' 필드를 찾고 있다. 이 속성이 묵시적 속성인가, 명시적 속성인가?"라는 질문을 던질 수 있다. 여러분은 두 곳을 모두 자동으로 찾을 수 있는 단일 액세스 함수를 사용해 데이터 모델의 속성에 상관없이 접근할 수 있다. 다음은 자바스크립트로 구현한 한 가지 예다.

```javascript
// return a single property
// whether explicit or implicit
// args = {name:n,message:m,nameValuePair:p}
function find(args) {
  var a = args || {};
  var n = a.name || "";
  var m = (a.message || local.m) || {};
  var p = (a.nameValuePair || local.p ) || "nvp";
  var r = undefined;

  if(m==={} || n==="") {
    r=undefined;
  }
  else {
    if(m.hasOwnProperty(n)) {
      r=m[n];
    }
    else {
      if(m.hasOwnProperty(p)) {
        try {
          r = m[p].filter(function(i) {return i.name===n})[0].value;
        }
        catch {
          r = undefined;
        }
      }
    }
  }
  return r;
}
```

속성이 명시적인지 묵시적인지에 상관없이, 하나의 함수로 판별할 수 있다.

```
console.log(find({name:"givenName", message:person}));
console.log(find({name:"middleName", message:person}));
```

이 모델은 다음과 같은 복잡한 값에서도 잘 동작한다.

```
{
  "givenName": "John",
  "familyName": "Doe",
  "age": 21,
  "nvp" : [
    {"name" : "hatsize", "value" : null},
    {"name" : "middleName", "value" : "Seymore"},
    {"name" : "nicknames", "value" : ["J","JJ","Johnboy","Jack"]},
    {"name" : "adress", "value": {"street":"123 main", "city": "Byteville",
      "state": "MD", "zip": "12345"}}
  ]
};
```

다중 스키마 버전의 지원

앞서 설명한 것처럼 단일 액세스 함수를 사용할 때 다른 장점이 있다. 메시지에서 속성이 어디에 있는지는 중요하지 않으므로 같은 클라이언트 애플리케이션이 person 메시지의 여러 스키마 인스턴스를 지원하도록 코딩할 수 있다.

예컨대, 서비스가 middleName을 명시적 영역으로 변경하기 위해 데이터 모델을 업데이트할 수 있다.

```
{
  "givenName": "John",
  "middleName": "Seymore",
  "familyName": "Doe",
  "age": 21
};
```

find 함수를 똑같이 써도 원하는 결과를 기대할 수 있다.

```
console.log(find({name:"middleName", message:person}));
```

모델 되돌리기

마지막으로, 이전 모델/스키마로 되돌아가야 할 때, 한 모델에 명시된 속성을 이동해 다른 모델에 암시적으로 표현하면 부작용을 최소화할 수 있다.

토론

모델을 되돌리는 방식은 서비스가 시간이 지남에 따라 상호 데이터 모델 변경을 안전하게 지원할 수 있도록 설계됐다. 서비스 API를 통해 이런 모듈을 직접 노출하는 것은 권장하지 않는다. 대신 잘 정의된 미디어 타입을 사용해 리소스를 표현해야 한다(자세한 내용은 레시피 5.3 참조).

JSON 기반 객체에 새 명시적 필드를 추가하고 객체의 유효성을 검사할 때 추가 속성을 무시하는 동작에 의존하는 것이 좋은 아이디어처럼 보일 수 있다. 하지만 이렇게 하면 문제가 발생한다. 첫째, JSON 스키마와 XML 스키마 동작이 같지 않다. 기본적으로 XML은 알 수 없는 요소가 포함된 메시지를 거부한다. 둘째, JSON 스키마 문서가 항상 **additionalProperties**를 **true**로 설정한다고 가정하는 것은 위험하다. 일부 데이터 소비자는 이 값을 **true**로 설정하는 자체 로컬 JSON 스키마를 작성해 알 수 없는 속성이 있는 메시지를 거부하기 시작할 수 있다. 마지막으로, 명시적/암시적 모델을 채택하면 API 클라이언트에게 일부 필드가 추가됐음을 더 명확히 알릴 수 있다. 이렇게 하면 소비자가 적절한 경우 해당 필드를 무시하기가 더 쉬워져 버린다.

여러분이 런타임 동안 다중 모델 스키마 지원을 끝내면(예: 어떤 묵시적 속성이 명시적으로 변경되기), 정확한 JSON(또는 XML) 스키마 도큐먼트의 개정 링크도 같이 이를 반영했는지 확인해야 한다. 클라이언트 애플리케이션이 스키마 도큐먼트에 의존성이 있을 수 있기 때문이다(레시피 4.7참조).

레시피에서는 명시적 및 암시적 데이터 속성 저장 방법은 설명하지 않는데, 이는 사용 중인 데이터 포맷에 따라 세부 사항이 달라지기 때문이다. JSON 문서는 주어진 예제 개체에 직접 맞춰 구조화할 수 있다. 그러나 SQL 테이블을 사용해 데이터를 저장할 때 명시적 필드를 포함하는 테이블을 생성한 후 각 행에 해당 암시적 속성의 이름 및 값과 함께 명시적 행을 가리키는 인덱스 필드가 있는 독립 실행형 테이블(nameValuePairs)에 암시적 속성을 추가할 수 있다. 이는 그림 6-6을 참조하기 바란다.

 알 수 없는 암시적 필드 허용은 보안 위험이 될 수 있다. 이는 데이터 읽기/쓰기를 시도하는 모든 서비스는 이름과 값 내용을 모두 확인해 데이터 저장소에 위험한 값을 저장하려는 시도로부터 스스로를 보호하는 것이 중요하다.

이 레시피로 데이터를 작성하는 것을 지원하는 서비스는 어떤 필드가 명시적 혹은 암시적인지 알아야 한다는 것을 기억해야 한다. 목록에 없는 필드가 나타나면 nvp 컬렉션에 추가해야 하는 암시적 필드라고 가정할 수 있다. 쓰기 작업을 안내하는 스키마 문서라면 로컬을 사용 가능하다.

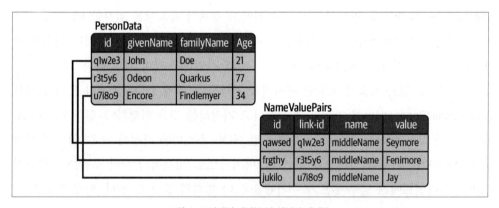

그림 6-6 명시적 테이블 및 암시적 테이블

같이 볼 것

- 레시피 3.10, 확장 가능한 메시지 설계

- 레시피 3.11, 수정 가능한 인터페이스 설계

- 레시피 4.7, 메시지 메타데이터 소스로써의 스키마 도큐먼트 사용

- 레시피 5.2, 내부 모델 노출 방지

- 레시피 6.1, 내부 데이터 스토리지 은닉

- 레시피 6.8, 알 수 없는 데이터 필드 무시하기

6.11 원격 데이터 저장소 확장

해당 서비스에 필요한 모든 데이터 속성이 저장돼 있지 않더라도 다른 서비스의 데이터를 사용해야 할 때가 있다. 이때, 연관 키associative key를 사용해 원격 데이터 소스를 자체 로컬 속성 저장소로 확장할 수 있다.

문제

기존 데이터 저장소(사용자 관리 영역 밖의 데이터 저장소)를 추가 속성값으로 안전하고 효과적으로 확장하려면 어떻게 해야 할까? 언제 이를 적용하면 좋을까? 원격 데이터 저장소와 로컬 데이터 저장소 간에 데이터 무결성을 유지하려면 어떻게 해야 할까?

솔루션

기존 원격 데이터 저장소를 추가 속성값으로 확장하려면, 추가 값이 포함된 로컬 데이터 저장소와 두 데이터 스토리지를 연결하는 연관 키를 설정할 수 있다.

예제

먼저, 원격 및 로컬 데이터 저장소를 설정하고 이 둘을 연관시켜 보겠다.

userAccounts를 추적하는 원격 데이터 저장소를 사용한다고 가정해보자. 저장소에는 givenName, familyName, email과 같은 속성과 함께 uniqueId 속성이 있다.

```
**** REQUEST ****
GET /users/q1w2e3r4 HTTP/1.1
Host: user-accounts.example.org
Accept: application/vnd.collection+json
...

**** RESPONSE ****
HTTP/1.1. 200 OK
Host : user-accounts.example.org
Content-Type: application/vnd.collection+json
Content-Length: XXX
```

```
{ "collection" :
  {
    "version" : "1.0",
    "href" : "http://user-accounts.example.org/users/q1w2e3r4",

    "links" : [...],
    "items" : [
      {
        "href" : "http://user-accounts.example.org/users/q1w2e3r4",
        "data" : [
          {"name": "uniqueId", "value": "q1w2e3r4"},
          {"name": "givenName", "value": "Marquis"},
          {"name": "familyName", "value": "Quarkus"},
          {"name": "email", "value": "user@example.org"}
        ]
      }
    ]
  }
}
```

또한 쇼핑 사이트 사용자의 요청 이력을 추적하는 서비스를 만들고 있다고 가정하자. 그럼 visitorId, pageUrl, dateTime, dwellTime과 같은 값을 추적하고 싶을 것이다.

```
**** REQUEST ****
GET /history/p0o9i8u7/1 HTTP/1.1
Host: shopping.example.org
Accept: application/vnd.collection+json
...
**** RESPONSE ****`
HTTP/1.1. 200 OK
Host : shopping.example.org
Content-Type: application/vnd.collection+json
Content-Length: XXX

{ "collection" :
  {
    "version" : "1.0",
    "href" : "http://shopping.example.org/history/p0o9i8u7/1",
```

```
    "links" : [...],
    "items" : [
      {
        "href" : "http://shopping.example.org/history/p0o9i8u7/1",
        "data" : [
          {"name": "historyId", "value": "p0o9i8u7"},
          {"name": "pagerUrl", "value": "..."},
          {"name": "dwellTime", "value": "30000ms"},
          {"name": "dateTime", "value": "20230203T141529Z"}
        ]
      }
    ]
  }
}
```

마지막으로, 요청 기록을 필요에 따라 사용자와 공유되기를 원할 수 있다. 기본적으로 사용자 계정과 요청 기록 데이터 속성을 모두 병합해야 한다.

이를 직접 수행하는 방법은 원격 저장소의 런타임 URL(http:// user-accounts.example. org/users/q1w2e3r4)을 연관 키로 사용하고 이를 로컬 레코드에 추가하는 것이다.

```
**** REQUEST ****
GET /history/p0o9i8u7/1 HTTP/1.1
Host: shopping.example.org
Accept: application/vnd.collection+json
...

**** RESPONSE ****
HTTP/1.1. 200 OK
Host : shopping.example.org
Content-Type: application/vnd.collection+json
Content-Length: XXX

{ "collection" :
  {
    "version" : "1.0",
    "href" : "http://shopping.example.org/history/p0o9i8u7/1",

    "links" : [...],
```

```
    "items" : [
      {
        "href" : "http://shopping.example.org/history/p0o9i8u7/1",
        "data" : [
          {"name": "historyId", "value": "p0o9i8u7"},
          {"name": "pagerUrl", "value": "..."},
          {"name": "dwellTime", "value": "30000ms"},
          {"name": "dateTime", "value": "20230203T141529Z"},
          {"name": "associativeKey",
            "value": "http://user-accounts.example.org/users/q1w2e3r4"}
        ]
      }
    ]
  }
}
```

로컬에 저장된 데이터와 원격 데이터 소스의 필드를 모두 포함하는 리소스를 구성하려면 로컬 저장소의 associativeKey를 사용해 관련 데이터를 검색하기만 하면 된다.

토론

관련 리소스를 검색하려고 할 때 원격 서비스가 응답하지 않을 수 있는데, 이때 대신 로컬 복사본을 사용할 수 있다(레시피 6.9 참조).

원격 서비스가 실행 중이지만 요청하는 리소스를 찾지 못할 수도 있다. 예를 들어 해당 리소스가 삭제됐을 수 있다. 이때 서비스에서 누락된 정보를 대체할 기본 데이터를 제공하거나 호출 애플리케이션에 해당 정보를 더는 사용할 수 없다는 400번대 응답을 반환해야 한다. 원격 리소스가 누락돼 로컬 데이터가 더 이상 유용하지 않으면 해당 레코드와 연결된 로컬 데이터를 삭제할 수 있다.

원격 서비스에서 404를 반환한다고 해서 데이터가 삭제된 것은 아니다. 일시적으로 누락됐을 수 있다. 원격 서비스에서 4xx 수준의 응답을 보고한다고 해서 너무 성급하게 로컬 데이터를 삭제하지 말기 바란다. 그러나 원격 서비스가 410 Gone으로 응답하면 이 상태가 영구적이라고 확신할 수 있다.

원격 데이터 저장소의 속성과 같은 이름으로 로컬 데이터 속성을 만드는 것은 좋지 않다. 예를 들어 원격 리소스에 사용자의 개인 이메일 주소(marquis@example.org)가 포함된 email 필드가 있는데 여기에 대신 업무용 이메일(work@example.org)을 저장하려 할 때, 원하는 값으로 로컬 email 속성을 만들면 안 된다. 대신 고유한 이름의 로컬 속성 (workEmail)을 만들고 이를 사용해 값을 저장해야 한다.

로컬 서비스에 로컬 및 원격 속성이 모두 혼합된 단일 리소스가 표시되더라도 결합된 레코드에 데이터 무결성을 적용하는 것은 좋은 생각이 아니다. 예를 들어 email 속성이 있는 로컬 리소스에는 반드시 fullName 속성도 있어야 한다는 규칙을 적용하려고 할 수 있다. 속성 중 하나가 원격 리소스(email)의 일부이고 다른 하나는 로컬 리소스 (fullName)의 일부일 때 두 레코드에 같은 규칙이 적용될 것이라고 확신할 수 없다.

하지만 내 스키마!?!

서비스 인터페이스가 여러 소스에서 만든 응답을 반환하려 할 때, 스키마 문서를 사용해 메시지의 유효성을 검사하는 작업은 간단하지 않다. 특히 필드 선택을 지원하는 스토리지 서비스(예: OData, GraphQL 등)를 사용할 때는 더욱 그렇다. API에 스키마 문서를 사용하는 방법에 대한 자세한 사항은 레시피 4.12 및 4.13을 참조하기 바란다.

로컬 리소스를 사용해 일부 원격 리소스 속성값의 사본을 보관하려는 생각은 피해야 한다. 원격 속성의 값이 변경될 수 있으며, 로컬 서비스가 업데이트에 대해서도 알 수 없다. 이 주제에 대한 자세한 내용은 레시피 6.9 및 6.13을 참조하자.

시간이 지남에 따라 로컬 데이터 저장소에 연결이 '끊어진' 리소스가 포함될 가능성이 높다(associativeKey URL은 4xx 또는 5xx 상태를 반환한다). 필요한 경우(예: 공간 복구), 로컬 데이터 저장소를 크롤링해 더는 원격 연결이 없는 로컬 레코드를 제거하는 작업이나 스크립트를 만들 수 있다. 그러나 로컬 데이터를 유지하는 것이 중요할 때(전체 기록 유지 등)에는 로컬 서비스에서 연결을 무시하거나 로컬 기본값(예: '더 이상 사용할 수 없음' 등)으로 값을 대체해야 한다.

같이 볼 것

- 레시피 3.10, 확장 가능한 메시지 설계

- 레시피 3.11, 수정 가능한 인터페이스 설계

- 레시피 4.11, 런타임에서 데이터 속성 검증

- 레시피 4.12, 전송 메시지의 검증을 위한 도큐먼트 스키마의 사용

- 레시피 4.14, 수신 데이터의 검증

- 레시피 6.1, 내부 데이터 스토리지 은닉

- 레시피 6.9, 캐싱 지시문으로 성능 개선하기

6.12 대규모 응답의 제한

많은 양의 트래픽을 받거나 대량의 콘텐츠를 제공하는 데이터를 서비스할 때 크기를 제한하는 방법이 API 클라이언트를 '대규모로' 지원하는 효과적인 방법이 될 수 있다. 반대로 대규모 데이터 세트에 대한 쿼리에서 반환되는 데이터의 크기 및/또는 개수를 조절하지 않으면 데이터 서비스가 쉽게 중단될 수 있으며, 중요한 데이터 세트인 경우 다른 많은 종속 서비스에 악영향을 미칠 수 있다.

문제

데이터 세트가 증가하더라도 데이터 중심 서비스의 쿼리 응답이 계속되게 하려면 어떻게 해야 할까? 반환되는 데이터 모음의 크기에 대한 일반적인 제어에는 어떤 것이 있을까? 대규모 데이터 집합의 반환에 제한을 두는 것이 중요한 경우는 언제일까?

솔루션

데이터 중심 서비스를 위한 서비스 인터페이스가 데이터 세트가 증가함에 따라 성능 문제를 겪지 않도록 하려면 HTTP 응답에서 반환되는 레코드 수를 제한하는 방법이 최선

이다. 이를 위한 적절한 방법은 모든 데이터 쿼리에 대해 기본 최대 레코드 값을 설정하고 적절히 문서화하는 것이다. 백엔드 데이터 서비스가 아직 응답 수집에 대한 제한을 설정하지 않았더라도 API 클라이언트와 기본 서비스 사이에 있는 서비스 인터페이스에 대한 응답 제한을 구현하는 것이 좋다.

레시피 6.12는 쿼리의 반환을 기본 데이터 저장소로 제한하는 기능을 다룬다. 페이지 탐색 레시피(레시피 7.11)를 사용해 대규모 데이터 집합에 대한 쿼리 반환을 제어하는, 보다 대화형의 방식을 구현할 수도 있다.

대부분의 데이터 엔진은 단일 응답에 반환되는 레코드 개수를 제한하는 기능을 지원한다. 예를 들어 OData는 $top 지시문과 최대 페이지 크기 설정을 지원한다. GraphQL은 first:nn으로 이를 지원한다. SQL은 TOP 및 LIMIT 지시문을 지원한다. 그리고 루씬에는 row 쿼리 매개변수가 있다. 따라서 서비스 인터페이스가 기본 데이터 서비스의 쿼리를 작성할 때, 데이터 요청에 이런 설정을 사용할 수 있다.

데이터 저장소에 대한 쿼리에는 항상 최댓값을 포함해야 하며, 클라이언트가 제공한 제한값이 범위를 벗어난 경우(예: 지나치게 높게 설정이 됐을 때)에는 항상 변경해야 한다. 최대 레코드 수를 표시하지 않고 데이터 쿼리를 전송하면 성능 및 보안 문제가 발생할 수 있다.

반환 제한을 API 클라이언트가 커밋하는 쿼리의 일부로 만들 수 있다(즉, API 클라이언트가 제한값을 결정할 수 있도록 허용). 쿼리를 기본 서비스로 보내기 전에 서비스 인터페이스에서 제한값을 설정할 수도 있다(기본적으로 클라이언트 쿼리를 보내기 전에 편집). 그리고 두 가지 옵션을 모두 지원하는 것도 가능하다(하지만 조금 더 많은 작업이 필요하다). 즉, API 클라이언트가 제한값을 설정할 수 있도록 허용하고 서비스 인터페이스에 제출된 후 해당 코드가 제한값을 찾게 하는 것이다. 제한값이 존재하지 않으면 코드가 기본값을 삽입하거나, 제한값이 존재하지만 허용 한도를 벗어났을 때(예: 10,000,000으로 설정) 서비스 인터페이스 코드가 해당 값을 적절히 수정할 수 있다.

기초 데이터 원본이 최대 개수 설정을 지원하지 않는다면, 서비스 인터페이스 수준에서 자체 반환 제한을 구현해야 한다. 즉, 기초 데이터 원본에서 반환 모음을 수락한 다음 필요한 경우 최대 레코드 수에서 모음을 잘라내야 한다.

 실제 쿼리를 통해 데이터 저장소에 제한을 전달하든, API 호출자에게 반환되는 모음을 잘라 내 제한을 구현하든, API 호출자에게 반환되는 쿼리 메타데이터(레시피 6.5 참조)에 항상 제 한값을 사용해야 한다.

예제

데이터 중심 서비스 인터페이스에서 제한을 구현하는 방법은 두 가지가 있다.

- 직접 제한(DirectLimit): 데이터 저장소로 전송되는 데이터 쿼리에 제한 지시문을 포함시킨다.

- 결과자르기(TrucatedLimit): 서비스 인터페이스에서 결과 데이터를 잘라낸다.

다음은 각 메소드의 예제다.

직접 제한 구현

직접 제한을 지원하려면 API 클라이언트 애플리케이션이 각 데이터 쿼리에 적절한 지시문을 보내도록 허용하면 된다. 가령, 다음은 Solr 검색 엔진을 사용하는 쿼리다. limit=100 설정을 사용한다는 점에 주목하자.

```
**** REQUEST ****
GET /persons/search/?q=%22Bob%22&rows=100 HTTP/1.1
Host: api.example.org
Accept: application/vnd.collection+json

**** RESPONSE ****
HTTP/1.1 200 OK
Content-Type: application/vnd.collection+json
Q-Status=success
Q-Returned=100
Q-Count=10000
...
```

예제에서는 클라이언트 애플리케이션에서 서비스 인터페이스로 row=100 쿼리 매개변수를 전송했다. 그러나 클라이언트 애플리케이션이 제한값을 보내지 않을 때가 있기도 하다. 이때, 제한값을 데이터 저장소로 보내는 것은 서비스 인터페이스에 달려 있다. 다음은 OData 엔진을 사용한 예제다.

```
**** REQUEST ****
GET /persons/search/?$search=%22Bob%22 HTTP/1.1
Host: api.example.org
Accept: application/vnd.collection+json

**** RESPONSE ****
HTTP/1.1 200 OK
Content-Type: application/vnd.collection+json
Q-Status=success
Q-Sent=$search=%22Bob%22
Q-Executed=$search=%22Bob%22$top=100
Q-Returned=100
Q-Count=10000
...
```

q-sent 및 q-executed 쿼리 메타데이터 값의 사용에 유의해야 한다(레시피 6.5 참조). 서비스 인터페이스가 클라이언트 쿼리를 데이터 저장소로 보내기 전에 수정할 때, 두 메타데이터 속성은 HTTP 헤더 또는 응답 본문의 일부로 반환돼야 한다.

결과 자르기 구현

서비스 인터페이스가 데이터 쿼리에서 최대 반환 제한을 전달해야 할 때가 있다. 이 최댓값이 데이터 저장소에 하드코딩돼 있을 때도 있고, 데이터 저장소에 최대 제한이 전혀 없을 때도 있다. 두 경우 모두, 서비스 인터페이스가 '너무 큰'(쿼리를 만드는 클라이언트가 의미하는 바가 무엇이든) 반환 집합으로부터 자신을 보호하는 것이 중요하다. 이는 일반적으로 결과를 클라이언트 애플리케이션으로 보내기 전에 데이터 저장소(API 코드에서)에서 반환된 데이터 모음을 잘라내는 지원을 추가하는 것을 의미한다.

```
function executeQuery(dataStoreAddress, dataQuery) {
  var ix=0;
  var maxLimit=100;
  var responseCollection = [];
  var dataCollection = httpRequest(dataStoreAddress, dataQuery);
  for (let item of dataCollection) {
    if(ix>maxLimit) {
      break;
    } else {
      responseCollection.push(item);
    }
    ix++;
  });
  return responseCollection;
}
```

 경우에 따라 전체 모음을 유지하고 저장된 데이터 모음에 로컬 페이지 탐색을 구현할 수 있다. 자세한 내용은 레시피 7.11을 참조하기 바란다.

서비스 인터페이스가 모음의 자체 로컬 복사본(허용된 최대 레코드 수로 제한됨)을 생성하면 API는 직접 제한 예제에 표시된 결과를 반환할 수 있다.

```
**** RESPONSE ****
HTTP/1.1 200 OK
Content-Type: application/vnd.collection+json
Q-Status=truncated
Q-Returned=100
Q-Count=10000
...
```

API 클라이언트가 결과의 의미를 이해하는 데 도움이 되도록 q-status=truncated 메타데이터 속성을 사용한다는 점에 주목하자.

토론

데이터 요청 제한을 구현할 때 기본 쿼리 언어의 매개변수를 사용해 API 코드에서 제한을 설정하는 방법이 가장 안전하다. 클라이언트 애플리케이션이 제한값을 설정할 수 있도록 허용할 때, 항상 허용 가능한 한도를 벗어나지 않는지 확인해야 한다(예: -100 또는 1000000으로 설정).

잘린 제한 접근 방식을 사용하면 단점이 있다. 예를 들어, 기본 데이터 소스에서 반환되는 데이터 집합의 크기를 제어할 수 없다. API에서 응답 모음을 100개의 레코드로 제한하더라도, 내부 잘림 루틴을 구현하기 전에 기본(무제한) 데이터 소스에서 100,000개의 레코드를 검색하고 반환할 때까지 기다려야 할 수 있다. 반환 집합이 매우 클 때 API 성능이 저하될 수 있다.

쿼리의 제한과 페이지 크기의 제한

여기서 설명하는 것과 같은 쿼리 제한을 페이지 크기(레시피 7.11참조)와 혼동하지 않는 것이 중요하다. 예를 들어 API 쿼리 제한을 1,000으로 설정하고 클라이언트 애플리케이션에서 페이지 크기값을 100으로 설정할 수 있다. 이때, 클라이언트는 반환되는 단일 응답에 100개 이하의 레코드가 포함될 것으로 예상한다.

직접 제한 쿼리를 수정하거나 반환 집합에서 잘린 제한을 호출할 때마다 이 정보를 요청하는 애플리케이션에 다시 전달해야 한다(가급적 레시피 6.5의 쿼리 메타데이터를 사용).

같이 볼 것

- 레시피 4.10, 비하이퍼미디어 서비스를 위한 링크와 폼의 지원

- 레시피 4.15, 자체 상태 관리 유지

- 레시피 5.11, 서비스 상태 모니터링 지원

- 레시피 5.16, 종속 서비스에 대한 런타임 대체 제공

- 레시피 6.5, 쿼리 응답을 위한 메타데이터 반환

- 레시피 7.11, 표준 목록 탐색 사용

- 레시피 7.15, '202 Allowed'를 사용한 미완료 작업에 대한 동기식 회신

6.13 데이터 통신을 위한 패스 스루의 사용

서비스에서 저장된 레코드에 있는 필드의 하위 집합(예: person 레코드의 address 데이터)을 편집하고자 할 때가 있다. 이때 필드의 하위 집합을 변경해도 전체 레코드의 데이터가 무효화되지 않는지 확인해야 한다. 동시에 '업스트림' 클라이언트는 소스('다운스트림') 서비스의 세부 정보를 알 필요가 없다. 패스 스루pass-through 프록시 레시피가 도움이 될 수 있는 부분은 다음과 같다.

문제

다른 서비스에서 저장소 레코드의 일부만 편집하려면 데이터 저장소 무결성을 유지하려면 어떻게 해야 할까? 레코드의 일부 데이터 필드 집합(예: person 레코드의 address 필드)을 업데이트할 때 레코드의 전체 필드 집합에 충돌이 없는지 확인하려면 어떻게 해야 할까? 그리고 내부 데이터 불일치를 발견했을 때, 업데이트를 시도하는 서비스에 어떤 응답을 반환해야 할까?

솔루션

항상 완전한 스토리지 데이터 레코드를 서비스 간에 주고받는 규칙은 항상 지켜야 한다. 이는 기록의 정보 무결성을 보장하는 가장 쉽고 신뢰할 수 있는 방법이다. 레코드의 일부만 편집하려는 서비스(예: person 레코드의 address 부분)가 있더라도 해당 서비스는 전체 레코드를 전송 받아 작업하려는 레코드의 일부만 수정한 다음, 유효성 검사 및 저장을 위해 전체 레코드를 데이터 서비스로 돌려보내야 한다.

소비하는 서비스가 다른 두 당사자 간의 중간(또는 패스 스루) 서비스일 때(예: person 서비스와 데이터를 통신하는 address 서비스), 해당 서비스는 여전히 person 서비스와 완전한 레코드를 통신해야 한다. 이는 person 레코드를 읽고, 전송할 주소 부분을 추출해 관련 person 레코드를 보유하며, 업데이트된 주소 정보를 수신하면 보유 중인 person 레코드에 address 데이터를 로드해 다시 person 서비스로 전송하는 방식으로 수행할 수 있다. 물론 address 서비스는 person 서비스에 대한 쓰기 실패에 대비하고 적절한 경우 주소 소비자에게 이를 다시 보고해야 한다.

계층은 끝이 없다

여기에 제시된 예시(person과 address)는 API 클라이언트가 패스 스루 서비스와 대화하고 있는지 아니면 '스토리지' 서비스와 대화하고 있는지 확신할 수 없다. 실제로 소비자가 주소 레코드의 전화번호 값을 업데이트할 수 있는 telephone 서비스라는 다른 서비스를 상상해 볼 수 있다. 이제 우리는 세 가지 계층(telephone, address, person)을 처리해야 한다. person 서비스는 향후에 스토리지 유형에서 패스 스루 유형으로 바뀔 수 있다. 그렇게 되면 데이터 통신 계층이 네 개가 된다.

데이터의 하위 집합(person에 대한 address)을 수정하도록 구축된 서비스는 업데이트로만 제한되며 만들기나 삭제 작업을 지원하지 못할 수 있다. 예를 들어, person에 대한 추가 address를 만들거나 기존 주소를 삭제하려면 person 서비스를 직접 사용하는 방법이 유일하다.

레코드의 하위 집합을 통신할 때는 업데이트 메타데이터를 추적하는 것이 좋다. 자세한 내용은 레시피 6.5를 참조하기 바란다.

예제

그림 6-7은 이 예제에서 세 서비스가 어떻게 상호작용하는지를 한눈에 볼 수 있는 시퀀스 다이어그램이다. 물론 각 참여자(apiClient, addressAPI, personAPI)는 직접 이웃에 대해서만 알고 있다. 가령, apiClient는 addressAPI만, personAPI는 addressAPI만, addressAPI는 두 상대방에 대해서만 알고 있다.

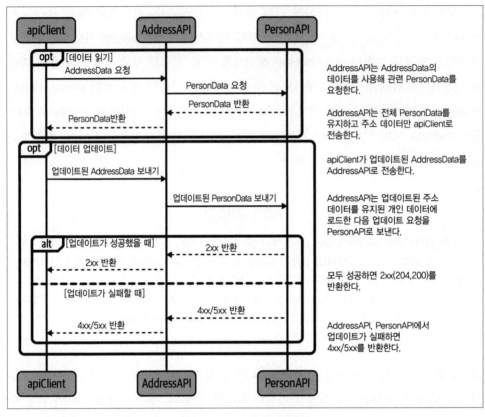

그림 6-7 패스 스루 데이터 레시피

다음은 address 서비스가 person 서비스와 상호작용해 person에 대한 address 하위 집합을 업데이트 하는 예제다.

먼저 address 서비스는 레코드에 대한 요청을 받는다.

```
**** REQUEST ****
GET /q1w2e3r4 HTTP/1.1
Host: api.address.org
Accept: application/vnd.collection+json
```

그런 다음 address 서비스는 person 서비스에 연락해 레코드를 요청해야 한다.

410

```
**** REQUEST ****
GET /q1w2e3r4 HTTP/1.1
Host: api.person.org
Accept: application/vnd.collection+json
**** RESPONSE ****
HTTP/1.1 200 OK
Content-Type: application/vnd.collection+json
Content-Length: nn
ETag: "w\p0o9i8u7y6"
...
{"collection" : {
  "title": "Person Service",
  "links": [...],
  "items": [
    { "href": "https://api.person.org/q1w2e3r4",
      "data": [
        {"name": "id", "value": "q1w2e3r4"},
        {"name": "fullName", "value": "Mork Markleson"},
        {"name": "streetAddress", "value": "123 Main St"},
        {"name": "cityTown", "value": "Byteville"},
        {"name": "stateProvince", "value": "MD"},
        {"name": "postalCode", "value": "12345"}
      ]
    }
  ]
}}
```

이제 address 서비스는 person 레코드의 사본을 로컬에 저장한 다음(응답 헤더도 저장해야 함) address 필드의 하위 집합을 사용해 발신자에게 응답할 수 있다.

```
**** RESPONSE ****
HTTP/1.1 200 OK
Content-Type: application/vnd.collection+json
Content-Length: nnn
ETag: "w\y6t5r4e3w2"

{ "collection" : {
  "title": "Address Service",
  "links": [...],
  "items": [
```

```
  { "href": "https://api.address.org/q1w2e3r4",
    "data": [
      {"name": "id", "value": "q1w2e3r4"},
      {"name": "street", "value": "123 Main St"},
      {"name": "municipality", "value": "Byteville"},
      {"name": "region", "value": "MD"},
      {"name": "zipCode", "value": "12345"}
    ]
  }
],
"template": {
  "rel": "edit",
  "data": [
    {"name": "id", "value": "q1w2e3r4"},
    {"name": "street", "value": "123 Main St"},
    {"name": "municipality", "value": "Byteville"},
    {"name": "region", "value": "MD"},
    {"name": "zipCode", "value": "12345"}
  ]
}
}}
```

여기에 몇 가지 주의해야 할 사항이 있다. 첫째, 주소 서비스는 주소 표현과 일치하는 자체 ETag 값을 생성했다. 둘 이상의 당사자가 이 레코드를 업데이트하려 할 때 사용할 수 있다(자세한 내용은 레시피 6.2 참조).

 이 예에서 주소 서비스와 개인 서비스 모두 같은 ID 값을 사용하고 URL에서 해당 값을 사용한다(항상 그런 것은 아니지만 고려해야 할 사항이다). 패스 스루 서비스로 작업할 때 두 개의 서로 다른 식별자와 두 개의 개별 URL을 추적해야 할 수도 있다.

그런 다음 address 서비스는 발신자의 데이터를 person 레코드의 자체 로컬 복사본에 로드해 person 서비스에 전달해야 한다.

```
**** REQUEST ****
PUT /q1w2e3r4 HTTP/1.1
Host: api.person.org
Content-Type: application/vnd.collection+json
```

```
Content-Length: nn
If-Match: "w\p0o9i8u7y6"
...
"template": {
  "data": [
    {"name": "id", "value": "q1w2e3r4"},
    {"name": "fullName", "value": "Mork Markleson"},
    {"name": "streetAddress", "value": "123 Main St, Apt 3G"},
    {"name": "cityTown", "value": "Byteville"},
    {"name": "stateProvince", "value": "MD"},
    {"name": "postalCode", "value": "12345-6789"}
  ]
}


**** RESPONSE ****
HTTP/1.1 204 No Content
```

모든 것이 정상이라고 가정하면 person 서비스는 address 서비스에 2xx 응답을 반환하고 address 서비스도 발신자에게 같은 응답을 반환한다.

그러나 person 서비스에 쓰는 데 문제가 있을 때는 적절한 상태 코드가 주소 서비스로 반환된 다음 발신자에게 전달된다.

```
**** RESPONSE ****
HTTP/1.1 412 Precondition Failed
Content-Type: application/vnd.collection+json
Content-Length: nn

{"collection": {
  "title": "Person Service",
  "links": [...],
  "error": {
    "title": "Unable to update record",
    "code": "http://api.person.org/reasons/precondition",
    "message": "The record you are trying to update has been changed.",
    "data" [{"name": "id", "value": "q1w2e3r4"}]
  }
}}
```

오류 유형과 리포팅하려는 체인의 위치(스토리지 서비스, 패스 스루 서비스)에 따라 오류 정보를 바꿔야 할 수도 있다.

토론

패스 스루 데이터 인터페이스의 개념은 앞의 주소 서비스 예제에서처럼 두 서비스 사이에서 프록시 역할을 하는 인터페이스에만 중요하다. 패스 스루 프록시 소비자는 대상 서비스의 통과 특성을 아무것도 알 필요가 없다. 패스 스루 프록시 뒤에 있는 모든 서비스 인터페이스도 마찬가지다.

 패스 스루 프록시 레시피의 대안으로 서비스에서 알 수 없는 데이터 필드를 무시하는 방법도 있다(레시피 6.8 참조).

패스 스루 프록시가 '다운스트림'(소스) 레코드와 '업스트림'(노출된) 레코드 간의 연결을 추적하도록 하는 것이 레시피의 핵심 요소다. 이렇게 하려면 ETag와 같은 메타데이터 필드 및 기타 관련 리소스 무결성 정보를 포함해 항상 '다운스트림' 레코드의 전체 사본을 저장해야 한다. 이를 위한 가장 좋은 방법은 본문뿐만 아니라 전체 HTTP 응답을 저장하는 것이다. 자세한 내용은 레시피 6.5를 참조하기 바란다.

구현 세부 사항으로, 패스 스루 프록시는 항상 번역 단계를 사용해 프록시 인터페이스의 데이터 속성 목록과 소스 서비스의 데이터 속성 목록 간의 차이를 처리하는 것이 좋다.

```
function fetchPerson(url,propertyMap) {
  var personRecord = person.read(url);
  var addressRecord = mapProperties(personRecord, propertyMap);
  return addressRecord;
}
```

mapProperties(personRecord, propertyMap) 단계는 소스(다운스트림) 레코드에서 예상되는 필드를 가져와 유효한 노출(업스트림) 레코드를 구성하는 작업을 수행한다. 경우에 따라 이것은 단순히 데이터 속성(person.givenName = +address.firstName)의 이름을

414

일대일로 바꾸는 것이 아니다. 필드가 결합되거나 인터페이스 간에 분할될 때도 있음을 기억하자.

```
var address.fullName = person.familyName+ ", "+ person.givenName
```

오늘은 소스 서비스지만, 내일은 패스 스루 서비스가 될 수 있다

웹의 모든 서비스를 제어할 수 없기 때문에 인터페이스가 데이터 소스 서비스에 연결돼 있는지 아니면 데이터 패스 스루 서비스에 연결돼 있는지 항상 알 수는 없다. 실제로 서비스가 데이터 소스로 시작해 나중에 패스 스루 서비스가 될 수도 있다. 인터페이스의 관점에서는 중요하지 않다. 인터페이스는 그 인터페이스 뒤에 있는 서비스의 구현 세부 사항과 무관하게 메시지 통신을 보증해야 한다.

패스 스루 프록시는 제대로 관리되지 않은 '다운스트림' 소스가 응답을 변경할 때(예: 데이터 필드 추가/제거/이름 변경)에 대비해야 한다. 이를 방지할 수는 없지만, 수신되는 다운스트림 레코드를 항상 검사해 '업스트림' 인터페이스가 약속한 데이터 속성이 포함돼 있는지 확인함으로써 문제를 완화할 수 있다. 그렇지 않은 경우 통과 프록시는 문제를 나타내는 본문과 함께 502 Bad Gateway 응답을 반환해야 한다.

```
**** REQUEST ****
GET /q1w2e32r4 HTTP/1.1
Host api.address.org
Accept: application/vnd.collection+json
...

**** RESPONSE ****
HTTP/1.1 502 Bad Gateway
Content-Type: application/vnd.collection+json
Content-Length: nn
...

{"collection": {
  "links": [...],
  "error": {
    "title": "Invalid Response",
    "code": "SRC-077",
```

```
  "message": "Data source is missing the [givenName] data property"
  }
}}
```

예에서는 현재 인터페이스 통신(client 및 address 서비스)과 직접 관련된 세부 정보만 상태 보고서에 포함된다는 점을 유의하자. 다운스트림 소스(person 서비스)는 포함되지 않는다.

같이 볼 것

- 레시피 3.4, 의미 프로필로 문제 공간 기술

- 레시피 3.10, 확장 가능한 메시지 설계

- 레시피 4.3, 메시지 중심 수행의 탄력적인 클라이언트 만들기

- 레시피 5.7, 클라이언트 프로그램을 위한 전체 어휘 게시

- 레시피 5.17, 의미론적 프록시를 사용한 비규격 서비스로의 액세스

- 레시피 6.1, 내부 데이터 스토리지 은닉

- 레시피 7.20, 워크플로 프록시로 비규격 서비스 등록하기

## 7장

하이퍼미디어 워크플로

생산성은 결코 우연이 아니다.
탁월함에 대한 헌신, 지능적인 계획, 집중된 노력의 결과다.

- 폴 J. 마이어

서비스 인터페이스 API를 생성하는 궁극적인 목표는 기존 서비스를 독특한 방식으로 혼합해 새로운 문제를 해결할 수 있는 유연하고 견고한 워크플로 솔루션을 구축하는 것이다. 실제로, 이 목표는 '웹상의 확장 가능한 서비스를 위한 공유 원칙Shared Principles for Scalable Services on the Web'이라는 제목으로 1장에서 논의된 기본 원칙에 구현돼 있다. 처음부터 협력해 작동하도록 설계된 서비스를 연결하는 과정은 그리 어려운 일은 아니다. 그러나 한 그룹으로 구축되지 않았고, 서로에 대해 아무 것도 모르며, 새로 생성되는 솔루션에 무관심한 서비스 간의 협업은 만만한 일이 아니다. 이는 해결책의 상태를 공유하고, 목표를 달성하기 위해 여러 단계를 진행하며, 진행 상황을 추적/표시하는 것과 같은 많은 활동을 가능케 하는 중요한 구현 세부 사항에 의존한다. 서비스 인터페이스를 혼합할 때마다 일부 단계를 다시 실행해야 할 수도 있고, 다른 단계를 취소해야 할 수도 있으며, 언제 조치를 취해야 하는지 알아야 하는 실행 오류의 가능성이 있다.

서비스를 다수의 서비스 모음으로 구축하기도 한다. 실제로, 같은 팀이 둘 이상의 서비스를 구축하고 있다면, 그 서비스들은 풀기 어려운 숨겨진 의존성이 있을 것이다. 이런 복잡함을 방지하려면 규율, 설계, 결단력이 필요하다.

웹상에서 성공적인 워크플로를 설계하고 지원하려면 추가적인 노력이 필요하다. 하지만 각각의 개별 서비스를 간단한 API로 구현하고, 모든 서비스가 지원하는 일반적인 처리 및 추적 모델을 확립한다면, 클라이언트가 새롭고 흥미로운 문제를 안전하게 해결할 수 있는 탄력적인 워크플로 환경을 만들 수 있다.

 웹상에서 워크플로의 설계와 구현에서 중요한 엘리먼트에 대해서는 1장의 '하아퍼미디어로 확장성 강화하기'를 참조하기 바란다.

하이퍼미디어 워크플로를 지원한다는 것(그림 7-1 참조)은 페이지 탐색, 진행 중인 작업, 가장 최근에 사용된 것 등과 같은 공통 패턴에 초점을 맞추는 것을 의미한다. 또한 작업과 태스크를 통한 일반화된 하이퍼미디어 기반 흐름을 지원하고, 흐름을 유지하기 위한 최적화 기술을 지원하는 것도 포함된다. 마지막으로, 워크플로 과정 자체를 관리하는 데 중심이 되는 활동들이 있다. 네 가지 요소(패턴, 일반화된 흐름, 최적화, 관리)는 안정적인 하이퍼미디어 워크플로 시스템을 구성한다.

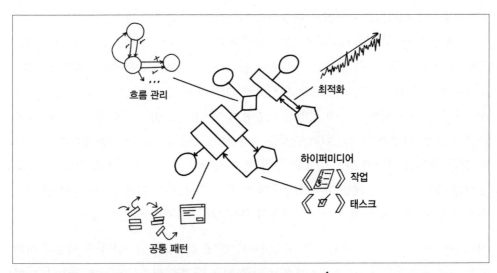

그림 7-1 하이퍼미디어 워크플로 레시피[1]

---

1   '작업(Job)'은 보통 더 큰 범위의 일을, '태스크(Task)'는 그 안에서 구체적으로 수행해야 할 개별적인 단위 작업을 의미한다. – 옮긴이

7장에는 두 종류의 레시피가 포함돼 있다. 첫 번째 레시피는 목록 탐색, 진행 중인 작업 패턴, 양식 처리 및 유사한 패턴(레시피 7.8부터 7.14까지)과 같은 일반적인 워크플로 모음이다. 이런 프로토타입 패턴을 자신의 서비스 인터페이스를 위한 자체 의미 프로필(레시피 3.4)을 만들 때 안내서로 사용할 수 있다.

두 번째 레시피는 선별된 독립 서비스를 등록하고 이런 다중 서비스 솔루션의 진행 상황을 추적하는 데 사용할 수 있는 일반적인 워크플로 상호작용을 설명한다. 이는 서비스에 워크플로 지원을 설계하는 방법부터 실제 워크플로 준수 서비스의 구현에 이르기까지 모든 것을 다루는 훨씬 더 추상적인 패턴 모음이다.

마지막으로, 여기서는 서비스를 조정하고 관리하기 위한 일반 원칙과 패턴을 자세히 설명하고 있다. 설명에는 오류 처리, 롤백, 심지어 다른 서비스 인터페이스의 확장 및 프록시를 돕기 위한 내부 패턴들까지 포함된다.

 7장의 많은 레시피는 책의 앞부분에 나온 다른 레시피에 의존하고 있다. 앞 장들을 건너뛰었다면, 워크플로 레시피들이 어디에서 비롯됐는지 지금 살펴보자.

7.1 워크플로 호환 서비스 설계

서비스 인터페이스 설계자들은 다수의 서비스를 쉽게 연결해 워크플로를 형성할 수 있는 공동의 목표가 있다. 이때의 서비스를 종종 컴포저블 서비스composable services라고 한다. 레시피 7.1에서는 모든 워크플로 호환(구성 가능한) 서비스가 갖춰야 할 기본적인 설계 특징을 설명한다.

문제

워크플로 호환 서비스를 설계하려면 무엇이 필요할까? 모든 구성 가능한 서비스 인터페이스가 공유하는 핵심 기능은 무엇일까? 이런 컴포저블 서비스를 사용해 안전하고, 저비용으로, 쉽게 워크플로를 구현하려면 어떻게 해야 할까?

솔루션

워크플로 호환 서비스를 설계하는 핵심은 일관된 일련의 액션을 제공하고 서비스 간 상태 데이터를 공유하기 쉽게 하는 것이다. 공유된 액션과 공유된 상태와 같은 요소는 안정적이고 구성 가능한 서비스 인터페이스의 핵심이다.

공유된 일련의 액션과 상태 데이터뿐만 아니라, 워크플로 호환 서비스는 작업에 대한 공유 식별자(correlation-id의 형태로)와 워크플로 작업의 각 태스크에 대한 식별자(request-id로써)도 지원한다.

워크플로 액션

하이퍼미디어 기반 서비스에서는 액션들이 input 양식을 통해 표현된다. URL, HTTP 메소드, 지원되는 미디어 타입, 전체 입력 세트들은 액션을 완료하는 데 필요한 모든 것을 설명한다.

 어떻게 더 나은 양식을 설계하는가에 대해서는 레시피 7.12를 참조하기 바란다.

액션은 상당히 구체적이거나(예: onboardCustomer, computeSalesTax 등), 일반적일 수도 있다(writeRecord, filterData 등). 하지만 모두 input 형식으로 기술돼야 하며, 관련 HTTP 메타데이터를 포함해야 한다(예제를 참조하라).

액션 목록은 또한 다음을 지원해야 한다.

- **실행**Execute: 실제로 수행돼야 할 작업이다(예: applySalesTax).

- **반복**Repeat: 멱등성을 유지하며 작업을 반복한다(예: applySalesTax는 위험없이 반복될 수 있고, 같은 결과를 유지해야 한다).

- **되돌리기**Revert: 모든 작업을 '되돌리기' 할 수 있다(예: revertSalesTax).

- **재실행**Rerun: 플로의 처음으로 되돌아가 워크플로로 실행됐던 모든 단계를 다시 실행한다.

모든 워크플로 호환 서비스는 당장은 필요가 없더라도 위 작업들을 모두 지원하는 게 좋다. 시간이 지나면 언젠가 쓰일 일이 있을 것이다.

이런 모든 작업에는 연결된 URL과 연결된 FORM이 있어야 한다. 처음 세 가지 작업은 워크플로의 각 단계(태스크)에 적용된다. 마지막 두 항목은 전체 작업 집합(작업)에 적용된다.

공유 상태

워크플로 호환 서비스 인터페이스를 위해 필요한 다른 두 개의 액션은 다음과 같다.

- **상태 읽기**[ReadState]: 각 태스크 및 작업에 의해 사용되는 관련된 상태 속성을 읽어들이는 기능
- **상태 쓰기**[WriteState]: 같은 작업에서 다른 태스크에 의해 사용되는 관련된 속성을 저장하는 기능

HTTP 워크플로에 대한 공유 상태 방법의 세부 사항은 레시피 7.2를 참조하기 바란다.

상태 읽기와 상태 쓰기의 두 액션은 공유된 HTTP 리소스를 가리키는 관련 URL이 필요하며, 이 리소스 URL은 워크플로의 각 태스크에 전달돼야 한다. 각 서비스는 상태 리소스에서 상태값을 어떻게 인식할지 알아야 하며, 필요할 때 기존 속성을 업데이트하거나 상태 리소스에 새 속성을 추가해야 한다. 가끔 이 리소스의 속성들은 구성 가능한 서비스의 행동에 의해 노출된 FORMS를 채우는 데 사용된다.

작업 제어 언어를 통한 일반적인 워크플로 엔진의 예제는 레시피 7.6을 참조하기 바란다.

작업과 태스크를 위한 상관 관계 ID

각 워크플로 작업과 작업의 각 태스크는 UUID나 전역적으로 고유한 값을 사용한 고유 식별자가 필요하다. jobID 값은 상관 관계 id로 사용돼야 한다. 이는 HTTP correlation-id 헤더에 전달될 수 있다. taskID 값은 요청 식별자로 사용돼야 한다. 이는 HTTP request-id 헤더에 전달될 수 있다. correlation-id와 마찬가지로 request-id도 HTTP 요청과 HTTP 응답 모두에 포함돼야 한다.

 correlation-id와 request-id 헤더는 표준화되거나 등록된 헤더값이 아니다. 조직은 다른 헤더값을 사용하거나 워크플로 작업과 태스크를 제대로 추적하기 위한 다른 방법을 사용할 수도 있다. 조직이 무엇을 하든, 성공의 열쇠는 일관성과 좋은 문서화에 있다.

워크플로 호환 서비스는 작업을 위한 correlation-id와 작업의 태스크들을 위한 request-id를 모두 지원한다.

예제

상품의 쇼핑 카트에 대한 판매 세금을 계산하는 서비스를 상상해보자. 이 서비스는 쇼핑 사이트에서 체크아웃을 처리하는 작업의 태스크로 사용될 수 있다(다른 워크플로 호환 서비스들과 함께). 다음은 그것이 어떤 모습일지에 대한 가상의 도메인 전용 언어DSL, Domain Specific Language의 예시다.

```
*** Checkout Job
***
READ sharedState WITH urlState
EXECUTE shoppingCartService->checkOutForm WITH sharedSTATE
IF-NOT-OK EXIT
EXECUTE salesTaxService->applyTaxesForm WITH sharedSTATE
IF-NOT-OK EXECUTE shoppingCartService->revertCheckoutForm WITH sharedSTATE
STORE sharedState WITH urlState
EXIT
***
*** End Job
```

예제에서 sharedState는 클라이언트 애플리케이션에 로드된다. 그런 다음 애플리케이션은 shoppingCartService→checkOutForm과 salesTaxService→applyTaxesForm을 실행하려고 시도하고, 그 결과로 나온 sharedState를 저장한다. 판매 세금 적용 중 문제가 발생할 때를 대비해 shoppingCartService→revertCheckoutForm이 있는 것에 주목하자.

토론

공유 상태에 데이터를 쓰는 작업을 제공하는 모든 서비스 인터페이스는 해당 작업을 이전으로 되돌릴 수 있는 방법을 제공해야 한다. 이는 공유 상태 리소스에서 이전 값들을 복원하는 것처럼 간단할 수도 있고(applySalesTax 예제에서처럼), 되돌려야 할 작업과 관련된 일련의 단계들을 취소하기 위해 다른 작업을 시작하는 것처럼 복잡할 수도 있다. 관련 작업을 처리하는 더 자세한 내용은 레시피 7.6을 참조하기 바란다.

각 태스크의 서비스 인터페이스는 Execute 작업이 아직 호출되지 않았을 때도 Repeat과 Revert 호출을 지원해야 한다. 예를 들어, Revert 호출은 실제 되돌리기 작업에 문제가 생기지 않는 한 오류를 일으키지 않아야 한다. 이는 서비스가 Execute 작업이 이전에 완료됐는지 '알아야' 함을 의미한다. 만약 완료됐다면, Revert 호출은 어떤 처리를 필요로 할 것이다. Execute 작업이 아직 끝나지 않았다면, Revert 호출은 어떤 처리도 없이 그저 '200 OK'를 반환해야 한다. Revert를 DELETE 작업처럼 생각해보자. 이미 제거된 리소스를 삭제하는 것은 새로운 문제를 발생시키지 않으므로, 200 OK를 반환하는 것은 수용 가능한 응답이다.

모두 되돌리기

어떤 태스크가 실패하거나 시간 초과(예: taskMaxTTL에 도달)가 발생하면, 작업은 무효가 되며 Cancel 작업이 호출돼야 한다. 이는 작업에 포함된 모든 태스크들을 되돌리는 Revert 호출로 이어져야 한다. 이는 서비스 간 롤백이나 실행 취소를 구현하는 것을 대폭 단순화한다(레시피 7.17을 참조).

작업의 반복 지원은 모든 서비스 작업이 멱등성을 가져야 한다는 점(레시피 3.6에서 논의됨)을 고려할 때 어렵게 처리되면 안 된다. 작업을 안전히 반복하는 데 문제가 있다면, 비멱등성 문제로 넘어가 문제는 더 어려워진다.

공유 상태에 대한 지원은 각 작업이 상태 문서를 갖고 있으며, 상태 문서는 작업 내의 태스크 간에 전달된다는 것을 의미한다. 공유 상태에 데이터베이스 레코드를 사용하는 것이 더 좋은 아이디어로 보일 수도 있지만 그렇지 않다. 공유 상태는 멱등한 업데이트를 지원하고, 가능하다면 다양한 표현 미디어 타입을 지원하는 독립적인 HTTP 리소스로서 지원돼야 한다. 이것은 작업에서 서비스 간에 공유돼야 하는 유일한 속성 집합이다. 이 주제에 대한 더 자세한 내용은 레시피 3.7을 참조하자.

작업에 여러 단계가 있고(일부는 많은 시간이 소요될 수 있음), 어떤 이유로 작업이 중단됐을 때(예: 사람이 수정해야 할 태스크의 문제 등), 해당 작업이 중단된 지점부터 계속할 수 있는 Continue는 매우 유용하다. 이는 시간과 컴퓨팅 자원을 절약할 수 있다.

작업이 여러 태스크를 포함하고 있을 때 이를 강제로 다시 시작하고자 할 때 Rerun의 사용이 유리하다. 예를 들어, 작업을 실행한 후 결과가 예상과 다소 다르다는 것을 알게 되기도 한다. 상태 정보를 수정한 후 전체 작업을 다시 실행해 올바른 결과를 얻을 수 있을 것이다.

여기서 다루지 않았지만, 공유 상태 리소스의 내용이 다르더라도 태스크는 같은 작업 템플릿을 생성할 수 있다. 이를 통해 공유 상태 리소스를 통한 설정 데이터를 기반으로 작업을 빠르게 정의하고 실행 가능하다. 이런 종류의 작업을 많이 계획하고 있다면, 작업 정의와 실행을 더 쉽게 만드는 일반적인 RESTful 작업 제어 언어의 예제는 레시피 7.6을 참조하자.

같이 볼 것

- 레시피 3.4, 의미 프로필로 문제 공간 기술

- 레시피 4.4, 어휘 프로필을 이해하기 위한 효과적인 클라이언트 만들기

- 레시피 5.16, 종속 서비스에 대한 런타임 대체 제공

- 레시피 6.13, 데이터 통신을 위한 패스 스루의 사용

- 레시피 7.2, 워크플로를 위한 공유 상태 지원

- 레시피 7.6, RESTful 작업 제어 언어 지원

- 레시피 7.16, 자동 재시도를 통한 빠른 오류 대응

- 레시피 7.17, 로컬 실행 취소 및 롤백의 지원

7.2 워크플로를 위한 공유 상태 지원

워크플로 호환 서비스는 서비스 간에 상태 속성을 공유할 수 있는 기능을 지원해야
한다. 레시피 7.2는 도메인 특정 데이터나 데이터 모델을 공유할 필요 없이 상태를 공유
하는 간단하고 효과적인 방법을 정의한다.

문제

서비스들이 데이터 모델이나 도메인 특정 서비스 정보에 불필요한 긴밀한 결합 없이 서
로 안전하게 데이터를 공유하도록 설계하는 방법은 무엇인가? 공유 상태를 위한 최소한
의 설계는 어떤 모습으로 나타나는가?

솔루션

서비스 간 데이터를 공유하는 가장 간단한 방법은 공유 상태 리소스를 사용하는 것이
다. 이는 워크플로 작업과 관련된 모든 데이터를 포함하는 독립적인 HTTP 리소스다.
작업에 대한 책임이 있는 각 워크플로 준수 서비스는 공유 상태 리소스를 읽고, 경우에
따라서는 작성할 수도 있어야 한다.

보통, 공유 상태 리소스는 서비스에 의해 작업을 기술하는 HTTP 양식을 채우는 데 사
용된다(예: onboardNewUser). 때로는, 어떤 작업의 결과(예: applySalesTax)가 공유 상태 리
소스에 쓰이기도 한다.

작업이 종료되면, 공유 상태 리소스는 다음 레퍼런스를 위해 아카이빙이 돼야 한다.

 공유 상태 리소스는 워크플로 진행 상태 리소스와는 다르다(레시피 7.7 참조). 안전한 HTTP
워크플로 시스템을 만들기 위해 두 가지가 다 필요할 것이다.

공유 상태 리소스를 생성할 때 공개 URL 리소스를 고유 식별자(보통 작업 식별자)로 사용하는 방법이 가장 쉽다.

```
<link rel="sharedState" href="http://api.example.org/shared-state/u7y6t5r4e3 />
```

이 URL은 실행 중인 작업과 관련된 각 HTTP 요청 및 응답에 전달돼야 한다.

예제

HTTP 헤더의 일부로 공유 상태 리소스를 위한 URL을 전달할 수 있다.

```
**** REQUEST ****
GET /onboarding/job1
Accept: application/vnd.collection+json
Link: <http://api.example.org/state/q1w2e3r4t5>>;rel="sharedState"

**** RESPONSE ****
200 OK
Content-Type: application/vnd.collection+json
Length: XX

{"collection" : {
  {"title": "Pricing Update Job q1w2e3r4t5",
  "links" : [...],
  "items" : [...]
}}
```

다른 방법으로 공유 상태 URL을 메시지 본문으로 전달할 수도 있다.

```
**** REQUEST ****
GET /onboarding/job1
Accept: application/vnd.collection+json

**** RESPONSE ****
200 OK
Content-Type: application/vnd.collection+json
Length: XX
```

```
{"collection" : {
  {"title": "Pricing Update Job q1w2e3r4t5",
  "links" : [
    {"rel": "sharedState", "href": "http://api.example.org/state/q1w2e3r4t5"}
  ],
  "items" : [...]
}}
```

공유 상태 리소스는 작업을 시작하기 전에 데이터로 '미리 준비할 수' 있다. 예를 들어, 창고의 특정 품목 집합의 가격을 업데이트하는 작업을 실행하면, 제품 식별자 배열과 가격 인상 정보를 공유 상태 리소스에 미리 로드할 수 있다.

```
{"collection" : {
  "title" : "Shared State for Job ID q1w2e3r4t5",
  "links" : [
    {"rel":"read, sharedState",
      "href": "http://api.example.org/shared-state/q1w2e3r4t5"},
    {"rel": "create, sharedState",
      "href": "http://api.example.org/shared-state/q1w2e3r4t5/form"}
    {"rel": "filter, sharedState",
      "href": "http://api.example.org/shared-state/q1w2e3r4t5/search"}
  ],
  "items" : [
    { "id": "pid-00122356",
      "href": "http://api.example.org/shared-state/q1w2e3r4t5#pid-00122356",
      "data": [
        {"name": "currentPrice", "value": "10"},
        {"name": "updatedPrice", "value": "11"},
        {"name": "state", "value": "pending"},
        {"name": "text", "value": ""}
      ]
    },
    {...}
  ]
}}
```

도큐먼트가 로딩되면 작업을 시작할 수 있다. 다음은 그에 대한 의사 코드다.

```
FOR-EACH item in http://api.example.org/shared-state/q1w2e3r4t5
  updatePrice(item)
END-EACH
```

이때, 항목을 읽고, 함수(updatePrice)는 항목 데이터를 사용해 카탈로그에서 제품을 찾는다. 그리고 currentPrice가 공유 상태 도큐먼트에 있는 가격과 일치한다고 가정할 때) 업데이트된 가격이 적용된다. 그런 다음 공유 상태 문서는 작업의 상태를 나타내도록 수정된다(예: pending에서 completed로), 그리고 모든 주석은 텍스트로 제공된다(예: '성공적으로 적용됨' 또는 '현재 가격이 일치하지 않음' 등).

작업이 루프를 한 번 완료하고 공유 상태 도큐먼트를 수정할 때마다, 그것은 업데이트된 문서를 같은 URL(멱등한 HTTP PUT을 사용해)에 쓰도록 해야 한다. 이렇게 하면 진행 중인 작업의 상태를 가장 정확하게 기록할 수 있다. 이는 진행 상태 리소스(레시피 7.7 참조)를 지원하기 쉽게 만들고, 도중에 발생할 수 있는 문제를 진단하는 데 도움이 된다(레시피 7.18 참조).

작업이 완료되면, 결과적인 공유 상태 리소스는 나중에 참조하기 위해 보관될 수 있다.

토론

앞에서 소개한 예제에서, 데이터 속성들(currentPrice, updatedPrice, status, text)은 미리 합의된 의미 있는 식별자여야 한다. 이는 일반적으로 공유 어휘집(레시피 3.3 참조)을 통해 처리된다.

또한 앞 예제에서 작업은 멱등성을 보장하는 언어를 사용해 설명됐다. 가령, 변경의 대상 속성은 percentIncrease가 아닌 updatedPrice로 표현됐다. 이는 반복적인 변경과 변경의 되돌림을 지원하기 훨씬 쉽게 만든다.

공유 상태 자원에 대해서는 단순한 이름-값 쌍 도큐먼트만 있으면 된다고 생각할 수 있다. 이 방법도 작동할 수 있지만, 어떤 작업이 필요한지와 얼마나 완료됐는지를 서비스가 추적하는 데 도움이 되는 많은 메타데이터를 포함하는 것이 훨씬 더 좋다. 가능하다면, 공유 상태 자원을 단순한 직렬화된 데이터 파일이 아니라 완전한 HTTP 자원으로 만들어야 한다.

가끔, 공유 상태 문서를 다른 서비스의 데이터 입력 양식을 작성하는 데 사용해야 할 필요가 있다. 이를 수행하는 가장 쉬운 방법은 양식과 공유 상태 데이터를 입력으로 받아, 공유 상태 속성을 양식에 자동으로 적용하는 매핑 함수를 작성하는 것이다.

```
var sharedState = httpRead("http://api.example.org/state/q1w2e3r4t5");
var inputForm = httpRead("http://api.example.org/users/onboardingform");
var completedForm = propertyMap(sharedState, inputForm);
var results = httpExecute(completedForm);
```

공유 상태 레시피의 장점 중 하나는 시간이 지남에 따라, 리소스에 의존하는 기존 서비스를 업데이트할 필요 없이 새로운 상태 데이터를 문서에 추가할 수 있다는 것이다. 각 서비스는 상태 리소스의 내용을 필요에 맞게 사용할 수 있다. 이는 서비스와 상태 간의 결합을 느슨하게 해, 더욱 더 설정 기반의 구현으로 이끌어준다.

같이 볼 것

- 레시피 3.7, 서비스 간 상태 전송으로 상호운용성 활성화

- 레시피 4.15, 자체 상태 관리 유지

- 레시피 5.14, 클라이언트 지원 식별자를 통한 처리량 증가

- 레시피 6.11, 원격 데이터 저장소 확장

- 레시피 7.1, 워크플로 호환 서비스 설계

- 레시피 7.13, 상태 감시를 사용한 클라이언트 중심 워크플로 활성화

7.3 코드로 워크플로 기술하기

여러 서비스 인터페이스를 활용해 단일 솔루션을 구성하고자 할 때, 서비스 목록과 그들이 상호작용 방법을 기술할 방법이 필요하다. 이에는 여러 접근법이 있으며, 레시피 7.3은 가장 간단한 방법을 보여주는데, 바로 솔루션 인터페이스에서 지원하는 코드로 기술하는 것이다.

문제

여러 기존 독립 서비스 인터페이스를 활용해 솔루션을 구성하는 가장 간단한 방법은 무엇일까? 코드를 사용하는 것이 다른, 더 추상적이고 유연한 접근 방식 대신 사용될 때는 언제일까?

솔루션

상대적으로 간단한 워크플로 솔루션이거나 시간이 지나도 바뀌지 않고 사용자 정의를 지원하지 않으면, 단일 서비스 인터페이스에서 코드를 사용해 워크플로 솔루션을 구성하는 것이 일반적으로 타당하다. 이는 원하는 솔루션의 모든 기능을 갖춘 인터페이스를 만들고, 인터페이스 뒤에서 코드를 사용해 다른 원격 서비스를 동원하고 실행해 작업을 완료하는 것을 의미한다.

이런 방식은, 소비자 애플리케이션에 안정적이고 간결한 API를 제공하고, 안정적인 인터페이스 뒤에서 최대한의 설계 및 구축 유연성을 자신에게 허용한다. 시간이 지남에 따라 동원된 서비스들은 자체 API를 변경하거나 하나의 서비스(예: taxComputation 서비스)를 다른 서비스(예: newTaxComputation)로 교체할 수 있다. 외부 인터페이스를 변경하지 않는 한, 내부에서 상당한 변경이 발생해도 솔루션 소비자에게 한 약속을 깨지 않고 유지할 수 있다. 자세한 내용은 레시피 5.2를 참조하기 바란다.

예제

새로운 직원들의 온보딩을 위한 워크플로를 지원해야 하는 조직을 생각해보자. 또한, 조직의 여러 부분이 독립적으로 팀의 책임을 지원하는 온라인 서비스를 갖고 있다고 가정하자. 이는 코드로 솔루션을 구성하는 게 더 유용한 인터페이스를 가질 확률이 높다.

필요한 입력을 수집한 다음 일련의 외부 서비스를 호출해 작업을 처리하는 코드 솔루션은 다음과 같은 모습일 수 있다.

```
(TK check code-ma)
// provide input screens to gather important data
```

```
var stateData = collectInputs(personalData, backgroundCheck,
    healthInsurance, salaryDetails);

// execute work in parallel
Promise.all([apiPersonalData(stateData), apiBackgroundCheck(stateData),
    apiHealthInsurance(stateData), apiSalaryDetails(stateData)])
  .then((results) => {
    emitSuccessResponse(results);
  }).catch(error => {
    emitFailedResponse(results);
});
```

이 예시에서는 필요한 input 값이 수집되고, 그 다음 워크플로에서 요구되는 각각의 작업을 처리하기 위해 외부 서비스 인터페이스로 병렬 호출이 이뤄진다. 성공했다면 결과는 emitSuccessResponse(results) 메소드를 통해 호출자에게 반환되며, 처리나 네트워크 문제가 있었다면 emitFailedResponse(results) 메소드를 통해 반환된다.

내부 코드는 다음과 같이 HTTP를 통해 노출될 수 있다.

```
*** REQUEST ***
GET /onboarding/jobs/
Accept: text/html
Link: <http://webapicookbook.com/profiles/jobs>;rel=profile
...

*** RESPONSE ***
200 OK
Content-Type: text/html
Link: <http://webapicookbook.com/profiles/jobs>;rel=profile
...

<html>
  ...
  <h1>Onboard New Employee</h1>
  <form name="submit-job" action="/onboarding/q1w2e3r4" method="put">
  ...
  </form>
</html>
```

```
*** REQUEST ***
PUT /onboarding/jobs/q1w2e3r4
Content-Type: application/x-www-form-urlencoded
Accept: text/html
Link: <http://webapicookbook.com/profiles/jobs>;rel=profile

jobID=q1w2e3r4&...

*** RESPONSE ***
202 Accepted
Content-Type: text/html
Link: <http://webapicookbook.com/profiles/jobs>;rel=profile

<html>
  ...
  <h1>Job q1w2e3r4</h1>
  <div name="progress">
    <span id="jobStatus">pending</span>
    ...
    <a href="..." rel="refresh">Check Job Status</a>
  </div>
</html>
```

앞의 HTTP 통신에서, API 클라이언트는 온보딩 작업을 설명하기 위한 FORM 입력을 제공하는 자원을 요청한다. 그런 다음 FORM을 작성한 후, 작업을 실행할 URL(폼에서 제공됨)에 제출한다. 작업이 진행 중일 때 워크플로 엔진이 '202 Accepted'를 반환하는 점에 주목하자.

API 클라이언트는 작업의 상태를 모니터링하기 위해 새로고침 URL을 사용할 수 있으며, 결국에는 '200 OK' 또는 4xx/5xx 상태 코드 중 하나를 받게 돼 작업 실행의 완료를 나타낸다.

토론

예시에서는 자바스크립트의 promise.all() 구조를 사용한다는 점을 주목해야 한다. 이는 모든 서비스가 병렬로 실행될 수 있으며 고정된 순서가 없다고 가정한다. 하나 이상의 순차적 단계가 있는 워크플로를 구현해야 한다면, 각 고정된 단계를 별도의 워크플로 요소로 처리해야 한다(자세한 내용은 레시피 7.1을 참조하라).

input 값의 수집 작업은 레시피 7.10 및 레시피 7.12를 사용해 처리할 수 있다.

오류는 처리가 까다로울 수 있다. 경우에 따라 워크플로에서 이미 완료된 작업을 취소하기 위한 롤백 옵션을 지원해야 할 수도 있다. 워크플로에서 '취소' 옵션을 지원하는 방법은 레시피 7.17을 참조하기 바란다.

코드를 사용하는 것은 네트워크 워크플로 문제를 해결하는 일반적인 방법이지만, 여기에는 한계가 있다. 예를 들어, 워크플로의 변경은 추가적인 설계, 코딩, 테스트, 배포 과정을 필요로 할 가능성이 높다. 사용 가능한 자원(예: 돈과 시간)에 따라 변경 사항은 워크플로의 비용이 많이 드는 병목 현상이 되기도 한다.

충분한 자원이 있을 때도, 워크플로 언어로 코드를 사용하는 것은 쉽게 재사용할 수 없는 많은 일회성 솔루션들을 초래할 수 있다(예: onBoardEmployee, onBoardPartTimeEmployee, onBoardTemporaryWorker 등). 기존 솔루션에 맞춤 설정을 추가하거나 더 견고한 워크플로를 만들고자 한다면 레시피 7.4와 7.5를 확인해보자. 더 복잡하지만 더 유연한 솔루션을 찾는다면 레시피 7.6을 참조하기 바란다.

같이 볼 것

- 레시피 3.4, 의미 프로필로 문제 공간 기술

- 레시피 4.11, 런타임에서 데이터 속성 검증

- 레시피 4.15, 자체 상태 관리 유지

- 레시피 5.2, 내부 모델 노출 방지

- 레시피 5.16, 종속 서비스에 대한 런타임 대체 제공

- 레시피 6.7, 데이터 쿼리를 위한 미디어 타입 사용

- 레시피 7.1, 워크플로 호환 서비스 설계

- 레시피 7.4, 도메인 특화 언어로 워크플로 기술하기

- 레시피 7.5, 도큐먼트로 워크플로 기술하기

7.4 도메인 특화 언어로 워크플로 기술하기

많은 워크플로 솔루션을 작성할 때, 소스코드에 의존하는 것은 확장성에 나쁜 영향을 줄 수 있다. 이때는 워크플로를 인식하는 도메인 특화 언어^{DSL, Domain Specific Language}을 사용해 솔루션을 설계, 코드화, 테스트하고 배포하는 것이 더 나을 수 있다.

문제

워크플로를 인식하는 DSL은 어떤 모습을 하고 있으며, 네이티브 코드 구현 대신 이를 사용하는 것이 언제 의미가 있을까? 또한, 조직에서 워크플로 DSL을 지원하는 것의 장점과 문제는 무엇일까?

솔루션

레시피 7.3에서 언급했듯이, 워크플로 언어로 네이티브 코드를 사용하는 것은 많은 맞춤 설정이 필요하지 않고 시간이 지나도 거의 변경되지 않는 비교적 간단한 솔루션을 가질 때 잘 작동한다. 그러나 워크플로가 더 유연해야 하거나 조직에서 다양한 워크플로 솔루션을 지원해야 할 때는, 일반적인 워크플로 프로세스를 지원하고 그것을 생성, 테스트 및 배포의 장벽을 낮추는 환경을 가정하는 접근 방식을 채택하는 것이 더 낫다.

예제

다음은 내가 이 책을 위해 만든 하이퍼미디어 DSL인 Hyper CLI를 이용해 식품의 주문 및 확인을 처리하는 예제를 보여준다.

```
# complete grocery checkout

# load job config
```

```
CONFIG LOAD grocery.config
grocery.exitOnError = true

# load shared state
REQUEST WITH-URL $$sharedstateURL$$
STACK PUSH WITH-RESPONSE ##sharedState#

# get update cart
REQUEST WITH-URL $$scartURL$$
REQUEST WITH-FORM cartCheckout WITH-STACK
STACK PUSH WITH-RESPONSE ##sharedState##

# get shipping details
REQUEST WITH-URL $$shippingURL$$
REQUEST WITH-FORM bookShipping WITH-STACK
STACK PUSH WITH-RESPONSE ##sharedState##

# settle payment
REQUEST WITH-URL $$paymentURL$$
REQUEST WITH-FORM settlePayment WITH-STACK
STACK PUSH WITH-RESPONSE ##sharedState##

# update shared state
REQUEST WITH-URL $$sharedStateURL$$
REQUEST WITH-FORM updateState WITH-STACK

# end job
```

예제에서 세 가지 작업이 수행된다(cartCheckout, bookShipping, settlePayment). 스크립트의 시작과 끝에서, 공유 상태가 먼저 로드되고, 세 작업에 의해 업데이트된 후에 다시 저장된다. 또한 시작할 때 로드되는 grocery.config 파일에 주목하라. 이 파일은 작업을 완료하는 데 필요한 다양한 URL을 담고 있다.

여기에서 본 것과 같은 하이퍼미디어 DSL로 워크플로 작성을 간소화할 수 있다. 많은 세부 사항(예: HTTP 요청 처리, 응답에서 양식 찾기 및 채우기 등)이 DSL에 의해 직접 처리되기 때문이다. 코드를 사용하고 있었다면(레시피 7.3을 참조), 아마도 공유 코드 라이브러리를 통해서 이런 것을 스스로 처리해야 할 것이다.

또한 같은 작업을 수행하기 위해 셸 스크립팅(MS-DOS, 리눅스 bash 등)을 사용하는 방법도 있다. 이를 위해서는 조금 더 노력이 필요하지만 꽤 효과적이다. HTTP 처리를 위한 cURL, XML과 JSON 파싱을 위한 xslt, jq, grep, awk 및 기타 문자 처리 도구를 많이 사용해야 할 것이다.

토론

DSL을 사용하면 언어 자체의 제한된 능력으로 인해 가능한 행동이 제약되기 때문에, 워크플로 스크립트를 생성하는 것이 더 안전하고 쉬워질 수 있다. 이는 자바, Node.js 등 완전한 기능을 갖춘 프로그래밍 언어에 익숙한 프로그래머들은 약간 좌절하기도 한다.

셸 스크립팅과 유틸리티를 사용하는 것은 예시에서 본 전용 DSL보다 더 많은 힘과 유연성을 제공하지만, 큰 힘에는 큰 책임이 따른다. 안전하고 효과적인 셸 스크립트를 만드는 것이 더 어려울 수 있으며, 도중에 버그가 유입될 가능성이 더 높다.

전용 DSL을 사용하든, 커맨드라인 셸 스크립팅을 사용해 자체적으로 조합하든, 스크립트로 워크플로를 표현하는 것은 워크플로 솔루션을 코드화, 테스트, 배포하는 데 걸리는 시간을 줄일 수 있다.

같이 볼 것

- 레시피 3.4, 의미 프로필로 문제 공간 기술
- 레시피 4.11, 런타임에서 데이터 속성 검증
- 레시피 4.15, 자체 상태 관리 유지
- 레시피 5.14, 클라이언트 지원 식별자를 통한 처리량 증가
- 레시피 7.1, 워크플로 호환 서비스 설계
- 레시피 7.3, 코드로 워크플로 기술하기
- 레시피 7.5, 도큐먼트로 워크플로 기술하기

7.5 도큐먼트로 워크플로 기술하기

서비스 워크플로를 기술하는 가장 견고하고 회복성 높은 방법은 선언적 도큐먼트를 사용하는 것이다. 레시피 7.5는 선언적이고 도큐먼트 기반의 워크플로 언어의 모습을 예시를 통해 설명한다.

문제

워크플로를 선언적인 방식으로 설명하고자 한다면, 즉 단계별 실행 계획이 아니라 모든 작업을 설명하고 도큐먼트 사용자가 작업을 어떻게 수행할지 결정할 수 있도록 하는 방식으로 말이다. 그렇다면 도큐먼트는 어떤 모습일까? 도큐먼트에 필요한 요소는 무엇이며, 하이퍼미디어 환경에서 워크플로를 지원하는 이 접근 방식의 한계는 무엇일까?

솔루션

워크플로를 선언적 방식으로 설명하는 가장 좋은 방법은 워크플로 어휘집(레시피 3.3 참조)을 생성해 워크플로-호환 서비스의 모든 요구사항을 충족시키기 위해 필요한 속성과 작업을 간략히 설명할 수 있다. 이것은 레시피 7.1에서 정의한 바와 같다. 그것은 태스크와 작업을 지원할 뿐만 아니라 공유 상태도 지원하는 것을 의미한다. 도큐먼트는 또한 소비자와 생산자가 `correlation-id`와 `request-id` 헤더를 사용해 수행되고 있는 작업을 추적하고 관리하기 쉽게 해야 한다.

 선언적 워크플로의 기술 방법의 자세한 사항은 레시피 7.6을 참조하기 바란다.

워크플로를 위한 선언적 도큐먼트에는 업무를 수행하는 데 필요한 모든 속성과 작업이 포함돼 있다(예제 참조). 이 문서들은 일반적으로 HTTP 리소스(예: http://api.example. org/jobs/q1w2e3r4)로 표현된다. 또한 큐의 메시지로 표현될 수도 있다(레시피 7.19 참조). 큐는 처리할 작업의 수나 속도가 많거나, 작업 처리 트래픽이 간헐적이거나 병목 현상을 일으키거나 대기 시간이 발생하는 경우 특히 유용하다.

예제

다음은 레시피 7.1을 따르는 워크플로 작업 도큐먼트의 예시다.

```html
<html>
  <head>
    <title>Shopping Checkout Workflow</title>
  </head>
  <body>
    <h1>Shopping Checkout Workflow</h1>
    <div class="job">
      <span class="jobID">q1w2e3r4t5</span>
      <span class="jobStatus">working</span>
      <span class="jobDateCreated">2023-02-23:14:00:00</span>
      <span class="jobDateUpdated">2023-02-23:14:00:30</span>
      <span class="jobMaxTTL">300</span>
      <span class="jobDescription">...</span>
      <a href="..." rel="jobURL">Job</a>
      <a href="..." rel="jobSharedStateURL">Shared State</a>
      <a href="..." rel="jobProgressURL">Shared State</a>
      <a href="..." rel="jobSuccessURL">Success</a>
      <a href="..." rel="jobFailedURL">Failed</a>
      <a href="..." rel="jobContinueURL">Continue</a>
      <a href="..." rel="jobRestartURL">Restart"</a>
      <a href="..." rel="jobCancelURL">Cancel"</a>
      <div class="tasks">
        <div class="task">
          <span class="taskID">p0o9i8u7y6</span>
          <span class="taskStatus">completed</span>
          <span class="taskDateCreated">2023-02-23:14:00:00</span>
          <span class="taskDateUpdated">2023-02-23:14:00:30</span>
          <span class="taskMaxTTL">60</span>
          <span class="taskDescription">ComputeTaxes</span>
          <span class="taskMessage">Success (200)</span>
          <a href="..." rel="taskURL">Task</a>
          <a href="..." rel="taskStartURL">Start</a>
          <a href="..." rel="taskRollbackURL">Rollback</a>
          <a href="..." rel="taskRerunURL">Rerun</a>
          <a href="..." rel="taskCancelURL">Cancel</a>
        </div>
```

```
    ...
      <div class="task">
        <span class="taskID">u8y7t6r5e4</span>
        <span class="taskStatus">pending</span>
        <span class="taskDateCreated">2023-02-23:14:00:00</span>
        <span class="taskDateUpdated">2023-02-23:14:00:30</span>
        <span class="taskMaxTTL">60</span>
        <span class="taskDescription">Schedule Shipping</span>
        <a href="..." rel="taskURL">Task</a>
        <a href="..." rel="taskStartURL">Start</a>
        <a href="..." rel="taskRollbackURL">Rollback</a>
        <a href="..." rel="taskRerunURL">Rerun</a>
        <a href="..." rel="taskCancelURL">Cancel</a> </div>
      </div>
    </div>
  </body>
</html>
```

도큐먼트/어휘는 워크플로 엔진 애플리케이션이 모든 구체적인 실행 및 모니터링 작업의 처리를 위해 사용될 수 있다. 각 액션 엘리먼트의 처리 방법에 대한 자세한 사항은 레시피 7.6을 참조하기 바란다.

토론

워크플로에 선언적 도큐먼트를 사용하면 설명의 세부 사항을 처리 코드로부터 분리한다는 장점이 있다. 이는 도큐먼트의 형식이나 내용을 변경할 필요 없이 코드를 자주 변경하고 시간에 따라 개선할 수 있게 한다.

도큐먼트 기반 워크플로는 이 책에서 설명하는 바와 같이 워크플로 호환 서비스 인터페이스를 다룰 때 효과적이다. 호환되지 않는 서비스를 사용하려 한다면, DSL(레시피 7.4) 또는 코드(레시피 7.3) 기반 접근 방식을 사용해야 할 것이다.

워크플로 문서에 명령형 스타일의 단계별 처리를 도입하지 않도록 주의해야 한다. 분기(if..then..else), 변수 검사(when $state.value==="13")와 같은 요소와 다른 유사한 구조는 선언 문서를 명령형 프로그래밍 언어로 바꾸게 된다. 이런 결정 요소는 작업(사용되는 서비스)에 포함돼야 하며 작업 도큐먼트에는 포함되지 않아야 한다. 이런 프로그래밍 레벨이 필요하다고 생각된다면, DSL(레시피 7.4)이나 코드 기반(레시피 7.3) 접근 방식을 사용해야 한다.

같이 볼 것

- 레시피 3.4, 의미 프로필로 문제 공간 기술
- 레시피 3.5, 임베디드 하이퍼미디어를 통한 런타임에서의 액션 표현
- 레시피 3.9, 가역 액션을 위한 설계
- 레시피 4.3, 메시지 중심 수행의 탄력적인 클라이언트 만들기
- 레시피 4.4, 어휘 프로필을 이해하기 위한 효과적인 클라이언트 만들기
- 레시피 4.15, 자체 상태 관리 유지
- 레시피 5.6, HTTP의 콘텐츠 상호확인 지원
- 레시피 7.1, 워크플로 호환 서비스 설계
- 레시피 7.3, 코드로 워크플로 기술하기
- 레시피 7.5, 도큐먼트로 워크플로 기술하기

7.6 RESTful 작업 제어 언어 지원

웹에서 다양한 서비스 워크플로를 생성하는 것은 워크플로를 설명하고 구현하기 위한 일관되고 강력한 언어라는 지속적인 과제다. 레시피 7.6은 개방형 웹에서 독립적인 워크플로를 상호확인하기 위한 기본적인 작업 및 메타데이터 세트를 제공한다.

문제

많은 양의 워크플로 처리가 필요할 때, 여러 작업 및 작업을 관리하는 데 도움이 되는 일반 워크플로 엔진을 구현하는 것이 유용하다. 안정적인 작업 제어 언어^{JCL, Job Control Language}를 지원하는 데 필요한 것은 무엇이며, 웹 전반에 걸쳐 다양한 장소에서 실행될 수 있는 독립적인 서비스 인터페이스를 어떻게 문제 없이 통합하고 관리할 수 있는가?

솔루션

워크플로 사용이 증가하면, 워크플로 작업을 기술하고 관리하며 실행하는 일관된 방법이 필요하다. 앞에서는 이미 워크플로에 적합한, 조합 가능한 서비스의 기본 사항을 다뤘다(레시피 7.1 참조). 이제, 웹을 위한 견고하고 신뢰할 수 있는 JCL을 정의하는 레시피를 언급할 차례다.

RESTful JCL 레시피의 여러 버전을 수년에 걸쳐 사용해왔으며, 각각은 현업의 필요에 맞게 조정됐다. 여기에 포함시키는 것은 과거에 사용된 많은 기능들을 고려한 일반적인 레시피로, 이들을 한 곳에 모아 놓은 것이다. 이 레시피를 특정한 필요에 맞게 조정하고 수정하는 것은 자유다.

---

iPASS(intergration Platform as a Service)는 어떻게 되는 건가요?

분명히 상호운용성을 충족시키기 위해 사용할 수 있는 다른 워크플로가 많다. 이 책에서, 저자는 하이퍼미디어 기반 솔루션에 집중하기로 선택했는데, 이는 과거에 큰 성공을 거뒀음에도 불구하고 잘 사용되지 않는 것 중 하나이기 때문이다. 대부분의 다른 솔루션은 연결과 매개변수 공유를 하드코딩하는 결과를 초래하는 반면, REST 기반 접근 방식은 긴밀하게 결합된 구현 없이도 같은 목적을 달성한다.

레시피 7.6은 개방형 웹에서 독립적인 서비스를 상호확인하기 위한 기본적인 작업 및 메타데이터 세트를 제공한다. 또한 작업 기록을 관리하기 위한 작업(목록, 필터, 추가, 업데이트, 삭제)도 포함하고 있다. 그림 7-2는 RESTful 작업 제어 워크플로를 보여준다.

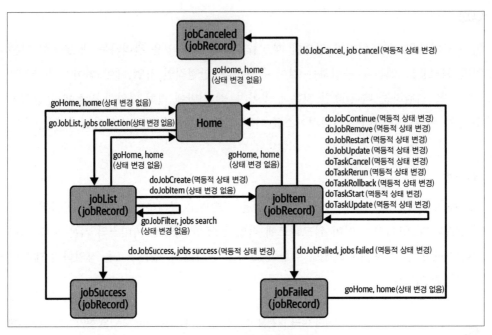

그림 7-2 RESTful 작업 제어 워크플로

RESTFul JCL로 워크플로 실행하기

태스크

태스크는 워크플로에서 단일 행동이다(computeTaxes, DoCreditCheck, UpdateCustomer Accounts). 작업은 실행(taskStartURL), 반복(taskRerunURL), 되돌리기(taskRollbackURL), 취소(taskCancelURL)를 지원한다.

작업

각 작업은 하나 이상의 태스크를 포함한다. 각 작업의 작업 세트는 병렬로 실행될 수 있어야 한다. 작업은 재시작(jobRestartURL), 계속(jobContinueURL), 취소(jobCancelURL)를 지원한다. 또한 작업이 성공적으로 완료될 때 호출할 URL(jobSuccessURL)과 작업이 실패했을 때 호출할 URL(jobFailedURL)도 있다.

작업을 실행하기 위해서는 작업 도큐먼트를 워크플로 엔진에 제공해야 한다. 도큐먼트를 받은 워크플로 엔진은 작업이 처리되는 동안 '202 Accepted'(레시피 7.15 참조)를 반환하고, 최종적으로 '200 OK' 또는 4xx/5xx HTTP 상태와 완료된 응답을 반환할 것이다. 작업이 완료되면 해당 작업 문서는 미래의 참조(또는 재실행)를 위해 보관될 수 있으며, 적절한 링크(jobSuccessURL 또는 jobFailedURL)가 활성화돼야 한다.

워크플로 엔진은 jobCancelURL, jobContinueURL, jobRestartURL을 처리할 준비가 돼 있어야 한다. 또한 taskStartURL, taskRollbackURL, taskRerunURL, taskCancelURL 속성을 지원하며, taskStatus와 jobStatus를 통해 진행 상황을 모니터링하거나 업데이트할 수 있어야 한다. 엔진은 또한 jobMaxTTL과 taskMaxTTL 값을 모니터링하고, 최대 실행 시간을 초과하면 작업을 취소해야 한다.

고정된 순서로 실행돼야 하는 작업은 개별 작업 도큐먼트로 분리돼야 하며, 이런 작업 도큐먼트들은 각 작업이 성공적으로 완료될 때마다 고정된 순서로 실행될 수 있다.

RESTful 레코드의 관리

여러분의 시스템은 워크플로를 실행하기 위한 작업과 함께, 워크플로 도큐먼트의 작성, 필터링, 삭제를 지원해야 한다. 이 레시피에는 워크플로 도큐먼트 관리를 처리하기 위한 몇 가지 액션이 포함돼 있다.

- jobList: 작업 레코드의 목록 반환

- jobFilter: 작업 레코드의 반환

- jobCreate: 모음에 새로운 작업 생성

- jobUpdate: 기존 작업의 수정

- jobRemove: 기존 작업의 삭제

앞의 목록에 태스크 레코드를 추가, 편집, 삭제하기 위한 작업이 포함돼 있지 않음을 알 수 있다. 이때, jobItem이 시스템에서 가장 작은 관리 가능한 자원이다. 원한다면, 태스크 수준에서 다른 관리 액션들(사실상 레시피 7.11 적용)을 구현할 수 있다. 하지만 저자의 경험상, 이것은 거의 필요하지 않다.

공유된 상태, 연관 ID, 진행 상태

여기에 언급되지 않은 엘리먼트는 태스크 간 상태 전달을 지원하는 것이다. 이를 구현하는 방법의 자세한 내용은 레시피 7.2를 참조하자.

중요 요소로, 런타임에 헤더를 통해 jobID와 taskID를 공유하는 것이다. 레시피 7.1에서 다룬 것처럼, 각 워크플로에 적합한 서비스는 작업의 모든 행동에 대해 jobID(Correlation-ID 헤더로)와 taskID(Request-ID 헤더로)를 공유해야 한다.

레시피 7.6에 사용된 워크플로 호환 서비스는 진행 상황 리포팅(레시피 7.7 참조)을 지원해야 하며, 가능하다면 '지원 요청' 패턴(레시피 7.18)도 지원해야 한다.

토론

RESTful JCL은 레시피 7.1에서 제시된 규칙을 따르는 작업으로 등록된 모든 서비스에서만 작동한다. 로컬 작업 제어 언어를 전체적으로 지원하지 않고도 워크플로에 적합한 서비스를 구현할 수 있어 이를 보완한다. 워크플로에 적합한 서비스 작성이 먼저이며 RESTful JCL은 그 다음이다. 워크플로 시스템으로의 첫 걸음을 시작하고 있다면, 먼저 적합한 서비스 인터페이스에 중점을 두고, 그후에 JCL 옵션을 탐색하는 것을 고려해보자.

여러분은 정말 이것을 하고 싶은가?

여기서 설명된 것과 같은 일반적인 작업 제어 시스템을 구현하는 것은 간단한 작업이 아니다. 레시피 7.6의 대안으로 존재하는 것들은 상용 소프트웨어 및 온라인 SAAS(서비스로서의 소프트웨어) 구현으로 제공된다. 자체적인 JCL을 개발하는 것은 가볍게 결정해서는 안 될 문제다. 여러 호스팅 플랫폼(자체 로컬 서버 포함)을 지원해야 할 필요가 있다면, 이 레시피가 도움이 될 수 있다. 그러나 단일 플랫폼(예: AWS, 애저, 구글 등)에서만 서비스를 호스팅하는 경우, 해당 플랫폼의 워크플로 도구를 사용하는 것이 더 나은 선택일 수 있다.

워크플로 작성 서비스는 워크플로 실행 서비스와 별개일 수 있다. 편집기와 엔진은 같은 서비스 인터페이스에 호스팅될 필요가 없다. 각각 자체적인 페이스를 가져갈 수 있어서 편집 작업과 실행 작업을 분리하는 편이 유리하다.

이 레시피는 자신이 만들지 않았고 제어하지 않는 서비스 인터페이스를 활용하는 워크플로를 만들고자 하는 것을 전제로 두고 있다(부록 A 참조). 자신의 조직 내 다른 팀이 구축한 서비스를 사용하고 있다 하더라도, RESTful JCL은 회사의 다른 부분에서 기존 서비스를 재사용하는 데 성공을 향상시킬 수 있다.

 이 레시피는 워크플로를 도큐먼트로 기술하는 것에 초점을 맞출 때 잘 작동한다(레시피 7.5). 워크플로를 표현하기 위해 코드(레시피 7.3)나 DSL(레시피 7.4)에 의존할 때는 실행하기가 훨씬 어렵다.

같이 볼 것

- 레시피 3.8, 반복 가능한 액션을 위한 설계
- 레시피 3.9, 가역 액션을 위한 설계
- 레시피 4.4, 어휘 프로필을 이해하기 위한 효과적인 클라이언트 만들기
- 레시피 4.9, 응답에서 하이퍼미디어 컨트롤에의 의존
- 레시피 4.15, 자체 상태 관리 유지
- 레시피 5.7, 클라이언트 프로그램을 위한 전체 어휘 게시
- 레시피 7.1, 워크플로 호환 서비스 설계
- 레시피 7.16, 자동 재시도를 통한 빠른 오류 대응
- 레시피 7.17, 로컬 실행 취소 및 롤백의 지원
- 레시피 7.18, 지원 요청

7.7 워크플로에 대한 진행 상태 리소스의 공개

워크플로 작업을 실행하고 모니터링할 때, API 사용자와 생산자가 진행 상황을 확인하고 발생한 문제가 있는지 알 수 있도록 작업에 대한 진행 리포트를 제공하는 것이 좋다. 레시피 7.7은 워크플로 구현에 사용할 수 있는 예제 진행 상태 리소스를 제공한다.

문제

실행 시간이 긴 워크플로 작업을 어떻게 모니터링할 수 있을까? 거래 세부 사항을 모니터링하거나 오류를 확인하기 위해 어디를 봐야 할까? 코드(레시피 7.3), DSL(레시피 7.4), 또는 문서(레시피 7.5)를 사용해 워크플로를 기술하거나, 일반적인 워크플로 진행 상태 리소스를 생성하기 위해 필요한 것은 무엇일까?

솔루션

이 책에서 제시된 다른 많은 솔루션들과 마찬가지로, HTTP 메타데이터 리소스를 사용해 문제를 해결할 수 있다(레시피 5.5, 5.11, 5.12 참조). 이때, 워크플로 작업과 그 작업과 관련된 모든 실행 데이터를 보유하는 워크플로 진행 상태 리소스를 생성할 것이다(워크플로의 작업 및 태스크에 대한 자세한 내용은 레시피 7.1과 7.6 참조).

모든 워크플로 작업은 관련 진행 상태 리소스를 가져야 한다. 이 리소스는 종종 HTTP 헤더에 저장된 correlation-id 값과 같은 jobID를 사용해 작업과 연결될 수 있다. 그 리소스는 작업의 진행 상황 보고나 다른 추적을 위한 수집 지점이 될 수 있다. 작업이 실행됨에 따라 작업의 메타데이터와 그 작업의 각 태스크 메타데이터를 추적해야 한다. 그림 7-3은 워크플로 진행 상황을 보여준다.

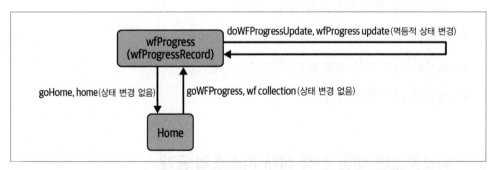

그림 7-3 워크플로 진행 상태

중요 작업 메타데이터는 다음과 같다.

- **jobID**: 작업 리소스에 대한 고유 식별자(때로는 correlation-id)

- **jobURL**: 작업 리소스 도큐먼트에 대한 URL

- **obDescription**: 바로 읽을 수 있는 작업 설명

- **jobDateCreated**: 작업 리소스가 처음 생성된 날짜/시간(UTC)

- **jobDateUpdated**: 작업 리소스가 수정된 날짜/시간(UTC)

- **jobMaxTTL**: 해당 리소스의 최대 유효 시간

중요 태스크 메타데이터는 다음과 같다.

- **taskID** : 이 태스크에 대한 고유 식별자(때로는 request-id)

- **taskDescription**: 바로 읽을 수 있는 태스크의 설명

- **taskStatus**: 태스크 상태(대기, 작업중, 완료, 실패)

- **taskStartDateTime**: 태스크 시작 날짜/시간(UTC)

- **taskStopDateTime**: 태스크가 중지된 날짜/시간(UTC)

- **taskMaxTTL**: 해당 태스크의 최대 유효 시간

- **taskMessage**: 바로 읽을 수 있는 태스크에 관련된 메시지

마지막 항목(taskMessage)은 작업을 완료하기 위한 시도 기록과 같은 진행 상황 보고의 여러 줄을 포함할 수 있다. **taskMessage** 필드에 텍스트 줄을 작성하는 것으로 대부분 모니터링은 충분히 커버된다. 또한 이 필드에 HTTP 요청 세부 정보(URL, 헤더, 본문)와 HTTP 응답 세부 정보(HTTP 상태, 헤더, 본문)를 포함하는 방법도 유용하다.

 진행 상태 리소스의 일부로 HTTP 세부 정보를 포함할 때, 보안 누출을 초래할 수 있다. 이 진행 상태 리소스의 부분을 적절히 권한이 있는 사용자만 읽을 수 있도록 해야 한다.

진행 상태 리소스는 일반적인 미디어 타입(HTML, Collection+JSON, HAL, SIREN, UBER 등) 중 어느 것으로든 표시 형식을 지정할 수 있다. 진행 데이터를 표시할 때, 리소스의 최신성에 대한 API 사용자의 힌트를 제공하기 위해 새로 고침 링크와 캐싱 데이터도 포함해야 한다.

예제

다음은 Collection+JSON 형식의 진행 상태 리소스의 샘플이다.

```
**** REQUEST ****
GET /jobs/q1w2e3r4t5;progress
Accept: application/vnd.collection+json

...


**** RESPONSE ****
200 OK
Content-type: application/vnd.collection+json
Link: <<http://api.example.org/jobs/q1w2e3r4t5;progress>>; rel="refresh"
Cache-control: max-age 10000, public

{"collection" : {
  "title": "Job q1w2e3r4t5 Progress",
  "links": [
    {"rel":"refresh","href":"http://api.example.org/jobs/q1w2e3r4t5;progress"}
  ],
  "items": [
    {"id": "q1w2e3r4t5",
      "type": "job",
      "data": [
        {"name":"jobID", "value":"q1w2e3r4t5"},
        {"name":"jobURL", "value":"http://api.example.org/jobs/q1w2e3r4t5"},
        {"name":"jobDescription", "value":"Employee Onboarding Job"},
        {"name":"jobStatus", "value":"working"},
        {"name":"jobDateCreated", "value":"2024-05-01:13:12:11"},
        {"name":"jobDateUpdated", "value":"2024-05-01:13:15:14"},
        {"name":"jobMaxTTL", "value":"30000"}
      ]
```

```
    },
    {"id": "u8y7t6r5",
      "type": "task",
      "data": [...]
    },
    {"id": "5r4e3w2q",
      "type": "task",
      "data": [...]
    },
    {"id": "p0o9i8u7",
      "type": "task",
      "data": [
        {"name":"taskID", "value":"p0o9i8u7"},
        {"name":"taskURL,
          "value":"http://api.example.org/jobs/q1w2e3r4t5#p0o9i8u7"},
        {"name":"taskDescription, "value":"Credit Check"},
        {"name":"taskStatus, "value":"completed"},
        {"name":"taskStartDateTime, "value":"2024-05-01:13:13:11"},
        {"name":"taskStopDateTime, "value":"2024-05-01:13:14:11"},
        {"name":"taskMaxTTL, "value":"5000"},
        {"name":"taskMessage, "value":"completed successfully."},
      ]
    }
  ]
}}
```

이 예시에서는 각 작업에 대해 기본적인 진행 정보만 공유된다(예: "'{"name":"taskMessage, "value":"completed successfully."},'"). 이렇게 하면 개인 데이터나 다른 지적 재산이 유출돼 보안 위반을 일으킬 가능성을 줄일 수 있다.

작업이 완료되면, 필요에 따라 나중에 검토할 수 있도록 진행 기록을 보관해야 한다.

토론

워크플로 진행 상태 리소스는 태스크 및 작업이 실행될 때 API 호출자에게 추가 피드백을 제공하는 것을 간단한 목표로 삼는다. 이때, 워크플로 진행 상태 리소스를 매우 기본적으로 유지하는 것이 좋다. 지나치게 많은 데이터를 포함하려고 하지 말고, 내부나 개인 프로그래밍 정보를 포함하지 않도록 주의해야 한다. 이는 보안 누출을 초래할 수 있다.

워크플로 진행 상태 리소스는 서비스의 추적 로그로 사용돼서는 안 되며, 어떤 내부 값이나 디버깅 정보도 포함해서는 안 된다. 세부 정보가 필요할 때, 프로그래밍/플랫폼 내부에서 사용할 수 있는 것을 사용하고, 그 정보를 HTTP를 통해 노출하지 말아야 한다.

진행 도큐먼트에 작업을 재시작하거나 롤백을 수행하거나 다른 워크플로 관리 옵션을 실행할 수 있는 여러 링크를 포함하고 싶을 수도 있다. 이는 좋은 방법이 아니다. 코드(레시피 7.3)나 DSL(레시피 7.4)을 사용해 워크플로를 기술하는 경우, 이런 추가 기능은 실행 시간에 충돌과 혼란을 야기할 수 있다.

같이 볼 것

- 레시피 3.3, 게시된 어휘를 통해 도메인 세부 정보 공유하기

- 레시피 4.4, 어휘 프로필을 이해하기 위한 효과적인 클라이언트 만들기

- 레시피 5.5, 클라이언트 응답 설정에 대한 게시 지원

- 레시피 5.10, API 메타데이터의 발행

- 레시피 6.5, 쿼리 응답을 위한 메타데이터 반환

- 레시피 7.14, 쿼리의 저장 기능으로 쿼리 최적화 수행

7.8 관련된 모든 액션의 반환

가용 액션 목록이 매우 길 때가 있다. 단일 응답에서 가용 상태 전환(링크 또는 양식)이 십여 개 이상인 경우도 있다. 각 요청마다 모든 양식을 반환하는 것(기본값이 채워진 상태로)은 매우 비용이 많이 들고 서비스 응답 시간에 영향을 주기도 한다.

모든 가용 상태 전환을 요청 때마다 반환하는 대신, 현재 워크플로나 애플리케이션의 상태와 독립적으로 작동하는 별도의 리소스 응답을 만들 수 있다. 이렇게 하면 응답 페

이로드 크기가 줄어들고, 응답 시간이 빨라지며, 사용 가능한 전환 목록을 최신 상태로 얻는 반복 가능한 방법이 만들어진다.

문제

일부 애플리케이션에서는 어떤 특정 순간에 가능한 상태 전환(또는 링크)의 수가 상당히 많을 때가 있다. 일반적인 워크플로 상호작용(예: 목록의 페이징(레시피 7.11 참조)은 단일 시점에 많은 유효한 가능한 작업을 가질 수 있는데, 여기에는 top, next, previous, last, item, create, refresh, self 등이 포함될 수 있다. 이는 다른 모음으로 전환하거나 다른 관련 활동을 포함하지 않는다(list-users, list-companies, list-reports).

이런 모든 옵션을 모든 응답과 함께 나열하는 것은 지루한 작업이 될 수 있으며 상당한 양의 페이로드 공간을 차지할 수 있다. 필요한 것은 가능한 모든 전환을 별도의 단계(예: 전환!)로 요청하는 표준화된 방법이다. 이렇게 하면 사용 가능한 정보를 줄이지 않고 페이로드 크기를 줄일 수 있다.

솔루션

'응답에 지나치게 많은 링크가 있는' 문제는 애플리케이션에 대해 어떤 특정 시점에서 가용한 모든 작업을 항상 나열하는 별도의 리소스를 제공하는 방법을 사용하면 간단히 해결할 수 있다. 이것은 관련된 IANA의 related 값(https://www.rfc-editor.org/rfc/rfc4287.html#section-4.2.7)을 통해 수행할 수 있다. 이제 서비스 인터페이스는 페이로드 본문에서 유용한 링크를 제공한 다음, 다른 모든 가용한 링크를 별도의 리소스로 제공할 수 있게 설계될 수 있다(예제 참조).

이런 접근 방식은 인터페이스 뒤에 있는 서비스가 관련 리소스의 내용을 조립할 때 다양한 콘텍스트 관련 변수를 고려할 수 있다는 장점이 있다. 여기에는 서비스 뒤의 데이터 상태(지금 데이터가 사용 가능한가?), 애플리케이션 처리 상태(서비스가 유지보수 모드인가?), 클라이언트 애플리케이션의 상태(클라이언트가 일련의 작업 중인가?), 심지어 호출 콘텍스트 정체성(로그인한 사용자가 관리자인가?) 등이 포함될 수 있다.

그림 7-4는 related 링크의 간단한 다이어그램으로 각 응답에 추가할 수 있다. 자세한 내용은 예제를 참조하기 바란다.

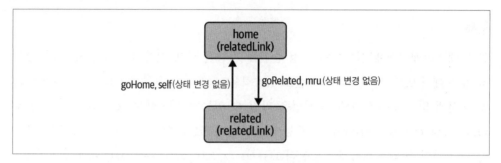

그림 7-4 related 워크플로

예제

응답에 related 링크를 추가함으로써, 기본 응답에서 노출하고 싶지 않은 추가 전환을 '숨길' 수 있다. 예제에서는 self 전환을 항상 응답에 추가한다. 클라이언트가 가능한 모든 작업의 보다 완전한 목록을 얻을 수 있도록 관련 링크도 추가됐다.

```
{
  "collection" : {
    "links": [
      {
        "name": "self",
        "rel" : "home self",
        "href": "https://api.example.org/"
      },
      {"$comment" : "link that points to the list of related actions"},
      {
        "name": "related",
        "rel": "collection",
        "href": "https://api.example/org/related"
      },
      {
        "name": "list",
        "rel": "collection",
        "href": "https://api.example.org/list"
```

```
      }
    ],
    "items": [ ... ],
    "queries": [ ... ],
    "template": { ... }
  }
}
```

 text/uri-list IANA 미디어 타입은 related 링크 목록을 반환하기에 딱 좋은 포맷이다.

클라이언트 애플리케이션이 related 링크를 따르면, 응답은 현재 호출 상황에 대한 가능한 모든 액션의 목록 전부를 반환한다.

```
{
  "collection" : {
    "links": [
      {
        "name": "self",
        "rel" : "related",
        "href": "https://api.example.org/"
      },
      {"$comment" : "list of related available actions"},
      {
        "name": "list",
        "rel": "collection",
        "href": "https://api.example.org/list"
      },
      {
        "name": "filter",
        "rel": "collection",
        "href": "https://api.example.org/filter"
      },
      {
        "name": "create",
        "rel": "collection",
        "href": "https://api.example.org/create-form"
      },
```

```
    {
      "name": "needs-approval",
      "rel": "collection",
      "href": "https://api.example.org/list?status=needs-approval"
    },
    {
      "name": "home",
      "rel": "home",
      "href": "https://api.example.org/"
    }
  ],
  "items": [ ... ],
  "queries": [ ... ],
  "template": { ... }
  }
}
```

두 예제에서 list 링크 관계가 두 목록에 모두 나타난다는 점에 주목하자. 링크가 단 하나의 위치에만 나타날 수 있다는 규칙은 없다. 또한, 관련 리소스의 내용은 시간이 지남에 따라 변할 수 있다. 링크 목록은 서비스, 클라이언트, 사용자 콘텍스트의 현재 상태를 반영할 수 있다.

서비스 인터페이스가 관련 패턴을 지원할 때, 클라이언트 애플리케이션은 서비스 인터페이스 응답에서 처음에 표현되지 않은 링크나 양식을 '검색'하기 위해 쉽게 코딩될 수 있다. 예를 들면 다음과 같다.

```
// get root response and perform checkout
var output = request(apiRootUrl);
var link = output.findLink("checkout");
if (link === null) {
  link = output.findLink("related") {
    if(link !== null) {
      link output.findLink("checkout");
    }
  }
}
if(link !== null) {
  runCheckout(output, stateVariables);
```

```
}
else {
  runUnableToCheckout(output, stateVariables);
}
```

원한다면, 관련 사용을 파사드^{facade2} 뒤에 '숨기는' API 클라이언트 코드를 작성할 수도 있다. 그러면 클라이언트 코드에 필요한 것은 output.findLink("related");를 작성하는 것뿐이며, 코드는 먼저 로컬 응답을 살펴보고 필요한 경우 related 링크를 활성화해 그곳에서 찾을 수 있는지 확인할 수 있다.

토론

레시피 7.8은 클라이언트 애플리케이션에서 링크 찾기를 최적화하는 데 도움을 주는 점에서 레시피 7.9와 유사하다. 사람은 링크를 찾거나 처음부터 자체적으로 만드는 데 능숙하지만, 프로그램은 그렇지 않다. 이 레시피는 인공지능에 의존하지 않고도 프로그램의 단점을 보완하는 방법이다.

어떤 주어진 순간에 가용한 전환이 많을 때 related 레시피를 사용하는 것이 맞다. 인터페이스 디자이너는 모든 가능한 응답에 대한 모든 가능한 전환을 포함할 필요 없이 사용 가능한 응답 세트를 만드는 데 집중할 수 있다. 이렇게 하면 응답에 포함될 링크나 양식에 대한 혼란을 줄일 수 있다.

같이 볼 것

- 레시피 3.5, 임베디드 하이퍼미디어를 통한 런타임에서의 액션 표현

- 레시피 4.9, 응답에서 하이퍼미디어 컨트롤에의 의존

- 레시피 5.4, 내부 기능을 외부 액션처럼 표현하기

- 레시피 6.7, 데이터 쿼리를 위한 미디어 타입 사용

---

2 특정 복잡한 시스템에 대한 간소화된 인터페이스를 제공하는 데 초점을 맞춘 디자인 패턴이다. – 옮긴이

- 레시피 7.9, 가장 최근에 사용된 리소스의 반환

- 레시피 7.14, 쿼리의 저장 기능으로 쿼리 최적화 수행

7.9 가장 최근에 사용된 리소스의 반환

API 사용자에게 응답에 가장 최근에 사용된 링크/양식 목록을 포함함으로써 사용하기 쉽게 만들 수 있다. 이는 프로그래머가 서비스 인터페이스의 일반적인 사용법을 더 잘 이해하게 하고, 개발자가 문제를 해결하기 위해 필요한 일반적인 링크에 쉽게 접근할 수 있게 도와줄 수 있다.

문제

개발자와 설계자가 하이퍼미디어 응답에서 어떤 링크와 양식을 반환할지를 합의하는 것은 쉽지 않다. 설계자는 통상 사용하기 쉽고 유용한 인터페이스를 만들기 위해 시도한다. 이를 위해 보통 일부 사항들은 많이 생략된다. 하지만 개발자와 아키텍트는 '완전성'을 추구하며 각 응답에 가능한 모든 옵션을 포함시키고자 한다(레시피 7.8 참조). 두 가지 옵션을 균형있게 조정하고 여전히 응답에서 유용한 링크를 포함하는 좋은 방법은 무엇일까? 사용자들이 일반적으로 필요로 하는 링크의 종류가 시간이 지나면서 변할 경우에는 어떻게 될까?

솔루션

레시피 7.9는 레시피 7.8과 밀접하게 연결돼 있다. 레시피 7.8은 관련 링크들을 별도의 문서에 저장해 응답을 합리적인 크기로 유지하면서도 가능한 모든 작업에 접근할 수 있는 방법을 제공한다. 그러나 이 방법이 지나치게 사용되면, 대부분의 하이퍼미디어 응답에는 단일 링크(관련 링크)만 포함되며, 이후 모든 클라이언트는 작업을 수행하기 위해 추가적인 HTTP 요청을 해야 한다. 이는 좋은 생각이 아니다. 대신, 가장 최근에 사용된 (Most Recently Used: MRU) 리소스 링크들을 추적하고 이런 링크를 응답에 포함시키는 것이 도움이 될 수 있다.

이 레시피는 레시피 7.8과 함께 사용해 일반적으로 사용되는 응답에 추가 링크를 포함할 수 있다. 서비스 인터페이스는 자주 요청되는 리소스를 추적하고 응답에 그들에 대한 링크를 포함할 수 있는 접근 방식이다. 예를 들어, 클라이언트 애플리케이션이 빈번하게 'list' 리소스에 대한 요청에 이어 add 리소스에 대한 요청을 이어서 할 때는 서비스 인터페이스는 그 패턴을 추적하고 자동으로 add 리소스 링크를 list 리소스 응답의 일부로 포함시킬 수 있다.

이렇게 자주 사용되는 리소스의 추적은 애플리케이션 레벨이나 사용자 레벨에서 수행될 수 있다. 이를 통해 로그인한 사용자의 접근 권한을 포함해 호출 콘텍스트에 대한 MRU 목록을 맞춤 설정할 수 있다.

특정 콘텍스트(서비스 전체 또는 소비자 특정)에 대한 MRU를 추적하는 것은 약간의 작업이 필요하지만 그렇게 복잡하지는 않다. 최근 요청된 리소스의 기록 목록이 필요한 전부다. 각 리소스가 요청될 때마다 해당 링크(URL 및 카운트)는 목록에 배치된다. 리소스 응답을 표현할 때가 되면, 서비스 인터페이스는 MRU 목록을 조회하고(필요한 경우 접근 콘텍스트에 대한 필터링 후), 응답에 가장 최근의 링크를 삽입할 수 있다.

MRU를 반환하면 레시피 7.8에 대한 의존도를 줄일 수 있으며, 새로운 개발자들이 서비스에 대한 가장 일반적인 작업을 배우는 데 도움이 될 수 있다. MRU 목록은 보통 응답에서 일반적인 링크로 제시된다(그림 7-5). 하지만 레시피 7.8의 related 리소스와 유사한 mru 리소스를 만들 수도 있다.

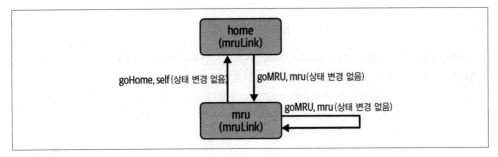

그림 7-5 MRU 워크플로

예제

다음은 MRU 링크("'name'": "'mru'")와 소수의 최근에 사용된 링크(rel가 mru로 설정된 것)를 모두 보여주는 응답 예제(Collection + JSON) 형식이다.

```
{
  "collection" : {
    "links": [
      {
        "name": "self",
        "rel" : "home self",
        "href": "https://api.example.org/"
      },
      {"$comment" : "link that points to the MRU list"},
      {
        "name": "mru",
        "rel": "collection",
        "href": "https://api.example/org/mru"
      },
      {"$comment" : "some MRU links in the response"},
      {
        "name": "list",
        "rel": "mru collection",
        "href": "https://api.example.org/list"
      },
      {
        "name": "pending",
        "rel": "mru collection",
        "href": "https://api.example.org/list?status=pending"
      },
```

```
    {
      "name": "home",
      "rel": "mru home",
      "href": "https://api.example.org/"
    }
  ],
  "items": [ ... ],
  "queries": [ ... ],
  "template": { ... }
  }
}
```

MRU 레시피를 지원하는 서비스는 모든 응답에서 적어도 MRU 링크를 반환해야 한다. 이는 클라이언트에게 추가적인 세부 사항을 얻을 수 있는 위치를 상기시킨다. 응답에서 처음 몇 개의 MRU를 반환하는 것도 유효하다(예시 참조). 포함된 MRU들은 현재 사용자 콘텍스트(예: 현재 로그인한 사용자가 가장 최근에 사용한 링크들)뿐만 아니라 현재 서비스 콘텍스트(예: 이 시점에 유효한 가장 최근에 사용된 링크들)를 반영해야 한다. 가장 최근에 사용된 모든 링크들이 특정 시점에 유효한 것은 아니다. 예를 들어, 서비스에서 데이터 베이스 유지보수가 진행 중일 때 고객 목록을 조회할 수 없을 수도 있다.

토론

가장 최근에 사용된 URL을 추적하는 작업은 고정 길이의 간단한 선입선출^{FIFO} 큐를 생성함으로써 처리될 수 있다(저자는 대부분 3에서 5의 깊이를 사용한다). 요청을 완료한 후에는 URL 값을 큐에 추가하며, 필요하다면 목록이 너무 길어질 때 가장 오래된 '아래쪽'의 URL을 제거한다. 그런 다음 URL 목록을 응답에 반환한다.

이전 요청의 너무 많은 것을 '기억'하려고 하지 말자. 가령, 헤더 정보를 포함하거나 다른 메타데이터로 요청의 '의도'까지 파악하려고 하는 것은 좋은 생각이 아니다. 링크만 유지하고 이들을 반환하면 된다.

MRU 패턴은 API 사용자들이 서비스에 대한 보다 빈번한 호출이 무엇인지 알 수 있도록 도와준다. MRU를 초보 사용자를 위한 일종의 '도움말' 기능으로 생각할 수도 있다. 응답에서 MRU를 켜거나 끌 수 있는 '토글' 옵션을 제공함으로써 이를 구현할 수 있다. 이런 종류의 토글 옵션을 지원하는 레시피는 레시피 5.5를 참조하라.

또한 레시피 5.5를 사용해 각 응답에서 MRU 목록의 길이가 얼마나 돼야 하는지에 대한 변수를 유지할 수 있다. 일반적으로 3에서 5개의 MRU면 충분하다.

MRU 값을 단순 링크로 공유하는 것이 좋다. 이는 서버 측 코드가 이들을 포함하기 위해 해야 하는 작업량을 줄이고 응답의 내용량을 줄인다.

응답에서 MRU를 렌더링할 때, API 사용자에게 일반적인 링크 관계값(mru), 응답의 블록 (<div id="mru">...</div>)이나 응답 형식에 자주 사용되는 다른 방법을 사용해 목록을 식별함으로써 작업을 쉽게 만들 수 있다.

HTTP 헤더에서 MRU 값을 반환하는 것(링크 요소를 사용하는 것)은 좋은 생각이 아니다. MRU 목록은 길어질 수 있으며 메시지 본문에서 렌더링하는 것이 가장 좋다. 대안으로, 독립적인 MRU 목록을 가리키는 단일 링크 요소를 포함할 수 있다.

```
**** REQUEST ****
GET /users/list HTTP/1.1
Host: api.company.org
Accept: application/vnd.siren
Authentication: BASIC o9eir8tu5ry6362yeir...

**** RESPONSE ****
200 OK HTTP/1.1
Content-Type: application/vnd.siren
Link: <https://company.org/users/mru>;rel="mru"
...
```

서비스가 사용자 정보를 지원할 때, 사용자 정보별로 MRU를 추적하는 기능도 구축할 수 있다. 이것은 응답 목록에 또 다른 수준의 맞춤 설정을 추가한다.

실제로 자주 사용되는 URL을 추적하고 싶지 않더라도, 홈 URL이나 모음 목록 URL 등과 같이 유용할 가능성이 높은 URL을 반환하기 위해 MRU 레시피를 사용할 수 있다.

같이 볼 것

- 레시피 3.5, 임베디드 하이퍼미디어를 통한 런타임에서의 액션 표현

- 레시피 4.9, 응답에서 하이퍼미디어 컨트롤에의 의존

- 레시피 5.4, 내부 기능을 외부 액션처럼 표현하기

- 레시피 6.7, 데이터 쿼리를 위한 미디어 타입 사용

- 레시피 7.8, 관련된 모든 액션의 반환

- 레시피 7.14, 쿼리의 저장 기능으로 쿼리 최적화 수행

7.10 '워크 인 프로그레스' 상태 유지 작업 지원

API 사용자로부터 상당량의 데이터를 수집해야 할 때, 단일 양식 리소스로는 충분하지 않다. 이때는, 데이터 수집 및 검토를 위한 관련 단계의 집합으로 처리하는 방법이 유용하다. 레시피 7.10은 데이터를 수집하고 최종 결과를 제출하기 위한 워크 인 프로그레스^{WIP, Work-In-Progress} 패턴을 제공한다.

문제

어떻게 관련된 작은 부분들로부터 대량의 데이터를 수집한 후, 수집된 결과를 한 번에 제출할 수 있을까? 여러 사람들이 같은 자원을 채우는 데이터 모음에는 어떤 것들이 포함되나? 다른 당사자들로부터 데이터를 기다리는 데 시간이 오래 걸릴 것으로 예상될 때, 수집 과정은 어떻게 되나?

솔루션

워크 인 프로그레스 레시피는 데이터 수집을 검토하고 처리를 위해 제출하기 전에 시간을 두고 많은 양의 데이터를 수집하는 방법이다. WIP 접근 방식을 통해 지속적인 '작업 도큐먼트'를 정의하고, 하나 이상의 상호작용을 통해 서비스에 제출하기에 충분한 양의 데이터를 모을 때까지 입력을 계속 수집할 수 있다.

또한 WIP 레시피를 사용해 여러 도큐먼트 스트림을 동시에 관리할 수 있다. 가령, 고객을 신용 구매 승인과 같은 작업을 완료하기 위해 두세 개의 WIP 도큐먼트를 시작할 필요가 있다.

다음은 WIP 레시피에서의 액션 목록이다.

- `listWIP`: WIP 목록 리소스로 이동

- `filterWIP`: WIP 레코드 목록 필터

- `createWIP`: 새로운 WIP 리소스 생성

- `readWIP`: 단일 WIP 리소스 읽기

- `updateWIP`: 기존 단일 WIP 리소스의 업데이트

- `cancelWIP`: 기존 WIP 리소스의 삭제

- `shareWIP`: 기존 WIP 리소스의 공유, 저장

- `submitWIP`: 완료된 WIP 리소스(마지막 버전) 제출

두 가지 액션(`listWIP` 및 `filterWIP`)은 WIP 도큐먼트의 목록 관리에 유용하다. 다음 액션은 단일 WIP 도큐먼트의 작업을 처리한다(`createWIP`, read WIP, `updateWIP`, `cancelWIP`). `shareWIP`는 문서를 다른 사용자 또는 프로그램에 전송해 처리할 수 있는 옵션을 제공하고, `submitWIP`는 완성된 WIP 도큐먼트를 처리하기 위해 제출한다.

 보통 레시피 7.10은 input 데이터의 수집과 관련된 레시피 7.12와 같이 사용된다.

그림 7-6은 WIP 워크플로를 나타낸다.

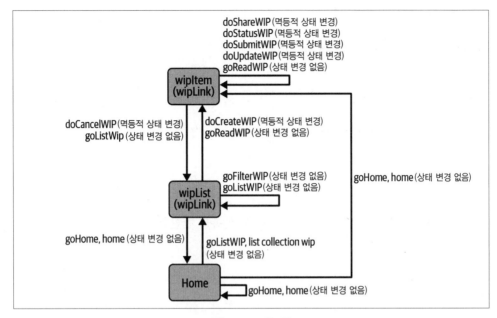

그림 7-6 WIP 워크플로

직원 온보딩의 예를 들어보자. 이는 여러 당사자로부터 많은 데이터 입력을 필요로 하며, 승인이나 다른 데이터 입력을 기다려야 할 가능성도 있으며, 이런 데이터가 하루나 이틀 후에 도착할 수도 있다. 이 과정을 처리하기 위해 WIP 도큐먼트를 사용할 수 있다. 직원 데이터 수집, 인사 부서 인터뷰로부터의 입력, 제3자로부터의 배경 조사 결과, 고용 계약에 대한 세부 사항 등이 필요할 수 있다. WIP 레시피를 사용해 결국 모든 입력을 포함할 작업 도큐먼트를 시작하고, 데이터가 준비됐을 때 조직의 다양한 당사자와 공유해 편집이 가능하다. 결국 적절한 권한이 있는 누군가가 최종 처리를 위해 완성된 데이터를 제출할 수 있다.

예제

다음은 직원 온보딩 시나리오를 통한 작업의 예제다.

```
**** REQUEST ****
GET /onboarding/
Accept: application/vnd.siren+json
```

```
**** RESPONSE ****
200 OK
Content-Type: application/vnd.siren+json

{
  "title" : "Onboarding",
  "links" : [
    {"rel" : ["listwip"], "href" : "/onboarding/wip/"}
    ...
  ]
}
```

listwip 링크로 현재 진행 중인 WIP 도큐먼트 목록을 반환한다.

```
**** REQUEST ****
GET /onboarding/wip
Accept: application/vnd.siren+json

**** RESPONSE ****
200 OK
Content-Type: application/vnd.siren+json

{
  "title" : "Onboarding WIP List",
  "links" : [
    {"rel" : ["self", "listwip"], "href" : "/onboarding/wip/"},
    {"rel" : ["home"], "href" : "/onboarding/"},
    ...
  ],
  "actions" : [
    {
      "name" : "createwip",
      "method" : "PUT",
      "href" : "/onboarding/wip/p0o9i8",
      "fields" : [
        {"name" : "dateCreated", "value" : "2024-MAY-30"},
        {"name" : "wipowner", "value" : "Mandy Mayberry"}
      ]
    }
    ...
  ]
}
```

createwip 양식은 생성된 날짜/시간과 문서를 생성한 사용자와 같은 기본 데이터를 수집하고, 데이터 수집을 위한 인터페이스를 제시할 수 있다. 이는 다음과 같은 모습일 수 있다.

```
**** REQUEST ****
GET /onboarding/wip/p0o9i8
Accept: application/vnd.siren+json

**** RESPONSE ****
200 OK
Content-Type: application/vnd.siren+json

{
  "title" : "Onboarding Mick Mickelsen",
  "links" : [
    {"rel" : ["self", "listwip"], "href" : "/onboarding/wip/"},
    {"rel" : ["home"], "href" : "/onboarding/"},
    {"rel" : ["employee"], "href" : "/onboarding/wip/p0o9i8/employee"},
    {"rel" : ["interviews"], "href" : "/onboarding/wip/p0o9i8/interviews"},
    {"rel" : ["background"], "href" : "/onboarding/wip/p0o9i8/background"},
    {"rel" : ["contract"], "href" : "/onboarding/wip/p0o9i8/contract"},
    ...
  ],
  "actions" : [
    {
      "name" : "cancelwip",
      "method" : "DELETE",
      "href" : "/onboarding/wip/p0o9i8",
    },
    {
      "name" : "updatewip",
      "method" : "PUT",
      "href" : "/onboarding/wip/p0o9i8",
      "fields" : [
        {"name" : "status", "value" : "working"},
        ...
      ]
    },
    {
```

```
      "name" : "submitwip",
      "method" : "PUT",
      "href" : "/onboarding/wip/p0o9i8",
      "fields" : [
        {"name" : "status", "value" : "submitted"}
      ]
    }
    ...
  ]
}
```

응답의 본문에는 원래 WIP 액션(cancel, submit, update)이 문서의 링크 섹션에는 프로세스를 완료하기 위한 여러 하위 단계가 포함돼 있다는 것에 주목하라. 일반적으로 각 단계(직원, 인터뷰 등)는 updateWIP 액션을 직접 지원하는 입력을 위한 양식을 포함한다. 이 방식으로, 각 단계는 해당 WIP 도큐먼트의 공유 상태를 업데이트하는 리소스로 표현된다.

레시피 7.10에는 파생과 구현 옵션이 많다. 레시피를 활용하는 방법에 힌트를 얻으려면 '토론' 절을 확인하기 바란다.

어떤 때는 작업이 다른 당사자에 의해 처리돼야 하며, 이는 WIP 도큐먼트를 공유하는 것을 의미할 수 있다. 이를 위해 shareWIP 액션을 사용할 수 있다. 구현 방식에 따라, WIP 도큐먼트의 '소유자' 속성을 변경해 새로운 사용자의 처리할 항목 목록에 나타나게 할 수도 있다. 또는 누군가에게 필요한 입력을 완료하기 위한 링크를 따라가도록 요청하는 이메일을 생성할 수 있다. 심지어 다른 시스템을 위한 새로운 리소스(예: 작업 티켓 등)를 생성하고 추가적인 워크플로를 사용해 이 WIP 도큐먼트에 새로운 데이터를 통합할 수도 있다.

결국 누군가는 cancelWIP나 submitWIP 액션을 선택해야 한다. 이 작업이 완료되면, 문서는 처리를 위해 대기열에 올라갈 수 있거나(레시피 7.15 참조) 취소될 수 있다.

토론

WIP 레시피는 파생을 많이 갖고 있지만, 그림 7-6에서 제공하는 힌트는 별로 없다. 여기서 소개한 버전은 최소한의 요소만을 갖고 있으며, 앞서 언급된 다른 레시피로 이 레시피를 보충해야 한다.

WIP 도큐먼트에 대한 필드 제출을 너무 복잡하게 만들어서는 안 된다. 지나치게 많은 의존 필드나 함께 제출돼야 하는 필드가 있다면, WIP 워크플로를 이해하기 어렵고, 예측하기 힘들며, 디버깅하기 어려운 복잡한 상태로 만들 수 있기 때문이다. 대신, 서비스가 각 updateWIP 액션에 대해 입력 조합(또는 한 번에 하나의 입력)을 수락하도록 해야 한다. API 사용자가 입력을 완료했으며 입력 검토를 원한다는 신호로 submitWIP 액션을 사용할 수 있다.

복잡하지 않게 여러 단계의 워크플로를 만들기 위해 WIP 도큐먼트들을 연결하는 것은 까다로울 수 있지만 가능하다. 앞의 예를 사용하면, 각 수집 단계(employee, interview 등)로의 링크는 다른 WIP 도큐먼트(예: interviewsWIP)로 연결될 수 있다. 그리고 그것은 다른 것으로 계속 연결될 수 있다. 이 방법을 통해, WIP 레시피를 사용해 사람 중심의 가변적인 워크플로 시스템을 구현할 수 있다.

 좀 더 정교한 프로그램 주도 워크플로를 만들고 싶다면, 레시피 7.6과 레시피 7.15에서 접근법을 통해 '헤드리스'나 자동화된 다중 스텝 플로에 대한 접근법을 찾아보기 바란다.

완료된(또는 중단된) WIP 도큐먼트를 앞으로의 참조를 위해 보관하는 것도 좋다. 다시 말하면, 향후에 WIP 도큐먼트를 재사용하는 기능을 추가하는 것도 고려할 수 있다. 재사용 패턴을 구현하는 방법에 대한 힌트는 레시피 7.14에 있다.

WIP 모델은 고객 서비스, 지원 등을 위한 '티켓 시스템'을 구현하기 위한 좋은 방법이다. 각 데이터 세트를 다른 입력 자원으로 만들 수 있으며, 도큐먼트의 상태(예: 아직 누락된 필드)에 따라 WIP 공유 과정(shareWIP을 통해)을 표시하고 자동화할 수 있다. 다시 말하면, 데이터를 제출할 때마다(updateWIP을 통해) 서비스에 일종의 검사 로직을 설정하는 것이다.

```
var wipDocument = parseUpdateRequestBody();

if(wipDocument.onboardingStatus = "needs background check") {
  wipDocument.assignedTo = "Moira";
  writeStoredItem(wipDocument);
}
...
```

각 WIP 도큐먼트의 데이터 포인트를 사용하면, 미해결 문서를 필터링(filterWIP를 통해)하는 데 도움이 될 수 있다. 예를 들어, assignedTo, dueDate 등과 같은 메타데이터 필드를 추가하고, 이런 필드를 기반으로 전체 목록을 자동으로 필터링할 수도 있다. 이 방법을 통해 API 사용자가 작업할 수 있는 맞춤형 할 일 목록을 만들기도 한다.

레시피를 쉽게 구현하려면 요청된 모든 필드를 포함한 단일 WIP 도큐먼트를 반환하는 방법이 있다. 이는 수십 개의 입력이 포함될 수 있다. 프로그램으로 구동될 때, 특히 데이터를 수집하기 위해 레시피 7.12를 사용할 때는 전혀 문제가 되지 않는다. 심지어 사람의 UI에 단일 문서 접근 방식을 사용할 수도 있는데, 입력을 일종의 '탭' 인터페이스로 만드는 것도 그 예다(그림 7-7 참조).

```html
<html>
<head><title>Onboarding Mick Mickelsen</title></head>
<body>

  <div id="wip-actions">
    <a rel="cancelWIP" href="...">Cancel</a>
    <a rel="updateWIP" href="...">Update</a>
    <a rel="submitWIP" href="...">Submit</a>
  </div>
  <div> id="wip-inputs">
    <form name="employee" ... >
      <submit name="updateWIP" />
      <input name="field1" ... />
      <input name="field20" ... />
    </form>
    <form name="interviews">
      <submit name="updateWIP" />
      <input name="field21" ... />
```

```
      <input name="field37" ... />
    </form>
    <!-- other forms go here -->
  </div>
</body>
```

예제에서, 수집된 각 입력 세트는 언제든지 WIP 엔진에 제출할 수 있는 HTML 양식 요소에 포함된다. 이는 그림 7-7에서처럼 바로 보고 이해하도록 렌더링될 수 있다.

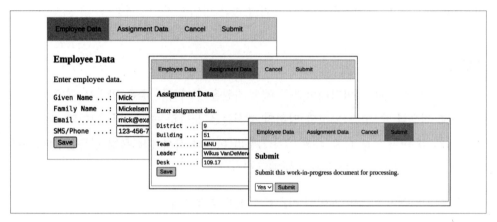

그림 7-7 바로 보고 이해되는 WIP 패턴을 위한 HTML 인터페이스

같이 볼 것

- 레시피 3.5, 임베디드 하이퍼미디어를 통한 런타임에서의 액션 표현

- 레시피 4.9, 응답에서 하이퍼미디어 컨트롤에의 의존

- 레시피 5.4, 내부 기능을 외부 액션처럼 표현하기

- 레시피 6.4, HTTP URL을 활용한 Contains 및 AND 쿼리

- 레시피 7.11, 표준 목록 탐색 사용

- 레시피 7.12, 부분 양식 제출 지원

- 레시피 7.14, 쿼리의 저장 기능으로 쿼리 최적화 수행

7.11 표준 목록 탐색 사용

대부분의 서비스 인터페이스는 '다음 페이지'를 가져오거나 목록에서 항목을 선택하는 등의 목록 탐색 옵션을 지원해야 한다. 레시피 7.11은 공유된 리소스 목록에 적용할 수 있는 간단한 패턴을 제공한다.

문제

긴 데이터 리스트의 페이징을 지원하는 가장 좋은 방법은 무엇일까?

솔루션

서비스 인터페이스에 페이지네이션^{pagination} 지원을 추가하는 좋은 방법은 어떤 리소스 목록에도 적용할 수 있는 고정된 일련의 액션들을 노출하는 것이다. 일련의 액션들은 목록 탐색 행동(첫 번째, 이전, 다음, 마지막)뿐만 아니라 목록에서 특정 항목을 선택하거나 목록 탐색을 종료하는 행동을 포함해야 한다.

여러분이 지원해야 할 내비게이션 리스트 액션은 다음과 같다.

- List: 리스트로 돌아가기(보통 리스트의 시작으로 돌아감)

- Fitst: 리스트의 첫 페이지로 이동

- Previous: 리스트에서 이전 페이지로 이동

- Next: 리스트에서 다음 페이지로 이동

- Last: 리스트에서 마지막 페이지로 이동

- Select: 리스트에서 아이템을 선택

- Exit: 내비게이션을 종료

- Home: 'Home' 리소스로 이동(리스트 종료)

일반적인 접근 방식은 도큐먼트에 rel="list" 또는 rel="collection"과 같은 링크를 제공해 탐색 과정을 '시작'하는 것이다. 반환된 리소스에는 이전 목록의 다른 액션들을 지원하는 링크들이 포함돼 있으며, 여기에는 rel="exit" 또는 rel="home"을 통해 목록에서 빠져나갈 수 있는 기능도 포함한다. 두 가지를 모두 지원할 필요는 없지만, 일부 상태를 삭제하고 rel="exit"을 사용할 수 있을 때가 있기도 하다.

rel="select" 액션은 API 사용자가 그 링크를 사용해 단일 항목 리소스로 탐색할 수 있게 한다. 이는 목록의 모든 항목이 읽기만을 지원하지 않을 때 유용하다. 예를 들어, 설정값 목록처럼 말이다.

레시피 7.11은 레시피 6.4와 결합해 필터링된 목록을 생성하는 지원을 추가할 수 있다. 또한 레시피 7.12를 사용해 목록에 리소스를 편집하거나 추가하는 것을 지원할 수 있다. 그림 7-8은 목록 탐색 워크플로를 보여준다.

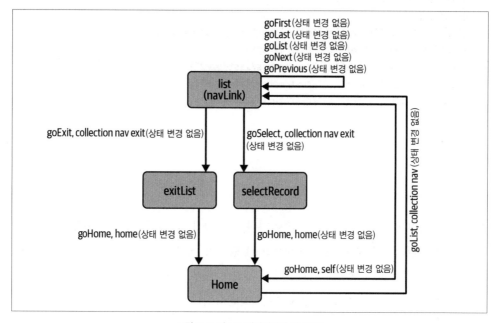

그림 7-8 리스트 내비게이션 워크플로

예제

일반적으로 여러분은 주로 다음과 같이 리스트 내비게이션을 제공하는 리소스를 봤을 것이다.

```
{"collection" : {
  "title" : "Manage Customers",
  "links" : [
    {"rel" : "home self", "href" : "/customers/"},
    {"rel" : "list collection", "href" : "/customers/list"}
  ]
}}
```

list 링크의 활성화 후 수행 액션과 함께 list 리소스를 반환한다.

```
{"collection" : {
  "title" : "Customer List",
  "links" : [
    {"rel" : "self list collection", "href" : "/customers/list"},
    {"rel" : "home", "href" : "/customers/"},
    {"rel" : "first", "href" : "/customers/list/q1w2"},
    {"rel" : "next", "href" : "/customers/list/t5y6"},
    {"rel" : "exit", "href" : "/customers/p0o9"}
  ],
  "items" : [
  ...
  ]
}}
```

예시에서, 이것이 목록의 '첫 번째' 페이지라고 가정할 수 있다. 목록의 시작 전으로 탐색할 방법이 없기 때문에 여기서는 previous 링크가 제공되지 않는다는 점에 주목하자. last 링크도 빠져 있다. last 링크 누락은 목록이 매우 길어서(수천 개의 레코드) 모음의 마지막 페이지를 쉽게 계산할 수 없을 때는 일반적이다.

first와 next의 href 값이 의미론적인 내용이 아니라는 것(예: page1, page2 등)도 알 수 있을 것이다. 사람들이 쉽게 읽을 수 있는 링크 문자열을 제공할 필요는 없다. 탐색을 위한 링크값에 대한 자세한 내용은 '토론' 섹션에서 확인하라.

여기의 exit 링크는 탐색을 종료하고 일부 수집된 상태 데이터를 잃을 수 있음을 확인하는 임시 리소스를 가리킬 수 있다. 이는 목록을 생성하는 것이 비용이 많이 들고, 종료한다는 것은 그 모든 작업을 버리는 것을 의미하기 때문에 흔한 경우다. exit 링크는 또한 API 사용자가 축적된 상태 데이터(예: 선택된 레코드 목록, 마지막으로 읽은 것 등)를 저장하거나 수집하거나 다른 방식으로 활용할 수 있는 리소스를 가리킬 수도 있다.

리스트의 끝에 도달하면 반환될 수 있는 리소스는 다음과 같다.

```
{"collection" : {
  "title" : "Customer List",
  "links" : [
    {"rel" : "self list collection", "href" : "/customers/list/ht5r"},
    {"rel" : "home", "href" : "/customers/"},
    {"rel" : "first", "href" : "/customers/list/q1w2"},
    {"rel" : "previous", "href" : "/customers/list/t5y6"},
    {"rel" : "exit", "href" : "/customers/p0o9"}
  ],
  "items" : [
  ... ]
}}
```

먼저, next나 last 액션에 대한 링크가 없음을 주목하라. 당연하지 않겠는가?

내비게이션이 목록에서 개별 자원을 선택하거나 보는 것을 지원한다면, select 링크 식별자를 사용할 수 있다.

```
{"collection" : {
  "title" : "Customer List",
  "links" : [
    {"rel" : "self list collection", "href" : "/customers/list/ht5r"},
    {"rel" : "home", "href" : "/customers/"},
    {"rel" : "first", "href" : "/customers/list/q1w2"},
    {"rel" : "previous", "href" : "/customers/list/t5y6"},
    {"rel" : "next", "href" : "/customers/list/r4e3"},
    {"rel" : "exit", "href" : "/customers/p0o9"}
  ],
  "items" : [
    { "href" : "/customers/aq1sw2de3",
```

```
    "data" : [
    ...
    ],
    "links" : [
       {"rel" : "select item", "href" : "/customers/aq1sw2de3"}
    },
    ...
  ]
}}
```

토론

목록을 지원하는 것은 처음에는 간단해 보인다. 목록이 작을 때는 말이다. 하지만 목록이 커지기 시작하면 비용이 급격히 증가한다. 처음부터 목록에 수천 명의 멤버가 있다고 가정하고 그에 맞게 구현하는 것이 좋다. 목록 내용에 쉽게 접근하거나 필터링하거나 표시할 수 있다고 가정하지 말자. 목록 요청에 대한 응답에 들어가는 비용을 최소화하려고 최선을 다하라. 그러면 많은 문제를 피할 수 있다.

API 사용자가 각 페이지의 데이터 목록(예: 50, 100)을 제어할 수 있도록 메타데이터 컨트롤을 제공하고 싶을 것이다. 이를 처리하기 위해 클라이언트 설정(레시피 5.5 참조)을 사용할 수 있다. 페이지 크기에 대한 기본값을 항상 설정하는 것도 중요하다. 목록에서 각각 반환되는 리소스의 목록에 따라 권장되는 값이 다르다. 보통 50이 좋은 시작점이다.

목록에서 리소스를 반환할 때, 완전한 리소스를 포함할 필요는 없다. 요약 데이터, 일반적으로 사용되는 필드, 자세한 보기 링크(select 링크를 통해)와 같은 기본 정보만 반환하는 것이 때로는 이익이다.

list 리소스를 생성하는 것은 비용이 많이 들 수 있다는 점을 명심하라. 예를 들어, 네트워크에 연결된 모든 컴퓨터를 나열하는 것은 긴 과정이 될 수 있다. 이때, 하나의 페이지를 완성하기에 충분한 부분적인 목록을 계산하고, API 사용자가 다른 페이지를 요청할 때만 그 다음 페이지를 계산한다.

API 사용자가 목록에서 '11페이지로 이동'할 수 있도록 탐색을 지원하는 것이 좋은 생각같지만, 구현 시 이는 비용이 많이 드는 요청이다. 이는 이미 전체 목록의 내용을 알고 있다고 가정하는 것이기 때문이다. 실시간 채팅방의 모든 사용자를 나열하는 경우, 그 멤버십은 자주 변경될 가능성이 높다. 목록이 고정돼 있더라도, 목록이 매우 길다면(수천 개 항목), 600쪽 중 133쪽으로 탐색하기 위해 중요한 실행 시간 리소스를 소비해야 할 수 있다.

검색 기능을 추가해 목록 내비게이션을 개선할 수 있다(레시피 6.4 참조). 그러나 필터링된 데이터 목록을 탐색하는 것은 쉽지 않다. 이 옵션을 제공한다면, 필터 모음의 단일 스냅샷을 내부적으로 생성해 메모리에 저장하고, 이 메모리의 목록을 탐색의 원천으로 사용하는 것이 합리적일 수 있다. 물론, 데이터의 첫 페이지를 제공하기 전에 완전한 필터링된 모음을 생성하는 비용이 필요하다.

같이 볼 것

- 레시피 3.5, 임베디드 하이퍼미디어를 통한 런타임에서의 액션 표현
- 레시피 4.9, 응답에서 하이퍼미디어 컨트롤에의 의존
- 레시피 5.4, 내부 기능을 외부 액션처럼 표현하기
- 레시피 6.6, 데이터 중심 쿼리를 위한 HTTP 200 VS HTTP 400
- 레시피 6.7, 데이터 쿼리를 위한 미디어 타입 사용
- 레시피 7.9, 가장 최근에 사용된 리소스의 반환
- 레시피 7.13, 상태 감시를 사용한 클라이언트 중심 워크플로 활성화

7.12 부분 양식 제출 지원

입력 양식은 모든 하이퍼미디어 기반 시스템의 핵심 엘리먼트이지만, 특히 프로그램이나 자동화된 프로세스에는 탐색하기 까다로울 수 있다. 이 레시피는 거부된 입력이나 런타임이 발생할 가능성을 줄이는 간단하고 표준적인 방법을 제공한다. 레시피 7.12는 사용자 경험[UX]의 선구자인 도널드 노먼이 말한 '사용자의 각 행동을 올바른 방향으로의 한 걸음으로 생각하라'는 말에 영감을 받았다.

문제

입력 양식, 특히 복잡한 양식은 사용자가 제대로 완료하기 어렵다. 특히 사용자가 사람이 아닌 프로그램일 때 더욱 그렇다. 의존적인 드롭다운 목록, 자세한 클라이언트 측 검증, 긴 입력 목록과 같은 기능들은 서버에서 제출이 거부될 가능성을 높인다. 어떻게 탐색하기 쉽고 성공적으로 완료될 가능성이 더 높은 입력 양식을 설계하고 구현할 수 있을까? 어떻게 입력 양식을 더 '프로그램 친화적'으로 만들 수 있을까?

솔루션

부분 양식 제출^{PFS, Partial Form Submit} 레시피를 지원함으로써 입력 양식을 크게 개선할 수 있다. PFS의 개념은 양식이 아직 완료되지 않았더라도 서버에 제출될 수 있다는 것이다. 이를 통해 클라이언트 애플리케이션은 양식의 일부만 채워 서버에 저장한 후, 나중에 더 많은 입력을 추가할 수 있다. 모든 입력이 채워지면, 클라이언트 애플리케이션은 '최종 제출'을 실행할 수 있다. 이는 모든 입력이 완료됐음을 서비스에 알리고, 서비스가 입력 후 처리를 수행하도록 신호를 보낸다는 것을 의미한다.

 레시피 7.11은 워크 인 프로그레스 레시피와 관련이 있다(레시피 7.10 참조). 하지만 이 레시피는 장시간(예: 몇 시간/며칠)에 걸쳐 진행되는 다중 페이지 입력 과정을 지원하지는 않는다.

PFS 레시피는 프로그램 구동 클라이언트 애플리케이션에 특히 유용하다. 이들은 한 번에 하나의 입력 필드를 제출하고 서버에 그 입력을 검증하고 저장하도록 요청할 수 있다. 이는 프로그램 구동 클라이언트가 검증 오류를 수정하기 훨씬 간단하게 만든다. PFS를 구현한다는 것은 입력을 모으는 입력 양식과 제출 옵션 모음을 반환하는 것을 의미한다. 여기에는 다음이 포함된다.

- `partialSubmit`: 양식을 제출하고 입력을 잠시 멈춘다. 아직 작업 완료는 아니다.

- `resetSubmit`: 모든 입력을 초기화시켜 처음부터 다시 시작할 수 있다.

- `refreshSubmit`: 양식의 현재 상태를 반환한다(제공된 모든 입력 포함).

- cancelSubmit: 입력 프로세스를 완전히 취소하고 모든 입력을 초기화한다.

- finalSubmit: 클라이언트 애플리케이션측에서 입력이 완료됐고 이를 최종 처리를 위해 제출한다.

각 입력이 제출될 때(partialSubmit 통해), 서비스는 유효한 내용을 포함하고 있는지 확인할 수 있다. 유효하다면, 서버는 입력을 저장해야 하고, 그런 다음 채워진 값을 포함해 남아 있는 빈 입력이 있는 업데이트된 양식을 클라이언트 애플리케이션에 반환해야한다. 이 과정은 클라이언트 애플리케이션이 취소 제출 또는 최종 제출을 선택할 때까지 계속된다. 언제든지, 클라이언트 애플리케이션은 양식을 초기화하고 처음부터 과정을 다시 시작하기 위해 재설정 제출을 사용할 수도 있다.

그림 7-9는 PFS의 흐름도를 보여준다.

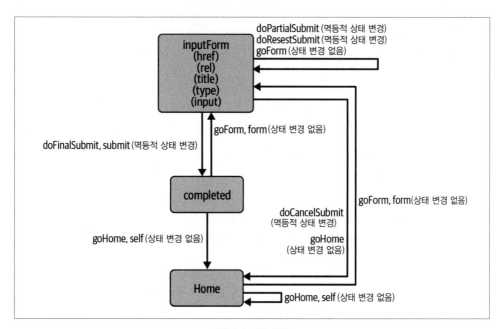

그림 7-9 PFS 흐름도

예제

다음과 같은 HTML 입력 폼을 생각해보자.

```
<form name="search-users" action="/users/filter" method="GET">
  <select name="type">
    <option>customer</option>
    <option>prospect</option>
  </select>
  <select name="region">
    <option>west</option>
    <option>south</option>
  </select>
  <input type="text" name="name" />
  <input type="text" name="salesRep" />
  <input type="submit" name="submit" value="partialSubmit" />
  <input type="submit" name="submit" value="refreshSubmit" />
  <input type="submit" name="submit" value="resetSubmit" />
  <input type="submit" name="submit" value="cancelSubmit" />
  <input type="submit" name="submit" value="finalSubmit" />
</form>
```

이제, '고객'으로 설정된 유형과 'Mork'가 포함된 **salesRep** 값을 가진 모든 기록을 찾는 자율적인 봇을 작성했다고 가정해보자. 이 봇은 상당히 간단하며, 최종 제출 작업을 실행하기 전에 한 번에 하나씩 값을 채운다. 따라서 우리 봇은 다음과 같은 세 개의 HTTP 요청을 할 것이다.

```
GET /users/filter?type=customer&submit=partialSubmit
GET /users/filter/?salesRep=Mork&submit=partialSubmit
GET /users/filter/?submit=finalSubmit
```

각 입력이 개별적으로 전송됨에 따라, 서비스 인터페이스는 검증을 수행하고 피드백을 제공할 수 있다. 예를 들어, 봇이 첫 입력으로 **type=friend**를 보내려고 시도했다면, 서비스는 HTTP 400 상태 응답을 보내 클라이언트가 문제를 해결하고 다시 시도할 수 있도록 할 수 있다(양식을 다시 로드하기 위해 refreshSubmit을 사용한다).

PFS 레시피는 최종 제출 작업을 실행하기 위해 모든 입력이 필요하다고 가정하지 않는다는 점에 유의하자. 또한, 최종 제출이 전송된 후에도, 서비스 인터페이스는 수정 조치가 필요한 400 HTTP 상태로 결과를 반환할 수 있는 검증을 수행할 수 있다.

토론

레시피 7.12의 핵심은 모든 종류의 사용자가 서버에 데이터를 제출하기 쉽게 만드는 것이다. '내 데이터 저장'을 '제출 처리'와 분리함으로써, 상호작용을 단순화하고 입력 오류를 수정하기 쉽게 만들 수 있다. 자동화된 클라이언트를 사용해 데이터를 제출할 때이는 특히 유용하다.

이 레시피는 실제로 '의존적 입력 검증'이 필요한 입력 양식을 만들기 더 어렵게 만든다. 예를 들어, 'inputA에서 customer를 선택하면 inputB에는 어떤 값도 채우지 말아야한다'는 규칙을 지원하기 어렵다. 이때, 서버에서 최종 제출 작업을 사용해 이런 의존성을 검증하고 문제 해결을 위한 힌트가 있는 오류 메시지를 반환하는 방식으로 대응해야한다. 하지만 가능한 한 이때를 피하는 게 좋다. 자동화된 클라이언트가 해결하기 매우어려울 수 있기 때문이다.

서버가 더 많은 입력이 채워진 양식을 매번 반환하기 때문에, 클라이언트 애플리케이션은 이미 제출된 필드의 값을 수정할 수도 있다. 이는 놀라운 기능이며, 특히 사용자가 입력 과정 중에 이전의 실수를 인식할 수 있어 유용하다.

같이 볼 것

- 레시피 3.5, 임베디드 하이퍼미디어를 통한 런타임에서의 액션 표현
- 레시피 4.9, 응답에서 하이퍼미디어 컨트롤에의 의존
- 레시피 4.10, 비하이퍼미디어 서비스를 위한 링크와 폼의 지원
- 레시피 5.4, 내부 기능을 외부 액션처럼 표현하기
- 레시피 6.7, 데이터 쿼리를 위한 미디어 타입 사용

- 레시피 7.9, 가장 최근에 사용된 리소스의 반환

- 레시피 7.10, '워크 인 프로그레스' 상태 유지 작업 지원

- 레시피 7.15, '202 Allowed'를 사용한 미완료 작업에 대한 동기식 회신

7.13 상태 감시를 사용한 클라이언트 중심 워크플로 활성화

대부분의 워크플로 서비스 레시피는 서비스가 코드(레시피 7.3), DSL(레시피 7.4), 도큐 먼트(레시피 7.5)를 통해 최종 목표를 알고 있는 경우에 중점을 둔다. 하지만 서버가 API 클라이언트가 염두에 둔 목표를 모를 때도 있다. 이때, 레시피 7.13을 사용해 클라이언 트만이 최종 목표를 알고 있고 서비스는 해당 클라이언트가 목표 도달 여부를 결정하는 데 도움이 되는 정보를 제공하는 서비스 워크플로를 생성할 수 있다.

문제

클라이언트 응용 프로그램이 원하는 최종 상태를 알고 있고 서비스는 그렇지 않을 때가 있다. 이때, 클라이언트(API 사용자)의 요구를 충족시키기 위해 워크플로를 어떻게 설계 해야 할까? 클라이언트 주도 목표는 언제 적용될 수 있을까? 클라이언트 애플리케이션 이 '워크플로를 주도'하도록 허용할 때 발생하는 문제는 무엇이 있을까?

솔루션

클라이언트 주도 워크플로 문제의 해결책은 레시피 4.16에서 먼저 언급됐는데, 정의된 최종 목표[DEGs, Defined End Goals]와 정의된 상태 목표[DSGs, Definded State Goals]를 설명했다. 이 레 시피는 DSGs를 가능하게 하는 방법에 초점을 맞춘다. 이를 작동시키는 핵심은 클라이 언트가 선택한 상태 변수를 공유하기 위한 서비스 인터페이스 지원이다. 즉, 클라이언트 애플리케이션이 서비스에 어떤 데이터를 반환할지 알려줄 수 있는 방법을 지원하는 것 을 의미한다.

상태 감시란 무엇인가?

클라이언트 응용 프로그램(temp03)이 대형 건물의 온도 센서를 모니터링해야 하는 예를 생각해보자. 클라이언트 응용 프로그램은 예를 들어 건물의 3층에 적합한 온도 범위를 '알고' 있다. 또한 3층의 온도 센서를 모니터링하고 같은 구역의 온도 조절기를 작동시켜야 한다는 것도 알고 있다. 이는 클라이언트가 그 층의 각 thermo-sensor에 대한 피드백을 받고 thermostat를 조작할 수 있는 접근 권한이 필요하다는 것을 의미한다.

같은 층에서 움직임을 모니터링하고 방에 사람들이 움직이는지에 따라 천장등을 켜고 끄는 데 필요한 다른 응용 프로그램(light03)을 생각해보자. 이 애플리케이션은 3층의 모든 motion-sensors와 light-switches에 접근할 필요가 있다.

마지막으로, 건물 전체의 모든 센서와 모든 작동 장치에 접근을 지원하는 단일 건물 관리 서비스 인터페이스가 있다고 가정해보자. 이것이 temp03과 light03이 그들의 작업을 수행하기 위해 '대화하는' 서비스다. 이상적인 상황은 각 클라이언트가 관심을 갖고 모니터링하고자 하는 데이터 속성만을 요청하고 각 응용 프로그램이 접근하고자 하는 액션 엘리먼트(양식)만을 반환하는 것이다.

클라이언트 애플리케이션은 각 HTTP 요청 응답에 대해 서비스에 어떤 정보를 보고 싶은지 알려주는 방법이 필요하다. 이것은 클라이언트가 서비스 인터페이스에 '감시할' 상태값을 알려주는 것에 해당한다. 그래서 이 레시피의 이름이 상태 감시(state-watch)인 것이다.

감시가 가능할까?

이 작업을 수행하기 위해, 서비스 인터페이스는 API 사용자에게 어떤 데이터 속성이 '감시 가능'한지, HTTP 응답에 포함시킬 수 있는 속성이 무엇인지도 알려야 한다. 이것은 본질적으로 리스트 내비게이션 레시피(레시피 7.11)의 한 예다. 이것은 앞서 다뤘으므로 여기서 자세한 내용을 반복하지 않겠다. 우리 목적을 위해, 사용 가능하고 감시할 수 있는 엘리먼트 목록이 건물의 모든 움직임 센서, 온도 센서, 라이트 스위치 및 온도 조절기를 포함한다고 가정하자. 이것을 더 쉽게 만들기 위해 우리의 애플리케이션은 건물 3층의 엘리먼트에만 접근할 수 있다고 가정하자. 이는 watchList에 대한 호출이 사용 가능한 엘리먼트를 반환한다는 것을 전제로 한다.

각 클라이언트 응용 프로그램이 목록에 있는 어떤 엘리먼트를 '보기' 원하는지 서비스에 알려줄 수 있어야 한다.

3층에 모션 센서에 접근하려 하니 부탁한다

클라이언트 애플리케이션이 모니터링하고자 하는 엘리먼트를 나타내는 세 가지 방법이 있으며, 각각의 방법에는 장점과 단점이 있다.

쿼리 스트링

감시 대상 엘리먼트 목록은 HTTP 쿼리 문자열의 일부로 포함시켜 전달하는 방법이 가장 간단하다. 여기서의 장점은 잘 알려져 있고 쉽게 지원되는 해결책이라는 것이다. 목록이 상당히 길어질 수 있으며, 중간 매개체의 URL 구문 분석을 복잡하게 만들 위험이 있다는 점은 한계다.

HTTP Prefer 헤더

RFC 7240은 클라이언트가 서비스가 HTTP 응답 본문을 수정하는 방식에 대한 선호도를 메타데이터 정보로 전달할 수 있게 하는 Prefer 헤더(https://www.rfc-editor.org/rfc/rfc7240.html)를 정의한다. 이 솔루션은 정보를 URL 밖에 유지하는 것과 이미 확립된 표준이 있다는 장점이 있다. 현재 상태 감시 목록 사용을 위한 preference 속성이 정의돼 있지 않다는 단점도 있다(HTTP Preference: https://www.iana.org/assignments/http-parameters/http-parameters.xhtml#preferences 참조). 그러나 원한다면 preference 속성을 정의하기 위해 제안할 수도, 선호도 속성을 등록하지 않고 이 헤더를 사용할 수도 있다.

상태 감시 리소스

클라이언트 요청과 연결될 상태 감시 리소스를 정의하는 방법도 좋은 해결책이다. 이때, 서비스가 반환해야 할 엘리먼트 목록을 호스팅할 별도의 리소스를 사용할 수 있다. 리소스에 대한 포인터는 rel="watch" 식별자를 가진 Link 헤더를 통해 공유될 수 있다. 이 방법의 장점은 명확하고 간단한 해결책이라는 것이다. 다만, 실행할 때 API 사용자와 API 제공자 모두가 준수해야 하는 별도의 리소스라는 것이 단점이다.

데이터 쿼리 본문

긴 URL로 인한 문제를 방지하기 위해, 감시할 상태 엘리먼트를 요청 본문의 일부로 전달할 수 있다. 이것이 GraphQL이 작동하는 방식이다. 장점은 이를 위한 기술이 이미 존재한다는 것이다. 안전하지 않은 HTTP 메소드(PUT이나 POST)를 사용해야 하는데, 이때 캐싱, 재시도, 그 외의 문제를 복잡하게 만든다는 단점이 있다.

여러 가지 이유로, 저자는 상태 감시 리소스 솔루션을 추천하는데, 적절한 HTTP 프로토콜 사용과 데이터 속성의 긴 목록과 관련된 문제들을 피하는 데 가장 호환성이 높기 때문이다. 또한 클라이언트가 워크플로 세션이 시작될 때 자신의 preference를 설정하고, 목록을 수정할 때까지 그 preference를 다시 보내지 않아도 되게 한다.

상태 감시 속성, 리소스, 액션

상태 감시 패턴의 지원에는 리소스, 액션이 포함된다. 상태 감시 속성은 아래와 같다.

- watchElementID: 감시 엘리먼트의 고유 식별자

- watchElementURL: 감시 엘리먼트 URL

- watchElementName: 감시 엘리먼트의 이름

- watchElementValue: 감시 엘리먼트의 현재 값

- watchElementTag: 감시 엘리먼트의 필터 태그

다음은 상태 감시 리소스다.

- `watchListResource`: 유효한 감시 가능 엘리먼트의 목록 리소스

- `watchResource`: 선택된 유효한 감시 가능 엘리먼트

상태 감시 액션은 다음과 같다.

- `doWatchClear`: 선택된 엘리먼트를 지우는 액션(불안전)

- `doWatchCreate`: 선택된 엘리먼트의 리스트를 생성하는 액션(불안전)

- `goWatchList`: 유효한 감시 가능한 엘리먼트의 목록을 반환하는 액션(안전)

- `goWatchResource`: 선택된 감시 가능한 엘리먼트의 목록을 반환하는 액션(안전)

- `doWatchUpdate`: 선택된 엘리먼트의 리스트를 생성하는 액션(불안전)

일반적인 상태 감시 상호작용

상태 감시 리소스 옵션을 길잡이로 해, 클라이언트가 감시하길 원하는 상태 엘리먼트를 선택하고 서버에 리포팅 과정은 다음과 같다.

1. 클라이언트는 서비스를 위해 `rel=watch`를 설정한다.

2. 클라이언트는 감시하고자 하는 엘리먼트를 선택한다.

3. 클라이언트는 `updateWatchList` 양식을 사용하고 감시 대상 엘리먼트의 목록을 API 클라이언트에서 생성된 고유 URL을 사용해 서비스 인터페이스에 보낸다.

4. 서비스(예: `listStates`)로의 요청마다 각 엘리먼트의 상태가 응답에 포함된다.

5. 이 작업은 클라이언트가 `watchList`를 업데이트(또는 삭제)를 하려고 할 때까지 계속된다.

자세한 내용은 그림 7-10과 예제를 참조하기 바란다.

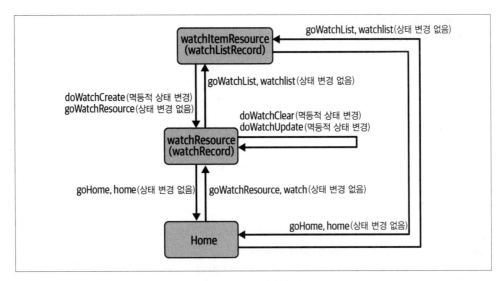

그림 7-10 상태 감시 워크플로

예제

상태 감시 패턴을 지원하는 서비스 인터페이스는 이를 응답 본문의 링크나 HTTP 링크 헤더를 통해 알릴 수 있다.

```
**** REQUEST ****
GET /building
Host: api.example.org
Accept: application/vnd.siren+json
...

**** RESPONSE ****
200 OK
Content-Type: application/vnd.siren+json
Link: <<http://api.example.org/building/elements/list>>; rel="watchList"
Link: <<http://api.example.org/building/selected;t6r5e4ed>>; rel="watchSelected"

{"class": ["building"],
  "links" : [
  {"rel" : ["self", "home"],
    "href": "/building"},
  {"rel" : ["watchList", "collection"],
```

```
      "href": "/building/elements/list"},
  {"rel" : ["watchSelected", "collection"],
    "href": "/building//building/selected;t6r5e4"}
  ],
  "properties": {...},
  "entities": {...}
}
```

상태 감시 패턴과 관련된 응답에서는 두 개의 링크가 있음에 주목하자. 첫 번째
(rel="watchList")는 유효 엘리먼트의 목록이다.

 각 API 사용자는 각자 관련된 rel=watchSelected 리소스를 가져야 한다. 이 URL을 생성하는 것은 대부분 API 사용자(사용자가 워크플로를 주도한다는 것을 기억하라)의 책임이다. 이 주제에 대한 자세한 내용은 '토론'을 참조하기 바란다.

클라이언트는 감시를 위한 엘리먼트를 선택하고 리뷰를 하는 데 이 링크를 쓸 수 있다.
두 번째 링크(rel=watchSelected)는 각 응답으로 반환된 현재 선택된 엘리먼트의 목록
이다.

```
**** REQUEST ****
GET /building/elements/list
Host: api.example.org
Accept: application/vnd.siren+json

**** RESPONSE ****
200 OK
Content-Type: application/vnd.siren+json
Link: <<http://api.example.org/building/elements/list>>; rel="watchList"
Link: <<http://api.example.org/building/selected;t6r5e4ed>>; rel="watchSelected"

{"class": ["building"],
"links" : [
{"rel" : ["home"],
  "href": "/building"},
{"rel" : ["self", "watchList", "collection"],
  "href": "/building/elements/list"},
{"rel" : ["watchSelected", "collection"],
```

```
    "href": "/building/elements/selected"}
],
"entities" : [
  {"class": ["watch", "element"],
    "properties": {
      "id": "q1w2e3r4",
      "href": "/building/elements/list/q1w2e3r4",
      "type": "thermo-sensor",
      "name": "ts-01",
      "location": "Third floor"
    },
    ...
  {"class": ["watch", "element"],
    "properties": {
     "id": "u8y7t6r5",
     "href": "/building/elements/list/u8y7t6r5",
     "type": "thermostat",
     "name": "stat-0301",
     "location": "Third floor"
    }
  ],
  "actions": [
    {
      "name": "select-elements",
      "title": "Select Elements",
      "method": "PUT",
      "href": "http://api.example.org/building//building/selected;t6r5e4",
      "type": "text/plain",
      "fields": [
        { "name": "elements", "type": "value": "q1w2e3r4,u8y7t6r5" }
      ]
    }
  ]
}
```

이 예제에서 클라이언트는 watchSelected 목록('q1w2e3r4,u8y7t6r5')에 두 개의 엘리먼트를 보낼 것이다. 관련 리소스('/building/')에 대한 각 응답은 두 엘리먼트의 실제 상태를 포함한다.

```
GET /building
Host: api.example.org
Accept: application/vnd.siren+json

...
**** RESPONSE ****
200 OK
Content-Type: application/vnd.siren+json
Link: <<http://api.example.org/building/elements/list>>; rel="watchList"
Link: <<http://api.example.org/building/selected;t6r5e4ed>>; rel="watchSelected"

{"class": ["building"],
  "links" : [
   {"rel" : ["self", "home"],
    "href": "/building"},
   {"rel" : ["watchList", "collection"],
    "href": "/building/elements/list"},
   {"rel" : ["watchSelected", "collection"],
    "href": "/building/elements/selected"}
  ],
  "properties" {...},
  "entities": [
   {"class":["thermo-sensor"],"id":"q1w2e3r4","name":"ts-01","temp": "-3C"},
   {"class":["thermostat"],"id":"u8y7t6r5","name":"stat-0301","state": "off"},
   ...
  ],
  "actions": [...]
}
```

두 개의 선택된 엘리먼트가 /building 리소스에 대한 응답에 포함되고 있다는 점에 주목하라. 또한 선택된 엘리먼트의 목록을 얻는 것도 가능하다.

```
GET /building//building/selected;t6r5e4
Host: api.example.org
Accept: application/vnd.siren+json

...

**** RESPONSE ****
200 OK
Content-Type: application/vnd.siren+json
```

```
Link: <<http://api.example.org/building/elements/list>>; rel="watchList"
Link: <<http://api.example.org/building/selected;t6r5e4ed>>; rel="watchSelected"

{"class": ["watchSelected"],
  "links" : [
   {"rel" : ["home"],
    "href": "/building"},
   {"rel" : ["watchList", "collection"],
    "href": "/building/elements/list"},
   {"rel" : ["home", "watchSelected", "collection"],
    "href": "/building/selected;t6r5e4"}
  ],
  "properties" {...},
  "entities": [
    {"class":["thermo-sensor"],"id":"q1w2e3r4","name":"ts-01","temp": "-3C"},
    {"class":["thermostat"],"id":"u8y7t6r5","name":"stat-0301","state": "off"},
    ...
  ],
  "actions": [
   {"name": "updateWatchList", "method": "PUT", ...},
   {"name": "clearWatchList", "method": "DELETE", ...}
  ]
}
```

예제에서, 선택된 엘리먼트들이 현재 값과 함께 반환됐을 뿐만 아니라, 응답에 두 가지 양식도 포함돼 있다. updateWatchList 액션은 감시 목록을 수정하는 데, clearWatchList 액션은 감시 목록에서 모든 엘리먼트를 빠르게 지우는 데 사용될 수 있다.

온도를 감시하는 API 사용자와 운동 및 조명을 감시하는 다른 API 사용자 두 명을 예로 든 이전 예제를 사용해, 다른 시나리오를 구성할 수 있다.

토론

상태 감시 패턴은 API 사용자가 결정을 내리거나 조치를 취하기 위해 사용 가능한 데이터의 작은 집합을 평가해야 할 때 잘 작동한다. 어떤 유형의 센서(온도, 운동, 액체 등)를 모니터링하는 것은 상태 감시 패턴에 적합한 사용 사례다.

이 레시피는 모음에서 더 복잡하게 들어간 것이다. 클라이언트와 서버 모두 클라이언트로부터의 입력(고유 ID)을 기반으로 서버가 실행 시에 생성하는 리소스를 공유해야 한다. 그런 다음 양측은 HTTP 요청과 응답을 전달할 때 그 URL을 다시 호출할 수 있어야 한다.

상태 감시 패턴은 두 가지 주요 HTTP 리소스(감시할 수 있는 엘리먼트 목록과 각 API 클라이언트의 감시 엘리먼트 목록)에 의존하기 때문에, 클라이언트가 선택한 엘리먼트에 대한 고유 URL을 생성하는 방법을 명확히 해야 한다. URL의 세부 사항은 중요하지 않지만, 클라이언트가 자체 watchResource에 대한 고유 ID를 생성할 수 있어야 하며(레시피 5.14 참조), 클라이언트가 URL을 기억하고 적절할 때 서비스에 전달 가능해야 한다. 이 마지막 단계는 보통 서비스가 해당 클라이언트에 대한 각 응답으로 HTTP 헤더 및 본문을 통해 URL을 반환해야 함을 의미한다.

상기 예제에서, updateWatchList 양식은 text/plain을 사용해 쉼표로 구분된 감시 엘리먼트 목록을 전송한다. 다른 직렬화를 사용할 수 있지만, 그러면 클라이언트 애플리케이션이 감시 목록 응답을 파싱하는 방법을 미리 알아야 할 것이다.

같이 볼 것

- 레시피 3.5, 임베디드 하이퍼미디어를 통한 런타임에서의 액션 표현

- 레시피 4.9, 응답에서 하이퍼미디어 컨트롤에의 의존

- 레시피 4.14, 수신 데이터의 검증

- 레시피 4.15, 자체 상태 관리 유지

- 레시피 4.16, 목표 설정

- 레시피 5.4, 내부 기능을 외부 액션처럼 표현하기

- 레시피 6.5, 쿼리 응답을 위한 메타데이터 반환

- 레시피 7.7, 워크플로에 대한 진행 상태 리소스의 공개

- 레시피 7.15, '202 Allowed'를 사용한 미완료 작업에 대한 동기식 회신

7.14 쿼리의 저장 기능으로 쿼리 최적화 수행

맞춤형 쿼리에 크게 의존하는 시스템일 때 레시피 7.14는 저장된 쿼리를 생성, 관리 및 실행하는 표준화된 방법을 제공한다.

 7장의 내용이 6장에 더 맞지 않을까 생각하는 사람도 있을지 모르겠다. 하지만 이 레시피가 여러 리소스와 협업을 하는 것을 포함하기 때문에 7장에 배치했다.

문제

일부 쿼리는 복잡하거나 실행하는 데 비용이 많이 든다. 때때로 HTTP 쿼리는 광범위한 필터링 매개변수를 요구해 매우 긴 쿼리 문자열을 결과로 낳는다. 대부분의 HTTP 서버는 URL의 길이에 대해 고정된 제한이 있어서 복잡한 쿼리는 보안 공격으로 오인되곤 한다. 이런 복잡한 쿼리를 안전하고 저렴하며 쉽게 저장하고 재생하는 방법은 무엇일까? 그 과정에서, 수집된 쿼리 목록을 어떻게 더 잘 관리할 수 있으며, 사용자나 프로그램이 생성자가 돼 복잡한 쿼리를 작성한 후 다른 이들이 사용할 수 있도록 '공개'하는 간단한 공유 지원을 구현할 수 있을까?

솔루션

복잡한 쿼리를 안전하고 사용하기 쉽게 만드는 첫 번째 단계는 쿼리 자체를 리소스로 구현하는 것이다. 이는 쿼리 세부 사항을 HTTP 본문으로 표현하고, 메시지 본문을 사용해 요청 시 직접 실행될 수 있는 새로운 쿼리 리소스를 생성하는 것을 의미한다. 두 번째 단계는 쿼리 리소스 URL을 사용해 쿼리를 실행하고 응답에서 결과를 반환하는 것이다.

> **모든 URL이 같은 용도는 아니다**
>
> 이 레시피에는 작은 트릭이 있다. API 사용자는 쿼리를 실행하기 위한 URL과 쿼리를 편집하기 위한 URL도 알아야 할 수 있다. 이 레시피가 이를 어떻게 다루는지 보려면 '예제'를 참조하라.

본질적으로, 여러분이 하는 일은 쿼리 리소스의 모음을 생성하는 것이며, 리소스 모음 역시 관리돼야 한다. 이 레시피는 목록 내비게이션(레시피 7.11)을 활용해 쿼리 리소스의 목록화, 필터링, 편집, 제거를 지원한다.

마지막으로, 이 레시피의 선택적 엘리먼트인 shareQuery 액션을 통해 다른 사람에게 쿼리 리소스를 보내 사용하게 하거나 향후 관리를 위해 쿼리 리소스의 '소유자'를 설정하게 할 수 있다.

저장된 쿼리와 관련된 메타데이터 모음이 있는데, 이 값들(및 필요하다면 다른 값들)을 사용해 시간이 지남에 따라 생성되고 재생되는 쿼리를 관리하고 추적할 수 있다.

- identifier: 저장된 쿼리를 위한 고유 식별자

- URL: 지연된 응답 도큐먼트의 URL

- resourceQuery: 전체(오리지널) HTTP 쿼리

- cacheTTL: 클라이언트가 응답 캐시를 얼마나 유지해야 하는지에 대한 시간(밀리 세컨드)

- cachingDirectives: 쿼리에 대한 추가 캐싱 지시

- description: 이 저장된 쿼리를 설명하는 텍스트

- owner: 쿼리 리소스를 제어하는 식별자(URL 또는 텍스트)

- tags: 자유 형식이며, 문자열 공백으로 구분된 값. 이를 사용해 저장된 쿼리를 필터링하거나 그룹화한다.

- dateCreated: 저장된 쿼리 리소스가 생성된 날짜/시간(UTC)을 가리킨다.

- dateUpdate: 저장된 쿼리 리소스가 수정된 날짜/시간(UTC)을 가리킨다.

- dateLastRun: 저장된 쿼리 리소스가 최종 실행된 날짜/시간(UTC)을 가리킨다.

resourceQuery 속성은 쿼리가 생성될 때 서비스에 전달된 전체 쿼리 스트링을 갖고 있다. 이것도 업데이트될 수 있다. cacheTTL 및 cachingDirectives 속성에는 쿼리 응답과 함께 반환돼야 할 캐싱 메타데이터의 종류에 대한 세부 정보가 포함될 수 있다. owner와 tags 속성은 리소스에 대한 책임이 누구에게 있는지, 리소스를 모음에서 어떻게 그룹화하거나 필터링할 수 있는지와 같은 관리 세부 사항을 추적하는 데 유용하다.

그림 7-11은 저장된 쿼리의 재실행에 대한 워크플로를 나타낸다.

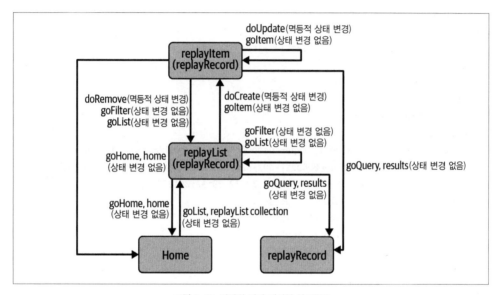

그림 7-11 저장된 쿼리 재실행 워크플로

예제

이 레시피는 두 부분으로 나뉘어 있다. 첫 번째 부분은 쿼리 리소스의 생성 및 재실행을, 두 번째 부분은 저장된 쿼리 리소스의 관리를 다룬다.

쿼리 리소스의 생성 및 재실행

첫 번째 액션은 쿼리 리소스를 생성하고 이를 서버에 저장한다. 예제를 통해 알아본다.

```
**** REQUEST ****
PUT /queries/q1w2e3r4
Content-Type: application/x-www-form-urlencoded
Accepted: application/vnd.collection+json
Length: NN
If-Not-Match: "*"

type=customer&region=south&name=Andrews&balance-is-great-then=10000
&past-due-days-is-great-than=90&salesrep=Mork

**** RESPONSE ****
200 OK
Content-Type: application/vnd.collection+json
Length: NN

{"collection" : {
  "title" : "Query Results",
  "metadata" : [
    {"name": "q-sent", "value": "type=customer&region=south&name=Andrews& +
      balance-is-great-then=10000&past-due-days-is-great-than=90&salesrep=Mork"},
    {"name": "q-datetime", "value": "2024-12-12:00:12:0012TZ"},
    {"name": "q-status", "value": "sucess"},
    {"name": "q-seconds", "value": "120"},
    {"name": "q-count", "value": "100"},
  "links" : [...]
  "items" : [...]
}}
```

API 사용자가 복잡한 쿼리를 PUT으로 보내 새 리소스를 생성했다는 것을 볼 수 있다(이 레시피에 대한 자세한 내용은 레시피 5.15를 참조하라). 문제가 없다고 가정하면, 서비스는 새 쿼리 리소스를 생성하고 쿼리를 실행한 다음 결과를 반환한다. 또한 서버가 쿼리 메타데이터(레시피 6.5 참조)를 응답으로 반환한 것을 알 수 있다. 이것은 필수 요건은 아니지만, 답장 레시피를 사용해 쿼리를 실행할 때 특히 유용하다.

쿼리가 서버에 저장됐으므로, API 사용자는 쿼리 리소스를 직접 호출해 쿼리를 재생할 수 있다.

```
**** REQUEST ****
GET /queries/q1w2e3r4
Accept: application/vnd.collection+json
...

**** RESPONSE ****
200 OK
Cache-Control: public, max-age: 3600
ETag: "w/ki8ju7hy6gt5"
...

{"collection" : {
  "title" : "Query Results",
  "metadata" : [...],
  "links" : [...],
  "items" : [...]
}}
```

여기서 API 사용자는 결과를 반환하기 위해 HTTP GET(PUT이 아님)만 발행하면 된다. 이때, 서비스는 저장된 쿼리를 '재생'하고 업데이트된 결과를 반환한다. 또한 Cache-Control 헤더를 사용해 사용자에게 쿼리를 로컬에 얼마나 오래 보관할지에 대한 지시를 제공하는 것도 주목하라. 이 레시피에 대한 자세한 내용은 레시피 6.9를 참조하라.

저장된 쿼리 리소스의 관리

저장된 쿼리를 생성하고 재생하는 것은 이 레시피의 일부일 뿐이다. 저장된 쿼리 모음 관리는 목록, 필터, 업데이트, 제거 작업의 제공을 포함하는데, 선택적 공유 작업도 레시피 7.11에서 모두 알아본다.

레시피의 관리 요소를 노출하는 좋은 방법은 쿼리 응답에 링크를 포함시키는 것이다. 이들은 미디어 타입 본문의 일부로 전송될 수 있다.

```
{"collection" : {
  "title" : "Query Results",
  "metadata" : [...],
```

```
  "links" : [
    {"rel":"list", "href":"http://api.company.org/queries/list"},
    {"rel":"filter", "href":"http://api.company.org/queries/filter"},
    {"rel":"update", "href":"http://api.company.org/queries/q1w2e3r4#update"},
    {"rel":"share", "href":"http://api.company.org/queries/q1w2e3r4#share}
  ],
  "items" : [...]
}}
```

링크는 HTTP 헤더 모음의 일부로도 나타날 수 있다. 다음 예에서 현재 사용자 콘텍스트는 이 쿼리를 공유할 수 있는 권한만 있고, 편집하거나 제거하거나 전체 목록을 볼 수는 없다.

```
**** RESPONSE ****
200 OK
Content-Type: application/vnd.collection+json
Link: <<https://api.company.org/queries/q1w2e3r4#share>>; rel=share
```

이곳에서는 list, filter, update, remove 액션의 세부 사항을 자세히 다루지 않겠다. 이에 대해서는 레시피 7.11을 확인하라. 하지만 앞의 예시에서 보여진 URL에 대해 여기서 한 가지 말하겠다. 이 레시피를 위한 URL 생성은 쉽지 않다. 쿼리를 실행하기 위한 URL과 쿼리를 관리하기 위한 URL(예: 읽기, 편집, 삭제, 공유)이 필요하다.

몇 가지 옵션이 있다. 저자가 사용하는 방법은 쿼리 리소스 URL을 수정해 서비스에 내가 의도하는 작업을 알리는 것이다. 이것은 URL에 어떤 동작을 나타내는 단어가 들어가면 안 된다고 주장하는 사람들이 싫어할 수 있다. 원한다면 쿼리 리소스를 관리하기 위한 다른 URL(예: https://api.company.org/queries/list/q1w2e3r4)을 사용할 수 있으며, 이는 쿼리를 실행하기 위한 URL(https://api.company.org/queries/q1w2e34)과 다르다.

사용하는 정확한 URL 형태는 여러분에게 달려 있다. 이 레시피를 구현하기 위해 런타임 시 이들을 추적하고 API 사용자에게 차이점을 알려야 한다는 것을 기억하라.

토론

매우 긴 쿼리 문자열 문제를 해결하는 데 큰 장점이 있는 레시피다. 긴 쿼리 문자열을 지원하기 위해 HTTP POST를 사용하는 것을 본 적이 많은데, 보통 작동은 하지만, POST에서 캐싱의 이점을 얻지 못한다. '쿼리 리소스를 생성한 다음 실행하기'는 새로운 리소스의 URL을 반환하고 그것에 대해 간단한 GET을 할 수 있기 때문에 작동한다. 이 방법으로 캐싱의 모든 옵션을 얻을 수 있다.

이 레시피는 나중에 쿼리를 재실행할 때 정말 효과가 있다. 그렇게 하고 싶지 않다면 리소스 관리 부분을 전혀 구현하지 않고 PUT/POST 생성 및 실행 부분만 지원할 수 있다. 이때, 생성된 리소스를 잠시 동안 유지한 다음 삭제할 수 있다. 나중에 그 임시 URL을 호출하려는 시도는 HTTP 410 오류를 반환할 것이다.

owner 메타데이터가 여기에 나열돼 있지만, 그 기능을 구현하는 방법 외에 딱히 다룰 것은 없다. 일반적으로 이 부분은 사용자 또는 서버 정보와 관련된 보안 문제로 통합된다. 이는 이 책의 범위를 벗어난다.

쿼리를 공유하면 사람들이 기존 리소스를 쉽게 재사용할 수 있게 만들 수 있다. 저자는 모든 재생 쿼리를 '공개'로 설정하고 사용자나 서버가 하나 이상을 선택해 자신의 용도로 '주장'할 수 있는 인터페이스를 포함시키기도 한다. 이렇게 하면 재사용 가능한 쿼리를 편집할 수 있는 사람을 다뤄야 하며, 출처 쿼리를 변경하지 않고 자신의 복사본을 편집할 수 있도록 'copy' 액션을 구현해야 할 수도 있다.

같이 볼 것

- 레시피 3.5, 임베디드 하이퍼미디어를 통한 런타임에서의 액션 표현
- 레시피 3.8, 반복 가능한 액션을 위한 설계
- 레시피 4.9, 응답에서 하이퍼미디어 컨트롤에의 의존
- 레시피 4.14, 수신 데이터의 검증

- 레시피 5.4, 내부 기능을 외부 액션처럼 표현하기

- 레시피 6.4, HTTP URL을 활용한 Contains 및 AND 쿼리

- 레시피 6.9, 캐싱 지시문으로 성능 개선하기

- 레시피 7.16, 자동 재시도를 통한 빠른 오류 대응

7.15 '202 Accepted'를 사용한 미완료 작업에 대한 동기식 회신

끝내야 할 작업이 시간이 다소 걸릴 때가 있다. 이런 경우에 HTTP(동기적인 요청/응답 패턴에 의존함)는 '202 Accepted' 응답 상태를 지원한다. 이 상태를 사용해 시간이 몇 시간이나 며칠이 걸릴 수 있는 지연된 응답을 허용하는 패턴을 만들 수 있다.

문제

때때로 리소스 요청이 완료되는 데 몇 초 이상 걸릴 것으로 예상될 때가 있다. 이때, 클라이언트에게 '이 작업에는 시간이 걸릴 것'이라고 알리고 클라이언트가 지연을 어떻게 처리할지 결정할 수 있도록 충분한 메타데이터를 제공하는 '지연 응답' 패턴을 사용해야 한다. 그렇다면 이 패턴을 설정하고 지원하기 위해 무엇이 필요한가? 클라이언트에게 어떤 메타데이터가 제공돼야 하는가? 어떤 가능한 워크플로 옵션이 지원돼야 하는가?

솔루션

HTTP 요청에 대한 응답이 지연될 가능성이 있을 때(몇 초 이상 걸릴 경우) 지연 응답 패턴을 사용할 수 있다. 이는 서비스에서 202 Accepted 상태를 반환하면서, 클라이언트 애플리케이션에 요청의 상태와 추가 조치(새로고침 또는 취소와 같은)를 취할 옵션을 알리는 메타데이터(본문 또는 헤더를 통해)를 함께 제공함으로써 이뤄진다.

초기 응답은 요청된 작업(예: 기록 저장, 회귀 계산 등)이 시작되기 전에도 반환될 수 있다. 일반적인 응답 본문과 가능한 헤더에 대해서는 예제를 참조하기 바란다.

지연 응답을 위한 응답 본문은 다음과 같은 메타데이터를 포함할 수 있다.

- `identifier`: 지연된 응답에 대한 고유 식별자

- `acceptedURL`: 지연된 응답 도큐먼트의 URL

- `completedURL`: 완료 상태 리소스의 URL

- `failedURL`: 실패 상태 리소스의 URL

- `description`: 도큐먼트를 기술한 텍스트 데이터

- `refresh`: 새로고침 간격을 나타내는 값(밀리세컨드)

- `percentCompleted`: 완료율(0-100)

- `status`: 도큐먼트 상태를 나타낸다(지연, 작업 중, 완료, 실패)

- `dataCreated`: 지연된 응답이 처음 생성된 날짜/시간(UTC)

- `dataEstimated`: 지연된 응답의 예상 완료 날짜/시간(UTC)

액션들은 보통 다음을 포함한다.

- `goAccepted`: 지연된 응답 리소스로의 이동(상태 변경 없음)

- `doCandel`: 'DELETE'를 사용해 지연된 눈에 띄는 작업들의 취소를 요청한다(멱등적 상태 변경)

- `goCompleted`: 완료된 리소스로의 이동(상태 변경 없음)

- `goFailed`: 실패한 리소스로의 이동(상태 변경 없음)

- `goHome`: 'Home' 리소스로의 이동(상태 변경 없음)

일부 메타데이터는 Link 헤더를 통해 역시 반환될 수 있다.

그림 7-12는 HTTP 202 Accepted 워크플로를 보여준다.

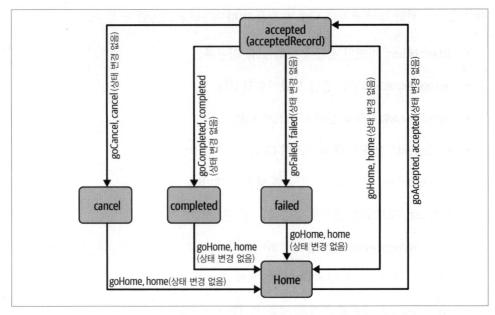

그림 7-12 202 Accepted의 워크플로

예제

전형적인 지연 응답 패턴의 예제는 다음과 비슷하다.

먼저 API 클라이언트는 서비스 인터페이스로 요청을 보내면, 서비스 인터페이스는 작업을 시작하고(또는 큐에 작업을 저장하고) **202 Accepted**를 반환한다.

```
**** REQUEST
PUT /services/compute-results HTTP/1.1
Content-Type: application/vnd.collection+json
...

{"collection": {...}}

**** RESPONSE
202 Accepted HTTP/1.1
Content-Type: application/vnd.collection+json
Link: <http://api.example.org/services/compute-results/q1w2e3>;rel=self;
  refresh=60000
```

```
Link: <http://api.example.org/services/cancel-form/q1w2e3>;rel=cancel

{"collection":
  {
    "links": [
    {"rel":"self", "name":"acceptedURL",
    "href":"/services/compute-results/q1w2e3"}
    ],
    "items": [
      {
        "href": "/services/compute-results/q1w2e3",
        "data" : [
          {"name":"identifier", "value":"q1w2e3"},
          {"name":"description",
            "value":"Compute net present value for property"},
          {"name":"refresh", "value":"60000"},
          {"name":"percentCompleted", "value":"10"},
          {"name":"status", "value":"working"},
          {"name":"dateCreated", "value":"2024-02-01:22:11:00"},
          {"name":"dateUpdated", "value":"2024-02-01:22:11:00"},
          {"name":"dateEstimated", "value":"2024-02-01:22:15:00"}
        ]
      }
    ]
  }
}
```

다음으로 API 클라이언트는 작업의 상태의 체크를 위해 주기적으로 응답의 메타데이터를 사용해 DR-Doc^{Delayed Response Document}를 새로고침한다.

```
**** REQUEST
GET /services/compute-results/q1w2e3 HTTP/1.1
Accepted: application/vnd.collection+json
...

**** RESPONSE
200 OK HTTP/1.1
Content-Type: application/vnd.collection+json
```

```
Link: <http://api.example.org/services/compute-results/q1w2e3>;rel=self;
  refresh=60000
Link: <http://api.example.org/services/cancel-form/q1w2e3>;rel=cancel

{"collection":
  {
    "links": [
      {"rel":"self", "name":"acceptedURL",
       "href":"/services/compute-results/q1w2e3"}
    ],
    "items": [
      {
        "href": "/services/compute-results/q1w2e3",
        "data" : [
          {"name":"identifier", "value":"q1w2e3"},
          {"name":"description",
            "value":"Compute net present value for property"},
          {"name":"refresh", "value":"60000"},
          {"name":"percentCompleted", "value":"75"},
          {"name":"status", "value":"working"},
          {"name":"dateCreated", "value":"2024-02-01:22:11:00"},
          {"name":"dateUpdated", "value":"2024-02-01:22:14:00"},
          {"name":"dateEstimated", "value":"2024-02-01:22:15:00"}
        ]
      }
    ]
  }
}
```

DR-Doc가 completed나 failed 상태가 되면 API 클라이언트는 이에 맞는 적절한 링크로 이동한다.

```
**** REQUEST
GET /services/compute-results/q1w2e3 HTTP/1.1
Accepted: application/vnd.collection+json
...

**** RESPONSE
```

502

```
200 OK HTTP/1.1
Content-Type: application/vnd.collection+json
Link: <http://api.example.org/services/npv/p0o9i8u7y6>;rel=completed
Link: <http://api.example.org/services/compute-results/q1w2e3>;rel=self;
  refresh=60000

{"collection":
  {
    "links": [
      {"rel":"self", "name":"acceptedURL",
      "href":"/services/compute-results/q1w2e3"}
    ],
    "items": [
      {
        "href": "/services/compute-results/q1w2e3",
        "data" : [
          {"name":"identifier", "value":"q1w2e3"},
          {"name":"description",
            "value":"Compute net present value for property"},
          {"name":"percentCompleted", "value":"100"},
          {"name":"status", "value":"completed"},
          {"name":"dateCreated", "value":"2024-02-01:22:11:00"},
          {"name":"dateUpdated", "value":"2024-02-01:22:16:00"},
          {"name":"dateEstimated", "value":"2024-02-01:22:15:00"}
        ],
        "links": [
          {"rel":"completed", "href":"/services/npv/p0o9i8u7y6"}
        ]
      }
    ]
  }
}
```

마지막으로 이 응답에서 가능하다면, API 클라이언트는 요청 취소를 위해 cancel 액션을 활성화시킬 수 있다.

토론

성공적인 지연 응답 구현의 핵심은 중간 응답에 가능한 한 많은 메타데이터를 포함시키는 것이다. 가장 중요한 것은 refresh 간격과 status 값이며, dateEstimated 및 percentCompleted도 유용한 값이다.

대부분 API 클라이언트는 서비스 인터페이스에서 예기치 않은 202 Accepted HTTP 응답을 받으면 할 수 있는 일이 많지 않다. 따라서 어떤 작업이 '202' 상태 코드를 반환할 수 있는지 API 클라이언트에게 미리 알려주는 것이 중요하다. 이는 인터페이스 자체의 도큐먼트에 명시돼야 한다.

모든 DR^Delayed Response(지연 응답)이 요청을 취소할 수 있는 기능을 지원하는 것은 아니다. 기본 작업이 긴 계산을 처리하거나 긴 보고서를 생성하는 것으로 제한될 때는 취소를 지원하는 것이 매우 간단하다. 그러나 요청에 상태 변경(레코드 작성, 하나 이상의 기존 레코드에 대한 데이터 삭제 또는 추가 등)이 포함된 경우에는 취소 옵션을 지원하는 것은 간단하지 않다. RESTful 웹 서비스에 대한 취소 옵션 지원에 대한 자세한 내용은 레시피 7.17을 참조하기 바란다.

지연된 도큐먼트 응답에 사용되는 표현 포맷에 따라 취소 작업은 인라인 FORM이나 링크, 또는 FORM에 대한 링크로 표시될 수 있다. 응답을 구현할 때는 응답 본문에서 하이퍼미디어 작업을 표현하는 규칙을 따라야 한다.

HTTP 헤더를 사용해 헤더에 지연된 응답 메타데이터를 많이 포함시키고 싶을 수 있지만 헤더 사용을 최소한으로 유지하는 것이 가장 좋다. 특히 percentCompleted, dateUpdated, status 등과 같은 일시적인 정보를 전달하려는 경우 더욱 그렇다. 헤더에 가변 데이터를 포함하면 캐싱이 복잡해진다.

지연된 응답 프로세스 전체에서 사용되는 실제 URL 값(acceptedURL, completedURL, failedURL, cancelURL)은 중요하지 않은데, 예를 들어 acceptedURL이 completedURL과 같은지 여부는 중요하지 않다.

완료된 지연 응답 도큐먼트는 최소 일정 기간 동안 보관하는 것이 좋다. 보고, 감사 목적, 내부 디버깅 또는 기타 필요에 따라 유용하게 사용할 수 있기 때문이다.

같이 볼 것

- 레시피 3.5, 임베디드 하이퍼미디어를 통한 런타임에서의 액션 표현
- 레시피 3.7, 서비스 간 상태 전송으로 상호운용성 활성화
- 레시피 4.6, 런타임 시 표현 포맷 관리
- 레시피 4.9, 응답에서 하이퍼미디어 컨트롤에의 의존
- 레시피 5.4, 내부 기능을 외부 액션처럼 표현하기
- 레시피 5.10, API 메타데이터의 발행
- 레시피 6.5, 쿼리 응답을 위한 메타데이터 반환
- 레시피 7.10, '워크 인 프로그레스' 상태 유지 작업 지원

7.16 자동 재시도를 통한 빠른 오류 대응

네트워크 문제로 인해 HTTP 요청이 실패할 때가 있다. 네트워크 문제는 일시적이어서 몇 초 안에 스스로 해결된다. 이 레시피는 서비스 인터페이스에 '자동 재시도'를 구축하는 구조화된 방법을 제공한다. 이를 통해 5xx HTTP 오류를 반환하기 전에 실패한 네트워크 호출을 다시 시도할 수 있다.

문제

일시적인 네트워크 오류 또는 일시적인 중단으로 인해 HTTP 요청의 완료에 문제가 발생할 수 있다. 네트워크 문제가 일시적인 경우 요청을 자동으로 다시 시도하려면 어떻게 해야하며, 지속적인 문제가 서비스 요청을 완전히 차단하지 않도록 어떻게 할 수 있을까?

솔루션

요청을 재시도할 때 가장 먼저 기억해야 할 것은 요청 자체가 멱등성을 가져야 한다는 것이다. HTTP에서 GET, PUT, DELETE는 네트워크 상에서 멱등성을 갖도록 설계됐다. 이

로써 대부분 충분하지만 항상 그렇지는 않다. 자세한 내용은 토론을 참조하기 바란다.

 레시피 7.19처럼 이 레시피는 서버 사이드의 안쪽 세부 사항을 다루는데, 여기서의 모든 엘리먼트도 이에 따라 다뤄져야 한다. 이 정보들은 웹상에 쉽게 드러나면 안 된다.

두 번째로, 재시도가 타당한지 결정하기 위해 처음 요청에 대한 응답을 검사해야 한다. 예를 들어, 응답이 HTTP 4xx 상태라면(클라이언트 측 문제를 의미함), 수정 없이 같은 요청을 재시도한다면 성공으로 이어지지 않는다. 오류 상태가 HTTP 5xx 상태라면, 같은 요청을 재시도하는 것이 도움이 될 수 있다. 마지막으로, 오류가 로컬 연결(예: '네트워크 연결 끊김')에서 발생한다면, 재시도를 해야 한다.

 일시적인 네트워크 문제를 자세히 알고 싶다면 마이크로소프트 애저의 도큐먼트 포털에 있는 Transient Fault Handling(https://learn.microsoft.com/en-us/azure/architecture/best-practices/transient-faults)을 참조하기 바란다.

일시적인 네트워크 문제에 대처하는 방법은 여러 옵션이 있으며 일부는 상당히 효과적이다. 다음은 선호도 순서에 따른 발생 가능한 문제를 소개한다.

지수 백오프

가장 좋은 옵션은 바로 지수 백오프$^{EBO, Exponential Backoff}$를 하는 것이다. 예를 들어 첫 실패를 만난 후 2초 후에 재시도를 하고 다시 실패하면 4초, 또 실패하면 16초를 기다렸다가 재시도를 하는 것이다. 이는 3회 이상 재시도는 권장하지 않는다(토론 참조).

증분 백오프

대기 시간을 지수형이 아닌 증분^{incremental}으로 설정할 수도 있다. 예를 들면 2초를 기다린 후, 다음에는 4초, 그다음에는 8초를 기다렸다가 포기하는 형태다.

정기 간격 재시도

정기적 간격으로 시도$^{regular interval retries}$를 설정할 수 있다(예: 2초, 4초, 6초...). 이 방식의 단점은 같은 서비스의 다수의 동일한 인스턴스가 같은 속도로 재시도 한다면, 생각보다 많은 문제를 야기할 수 있다는 것이다.

즉시 재시도

네트워크 연결이 아주 잠깐 끊어진 경우라면, 즉시 재시도[IR, Immediate Retry]를 하는 방법이 더 타당할 수 있다. 이 방법은 문제가 게이트웨이나 요청의 라우팅을 위한 다수의 하드웨어를 사용하는 다른 클러스터에서 발생할 때 효과적이다. 이 옵션을 사용하면, 네트워크의 순간 부하 발생의 우려가 있어서 몇 번 이상 시도하지 않도록 주의해야 한다.

랜덤 재시도

랜덤 재시도는 IR(즉시 재시도) 및 기타 옵션으로 인해 발생하는 병목 현상을 피하는데 도움이 된다. 이때, 임의의 대기 시간(보통 15초 이내로 유지)을 생성하고 여러 번시도할 수 있다. 이 기술의 단점은 실제로 필요한 것이 네트워크 연결이 복구되기 위해 수 초(한 자리 단위)를 기다리는 것인데, 임의로 생성된 대기 시간이 모든 3번의 시도에서 10초 이상 수행돼 대기 시간이 길어질 수 있다는 것이다.

옵션을 결정하고 나면, 구성 자원에서 재시도 매개변수를 설정할 수 있다(레시피 5.5 참조). 이 자원은 각 서비스 인터페이스(또는 워크플로 작업 – 레시피 7.1 참조)마다 설정돼야 한다. 구성에서의 정확한 메타데이터는 선택한 방법에 따라 다를 수 있다(예제 참조). 'retry'에 대한 중요한 속성 목록은 다음과 같다.

- **Method**: 지원하는 재시도 옵션(EBO, IBO, RIR, IR, RR)

- **Max-Retries**: 지원하는 최대 재시도 횟수

- **Max-Wait-Secods**: 재시도 사이의 최대 대기 시간

- **Starting-Value-Seconds**: 첫 번째 재시도까지 대기 시간

- **Increment-Value-Seconds**: 선형 백오프 시 증가할 대기 시간

재시도가 실패하면, 서비스는 마지막 HTTP 상태 및 받은 요청의 세부 사항을 리포트해야 한다.

대상 서비스가 반복되는 경우를 가정할 수 있음을 명심해야 한다.

또한 나중에 검토하기 위해 시도 내역을 로컬 로그 파일에 기록해야 한다. 이 정보를 워크플로 진행 기록(레시피 7.7 참조)에 보고할 필요는 없다. 이는 서비스 인터페이스 개발자만이 볼 수 있는 내부 세부 사항이기 때문이다.

예제

다음은 설정 파일이나 기타 자원에 재시도 옵션을 기록할 때 사용할 수 있는 예제 메타데이터 속성들이다(레시피 5.5 참조). 다음은 XML로 표현된 재시도 설정 값의 예제다.

```
<!-- For EBO methods -->
<retries>
  <method>EBO<method>
  <starting-value-seconds>2</starting-value-seconds>
  <max-retries>3</max-retries>
</retries>

<!-- for IBO method -->
<retries>
  <method>RIR<method>
  <increment-value-seconds>3</increment-value-seconds>
  <max-retries>3</max-retries>
</retries>

<!-- for RIR method -->
<retries>
  <method>RIR<method>
  <starting-value-seconds>2</starting-value-seconds>
  <increment-value-seconds>3</increment-value-seconds>
  <max-retries>3</max-retries>
</retries>

<!-- for IR method -->
<retries>
```

```
  <method>IR<method>
  <max-retries>3</max-retries>
</retries>
<!-- for RR method -->

<retries>
  <method>RR<method>
  <max-retries>3</max-retries>
  <max-wait-seconds>10</max-wait-seconds>
</retries>
```

retries 섹션은 기존 클라이언트 선호도 도큐먼트(레시피 5.5 참조)나 서비스가 사용하는 다른 구성 자원에 추가될 수 있다. 내부 정보를 무단으로 외부에 노출하지 않도록 주의하라.

토론

이 레시피는 일시적인 네트워크 문제를 숨기고 네트워크의 트래픽 흐름을 방해하지 않고 해결하려고 설계됐다. 발생하는 문제가 일시적인 것이 아닐 수 있으며, 로컬 서비스 로그를 검사하지 않으면 이를 알아채지 못할 가능성이 있어, 로컬 로그를 자주 검토하는 것이 좋다.

같은 요청을 여러 번 반복해서 시도하는 것이 대상 서비스에 의해 악의적인 행동(예: 서비스 거부 공격)으로 간주될 수 있다. 이는 같은 요청을 반복하는 것뿐 아니라 다양한 관련 URL에 많은 반복 요청의 '출처'가 되는 것도 포함한다. 자동 재시도 설정을 신중히 하고 '좋은 네트워크 사용자'로서 행동할 수 있는 모든 것을 보여주는 것이 중요하다.

재시도를 로깅할 때, 경고만 남기며 오류는 하지 않는다. 재시도가 실패하면 마지막 시도를 오류로 보고할 수 있다. 이렇게 하면 예를 들어 재시도를 찾고 있을 때 로그를 읽고 처리하기가 더 쉬워진다.

로그 검토에서 같은 서비스가 반복적으로 재시도를 유발하는 것으로 나타나면, 그 연결을 수정하거나(가능하다면) 더 신뢰할 수 있는 서비스로 교체하는 것을 고려하기 바란다.

EBO 접근 방식은 프로그램 간 상호작용 시 유용하다. 프로그램은 지루함을 느끼지 않기 때문에 시도 사이에 증가하는 지연 시간이 방해가 되지는 않을 것이다. 사람-프로그램 인터페이스(예: API 대신 UI)일 때, 사람은 지루함을 느끼기 때문에 IR 재시도를 구현하고 더 빨리 중단하는 것이 좋다.

요청할 때 지연이 발생할 수 있으며, 이는 일련의 순차적 작업으로 인해 누적될 수 있다는 점을 유념해야 한다. 예를 들어, 같은 장애 게이트웨이를 통해 3개의 순차적 요청이 있고, 3번의 시도에 최대 10초의 대기 시간이 있다면, 3개의 요청은 최대 90초의 지연으로 누적될 수 있다. 이 가능성을 피하는 유일한 방법은 작업 최대 수명(jobMaxTTL)과 태스크 최대 수명(taskMaxTTL) 옵션을 지원하는 워크플로 호환 서비스(레시피 7.1 참조)의 도움을 받는 것이다.

반대로, 병렬 작업 세트에 재시도를 적용할 때, 이 경우 최대 지연 시간은 30초로 제한될 수 있지만, 여전히 긴 시간이다!

같이 볼 것

- 레시피 3.5, 임베디드 하이퍼미디어를 통한 런타임에서의 액션 표현
- 레시피 3.8, 반복 가능한 액션을 위한 설계
- 레시피 5.12, 오류 리포트의 표준화
- 레시피 7.7, 워크플로에 대한 진행 상태 리소스의 공개
- 레시피 7.17, 로컬 실행 취소 및 롤백의 지원

7.17 로컬 실행 취소 및 롤백의 지원

가능한 한, 서비스 인터페이스는 API 사용자에게 실행 취소 옵션을 제공해야 한다. 이는 마지막 행동을 되돌릴 수 있는 기능으로, 데이터 업데이트를 되돌리거나, 방금 생성된 리소스를 제거하거나, 이전에 실행된 프로세스를 되돌리는 것일 수 있다. 기본 서비스가

스스로 실행 취소 작업을 제공하지 않을 가능성을 포함해 몇 가지 해결해야 할 문제가 있다. 그러나 이것 때문에 API가 실행 취소 옵션을 제공할 수 없다는 의미는 아니다.

문제

가장 최근의 인터페이스 작업(예: 추가, 편집, 삭제)에 대한 실행 취소 옵션을 지원하는 것은 좋은 지원이다. 그러나 모든 서비스(API 뒤의 코드)가 실행 취소 옵션을 제공하는 것은 아니다. 서비스가 지원하지 않을 때도 실행 취소를 지원하기 위해 필요한 것은 무엇인가? 실행 취소 옵션을 제공하는 것이 권장되는 조건과 권장되지 않는 조건은 무엇인가?

 로컬에서 실행 취소를 지원하는 것은 API 프록시 패턴의 한 종류다. 프록시 패턴의 자세한 것은 레시피 5.17을 참조하기 바란다.

솔루션

일반적으로, 모든 서비스는 어느 정도 실행 취소 기능을 제공하는 것이 좋다. 마지막 행동을 되돌릴 수 있는 능력은 대부분의 사람이 직접 다루는 인터페이스에서 제공되며, 프로그램 중심 인터페이스에도 마찬가지로 유효하다.

서비스가 자체적으로 실행 취소 옵션을 제공할 때, 그것을 외부 작업 인터페이스를 통해 반드시 노출해야 한다(레시피 5.4 참조). 이때는 실행 취소를 지원하기가 쉬운데, 단순히 서비스 옵션을 API에 구현하면 된다. 그러나 기본 서비스를 통해 실행 취소 작업을 사용할 수 없는 경우도 있을 것이다. 이때는 가능한 한 API 수준에서 실행 취소를 구현하는 것이 좋다. 이는 기본 서비스(또는 서비스들)와 함께 작동하는 '가짜 실행 취소'를 개발하는 것을 의미한다.

직접 실행 취소

간단한 CRUD 스타일 서비스에서는 실행 취소 기능의 구현은 비교적 간단하다. 서비스 액션(예: updateCustomer)을 구현하고, 식별자(contextId)로 색인화된 로컬 내구성 저장소에 실행 취소 가능한 작업의 기록을 유지하며, 외부 액션(예: undoUpdateCustomer가 contextId를 받음)을 공개해야 한다.

로컬 실행 취소 기능을 구현할 때는 유효한 롤백을 위한 시간 프레임을 설정하는 것이 좋다. 예를 들어, 원래 작업 후 5초 이내에 롤백 요청이 오는 경우에만 작업을 롤백할 수 있도록 제안할 수 있다. 이는 지난 주에 한 작업을 실행 취소를 걸어버리는 것으로부터의 문제점들을 방지할 수 있다.

간단한 CRUD 스타일 서비스를 다룰 때는 '직접 실행 취소' 접근 방식을 고려할 수 있다. 여러 기반 서비스에 대한 변경을 지원하거나, 액션의 직접적인 롤백을 구현하는 데 있어서 그 영향을 확실히 모를 때는 대신 '지연 실행 취소' 접근 방식을 시도할 수 있다.

실행 지연을 통한 취소

실행 취소를 하는 또 다른 안정적인 방법은 요청된 변경을 지연시키는 것이다. 예를 들어, updateCustomer 액션을 지원할 수 있으며, 이를 실행할 때 요청을 정해진 시간(예: 5초) 동안 '대기' 상태로 둘 수 있다. 그 시간 내에 API 호출자가 자신의 실수를 발견하고 undoUpdateCustomer 메시지를 보내면 원래 요청을 단순히 무시할 수 있다. 이 경우, 기반 서비스는 원래의 updateCustomer 액션을 결코 알 수 없으며, 커밋된 트랜잭션의 취소가 시스템의 다른 부분을 무효화할 가능성은 전혀 없다.

이 접근 방식은 실행 취소를 지원하는 모든 쓰기 작업에 대해 어느 정도의 지연을 내포한다고 약속한다는 단점이 있다. 따라서 지연 완료를 지원할 수 있는 액션에만 이 지연 접근 방식을 사용하는 것이 좋다. 이를 통해 성능 약속을 깨뜨리지 않으면서도 지연 완료를 지원할 수 있다. 예컨대 야간 배치 업데이트, 일반적으로 큐를 통해 작동하는 패턴 등은 지연된 실행 취소에 좋은 적용 후보다.

예제

여러분의 서비스 인터페이스를 위한 실행 취소 지원 패턴에는 직접 실행 취소와 실행 지연을 통한 취소 두 가지가 있다.

직접 실행 취소

직접 실행 취소를 위해, 다음과 같이 내부 기능 모델이 있는 간단한 CRUD 스타일의 서비스를 생각해보자.

```
// internal service code
function internal_actions(action, id, object) {
  var rt = null;
  switch(action) {
    case "create":
      rt = create(id, object);
      break;
    case "read":
      rt = read(id);
      break;
    case "update":
      rt = update(id, object);
      break;
    case "delete":
      rt = remove(id);
      break;
  }
}
```

API에 실행 취소를 지원하려면 다음과 같은 새로운 액션을 추가하는 방법이 있다.

```
// external actions in api code
function createAction(id, object, context) {
  var rt = null;
  if(writeLogAction(id, object, context)) {
    rt = internal_actions("create", id, object);
  }
  return rt;
}

function undoCreateAction(id, context) {
  var rt = null;
  rt = readLogAction(id, context);
  if(isUndoable(rt)) {
```

```
      rt = internal_actions("remove", id);
    }
    else {
      rt = errNotUndoable(id, context);
    }
    return rt;
}
```

실행 지연을 통한 취소

실행 지연을 통한 롤백 구현은 약간 다르다. 이 옵션은 안전하지 않은 작업(생성, 업데이트, 삭제)을 지연과 함께 큐에 넣음으로써 구현할 수 있다. 그런 다음 필요한 경우, 백엔드 서비스에 실제로 커밋되기 전에 변경 사항을 취소하는 방식이다.

customers, orders, products의 세 가지 소스 코드에 변경 사항을 커밋하는 기본 작업이 있다. 여기에 위 메커니즘이 코드에서 어떻게 작동할 수 있는지를 간단히 보여준다.

```
// external action
function scheduleUpdate(inputProperties) {
  // sort out properties to three sources:
  var customers = {...};
  var orders = {...}
  var products = {...}
  context = setTimeout(
    function(){updateSources(customers, orders, products);}, 5000
  );
  return context;
}

// external action
function cancelUpdate(context) {
  clearTimeout(context);
}

// internal function
function updateSources(customers, orders, products) {
  var rt = null;
  // commit all three sources in parallel
```

```
    rt = updateWith(customers, orders, products);
    return rt;
}
```

이를 지원하는 HTTP 통신은 HTML에서 다음과 같이 보일 수 있다.

```
**** REQUEST ****
PUT /update HTTP/1.1
Host: api.example.org
Content-Type: x-www.form-urlencoded
Accept: text/html
...

customerId=q1w2e3&orderId=p0o9i8&productId=5t6y7u&...

**** RESPONSE ****
HTTP/1.1 202 Accepted
Content-Type text/html
...

<p>Order Updated. You can cancel this order in the next five seconds.</p>
<form name="rollback" method="put" action="http://api.example.org/update/r4t5">
  <input type="hidden" name="contextId" value="r4t5" />
  <input type="submit" value="Undo Order Update" />
</form>
```

HTTP 통신에서는 응답으로 HTTP 202 Accepted를 사용한다는 것에 주목하자. 이것은 지연된 실행을 통한 롤백을 지원하기 위한 필수 요건은 아니지만, 지연을 교환에서 명시적으로 만들어 API 클라이언트 애플리케이션에 도움이 될 수 있다. 또한 200 OK나 201 Created를 반환하고 여전히 실행 취소 패턴을 지원할 수도 있다.

토론

직접 실행 취소 패턴의 경우, 현재 실행 중인 콘텍스트(예: 로그인한 사용자 콘텍스트)가 실행 취소에 필요한 모든 기본 작업을 완료할 권한이 있는지 확인해야 한다. 예를 들어, 로그인한 사용자가 HTTP DELETE에 대한 접근 권한이 없다면, 그 사용자는 실행 취소 기능에 대한 접근 권한도 없어야 한다.

기본 서비스 코드가 간단한 CRUD 작업을 지원하더라도, API 코드가 하나 이상의 기본 서비스에 대한 안전하지 않은 작업(추가, 편집, 삭제)에 의존할 때(예: updateCustomer 및 updateSalesLog), 로컬 실행 취소를 지원하기 위해 실행 지연을 고려해야 한다.

 이 레시피는 서비스 인터페이스에서의 롤백만 지원한다 다중 서비스에서의 롤백 처리는 레시피 7.17을 참조하기 바란다.

자체 실행 취소 기능을 구현하면 기본 서비스에 문제가 발생할 것 같지만, API 코드가 서비스의 공개된 기능을 구현하는 데 집중하는 한 문제는 되지 않는다. 다시 말해, 서비스가 삭제 작업을 지원한다면, 세 주 전에 다른 사람이 생성한 레코드에 삭제를 하는 것이 자체 API 사용자가 5초 전에 생성한 레코드에 삭제 작업을 사용하는 것과 다르지 않아야 한다.

지연 방식을 사용하는 단점 중 하나는 서비스 인터페이스에 대기 상태를 추가해야 한다는 것이다. 몇 초의 대기 시간은 큰 문제처럼 보이지 않을 수 있지만, 빠르게 누적될 수 있다. API에 3초의 대기 시간을 추가하고, API가 호출하는 세 개의 기본 서비스가 있다고 가정하자. 세 개의 기본 서비스 각각에도 3초의 대기 상태가 있다고 가정하면, 모르는 사이에 우리 워크플로에서 15초에서 30초의 고정 지연 시간을 보게 될 수 있다! 이것은 밤샘 배치 업데이트를 볼 때는 괜찮지만, 이 API가 주식 거래 플랫폼에 즉각적인 업데이트를 제공하는 데 사용된다면 실제로 문제가 되기도 한다.

같이 볼 것

- 레시피 3.6, 멱등성을 통한 일관성 있는 데이터 작성 설계
- 레시피 3.9, 가역 액션을 위한 설계
- 레시피 4.3, 메시지 중심 수행의 탄력적인 클라이언트 만들기
- 레시피 5.16, 종속 서비스에 대한 런타임 대체 제공

- 레시피 5.17, 의미론적 프록시를 사용한 비규격 서비스로의 액세스

- 레시피 7.16, 자동 재시도를 통한 빠른 오류 대응

- 레시피 7.18, 지원 요청

7.18 지원 요청

워크플로 문제가 런타임에 프로그램으로 쉽게 해결될 수 없을 때도 있다. 그런 일이 발생하면 문제를 해결할 수 있는 사람에게 경고를 보내 도움을 요청하는 것이 좋다. 그런 다음 가능하다면 워크플로를 다시 시작하거나 완전히 취소한다.

문제

워크플로에서 오류가 발생하고 이를 해결할 방법이 보이지 않을 때 무엇을 해야 할까? 지원 요청을 보내기 위한 최소한의 정보는 무엇이 있을까?

솔루션

워크플로상 요청이 실패할 때가 있을 것이다. 때때로 자동 재시도(레시피 7.16 참조)를 사용해 문제를 해결할 수 있지만, 그것이 효과가 없을 수도 있다. 그런 일이 발생하면 책임 있는 사람에게 도움을 요청하고 그들에게 문제를 해결하도록 하는 것이 최선이다.

가령, 네트워크 오류로 인해 요청이 실패할 수 있고, 그 순간 해결할 수 있는 방법이 없을 수 있다. 이런 상황이 발생하면, 워크플로 프로세서는 이런 문제를 처리할 책임이 있는 미리 정해진 사람에게 경고(가끔은 이메일과 SMS 메시지를 함께)를 보내야 한다.

경고는 다음을 포함해야 한다.

- 워크플로 설명(레시피 7.3, 7.4, 7.5)

- 워크플로 진행 상태 리소스(레시피 7.7)

- 워크플로 공유 상태(레시피 7.1)

- 기타 다른 적절한 정보들(예: 오류 리포트, 로그 등)

이는 이메일에 첨부된 ZIP 파일로 전송될 수도 있고, 관련 문서에 대한 포인터(URL)로 제공될 수도 있다(담당자가 모든 리소스에 대한 접근 권한이 있다고 가정할 때).

인시던트 담당자는 그런 다음 문제를 해결하려고 시도할 수 있으며, 해결 가능하다면 워크플로 요청을 계속하거나 다시 시작할 수 있다. 두 방법 모두 효과가 없다면, 담당자는 작업을 완전히 취소할 수 있다.

이런 과정은 사건으로 작성돼 정기적으로 검토되는 모음에 포함돼야 한다. 기록 모음은 미래에 도움 요청을 줄이기 위한 버그 수정이나 재설계의 시작이 될 수 있다.

예제

레시피 7.18을 지원하는 첫 번째 단계는 워크플로 작업 설명에 책임 있는 당사자를 포함시키는 것이다. 도큐먼트 기반 워크플로(레시피 7.5)의 경우, 이는 다음과 같이 보일 것이다(워크플로 도큐먼트의 HTML 버전에서 'contact' 절 참조).

```html
<html>
  <head>
    <title>Shopping Checkout Workflow</title>
  </head>
  <body>
    <h1>Shopping Checkout Workflow</h1>
    <div class="job">
      <span class="jobID">q1w2e3r4t5</span>
      <span class="jobStatus">working</span>
      ...
      <div class="contact">
        <span name="person">Mook Maundy</span>
        <span name="email">mook@example.org</span>
        <span name="sms">1234567890</span>
        <span name="voice">9086574321</span>
      </div>
```

```
      <div class="tasks">
        <div class="task">
          <span class="taskID">p0o9i8u7y6</span>
          <span class="taskStatus">completed</span>
          ...
        </div>
        ...
      </div>
    </div>
  </body>
</html>
```

contact 블록에는 name, email, voice, sms 속성이 포함돼 있다. 이 값들은 모두 제공되지 않을 수도 있지만, 적어도 name, voice, sms 중 하나는 연락처 블록의 일부로 나타나야 한다. 이 값들은 그룹값(예: support@example.org)이나 일반적인 도움말 전화번호(예: 1-800-PLS-HELP)일 수도 있다.

자동으로 해결될 수 없는 중단 오류가 발생하면, 관련 데이터나 해당 데이터를 가리키는 URL을 포함한 email 및 sms를 통해 자동으로 경고가 발송돼야 한다. 예를 들어, 이 오류는 이메일 주소로 보내지는 첨부파일로 다음과 같은 사고 메시지를 자동 생성할 수 있다.

```
{"collection": {
  "title": "CFH Incident Report q1w2e3r4",
  "links": [
    {"rel": "job", "href":"..."},
    {"rel": "progress", "href": "..."},
    {"rel": "sharedState", "href": "..."},
    {"rel": "errorReport", "href": "..."}
  ]
}}
```

이 예제는 프로그램이 읽어들이고 처리할 목적으로 만들어 졌다. 동일한 내용으로 사람이 읽을 수 있는 포맷으로도 만들 수 있다.

토론

이 레시피를 구현하는 것은 안정적인 워크플로 설계의 중요한 부분이다. 런타임에 무슨 일이 발생할지는 결코 확실하지 않으며, 문제를 해결하기 위해 담당자에게 알리는 능력은 필수적이다.

 여기에서 언급되지 않았지만, 경고에 대해 일종의 우선순위 코드를 설정하는 것도 도움이 된다. 이는 단순한 워크플로의 설계를 넘어서며, 기존의 인시던트 관리 플랫폼에서 처리돼야 한다.

인시던트 대응을 위한 지원 요청은 워크플로 도큐먼트(레시피 7.5)를 사용할 때 상대적으로 간단하지만, DSL이나 코드를 사용해 워크플로를 설명하는 경우에는 좀 더 복잡하다. DSL 워크플로의 경우(레시피 7.4), 실행 불가능한 버전의 워크플로 스크립트를 보유하는 리소스를 생성해야 할 수도 있다. 워크플로가 소스 코드로 표현된 경우(레시피 7.3), 그 코드를 공유할 수 없을 가능성이 높으며, 보고서에 공유하기 위해 일부 추적 또는 기타 내부 정보를 생성해야 할 수도 있다.

 지원 요청 기록이 어떠한 개인 데이터, 독점 정보, 또는 이용될 수 있는 기타 보안 관련 데이터를 공개적으로 공유하지 않도록 주의해야 한다.

지원 요청 시스템의 결과를 대시보드에 게시해 전체 시스템의 일반적인 안정성을 나타낼 수 있다. 이는 가장 흔한 지원 요청 인시던트를 추적하고 버그 수정이나 업데이트를 위한 목표로 삼는 데 도움이 될 수 있다. 또한 사건의 증감 추세(예: 근무 시간 중 일반적인 시간에 발생하는가 등)를 파악할 때도 좋다. 마지막으로, 인시던트를 해결에 걸리는 시간을 당신의 응답 품질의 척도로 추적하고 필요에 따라 팀을 조정할 수 있다.

현재 환경에 따라, 기존의 버그나 사건 보고 시스템을 사용해 높은 우선순위 티켓을 자동으로 생성하고 그 자체의 경고 및 라우팅 워크플로를 시작할 수도 있다. 이는 필수적이지 않지만, 경고를 위한 내부 email/sms/voice 경고 프로세스를 설정하는 것보다 지원하기 쉽다.

자체 경고를 생성할 때는 'list' 리소스(레시피 7.11)를 설정하고, 워크 인 프로그레스(레시피 7.10) 인터페이스를 사용해 사건을 추적하고 관리할 필요가 있을 것이다. 이 시점에서, 당신은 자체 워크플로 지원 플랫폼을 구현하기 시작하는 것이다. 아울러 지원 요청 프로그램을 위한 시중의 솔루션들을 확인해야 한다.

같이 볼 것

- 레시피 3.3, 게시된 어휘를 통해 도메인 세부 정보 공유하기
- 레시피 4.11, 런타임에서 데이터 속성 검증
- 레시피 5.16, 종속 서비스에 대한 런타임 대체 제공
- 레시피 6.5, 쿼리 응답을 위한 메타데이터 반환
- 레시피 7.7, 워크플로에 대한 진행 상태 리소스의 공개
- 레시피 7.17, 로컬 실행 취소 및 롤백의 지원

7.19 쿼리와 클러스터로 워크플로 확장하기

웹에서 워크플로를 지원할 때 높은 트래픽 부하(간헐적이거나 지속적인)의 가능성이 장벽으로 작용한다. 레시피 7.19는 요청량이 처리량의 한계치를 초과할 때 더 잘 대응하기 위해 수행할 수 있는 내부적 프로그래밍을 다룬다.

문제

높은 트래픽이 워크플로 서비스의 충돌이나 불안정한 작동을 초래하지 않도록 어떻게 할 수 있을까? 서비스 인터페이스를 사용하는 소비자들이 자신들의 수행과정을 수정하지 않고도 대규모 트래픽 부하 및 불안정한 워크플로 처리를 쉽게 다룰 수 있도록 무엇이 백그라운드에서 수행될 수 있을까?

솔루션

여러분이 워크플로 서비스가 고용량 트래픽이나 지나치게 오래 실행되는 작업으로 인해 문제가 생길까 우려된다면, 인터페이스 뒤에서 신뢰성과 확장성을 향상시키기 위해 큐와 클러스터 또는 아키텍처 기술을 사용할 수 있다.

 이 레시피는 레시피 7.16과 마찬가지로 내부 서버 측 프로그래밍 세부 사항을 다룬다. 여기에 있는 모든 요소들은 그에 맞게 처리돼야 한다. 이는 웹상에서 쉽게 접근할 수 있는 정보가 아니다.

요청 트래픽 확장을 위한 큐의 사용

서비스 인터페이스와 서비스 자체 사이에 메시지 큐를 추가함으로써, 요청이 처리되기 전에 어느 정도 시간이 걸리더라도 요청이 인정되는 데 걸리는 시간을 줄일 수 있다(그림 7-13 참조).

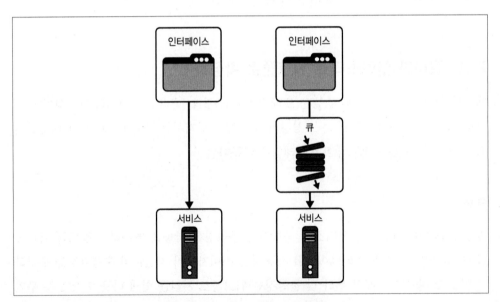

그림 7-13 메시지 큐는 요청 볼륨확장에 효과적이다.

522

이 기술은 워크플로 요청을 도큐먼트로 표현할 때(레시피 7.5)에 특히 쉽게 적용된다. 인터페이스와 서비스 사이에 큐를 추가함으로써, 요청이 도착하면 HTTP `202 Accepted`를 빠르게 반환한 후 요청을 영속적인 큐에 기록할 수 있다. 그런 다음 서비스는 큐에서 메시지를 읽고 사용 가능할 때 처리할 수 있다.

메시지가 성공적으로 처리되기 전에 큐에서 시간 초과(jobMaxTTL, taskMaxTTL)가 되고 있다면, 큐를 읽는 워크플로 처리기를 더 추가할 필요가 있다.

요청 프로세싱 처리를 위한 클러스터의 사용

워크플로 처리가 정해진 시간을 초과되고 있다면, 추가 작업을 처리하기 위해 더 많은 프로세서, 즉 더 많은 워크플로 엔진이 필요하다. 이에 대응하려면 여러 대의 서버로 클러스터를 생성하는 방법이 가장 쉽다(그림 7-14 참조). 대부분의 플랫폼(모든 클라우드 플랫폼 포함)은 단일 IP 주소를 서비스 인터페이스의 목적지로 선언하고 그 목적지 뒤에 여러 서버를 배치할 수 있는 기능이 있다. 클러스터에서 실행되는 어떤 서버도 워크플로 요청을 받아들인다. 이는 백로그 큐에서 읽는 것도 포함한다.

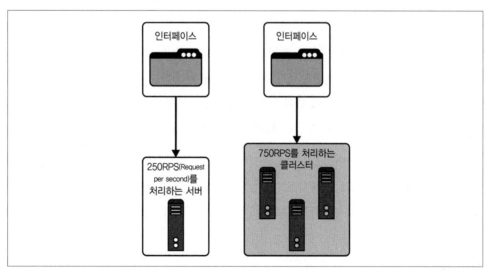

그림 7-14 클러스터는 처리량을 늘리는 데 도움을 준다.

머신 클러스터 설정 및 관리에 대한 자세한 내용은 이 책의 범위를 벗어난다. 쿠버네티스는 클러스터 관리를 다루는 제품의 좋은 예다. 모든 주요 클라우드 플랫폼(AWS, 구글, 헤로쿠, 마이크로소프트 등)도 클러스터링을 지원한다.

클러스터를 사용하면 간헐적인 오류로부터 보호받을 수 있다. 클러스터의 한 서버가 다운되더라도, 문제가 있는 머신이 재부팅되거나 교체될 동안 요청 부하를 처리할 수 있는 다른 하나 이상의 머신이 계속 운영될 수 있다.

큐와 클러스터 모두 공개 서비스 인터페이스를 방해하지 않고 도입할 수 있으니 기억해 두면 좋다.

토론

인터페이스 뒤에 큐를 구현하기 위한 방법이 많다. 디스크상에 폴더(예: /requests/)를 어딘가에 생성하고 모든 요청을 해당 폴더에 파일로 작성하는 방법이 가장 간단하다. 그런 다음 폴더를 모니터링하고 거기에 나타나는 파일을 읽는 코드를 작성한다. 다만, 폴더가 종종 특정 서버에 연결돼 있어 머신 클러스터에 대한 공유 큐를 구현하기 어렵게 만든다는 단점이 있다.

모든 주요 클라우드 벤더는 오토 스케일링 기능을 제공한다. 트래픽 부하가 얼마나 커질지를 제어하는 매개변수를 설정하고, 추가된 요청을 처리하기 위해 새로운 서버들을 자동으로 구동시키며, 트래픽 양이 줄어들면 서버를 종료시킬 수 있다. 이는 설정하기 까다롭고 운영 비용이 발생할 수도 있지만, 단기적인 문제를 해결하는 데 도움이 된다.

큐와 클러스터의 경우 모두, 메시지가 완전히 자기 기술적self-describing이어야 하며, 공유 상태는 독립적인 리소스로 존재하고, 서비스는 병렬로 운영될 수 있어야 한다. 이 모든 것은 레시피 7.1에서 다루는 워크플로 호환 서비스의 특징들이다.

같이 볼 것

- 레시피 3.7, 서비스 간 상태 전송으로 상호운용성 활성화
- 레시피 4.11, 런타임에서 데이터 속성 검증

- 레시피 6.1, 내부 데이터 스토리지 은닉

- 레시피 6.9, 캐싱 지시문으로 성능 개선하기

- 레시피 7.7, 워크플로에 대한 진행 상태 리소스의 공개

- 레시피 7.15, '202 Allowed'를 사용한 미완료 작업에 대한 동기식 회신

7.20 워크플로 프록시로 비규격 서비스 등록하기

워크플로 프로세스의 일부로 기존의 규격과 호환되지 않는 서비스 인터페이스를 사용하고 싶을 때가 있다. 레시피 7.20은 그러한 상황에서 안전하게 이를 수행하는 방법과 전혀 하지 말아야 할 때를 보여 준다.

문제

기존의 서비스 인터페이스가 워크플로 호환 구현이 아닌데, 이를 워크플로 작업의 한 태스크로 포함시키고 싶을 때는 어떻게 해야 할까? 어떤 경우에 문제없이 포함시킬 수 있으며, 바람직하지 않을 때는 언제일까?

솔루션

워크플로 호환이 아닌 서비스 인터페이스를 워크플로 스트림에 포함시키려면 워크플로 호환 프록시로 감싸면 된다. 워크플로 호환 프록시는 워크플로 호환 서비스의 모든 측면(레시피 7.1 참조)을 제공할 수 있으며, 이에는 모든 액션, 공유 상태 지원, 상관 관계 및 요청 식별자 전달 등이 포함된다. 워크플로 프록시는 레시피 7.1에 나열된 모든 중요한 액션을 지원해야 한다. 여기에는 다음이 포함된다.

- 실행

- 반복

- 되돌리기

일반적으로 원하는 작업을 수행하기 위해 대상 서비스를 가리키기 위해 '실행' 액션을 사용할 수 있다. 이때 연관된 공유 상태 리소스에서 내용을 읽고 쓰는 루틴을 코딩할 필요가 있다.

반복의 멱등적 액션과 '되돌리기' 실행 취소 액션을 지원하는 것은 더 어렵다. 우편 번호를 리스트와 비교하는 것과 같은 읽기 전용 서비스나, 판매세를 계산하는 것과 같은 계산 전용 서비스는 지원할 의미 있는 '되돌리기'가 없고 원하는 만큼 '반복' 액션을 쉽게 수행할 수 있다.

서버 측에서 상태를 변경하는 대상 서비스(예: 저장된 데이터 수정, 리소스 수정 등)의 경우, '반복'과 '되돌리기'를 모두 지원해야 한다는 점을 유의해야 한다. 기존 서비스 인터페이스가 이미 이를 수행하는 경우, 프록시 액션을 대상 서비스에 연결하기만 하면 된다. 그렇지 않다면, 필요한 지원을 제공할 수 있는 방식으로 프록시를 코딩할 수 있는지 확인해야 한다.

예를 들어, 프록시가 생성한 리소스에 대한 로컬 도메인 지식을 프록시에 코딩함으로써 리소스 생성에 대한 '되돌리기' 액션을 지원할 수 있을지도 모른다. 그리고 요청에 따라, 해당 리소스를 삭제하기 위해 '되돌리기' 액션을 실행한다. 그러나 시도하려는 리소스 삭제가 다른 의존적인 상태 변경(작업 티켓, 로그 항목 등 기존 리소스 수정)을 생성하지 않았는지 확인해야 한다. 대상 서비스 인터페이스를 당신이나 당신의 팀이 '소유'하지 않았다면 이는 거의 불가능에 가까울 수 있다.

여기에는 위험이 도사리고 있다!

여기에서 언급된 이유로, 읽기 전용인 서비스만 프록시를 적용해야 한다. 이 규칙의 예외는 규격을 준수하지 않는 서비스를 당신이 통제하고 있으며 해당 서비스에서 되돌리기와 반복 액션을 안전하게 지원할 수 있다고 확신하는 경우에만 해당된다.

일반적으로, 가능한 한 워크플로 프록시에 의존하는 것은 피해야 한다. 하지만 피할 수 없는 상황이라면, 안전하지 않은 액션이 적절히 처리되고 있다고 완전히 확신이 들지 않은 한, 읽기 전용 서비스를 프록시하는 것에 집중해야 한다.

예제

쇼핑 워크플로에 등록하고자 하는 computeVAT라는 호환되지 않는 서비스가 있다고 가정한다. 이를 위해서는 다음을 지원하는 새로운 워크플로 호환 프록시 인터페이스(이를 workflowVAT라고 하자)를 생성해야 한다.

- readSharedState: 공유 상태를 로컬 메모리로 불러와, 실행 서비스 액션에 필요한 모든 데이터를 제공할 준비를 한다.

- inputVATData: 실행 작업을 호출하기 위한 양식을 공유하며, 가능한 경우 shared State 모음의 속성에 의해 채워진다.

- executeVATComputation: 직전의 폼을 사용해 대상 서비스의 핵심 기능(예: compute VAT)을 호출하며, 양식은 sharedState 모음의 데이터로 채워진다.

- writeSharedState: 이는 sharedState 모음에 대한 수행 결과를 작성한다.

- repeatVATComputation: sharedState 모음에서 데이터를 가져와 inputVATData 양식을 채우고 executeVATComputation 액션을 실행하는 과정을 반복한다. 이는 또한 sharedState 모음을 업데이트하기 위해 writeSharedState 액션을 호출한다.

- RevertVATComputation; executeVATComputation 액션으로부터의 모든 결과를 sharedState 모음에서 제거하는 액션이다(기본적으로 어떠한 실행이 일어나기 전 상태로 되돌리는 것이다). 그리고 되돌리기 동작을 모음에 확정하기 위해 write SharedState를 수행한다.

이 과정 전반에 걸처, 프록시 동작을 위한 HTTP 인터페이스는 correlation-id(작업 식별자) 및 request-id(태스크 식별자) 속성을 지원하며, 이는 HTTP 요청 또는 응답 메시지에 대한 모든 통신에서 전달된다.

computeVAT 서비스를 사용할 수 있게 하기 위해 프록시가 많은 인터페이스가 추가로 필요함을 알 수 있다. 그렇게 많은 노력에 비해, 워크플로 준수 서비스로 computeVAT 서비스를 간단히 대체하는 것이 어떻게 보면 더 합리적일 수 있다. 그리고 그것이 맞는 판단일 것이다.

다시 말해, 워크플로 호환 서비스로 규격을 준수하지 않는 서비스를 대체할 수 없을 때만 워크플로 프록시 레시피를 사용해야 한다.

토론

워크플로 프록시를 도입하면 시스템의 신뢰성이 감소할 수 있다. 이는 서비스 체인에 또 다른 서비스를 추가하는 것이며, 이는 네트워크 연결 끊김뿐 아니라 프록시나 대상 위치에서의 서비스 실패 가능성을 노출시킨다. 이런 문제에 대한 해결책을 구현에 포함시켜야 한다(레시피 5.16 참조).

대상 서비스를 통제하지 않는 경우, 데이터를 쓰는 규격을 준수하지 않는 위험한 서비스unsafe noncompliant service를 프록시하려고 시도하는 것은 특히 위험하다. 예를 들어, 보이는 인터페이스 뒤에서 무슨 일이 일어나고 있는지 정확히 알 수 없다. 다른 서비스가 실행 중인가? 보이지 않는 의존적인 쓰기 작업들이 진행 중인가? 대상 서비스의 현재 동작을 확신한다 하더라도, 그 대상이 소유자에 의해 업데이트되거나 교체될 때 어떤 일이 발생할까?

규격 호환이 안 되는 서비스를 소유하고 있다면, 워크플로 프록시 패턴을 임시 해결책으로 사용해야 할 수도 있다. 이는 규격 호환이 되지 않는 서비스를 레시피 7.1에 제시된 모든 요구사항을 충족하는 서비스로 교체하는 데 시간을 할애하는 동안 워크플로 서비스 작업을 구축하는 데 도움이 된다. 이는 많은 조직들이 거치는 일반적인 디지털 변환 패턴인데, 일종의 '가짜로부터 시작해 만들어가는' 접근 방식이다. 이 점에 대한 자세한 내용은 8장의 '기존 서비스 변환'을 참조하기 바란다.

같이 볼 것

- 레시피 3.4, 의미 프로필로 문제 공간 기술
- 레시피 3.6, 멱등성을 통한 일관성 있는 데이터 작성 설계
- 레시피 4.4, 어휘 프로필을 이해하기 위한 효과적인 클라이언트 만들기

- 레시피 5.13, 런타임 서비스 레지스트리를 통한 서비스의 회복성 개선

- 레시피 6.13, 데이터 통신을 위한 패스 스루의 사용

- 레시피 7.1, 워크플로 호환 서비스 설계

- 레시피 7.15, 202 Allowed를 사용한 미완료 작업에 대한 동기식 회신

- 레시피 7.17, 로컬 실행 취소 및 롤백의 지원

8장

마무리

매일 매일은 여행이다.

여행 그 자체가 나의 집이다.

– 마츠오 바쇼

여행의 종착지에 도달했다. 이 책에서는 상당히 많은 내용을 다뤘다. 8장에서는 최종 검토와 성찰을 위해 잠시 시간을 갖도록 하겠다.

기본 아이디어에 대한 소개(1장)로 시작했는데, 이는 RESTful Web API의 의미를 탐구하고 하이퍼미디어가 전체 그림에 어떻게 적용되는지를 봤다. 또한 이 책의 레시피를 선택하고 정의하는 데 도움이 될 '웹에서 확장 가능한 서비스를 위한 공유 원칙'을 1장에서 확인했다.

웹을 구동하는 주요 기술과 디자인 개념의 배경지식과(2장), 여기에 나열된 레시피에 대한 기본 영감을 설명했다. 과거의 여정이 있는 레시피를 구현하고 디자인하는 데 있어 유용한 맥락을 제공했으면 하는 바람이었다.

이 책의 주요 내용은 2부에서 레시피로 다뤘다.

다음 단계로 넘어가면서 도움이 될 수 있는 추가 자료와 함께 마무리를 하면서 드는 생각을 담았다.

레시피의 적용

이 책에 포함된 레시피는 설계(3장), 클라이언트(4장), 서비스(5장), 데이터(6장), 워크플로(7장)를 포함한 광범위한 분야를 다룬다. 레시피는 모두 비슷한 방식으로 구성됐는데, 다른 것들보다 더 도전적인 내용의 레시피도 있다. 이 책에서 제시하는 목차는 나름대로 의미가 있지만, 개인 및 조직에서 게시하거나 사용하는 서비스 인터페이스에 맞춰 순서를 바꿔도 좋다.

주로 조언을 제공하는 레시피도 있고(예: 레시피 3.8), 자세한 구현법을 소개한 레시피도 있다(예: 레시피 7.6). 일부 레시피는 API 클라이언트와 생산자 간의 긴밀한 협력을 전제로 한다(예: 레시피 7.13). 설계나 빌드할 때 클라이언트-서버 간의 직접적인 상호작용 없이 구현될 수 있다(예: 레시피 5.2). 독립적으로 적용할 수 있는 레시피와 당사자 간의 긴밀한 협력이 필요한 레시피를 구분하는 것은 여러분이 레시피를 고를 때 초기에 투자한 시간과 자원 대비 가장 큰 효과를 제공하는지 결정하는 데 도움이 될 것이다.

레시피에는 공유되는 것들에 사용할 공통된 이름을 제공한다는 장점이 있다. 또한 설계할 때 사용할 수 있는 언어이기도 하다. 고객에게 레시피를 미처 소개하기도 전에 고객의 서비스 인터페이스에서 이미 레시피의 흔적을 발견하기도 했다. 보통, 팀들은 리스트를 페이지로 처리하는 공통적인 방법을 알고 있지만, 그것을 재사용 가능한 레시피로서 공유하거나 회사 전체에서 통일된 이름을 갖고 있지는 않다. 이 레시피들의 이름을 사용하는 것만으로도 여러분의 API 구현에 일관성이 더해질 것이다.

설계 우선

경험에 따르면, 새로운 서비스 인터페이스를 처음부터 구축해야 할 때는 설계 레시피를 시작점으로 사용할 수 있다. 이는 기존 서비스에 접근하기 위해 API를 사용할 때나 인터페이스와 서비스 코드를 동시에 생성할 때도 적용된다. 이미 잘 정립돼 있고 규정을 준수하지 않는 기존 서비스에 새로운 인터페이스 규칙을 적용할 때 API 생산자와 소비자 모두에게 어려움 없이 설계 레시피를 사용할 수 있다는 장점이 있다.

하지만 새로운 서비스를 처음부터 시작할 때도 '전체를 새롭게 만들려는' 유혹을 참아야 한다. API의 디자인을 개선하려면 작은 단계부터 밟아야 한다. 새로운 API가 일정한 표현 형식 집합으로 제한되도록 하는 표준을 설정하는 것(레시피 3.1 참조)부터 시작해도 좋다. 반복 가능성, 롤백 가능성, 확장성, 변경 용이성과 같은 것들을 지원하기는 어려운데, 이는 생산자와 소비자가 런타임 시 레시피의 숨은 의미를 이해해야 하기 때문이다.

클라이언트와 서버의 결합

클라이언트 레시피를 다루는 4장과 서비스에 관한 5장은 독립적인 성격이 있다. 그러나 4장과 5장 사이에 일정 수준의 반복과 상호 연결을 발견할 수 있을 것이다. 소비할 클라이언트 애플리케이션이 없다면 서비스 인터페이스를 작성할 필요가 없다. 따라서 팀에서 현재 역할이 두 가지 상호작용 중 하나에만 집중하더라도, 전체 그림을 얻기 위해 4장과 5장 모두를 학습하는 게 좋다.

클라이언트 레시피에서의 핵심 메시지 중 하나는 특정 서비스에 대한 독립성의 가정이다. 하나의 서비스 인터페이스와만 작동할 것으로 예상되는 '제한된' 클라이언트를 설계하고 구축하는 대신, 단일 문제를 해결하기 위해 여러 서비스를 더 쉽게 이동할 수 있는 클라이언트 애플리케이션을 구축하는 데 도움이 되는 레시피를 포함하려고 노력했다(레시피 4.15 및 4.16 참조). 서비스별 클라이언트 애플리케이션을 만들게 되더라도, 프론트엔드 앱에서 독립성의 정신을 유지하는 것은 코드베이스의 안정성과 유연성을 향상시킬 수 있다.

마찬가지로, 5장에는 서비스 인터페이스 자체에 대한 메타 정보를 게시에 대한 많은 레시피가 포함돼 있다. 클라이언트 선호도(레시피 5.5), 서비스 정의 파일(레시피 5.9), API 메타데이터 문서(레시피 5.10), 어휘 목록(레시피 5.7)은 모두 서비스 인터페이스에 대한 메타데이터를 공유하는 것의 중요성을 보여준다. 심지어 오류에 관한 레시피(레시피 5.12), 안정성(레시피 5.11), 콘텐츠 상호확인(레시피 5.6)에 대한 레시피들도 서비스 요청 자체에 대한 추가 정보가 안정적인 서비스 인터페이스를 만드는 데 어떻게 도움이 될 수 있는지 보여준다.

데이터로 시작하는 것은 쉽지 않다

기존 데이터 모델을 기반으로 아키텍처를 구축하는 조직이 많다. 데이터 모델은 때때로 수십 년에 걸쳐 사용 및 수정됐고, 핵심 비즈니스 규칙과 관행을 알아내는 데 매우 강력한 방법이 될 수 있다. 이런 회사에는 6장의 데이터 레시피를 적용할 때 어려움을 줄 수 있다. 이 책에서의 데이터 접근 방식은 서비스가 공유되지 않는 자체 데이터 저장소를 갖고 있으며, 여러 서비스가 같은 데이터베이스 테이블에 접근하는 대신 런타임 시 속성을 전달함으로써 서비스 상호작용이 가능하다고 가정한다(예: 레시피 7.2). 이때, 가장 가치 있는 데이터 레시피는 쿼리 요청(레시피 6.4) 및 응답(레시피 6.5)을 표현하는 방법과 데이터 모델의 은닉(레시피 6.1) 및 응답 결과의 캐싱(레시피 6.9)에 초점을 맞춘 레시피다.

새로운 데이터 저장 서비스를 설계하고 구현하는 경우, 6장에는 저장 기술, 검색 라이브러리, 무결성 관리에 대한 선택을 안내할 수 있는 다양한 레시피가 많이 포함돼있다.

워크플로

프로그래밍 워크플로에 관한 7장은 이전 레시피를 모아, 여러 서비스를 활용해 문제를 해결하는 방법을 제시한다. 7장은 좀 다른 접근 방식을 취한다. 7장은 오케스트레이션orchestration과 코레오그래피의 개념에 초점을 맞추기보다는, 이전 장들에서 이미 다룬 하이퍼미디어 기능에 크게 의존해, 워크플로에 서비스를 참여시킬 때 더 선언적이고, 공유되며, 분산된 방법을 구축한다.

하이퍼미디어 기능을 통해 워크플로에 서비스를 통합하는 방식을 강조해, 서비스가 서로 어떻게 상호작용하고 조정되는지에 대한 더 나은 이해를 제공하는 접근 방식이다. 이는 복잡한 시스템에서 서비스들이 유기적으로 연동되고 협력할 수 있는 방식을 탐구하는 데 도움이 될 수 있다.

여기에선 다른 접근 방식을 공유하고 있기 때문에, 이 레시피들을 일반적인 워크플로 플랫폼을 도구로 사용해 구현하기가 쉽지 않다. 그러나 '하이퍼미디어식 사고' 방식을 배우게 되면(2장 참조) 이 레시피들이 덜 불투명해지고 작동 코드로 번역하기가 더 쉬워질 수 있다는 것이 내 경험이다.

워크플로 레시피들이 함께 묶여 있어 좀 더 소화하기 쉽다. 7.1부터 7.5까지의 레시피에서는 안정적인 워크플로 시스템의 기초를 설명한다. 7.8부터 7.13까지의 레시피 모음은 리스트 탐색, 양식 제출, 진행 중인 작업 상호작용 등과 같은 일반적인 상호작용을 해결하기 위한 간단한 레시피 세트를 제공한다. 워크플로 솔루션을 정의하고 관리하는 데 있어 특정한 도전에 초점을 맞춘 몇 가지 다른 레시피들도 있지만, 가장 중요한 것 중 하나는 'RESTful 작업 제어' 언어에 대한 확장 가능한 기초를 설계하는 레시피 7.6이며, 이는 거의 모든 워크플로를 대응할 수 있다.

다른 장들과 마찬가지로, 워크플로 레시피를 구현할 때는 가능한 한 작게 시작하고 간단히 유지하는 것이 좋다. 너무 복잡해 보이는 것들은 건너뛰어도 되며, 여기에 개요로 설명한 내용을 수정하거나, 여러분의 필요에 더 잘 맞는 새로운 것들을 만드는 것을 주저하지 말기 바란다.

기존 서비스의 전환

> 언제나 전환할 때는, 여러분에게 교훈을 주는 가장 작은 일을 하되
> 가장 많은 것을 배울 수 있는 것을 선택하고 이를 계속 반복하라.
> —아드리안 콕크로프트(전 넷플릭스 클라우드 CTO)

이 책의 레시피 모음과 1장, 2장의 초기 가이드는 기존 서비스를 여기에서 주장하는 하이퍼미디어 접근 방식과 일치하도록 변환하는 데 많은 도움을 준다. 그러나 분명한 계획이나 이득 없이 기존 서비스 인터페이스를 수정하면 단순히 좌절감을 줄 뿐만 아니라 위험할 수도 있다.

다른 변형 작업과 마찬가지로, 이미 존재하는 시스템을 변경하는 것은 분명한 이점이 있을 때만 그것이 가치가 있다. 한 번의 배포에서 많은 중요한 수정을 패키지로 묶으려고 시도하기보다, 시간이 지남에 따라 독립적이고 작은 변경을 여러 번 하는 방법이 최고의 전략이다.

레시피를 사용하면 단일 문제를 식별할 수 있다(예: '데이터 쿼리 성능을 어떻게 향상시킬 수 있을까?'), 그리고 나서 서비스나 인터페이스 API에 하나 이상의 변경을 진행해 측정 가능한 개선을 이끌어낼 수 있다. 측정 가능한 개선 결과를 가져오는 변경에 초점을 맞추는 것은 회사에서 일종의 플라이휠^{flywheel} 효과[1]를 일으킨다. 각각의 변경이 더 나은 성능, 더 안정적인 런타임 경험, 덜 자원 집약적인 업데이트를 가져오면서, 이는 여러분의 작업에 동력을 더하고 조직 전체에서 다른 개선 이니셔티브에 대한 지원을 얻기 더 쉬워진다. 좋은 작업은 더 많은 좋은 작업을 이끌어낸다.

이 책에는 변환 작업을 용이하게 하기 위해 설계된 몇 가지 레시피도 포함돼 있다. 이들은 '패스 스루' 레시피(레시피 5.17, 레시피 6.13, 레시피 7.20)로 명명돼 있으며, 기존 서비스를 이 책의 다른 레시피들에 더 밀접하게 따르는 프록시 인터페이스로 래핑하는 것을 가능하게 한다. 이를 통해 기존 서비스를 '현대화'하고, 제어할 수 없는 외부 서비스에 추가적인 맞춤 설정을 제공하며, API 생태계에 일관성을 가져올 수 있다. 단, 모두 기존 서비스를 재코드화하거나 교체하지 않고도 여전히 비용 효율적이고 기능적인 상태를 유지하는 동안이다. 패스 스루 레시피에서 언급된 것처럼, 프록시 레시피를 사용하는 데는 단점이 있으며, 구현할 때 주의를 기울여야 한다.

기존 및 새로운 API에 이 레시피를 점점 더 많이 적용한다면, 팀 역할과 개인의 권한 부여를 포함한 비기술적인 영역에서도 변화를 느낄 수 있을 것이다. 선택된 레시피들은 공유된 일련의 원칙들을 지원하도록 설계됐기 때문에(1장. '웹에서 확장 가능한 서비스를 위한 공유 원칙' 참조), 폭포수^{waterfall} 방식의 한계에서 팀을 해방시키고 조직의 창의성을 발휘할 수 있게 하는 효과도 있다. 팀이 자체적인 속도로 작업하고 생태계의 다른 부분을 파괴할 걱정 없이 창의적인 솔루션을 안전하게 탐색할 수 있게 하는 서비스를 만들고 배포함으로써, 여러분은 이 책의 레시피에 잠재된 효과를 체감할 수 있을 것이다.

IT 부서의 기술적 요소를 변화시키기 위한 노력에 참여 중이라면, 회사 문화에서도 변화를 경험할 준비를 하기 바란다.

---

1 무거운 회전 디스크로, 한 번 회전하기 시작하면 그 운동량을 유지하는 데 에너지가 덜 필요하다. 비즈니스에 이 개념을 적용하면, 처음에는 많은 노력과 에너지가 필요하지만, 일단 운동이 시작되면 점점 더 적은 노력으로 더 큰 효과를 낼 수 있다는 의미다. – 옮긴이

참조할 수 있는 관련 자료

이 책은 커다란 프로젝트다. 계획된 모든 것이 책에 모두 들어가지는 않았다. 시간, 자원, 우선순위가 불리하게 작용돼, 생략해야 할 필요가 있는 내용도 있었다. 또한, 책 외부의 샘플, 레시피에 대한 온라인 문서, 비디오, 기타 같은 관련 프로젝트도 있다. 그래서 RESTful Web API 패턴과 실행 쿡북의 경험을 풍부하게 할 수 있는 추가적인 관련 자료를 몇 가지 공유하려 한다.

아래는 책이 출간된 후에도 참조할 수 있는 리소스다.

WebAPICookbook.com

이 책과 모든 관련 자료들을 위한 랜딩 페이지다. 추가 자료, 새로운 자료에 대한 안내, 쿡북 프로젝트의 상태를 확인하고 싶다면 먼저 웹 사이트를 확인하기 바란다.

@WebAPICookbook

이 책의 X(구 트위터)계정이다. 콘텐츠의 업데이트나 다른 리소스 소개, 프레젠테이션 등을 참조할 수 있다.

비디오 자료

이 책의 일부 자료와 함께 API 설계자, 아키텍트, 프로그래머들과의 인터뷰를 포함하는 일련의 비디오가 저자의 유튜브 채널(https://www.youtube.com/mamund)에 있다. 비디오 출시에 대한 정보는 X 계정을 통해서도 확인할 수 있다.

추가 레시피

이 책에 싣지 않은 레시피는 온라인으로 게재할 것이다. 세부적인 사항은 X 계정을 체크하기 바란다. 깃허브 리포지터리(https://github.com/webapicookbook)를 확인할 수도 있다.

ALPS 카탈로그

이 책에 있는 많은 레시피들을 위한 ALPS의 온라인 카탈로그(https://webapicookbook.github.io/alps-documents/)가 있다. 관련 레시피와 레시피의 샘플 구현을 위한 추가적인 ALPS 문서들도 찾을 수 있다.

시간이 지나면서 발표 자료, 팟캐스트와 같은 다른 자료가 생길 텐데, 이런 콘텐츠의 최신 참조 목록 유지에 최선을 다할 예정이다.

마지막으로, 온라인의 게시글이나, 다른 곳에서 레시피에 대한 언급하는 것을 봤다면, X 계정으로 알려주기 바란다. 컬렉션에 해당 내용을 추가하도록 하겠다.

다음 단계는?

다음은 어디로 향해야 할까? 저자는 '하이퍼미디어식으로 생각하는' 방법과 레시피들을 자신의 API 작업에 적용하는 방법의 아이디어를 자신의 것으로 만들기를 소망한다. 아마도 여러분 커뮤니티의 문제 해결을 위한 추가적인 레시피를 생각하고 있을지도 모르겠다. 그렇다면 여기에 있는 아이디어를 작업에 적용하기 좋은 순간이다. 어떤 레시피가 여러분에게 적합한지, 어떤 것들이 문서화되고, 설계돼야 하는지 알아내는 작업을 해야 한다.

이 책에서의 가이드라인을 염두에 두고 다음 단계를 생각해보자. '웹의 전 세계적 영향력을 활용해 한 번도 만난 적이 없는 사람들을 위해 생각지도 못한 문제를 해결하는 방법을 어떻게 구현할 수 있을까? 레시피들을 직접 사용하지 않더라도, '만나지 못한 사람들이 새로운 문제를 해결하도록 돕는 것'이라는 원칙을 따른다는 것은 전문적이고 개인적인 커뮤니티에 도달하면서 세상을 조금 더 나아지게 하는 훌륭한 방법이다.

이 책이 하이퍼미디어와 인터넷을 사용하여 문제를 새롭고 상상력 있는 방식으로 해결하는 데 창의적으로 생각하도록 여러분에게 영감을 줬기를 바란다. 미래가 무엇을 가져올지 아무도 모르지만, 앨런 케이의 말을 다시 한 번 인용하고 마무리한다.

미래를 예측하는 가장 좋은 방법은 그 미래를 만드는 것이다.

어떤 미래를 만들더라도 행운이 깃들기 바란다.

RESTful Web API의 가이드 원칙

레시피 컬렉션의 가이드 원칙은 다음과 같다.

한 번도 만난 적이 없는 사람들이 새로운 문제를 해결하도록 돕는 것

이를 그림으로 나타낸 것이 그림 A-1이다.

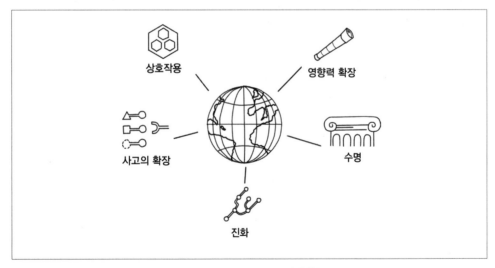

그림 A-1 RESTful Web API의 원칙들

영향력 확장

좋은 레시피는 우리의 영향력을 전 세계적으로 확장시킨다. 이는 해결책을 공유하고, 다른 사람들의 문제를 해결해주는 능력을 말한다.

사고의 확장

좋은 레시피는 우리가 아직 생각하지 못한 방식으로 잘 설계된 서비스를 제공한다.

상호작용

좋은 레시피는 '낯선 사람들(서비스 및 사람)'이 서로 안전하고 성공적으로 상호작용하여 문제를 해결할 수 있도록 한다.

진화

좋은 레시피는 수명을 연장시키고 오랜 기간에 걸쳐 진화를 촉진시킨다.

수명

좋은 레시피는 영원한 것은 없으며, 모든 것은 시간이 지남에 따라 항상 변화를 한다는 것을 인식한다.

부록 B

추가 읽을거리

다음은 내가 항상 가까이 두고 (온라인) 읽는 읽을거리들이다. 대부분은 이 책 어디에선가 한 번씩은 다뤘다.

- Alexander, Christopher. *A Pattern Language*. New York: Oxford University Press, 1977.
- Alexander, Christopher. *The Timeless Way of Building*. New York: Oxford Univer-sity Press, 1979.
- Amundsen, Mike. *Building Hypermedia Clients with HTML5 and Node*. Sebasta-pol, CA: O'Reilly Media, Inc., 2011.
- Amundsen, Mike. *Design and Build Great Web APIs*. Raleigh, NC: Pragmatic Bookshelf, 2020.
- Amundsen, Mike. *RESTful Web Clients*. Sebastapol, CA: O'Reilly Media, Inc., 2017.
- Amundsen, Mike. *What Is Serverless?* Sebastapol, CA: O'Reilly Media, Inc., 2020.
- Amundsen, Mike, and Derric Gillig. *API Strategy for Decision-Makers*. Sebasta-pol, CA: O'Reilly Media, Inc., 2022.

- Bardini, Thierry. *Bootstrapping*. Stanford, CA: Stanford University Press, 2000.

- Bass, Len, et al. *Software Architecture in Practice, 4th Edition*. Boston: Addison-Wesley, 2021.

- Berners-Lee, Tim, and Mark Fishetti. *Weaving the Web*. New York: Harper-Collins, 2008.

- Evans, Eric. *Domain-Driven Design*. Sebastapol, CA: O'Reilly Media, Inc., 2003.

- Gibson, James J. *The Ecological Approach to Visual Perception*. New York: Psy-chology Press, 1979.

- Gibson, James J. *The Senses Considered as Perceptual Systems*. Boston: Houghton Mifflin, 1966.

- Hall, Wendy, et al. *Rethinking Hypermedia*. New York: Springer US, 1996.

- Higginbotham, James. *Principles of Web API Design*. Boston: Addison-Wesley, 2021.

- Hohpe, Gregor, and Bobby Woolf. *Enterprise Integration Patterns*. Boston: Addison-Wesley, 2003.

- Lauret, Arnaud. *The Design of Web APIs*. Shelter Island, NY: Manning Publications, 2019.

- Meadows, Donella. *Thinking in Systems*. White River Junction, VT: Chelsea Green Publishing, 2008.

- Medjaoui, Mehdi, et al. *Continuous API Management*, 1st ed. Sebastapol, CA: O'Reilly Media, Inc., 2018.

- Medjaoui, Mehdi, et al. *Continuous API Management*, 2nd ed. Sebastapol, CA: O'Reilly Media, Inc., 2021.

- Nadareishvili, Irakli, et al. *Microservice Architecture*. Sebastapol, CA: O'Reilly Media, Inc., 2016.

- Nadareishvili, Irakli, and Ronnie Mitra. *Microservices: Up and Running*. Sebastapol, CA: O'Reilly Media, Inc., 2020.

- Nelson, Ted. *Computer Lib / Dream Machines*. Tempus Books, 1974.

- Newman, Sam. *Building Microservices*. Sebastapol, CA: O'Reilly Media, Inc., 2021.

- Norman, Donald. *The Design of Everyday Things*. New York, NY: Basic Books, 2013

- Richardson, Chris. *Microservices Patterns*. Shelter Island: Manning Publications, 2018.

- Richardson, Leonard, et al. *RESTful Web APIs*. Sebastapol, CA: O'Reilly Media, Inc., 2013.

- Rosenfeld, Louis, et al. *Information Architecture*, 4th edition. Sebastapol, CA: O'Reilly Media, Inc., 2015.

- Russell, Stuart, and Peter Norvig. *Artificial Intelligence*. Engelwood Cliffs, NJ: Prentice-Hall, Inc., 1995.

- Shiflett, Chris. *HTTP Developer's Handbook*. Indianapolis, IN: Sams Publishing, 2003.

- Taylor, Richard N., et al. *Software Architecture*. Hoboken, NJ: John Wiley & Sons, 2008.

- Wolff, Eberhard. *Microservices*. Boston: Addison-Wesley, 2016.

- Wright, Alex. *Cataloging the World*. New York: Oxford University Press, 2014.

- Yourdon, Edward, and Larry E. Constantine. *Structured Design*. Englewood Cliffs, NJ: Prentice-Hall, Inc., 1975.

이 책 전반에 걸쳐 여러 표준 문서를 언급했다. 대부분은 공개 표준이지만, 일부는 독점적이거나 사적인 것도 있다. 여기 이 페이지들에서 언급한 표준들의 종합적인 목록이 있다.

RESTful Web API를 위한 실행 가능한 등록된 미디어 타입

부록 C에서는 이 책 출간 당시에 여러분이 자체 RESTful Web API를 생성할 때 고려해야 할 미디어 타입 목록을 실었다. 대부분은 이미 인터넷 할당 번호 기구^{IANA}에 등록되어 있다. 일부는 등록 과정을 거치고 있으며, 새로운 것들도 만들어졌다.

이 책을 읽는 시점에는 새로운 미디어 타입이 추가됐거나, 더는 선호되지 않는 것도 있을 것이다. 시간이 지남에 따라 미디어 타입 등록 리스트가 변했는지를 체크해야 한다.

여기에서는 내가 과거에 경험을 해 본 타입들만 나열했다. 여기에 나오지 않은 여러분이 잘 알고 있는 타입이나, 이전에 보지 못한 타입들이 있을 수 있다. 스스로에게 가장 잘 맞는 것에 집중하고, 이 목록을 자신의 경험과 필요에 맞게 수정하는 것이 좋다. 정형화된 타입과 비정형화된 타입에 대한 자세한 내용은 레시피 3.2를 참조하기 바란다.

정형화된 미디어 타입

- HTML(https://www.w3.org/TR/html52)

- Collection+JSON(http://amundsen.com/media-types/collection/)

- UBER(https://rawgit.com/uber-hypermedia/specification/master/uber-hypermedia.html)

- HAL(https://en.wikipedia.org/wiki/Hypertext_Application_Language)

- SIREN(https://github.com/kevinswiber/siren)

- HAL-FORMS(https://rwcbook.github.io/hal-forms/)

- Atom(https://datatracker.ietf.org/doc/html/rfc4287)

비정형화 미디어 타입

- XML(https://www.w3.org/standards/)

- JSON(https://www.rfc-editor.org/rfc/rfc8259.html)

- CSV(https://www.rfc-editor.org/rfc/rfc4180.html)

- JSON-LD(https://json-ld.org/spec/)

등록 안 된 미디어 타입

- YAML(https://yaml.org/)

- JSON API(https://jsonapi.org/)

모든 하이퍼미디어 포맷이 같지는 않다. 예를 들어, HAL 포맷은 링크 요소를 표준화하지만, 폼이나 데이터 본문은 표준화하지 않는다. SIREN 포맷은 링크와 폼은 표준화하지만, 데이터 본문은 표준화하지 않는다. HTML, Collection+JSON, UBER는 세 가지 메시지 요소 모두를 표준화한다. SIREN(Profile Object Description)과 HAL(HAL-FORMS)을 보완하기 위해 일부 하이퍼미디어 폴리필^{pollyfill} 포맷을 만들기도 했지만, 이런 추가 사항은 구현을 복잡하게 만들 위험이 있다.

API 정의 포맷

다음은 이 책을 쓰는 시점에서 사용되는 일반적인 API 정의 포맷들의 목록이다(알파벳 순서). 이 형식들을 사용하여 서비스 API의 정확한 세부 사항(URI, 요청 방법, 응답 코드, 본문, 메타데이터 등)을 정의할 수 있다. 이 형식 중 일부는 기존의 HTTP 요청/응답 상호작용을 지원하도록 설계되었고, 다른 일부는 비동기 메시징을 위한 것이다. 서비스 API의 구현에서 이런 형식들 중 여러 개를 사용할 가능성이 높을 것이다.

- AsyncAPI(https://www.asyncapi.com/docs/reference/specification/v2.0.0)

- OpenAPI(https://spec.openapis.org/oas/v3.1.0)

- Protobuf(https://protobuf.dev/)

- RAML(https://github.com/raml-org/raml-spec/blob/master/versions/raml-10/raml-10.md/)

- Schema Definition Language(튜토리얼)(https://www.prisma.io/blog/graphql-sdl-schema-definition-language-6755bcb9ce51)

- WSDL(https://www.w3.org/TR/wsdl/)

- WADL(https://www.w3.org/submissions/wadl/)

 여기에 나열된 버전들은 여러분이 이 책을 읽을 시점에 이미 구식이 될 수 있다. 지원하려는 포맷과 출시 날짜를 확인하기 바란다.

의미 프로필 도큐먼트 포맷

이 글을 쓰는 시점 기준으로 '레거시' 포맷(XMDP)와 더불어 자주 사용되는 두 가지 의미 프로필 도큐먼트^{SPD}가 있다.

- DCAP$^{Dublin Core Application Profiles}$(https://www.dublincore.org/specifications/dublin-core/profile-guidelines/)

- ALPS$^{Application-Level Profile Semantics}$(http://alps.io/spec/)

- XMDP$^{XHTML Meta Data Profiles}$(https://gmpg.org/xmdp/)

하이퍼미디어 지원 타입

일부 하이퍼미디어 포맷(POD 및 HAL-FORMS)에서 부족한 부분을 채우고 설계 및 빌드 시 다른 하이퍼미디어 관련 메타데이터를 전달하기 위한 위한 포맷(WESTL)들이 있다.

- POD$^{Profiles for Object Description}$(https://rwcbook.github.io/pod-spec/)

- HAL-FORMS(https://rwcbook.github.io/hal-forms/)

- WESTL$^{Web Service Transition Language}$(https://rwcbook.github.io/wstl-spec/)

HyperCLI 사용하기

'hyper' 유틸리티는 온라인 서비스/API와 상호작용하기 위한 간단한 CLI Shell/REPL 이다. 완전한 기능을 갖춘 HTTP 클라이언트인 'hyper'는 특히 Collection+JSON, SIREN, HAL과 같은 하이퍼미디어 서비스를 다루는 데 최적이다. 그리고 향후 PRAG+ JSON, MASH+JSON, 그리고 아마도 UBER에 대한 지원을 추가할 계획이 있다. 다른 미 디어 타입 지원도 플러그인을 통해 추가될 수 있다.

HTTP 및 미디어 타입 인식 명령과 함께, 'hyper'는 쉘 명령, 구성 파일 관리, 그리고 로 컬 메모리 변수를 처리하기 위한 LIFO(후입 선출)스택과 같은 편의 기능도 지원한다.

HyperCLI 도구의 튜토리얼, 예시, 소스 코드 및 최신 배포에 대한 접근은 HyperCLI(https:// webapicookbook.github.io/alps-documents/) 랜딩 페이지를 통해 가능하다.

Hello Hyper!

아래는 아주 간단한 HyperLANG를 수행하는 과정이다.

1. 가장 최신 버전의 HyperCLI를 설치한다.

```
$> npm install -g @mamund/hyper
```

2. HyperCLI REPL를 띄운다.

```
$> hyper
```

3. 아래와 같이 입력 후 Enter를 누른다.

```
> GOTO http://company-atk.herokuapp.com
```

샘플 서비스를 작동시킨 뒤 몇 초 후에 다음과 같은 응답을 확인할 수 있다.

```
STATUS 200
https://company-atk.herokuapp.com
application/forms+json; charset=utf-8
```

또한 다음 명령어를 통해 요청/응답의 세부 사항을 확인할 수 있다.

```
SHOW REQUEST
SHOW RESPONSE
SHOW METADATA
SHOW ALL
SHOW URL
SHOW STATUS
SHOW CONTENT-TYPE
SHOW HEADERS
```

마지막으로 모든 HyperLANG 명령어를 텍스트 파일(아래의 'hello-hyper.script' 파일)에 저장하고 아래와 같이 파이프 실행을 시킬 수도 있다.

```
$> hyper <hello-hyper.script
```

축하한다. 여러분들은 처음으로 HyperLANG 프로그램을 만들었다.

다른 정보

다음은 HyperLANG 프로젝트에 대한 그 외의 정보들이다.

예제

동작 예제는 깃허브 리포지토리 내 '/scripts' 폴더를 참조하기 바란다.

플러그인 지원

사용자정의 플러그인을 만들고 이를 프로젝트의 '/plugins' 폴더에 배치할 수 있다.
이는 런타임 시 자동으로 로딩된다. 자세한 내용은 깃허브 리포지토리의 '플러그인
작성' 섹션을 참조하기 바란다.

NPM 패키지 지원

HyperCLI의 최신 npm 패키지 업데이트를 확인할 수 있다.

소스 코드

깃허브 리포지토리 내 '/src' 폴더에서 소스 코드를 볼 수 있다.

HyperCLI 명령어

표 D-1은 HyperCLI 명령어 키워드 목록이다(원서 출간 시점 기준).

 최신 변경 목록을 항상 깃허브 리포지토리를 통해 확인하기 바란다.

표 D-1 HyperCLI 명령의 키워드와 설명

#	설명
VERSION	버전 정보 확인
EXIT|STOP	0을 반환하면서 멈춤
EXIT-ERR	1을 반환하면서 멈춤
EXIT-IF	IF의 조건을 만나면 멈추고 종료
.. INVALID-URL 〈url|#$〉	문자열이 유효 URL이 아니면 TRUE를 반환
.. STACK-EMPTY	내부 스택이 비었다면 TRUE를 반환

#	설명
CLEAR	콘솔 내용 지움
SHELL	간단한 쉘(bash/dos) 지원
.. LS|DIR [folder/path]	
PLUGINS	로딩된 플러그인의 목록 반환
CONFIG (READ)	저장된 이름–값 쌍(NVP) 설정 데이터의 반환
.. FILE|LOAD [filename]	설정 파일의 로딩(기본값: hyper.config)
.. SAVE|WRITE [filename]	설정 파일의 저장(기본값: hyper.config)
.. SET 〈{ n:v,... }〉	공유 설정 파일 내 항목 저장
.. CLEAR	모든 설정 삭제
.. RESET	기본 설정값으로 롤백
.. REMOVE 〈string〉	〈string〉 이름의 아이템 삭제
STACK	JSON 객체로 이뤄진 LIFO 스택
.. CLEAR|FLUSH	스택에서 모든 아이템 삭제
.. PEEK	스택의 제일 위에 위치한 아이템 표시
.. PUSH 〈{ n:v,... }〉	새로운 JSON 객체를 스택으로 추가
.. PUSH WITH–RESPONSE	응답 스택의 최상단 아이템을 새로운 아이템으로 스택에 추가
.. PUSH WITH–PATH 〈path–string|$#〉	JSONPATH의 결과인 새 아이템을 스택에 추가
.. EXPAND–ARRAY	스택 최상단의 배열을 n개의 아이템으로 확장
.. POP	스택 최상단의 아이템을 제거
.. LEN|LENGTH	스택의 길이 반환
.. SET {"n":"v",...}	스택 최상단 아이템의 업데이트
.. LOAD|FILE [filename]	디스크상의 단일 JSON 객체를 읽어 스택에 로딩(기본: hyper.stack)
.. SAVE|WRITE [filename]	스택 최상단의 아이템을 디스크로 저장(기본값: hyper.stack)
.. DUMP [filename]	스택의 모든 아이템을 디스크로 저장(기본값: hyper.dump)
.. FILL [filename]	현재 스택을 디스크상 파일로 모두 채움(기본값: hyper.dump)
OAUTH OAuth 2.0 support	
.. LOAD [filename]	OAuth 설정 파일의 로딩(기본값: oauth.env)
.. SAVE [filename]	OAuth 설정 파일의 저장(기본값: oauth.env)

#	설명
.. DEFINE ⟨string⟩ ⟨{ n:v,... }⟩	OAuth 설정 내 엔트리 생성
.. UPDATE ⟨string⟩ ⟨{ n:v,... }⟩	기존 OAuth 설정 내 값 수정
.. GENERATE|GEN ⟨string⟩	설정 데이터를 사용한 액세스 토큰 생성
.. REMOVE ⟨string⟩	⟨string⟩ 이름의 아이템을 제거
ACTIVATE|CALL|GOTO|GO	HTTP 요청 생성
.. WITH-URL ⟨url|$#⟩	요청 생성을 위한 URL 사용
.. WITH-REL ⟨string|$#⟩	관련 도큐먼트 내 엘리먼트의 HREF 사용
.. WITH-ID ⟨string|$#⟩	관련 도큐먼트 내 엘리먼트의 HREF 사용
.. WITH-NAME ⟨string|$#⟩	관련 도큐먼트 내 엘리먼트의 HREF 사용
.. WITH-PATH ⟨json-path-string|$#⟩	URL 결과로서 JSONPath의 값들을 사용
.. WITH-ACCEPT ⟨string|$#⟩	승인 헤더를 직접 설정
.. WITH-HEADERS ⟨{ n:v,... }|$#⟩	헤더 요청
.. WITH-OAUTH ⟨string|$#⟩	OAUTH 토큰을 사용한 authorization 헤더의 설정
.. WITH-BASIC ⟨string|$#⟩	BASIC 설정을 사용한 authorization 헤더의 설정
.. WITH-QUERY ⟨{ n:v,... }||$#⟩	JSON 이름-값 쌍으로 이뤄진 쿼리 스트링
.. WITH-BODY ⟨name=value&...|$#⟩	POST/PUT/PATCH(기본값: app/form-urlencoded)
.. WITH-METHOD ⟨string}|$#⟩	HTTP 메소드 설정(기본값: GET)
.. WITH-ENCODING ⟨media-type|$#⟩	POST/PUT/PATCH를 위한 사용자 인코딩 설정
.. WITH-FORMAT	설정값을 사용한 accept 헤더 설정
.. WITH-PROFILE	설정값을 사용한 link 프로필 헤더 설정
.. WITH-FORM ⟨name}|$#⟩	명명된 양식(URL, METHOD, ENCODING, FIELDS)의 메타데이터를 HTTP 요청 제작에 사용(SIREN만 가능)
.. WITH-STACK	다른 작업(양식 채우기, 쿼리 스트링 및 헤더에 값 제공 등)을 위한 스택 최상위 값의 사용
.. WITH-DATA ⟨name=value&...|$#⟩	임의 데이터로 양식 채우기
DISPLAY|SHOW	저장된 응답 보기(LIFO 스택의 최상위 값)
.. ALL	모든 인터렉션 반환(요청, 응답 메타데이터, 응답 본문)
..REQUEST	요청 정보 반환(URL, 메소드, 쿼리 스트링, 본문, 헤더)
.. METADATA|META	응답 메타데이터의 반환(URL, 상태, 헤더)

#	설명
.. RESPONSE|PEEK	스택 최상위의 값으로부터 응답 본문 반환
.. URL|HREF	응답의 실제 URL의 반환
.. STATUS|STATUS-CODE	응답의 HTTP 상태 반환
.. CONTENT-TYPE	응답의 HTTP Content-type 반환
.. HEADERS	응답의 HTTP 헤더 컬렉션 전체를 반환
.. POP	스택 최상위의 응답 제거
.. CLEAR|FLUSH	스택 내 모든 응답 제거
.. LEN|LENGTH	저장된 스택의 길이
.. PATH 〈JSONPath|XMLPath|$#〉	응답 스택 최상위 쿼리(XML 또는 JSON) 결과 반환
.. JPATH 〈JSONPath|$#〉	응답 스택 최상위 JSONPath 쿼리 결과 반환
.. XPATH 〈XMLPath|$#〉	응답 스택 최상위 XPath 쿼리 결과 반환
CJ	스택의 최상위 응답의 타입강화 버전 반환(vnd.collection+json)
.. METADATA	Collection + JSON 응답으로부터의 메타데이터 배열 반환
..LINKS	Collection + JSON 응답으로부터의 링크 배열 반환
.. ITEMS	Collection + JSON 응답으로부터의 아이템 배열 반환
.. QUERIES	Collection + JSON 응답으로부터의 쿼리 배열 반환
.. TEMPLATE	Collection + JSON 응답으로부터의 템플릿 배열 반환
.. ERROR|ERRORS	Collection + JSON 응답으로부터의 error 객체 반환
.. RELATED	Collection + JSON 응답으로부터의 related 객체 반환
.. ID|NAME|REL|TAG 〈string|$#〉	단일 코드 반환
.. IDS|RELS|NAMES|TAGS	간단한 리스트 반환
.. PATH 〈JSONPath|$#〉	Collection + JSON 응답으로부터의 JSONPath 쿼리의 결과 반환
HAL	스택의 최상위 응답의 타입강화 버전 반환(vnd.hal+json)
.. LINKS	HAL 응답에서 링크 배열 반환
.. EMBEDDED	HAL 응답에서 아이템 배열 반환
.. ID|REL|KEY|NAME|TAG 〈string|$#〉	단일 노드 반환
.. IDS|RELS|KEYSTAGS	간단한 리스트 반환
.. PATH 〈JSONPath|$#〉	HAL 응답으로부터의 JSONPath 쿼리의 결과 반환

#	설명
SIREN	스택의 최상위 응답의 타입강화 버전 반환(vnd.siren+json)
.. LINKS	SIREN 응답에서 링크 배열 반환
.. ACTIONS|FORMS	SIREN 응답에서 액션 배열 반환
.. ENTITIES	SIREN 응답에서 엔티티 배열 반환
.. PROPERTIES	SIREN 응답에서 속성 배열 반환
.. TAG|CLASS 〈string|$#〉	CLASS 값과 연관된 노드의 반환
.. ID|ENTITY 〈string|$#〉	ID와 연관된 엔티티의 반환
.. REL|LINK 〈string|$#〉	REL과 연관된 링크의 반환
.. NAME|FORM|ACTION 〈string|$#〉	NAME과 연관된 액션의 반환
.. IDS|RELS|NAMES|FORMS|TAGS|CLASSES	간단한 리스트 반환
.. PATH 〈JSONPath|$#〉	SIREN 응답에서 JSONPath 쿼리 결과의 반환
WSTL	스택의 최상위 응답의 타입강화 버전 반환(vnd.wstl+json)
.. TITLE	WSTL 응답에서 제목 문자열 반환
.. ACTIONS	WSTL 응답에서 액션 배열 반환
.. DATA	WSTL 응답에서 엔티티 배열 반환
.. RELATED	WSTL 응답에서 related 객체 반환
.. CONTENT	WSTL 응답에서 content 객체 반환
.. ID|REL|NAME|FORM|TAG|TARGET 〈string|$#〉	단일 노드 반환
.. IDS|RELS|NAMES|FORMS|TAGS|TARGETS	간단한 리스트 반환
.. PATH 〈JSONPath|$#〉	WSTL 응답에서 JSONPath 쿼리 결과 반환
FJ	스택의 최상위 JSON+FORMS 응답의 타입강화 버전 반환(forms+json)
.. METADATA	응답으로부터 메타데이터 배열 반환
.. LINKS	응답으로부터 링크 배열 반환
.. ITEMS	응답으로부터 아이템 배열 반환
.. ID 〈string|$#〉	ID와 연계된 엘리먼트(메타데이터, 링크, 아이템) 반환
.. TAG 〈string|$#〉	매칭되는 노드 반환

#	설명
.. REL ⟨string|$#⟩	REL과 연계된 링크의 반환
.. NAME ⟨string|$#⟩	NAME과 연계된 엘리먼트(메타데이터, 링크, 아이템) 반환
.. IDS|NAMES|RELS|FORMS|TAGS ..	간단한 리스트 반환
.. PATH ⟨JSONPath|$#⟩	응답으로부터 JSONPath 쿼리 결과를 반환
MASH	스택의 최상위 응답의 타입강화 버전 반환(vnd.mash+json)
.. METADATA	응답으로부터 메타데이터 배열 반환
.. LINKS	응답으로부터 링크 배열 반환
.. ITEMS	응답으로부터 아이템 배열 반환
.. TAG ⟨string|$#⟩	매칭되는 노드 반환
.. ID ⟨string|$#⟩	ID와 연계된 엘리먼트(메타데이터, 링크, 아이템) 반환
.. REL ⟨string|$#⟩	REL과 연계된 링크의 반환
.. NAME ⟨string|$#⟩	NAME과 연계된 엘리먼트(메타데이터, 링크, 아이템) 반환
.. IDS|NAMES|RELS|FORMS|TAGS	간단한 리스트 반환
.. PATH ⟨JSONPath|$#⟩	SIREN 응답으로부터 JSONPath 쿼리 결과를 반환
PRAG	스택의 최상위 응답의 타입강화 버전 반환(vnd.prag+json)
.. METADATA	PRAG 응답으로부터 메타데이터 배열 반환
.. LINKS	PRAG 응답으로부터 링크 배열 반환
.. ITEMS	PRAG 응답으로부터 아이템 배열 반환
.. ID ⟨string|$#⟩	ID와 연계된 엘리먼트(메타데이터, 링크, 아이템) 반환
.. TAG ⟨string|$#⟩	매칭되는 노드 반환
.. REL ⟨string|$#⟩	REL과 연계된 링크의 반환
.. NAME ⟨string|$#⟩	NAME과 연계된 엘리먼트(메타데이터, 링크, 아이템) 반환
.. IDS|NAMES|RELS|FORMS|TAGS	간단한 리스트 반환
.. PATH ⟨JSONPath|$#⟩	SIREN 응답으로부터 JSONPath 쿼리 결과를 반환

찾아보기

RESTful Web API 패턴과 모범 사례

안정적이고 효율적인 API 인터페이스 구축

발 행 | 2024년 4월 30일

지은이 | 마이크 애먼슨
옮긴이 | 김 성 준

펴낸이 | 권 성 준
편집장 | 황 영 주
편 집 | 김 진 아
　　　　임 지 원
　　　　김 은 비
디자인 | 윤 서 빈

에이콘출판주식회사
서울특별시 양천구 국회대로 287 (목동)
전화 02-2653-7600, 팩스 02-2653-0433
www.acornpub.co.kr / editor@acornpub.co.kr

한국어판 ⓒ 에이콘출판주식회사, 2024, Printed in Korea.
ISBN 979-11-6175-840-4
http://www.acornpub.co.kr/book/restful-cookbook

책값은 뒤표지에 있습니다.